Josef-Horst Lederer

VERISMO
auf der deutschsprachigen Opernbühne
1891–1926

Institut für Musikwissenschaft der Universität Wien
Gesellschaft zur Herausgabe von Denkmälern der Tonkunst in Österreich

WIENER MUSIKWISSENSCHAFTLICHE BEITRÄGE
unter Leitung von Othmar Wessely

──────────────── Band 19 ────────────────

Josef-Horst Lederer

VERISMO
AUF DER DEUTSCHSPRACHIGEN OPERNBÜHNE
1891–1926

Eine Untersuchung seiner Rezeption
durch die zeitgenössische musikalische Fachpresse

BÖHLAU VERLAG WIEN · KÖLN · WEIMAR

Gedruckt mit Unterstützung durch den
Fonds zur Förderung der wissenschaftlichen Forschung
und das Institut für Musikwissenschaft

Die Deutsche Bibliothek-CIP-Einheitsaufnahme

Lederer, Josef-Horst
Verismo auf der deutschsprachigen Opernbühne : 1891–1926 ;
eine Untersuchung seiner Rezeption durch die zeitgenössische Fachpresse /
Josef-Horst Lederer. - Wien ; Köln ; Weimar : Böhlau, 1992
(Wiener musikwissenschaftliche Beiträge ; Bd. 19)
ISBN 3-205-05506-3
NE: GT

ISBN 3-205-05506-3

Mascagni in Wien.
Quelle: Allgemeine Kunstchronik. Illustrierte Zeitschrift für Kunst, Kunstgewerbe, Musik und Literatur. Wien. 16 (1882). S. 481.

Inhalt

Vorwort

Vorliegende rezeptionsgeschichtliche Untersuchung, die der Frage nachzugehen versucht, auf welche Weise auf deutschsprachigen Bühnen die Werke des verismo bzw. der jungitalienischen Schule von der zeitgenössischen musikalischen Fachpresse aufgenommen wurden, stellt die Auseinandersetzung mit einem Forschungsgebiet dar, dem von seiten der Musikwissenschaft noch kaum Aufmerksamkeit geschenkt wurde. So existiert diesbezüglich lediglich ein einziger Versuch[1], dieses Thema anhand einiger weniger Anmerkungen und Rezensionsauszüge zu den wichtigsten deutschen Erstaufführungen veristischer Musikdramen knapp zu umreißen, doch wird hier – der Zielsetzung einer ersten Information entsprechend – weder auf Rezeptionsverhalten der Kritik noch auf Publikumsreaktion und Spielfrequenz, oder gar auf Folgen für die deutschsprachige Opernproduktion in ausreichender Weise eingegangen.

Dieser unbefriedigende Forschungsstand hängt zweifellos mit der Tatsache zusammen, daß der Großteil der hier zur Diskussion stehenden (durch die „highlights" des verismo „überschatteten") Werke völlig in Vergessenheit geriet und erst „wiederentdeckt" werden mußte, vor welchem Unterfangen in erster Linie vermutlich lange Zeit der Umstand zurückschrecken ließ, daß die Zugehörigkeit zum veristischen bzw. jungitalienischen Genre aus dem jeweiligen Werktitel div. Bühnenspielpläne nicht unmittelbar abzuleiten, sondern erst – wie in vorliegendem Falle – durch eine systematische Durchsicht von Werkbesprechungen des auf dt. Bühnen ab 1891 gespielten ital. Opernrepertoires festzustellen war.

Die Beschäftigung mit dieser Materie basiert demnach auf einem Quellenmaterial, das sich aus einer Vielzahl oben angesprochener Rezensionen zusammensetzt, wobei hier allerdings nicht die Tagespresse herangezogen, sondern eine Auswertung von Musik- und Kunstzeitschriften, also von Fachjournalen vorgenommen wurde[2]. Die Begründung für diese – letztlich auch not-

---

1 Marcello Conati, *Mascagni, Puccini & C. Contributo per un'indagine sull'opera verista italiana nei teatri di lingua tedesca. Appunti e indicazionio,* In: *Discoteca* 17(1976), 18-25.
2 Aufgenommen wurden selbstverständlich auch gesammelte, in Buchform erschienene Rezensionen von Autoren, wie z. B. Hanslick, Heuberger, Kienzl, Kalbeck etc. (s. Lit.-Verz.)

wendige – Einschränkung liegt darin, daß Zeitungsrezensionen in der Regel
sog. „Nachtkritiken" darstellen, die unter Zeitdruck, fehlender Distanz zur
erlebten Aufführung und nicht zuletzt unter Ausschluß der Möglichkeit des
mehrmaligen Anhörens bzw. besseren Kennenlernens eines Kunstwerks geschrieben werden-, Kriterien die bei Besprechungen in Fachzeitschriften
weitgehend entfallen. Die in letzteren vorliegenden Stellungnahmen können
somit fraglos als Ergebnis einer weitaus gültigeren Form von Meinungsbildung angesehen werden als jene in der Tagespresse.

Mit den aus rund vierzig Zeitschriften[3] herangezogenen Rezensionen
sollte eine möglichst große Meinungsvielfalt erzielt werden, was insoferne
auch gewährleistet erscheint, als dieselben sowohl den wichtigsten als auch
(in Hinblick auf Leserkreise bzw. gesellschaftliche Schichten) unterschied-
lichsten musikalischen Publikationsorganen des ausgehenden 19. und begin-
nenden 20. Jahrhunderts entnommen sind. Aus dieser Meinungsvielfalt war
schließlich – sowohl im Falle des Einzelwerks als auch in jenem der Werke
des verismo insgesamt – ein Resümee zu ziehen, das gleichsam aus der großen Summe subjektiver (meist auch von der „Richtung" der betreffenden
Zeitschrift geprägter) Einzelkritiken resultierte. Dies bedeutet auch, daß nicht
die Absicht verfolgt wurde, eine gewisse „Tendenz" bzw. kulturpolitische
Richtung eines bestimmten Blattes oder einer bestimmten Kritikerpersön-
lichkeit im einzelnen zu verfolgen oder in besonderer Weise herauszuarbei-
ten, sondern vielmehr das Gesamturteil über Werke und Komponisten in
den Mittelpunkt des Interesses zu rücken. Die dabei erzielten Ergebnisse galt
es darüber hinaus auch noch durch die Gegenüberstellung von Publikumsreaktionen, Aufführungsfrequenz der Werke, aber auch durch den vielfach vorgenommenen Vergleich mit Aussagen und Stellungnahmen von seiten der
ital. Musikkritik zu relativieren.

Was den Titel dieser Arbeit, den methodischen Aufbau und den territoria-
len sowie zeitlichen Untersuchungsrahmen betrifft, bedarf es folgender Präzi-
sierung:

1. Der Terminus verismo ist hier selbstverständlich in erster Linie im
Sinne von „realistisches ital. Musiktheater" zu verstehen, doch inkludiert er –
seiner im zeitgenössischen deutschen wie italienischen Sprachgebrauch üblichen, streng genommen jedoch nicht ganz legitimen Gleichsetzung mit
scuola giovane entsprechend – auch Werke (wie z. B. L'amico Fritz, I Medici,

---

3 Voraussetzung für die systematische Durchsicht dieser Zeitschriften war Imogen Fellingers,
   für die Beschäftigung mit Musikperiodica unerläßliches Verzeichnis der Musikzeitschriften des
   19. Jahrhunderts (= Studien zur Mg. d.19. Jhs. 10, Regensburg 1968), dessen präzise Fund-
   ortangaben der einzelnen Publikationsorgane erst einen gezielten Zugriff zu denselben er-
   möglichten.

Gianni Schicchi etc.), die zwar einerseits dieselbe musikalische Sprache wie jene des verismo sprechen und daher sowohl nach ihrer Entstehung als auch (mehr noch) in rezeptionsgeschichtlicher Hinsicht von diesem nicht zu trennen sind, andererseits jedoch der stofflichen Realistik entbehren[4]. Diesem Umstande Rechnung tragend, wurde hier die Subsummierung auch nichtveristischer Opern jungitalienischer Provenienz unter dem Schlagwort verismo beibehalten, was sich wohl terminologisch als „unsauber" erweist, dafür aber den Vorteil mit sich bringt, eine in vorliegender Untersuchung speziell für die „Großmeister" des verismo unerläßliche Besprechung sämtlicher musikdramatischer Werke, die von diesen auf deutschsprachigen Bühnen aufgeführt wurden, vorzunehmen.

2. Gemäß der angestrebten Aufbereitung des Stoffes in Form eines (durch eine Einführung in musikalisch-literarische Wurzeln und Entstehung des verismo eingeleiteten) historischen Abrisses wurde versucht, soweit wie möglich dem chronologischen Ablauf der Ereignisse zu folgen, was sich einerseits aus der Untergliederung nach der sukzessiven Folge einzelner und z. T. zusammengefaßter (stofflich weniger ergiebiger) Jahrgänge, andererseits aus der auch innerhalb der Kapitel weitgehend gewahrten Chronologie[5] in der Darstellung ersehen läßt. Die Darstellung der Thematik selbst konzentriert sich nicht nur auf die jeweilige Rezeption der Erstaufführungen veristischer bzw. jungitalienischer Musikdramen, sondern auch auf deren weiteres Schicksal auf deutschsprachigen Bühnen, um damit Konstanz oder Wandel im rezeptionsgeschichtlichen (vielfach über mehrere Kapitel ausgedehnten) Werdegang aufzuzeigen. Um dessen Verfolgen einem gezielt danach suchenden Leser zu erleichtern, wurde im Anschluß an den Haupttext eine chronologische Übersicht der im Vorangegangenen mehr oder weniger ausführlich besprochenen wichtigsten dt. Erst- bzw. Folgeaufführungen unter jeweiligem Seitenverweis angehängt, was demnach eine zusammenhängende Betrachtung einzelner Opern auch über eine größere Distanz ermöglicht. In diesem Zusammenhang sei auch auf die Zusammenfassung verwiesen, die auf die bedeutendsten Vertreter des verismo und deren Werke nochmals jeweils gesondert eingeht. Die zahlreichen, im Kleindruck aufscheinenden Exkurse dienen einerseits (soweit erforderlich) dazu, in kritischer oder erläuternder Weise zur jeweiligen Thematik Stellung zu beziehen oder bestimmte Fakten extensiver

---

4 Die Vertreter der sog. „Jungitalienischen Schule" haben zwar überwiegend, jedoch nicht ausschließlich „Veristisches" hervorgebracht. Bekanntlich haben sie auch Opern anderer Art, ja sogar Operetten geschrieben, aus welchem Grunde „scuola giovane" als ein Überbegriff anzusehen ist, der den verismo (wenngleich stark dominierend) als eine von mehreren Möglichkeiten musikdramatischer Ausdrucksform in sich einschließt.
5 Eine diesbezügliche Ausnahme bildet nur das Schlußkapitel (1919-1926).

darzustellen, andererseits sollen sie (um den Fluß des Haupttextes nicht zu
unterbinden bzw. zu überladen) auch Gelegenheit bieten, auf bestimmte,
nicht unmittelbar mit der vorgegebenen thematischen Zielsetzung in Zusammenhang stehende Sachverhalte einzugehen. Letzteres betrifft vor allem jene
Exkurse, in denen (wenngleich in aller Kürze) die Absicht verfolgt wurde,
auch jenen Niederschlag aufzuzeigen, den der verismo zur selben Zeit auf
dem deutschen Opernsektor gefunden hat. Die Summe der dabei angeführten, in ihrer Wirkung auf Publikum und Presse auch kurz beschriebenen
Werke kann nicht zuletzt als kleiner rezeptionsgeschichtlicher Abriß des
deutschen Opernverismus gelten.

3. Der behandelte Zeitraum umfaßt die Jahre 1891 – 1926, also die Zeit
von der dt. Erstaufführung der *Cavalleria rusticana* bis zu jener von *Turandot*, welches Werk nicht nur Puccinis letztes opus darstellt, sondern gleichsam auch einen Schlußpunkt in der unmittelbaren Wirkungsgeschichte der
scuola giovane auf deutschsprachigen Bühnen setzt.

Der untersuchte territoriale Bereich schließlich betrifft alle jene Länder
resp. (deren) deutschsprachige Bühnen, die vom damaligen offiziellen Deutschen Bühnenspielplan (s. statist. Anhang) erfaßt werden, d. s. die Österr.-
ungar. Monarchie, Deutschland und vereinzelt auch die Schweiz. Ein statistischer Anhang, ein Verzeichnis der benutzten Literatur und Zeitschriften sowie ein Personenregister beschließen die Arbeit.

Einleitung

Da es in dieser Arbeit um die Darstellung der Aufnahme des verismo durch die deutsche bzw. deutschsprachige musikalische Fachpresse geht – also um Vertreter ausländischer Nationen gegenüber dem Ursprungsland dieser Kunstrichtung –, erscheint es vorerst angebracht, das Entstehen des verismo bzw. der *scuola giovane* unter dem Blickwinkel wirksam gewordener außeritalienischer, insbesondere deutscher und französischer Einflüsse im musikalischen und literarischen Bereich zu betrachten. Beide haben ja (ersterer hier naturgemäß von vorrangigem Interesse und daher auch ausführlicher behandelt) das Rezeptionsverhalten der dt. Musikkritik nachhaltig beeinflußt, sodaß sich deren Kenntnis für das Verständnis der nachfolgenden Ausführungen als notwendige Voraussetzung erweist.

„Die Invasion der italienischen Oper in Deutschland muß mit prüfendem, nicht theilnahmslosen Blicke betrachtet werden, und wenn wir der Ueberkultur der italienischen Oper die Misspflege der deutschen in crassester Weise gegenüberstellen . . ., so glauben wir eine neue Phase des alten Kampfes zwischen deutscher und italienischer Oper zu sehen, der umso gefährlicher ist, als die italienische Oper im deutschen Waffenschmucke diese selbst bekämpft. Ein sonderbares Völkchen das deutsche Opernpublicum! Tritt ein deutscher Componist auf, der die Errungenschaften der modernen Oper Deutschlands benützt, so ruft alles Haltet den Dieb! Wagner, alles Wagner! Tritt dagegen einer in den Gewändern der modernen deutschen Oper auf, der italienisch parliert, so fühlt man sich sehr geschmeichelt und legt es ihm zum höchsten Lobe aus. [. . .] Das ist ein Uebelstand, der eine gerechte Beurtheilung der modernen deutschen Opernproductionen verhindert. Verdi segnen wir, weil er die Reformen Wagners nützt, Weingartner verdammen wir aus demselben Grunde. Leoncavallo rühmen wir ob dieser Eigenschaften, von Alexander Ritter wenden wir uns ab; gesegnet sei die Logik des deutschen Publicums![1]*"*

Soweit der Wortlaut einer Kritik an dem als hoffnungslos „italienisiert" geltenden Wiener Hofopernbetrieb des Jahres 1893. Bemerkungen dieser

---

1 R. (?) Roland, *Italomanie*, In: *MRu* 8 (1893), 1 f.

Art, die auf ein eigenartiges Erscheinungsphänomen hinweisen, hatten aber nicht nur für die Wiener Opernzustände von 1893 Gültigkeit, sondern betrafen damals die im ganzen deutschen Sprachraum vielfach vorherrschende Diskrepanz zwischen der Aufnahme neuer deutscher und neuer italienischer Opern durch das Publikum und (weit mehr noch) durch die Fachkritik[2]. Da hinter diesem Verhalten auch ganz deutlich die Befürchtung zutage tritt, die Vertreter Jungitaliens könnten die deutsche Oper im Kampf um die Publikumsgunst mit ihrer eigenen Waffe – namens Wagner – schlagen, erscheint es notwendig, etwas näher auf die Wagner-Rezeption und den sog. *germanismo* Italiens in der 2. Hälfte des 19. Jahrhunderts einzugehen[3].

Als im Jahre 1868 Giovanna Lucca das Aufführungsrecht sämtlicher Werke Richard Wagners für Italien erwarb und kurze Zeit später daran ging, die Klavierauszüge Wagner'scher Musikdramen in italienischer Übersetzung herauszubringen, glaubte wohl niemand so recht an einen Erfolg dieses kostspieligen Unternehmens. Es waren die Voraussetzungen für ein solches Vorhaben zu diesem Zeitpunkt auch tatsächlich denkbar schlecht, hatte doch allein die Kunde von einem Manne, der mit der Tradition brechen wollte und Musikdramen schrieb, die keine Melodien im herkömmlichen Sinne mehr hatten, in Italien sofort heftigste Kontroversen zwischen Befürwortern und Gegnern des deutschen Meisters hervorgerufen und 1873 die „Wagner-Frage" sogar zu einer nationalen Angelegenheit, zum Gegenstand einer mehrtägigen Parlamentsdebatte werden lassen[4]. Das italienische Publikum, das bislang noch keine Note von Wagner gehört hatte, blieb anfangs zwar passiv, doch verschloß es sich auf Dauer dennoch nicht den vielfach widersprüchlichen Meinungen und stimmte schließlich in den überall kursierenden Ruf von der *„musica Wagneriana"* als *„musica dell avvenire"* ein, mit welcher Parole grundsätzlich alles erdenklich Negative verbunden wurde[5]. Vom Gegenteil dieser irrigen Meinungen überzeugte erst Bolognas „Pioniertat", die italienische Erstaufführung des *Lohengrin*[6], bei der das Publikum,

---

2 In etwas abgeschwächter Form gilt dies auch für die französische Oper.
3 Grundlegend dazu im Folgenden: Ute Jung, *Die Rezeption der Kunst R. Wagners in Italien* (Studien zur Mg. d.19. Jhs. 35), Regensburg 1974; eine Arbeit, die eine immense Fülle von Material aufbereitet, allerdings auch nicht unwidersprochen geblieben ist (s. Susanne Großmann-Vendrey, *Wagner in Italien – Bemerkungen zur Rezeptionsforschung*, In: *Mf* 29/1976, 195 ff.).
4 Jung 365 f.
5 Jung 429 ff.
6 Es war dies die erste Aufführung einer Oper Wagners in Italien überhaupt; zur Chronologie weiterer ital. Erstaufführungen von Wagners Werken s. Jung, 183 ff.

wie ein Augenzeuge dieser denkwürdigen Premiere des Jahres 1871 berichtet, „*. . . betrogen und irregeführt von den galligen böswilligen Kritiken einiger Blätter . . . edelste Rache nahm, indem es jenem verschrieenen Werke eine Ovation bereitete, die in der Heimat nicht wärmer und spontaner hätte sein können*"[7]. Dieser Erfolg, der Wagner ein Jahr später die Ehrenbürgerschaft Bolognas einbrachte und hinter dem in erster Linie das Engagement des „ersten italienischen Wagnerianers" Arrigo Boito stand[8], bedeutete aber bekanntlich noch keineswegs den endgültigen Sieg Wagners in Italien, war doch *Lohengrin* jenes Werk, das vor allen anderen Wagneropern der *italianità* am meisten schmeichelte und von dem nicht zuletzt schon aus diesem Grunde in Italien auf Anhieb eine relativ günstige Aufnahme zu erwarten gewesen war. Im Gegenteil, denn nunmehr entbrannte (vor allem in Mailand, das sich von der Provinzstadt Bologna „ausgestochen" sah) der Streit in einer zuvor nie dagewesenen Heftigkeit, wobei sich Verdi, der erste und Angriffen daher primär ausgesetzte Repräsentant der Musiknation Italien, in der Öffentlichkeit eher zurückhaltend verhielt, um durch falsch ausgelegte Kritik an Wagner Gerüchten und Spekulationen um sein Verhältnis zu diesem Komponisten keinen Nährboden zu liefern. Zwar hatte Verdi (was auch entsprechend gedeutet wurde) nach der *Lohengrin*-Premiere mit Angelo Mariani, dem Dirigenten des Abends, offen gebrochen und Giulio Ricordi in einem Brief versichert, er wolle die Partitur seiner *Aida* lieber dem Feuer übergeben als sich in Zukunft „lohengrinieren"[9] zu lassen, doch ist darin sicherlich nicht in erster Linie „*falsch verstandener Konkurrenzneid*" zu sehen, wie des öfteren behauptet wurde[10].

Es scheint dahinter vielmehr eine von seiner Person weitgehend unabhängige Sorge um die Zukunft der italienischen Musik gestanden zu sein, deren Vormachtstellung zu bewahren, er zu diesem Zeitpunkt (bis auf *Otello* und *Falstaff* lag ja bereits das gesamte Opernschaffen fertig vor) schließlich schon als seine historische Sendung empfinden durfte. Verdi ist auch nach der Einigung Italiens sowohl in politischer als auch in künstlerischer Hinsicht Patriot geblieben, und die falsche Einschätzung dieser Situation gleicht der noch heute nicht selten anzutreffenden Behauptung, er sei im Alter dem *wagne-*

---

7 Alfredo Untersteiner, *Die Wagner-Frage in Italien*, In: *Mwb* 21 (1890), Nr.17, 206; vgl. dazu auch Rudolf Schlössar, *Italienische Theatererinnerungen*, In: *Mwb* 23 (1892), Nr. 35, 382 f.
8 Vgl. Wagners persönliches Dankschreiben an Arrigo Boito vom 7. Nov. 1871, die Erstaufführung des *Lohengrin* in Bologna betreffend, In: *Wagners Gesammelte Schriften und Dichtungen 3*, Leipzig 1872, 104 ff.
9 Orig.: „*lohengrinato*"; s. Giuseppe Verdi, *Autobiografia dalle lettere*. A cura di C. Graziani, Verona 1941, 41.
10 Zuletzt bei Jung, 28.

rismo verfallen und wäre nach der *Aida* (eine willkommene Begründung für seine lange musikalische „Abstinenz" nach dieser Oper) völlig aus seinem künstlerischen Gleichgewicht gerissen worden. Sie ist Relikt eines „germanischen Wunschdenkens", dem man vor und nach der Jahrhundertwende sowohl in der musikalischen Fachpresse als auch in der Literatur auf Schritt und Tritt begegnen konnte und das sich in Äußerungen folgenden oder ähnlichen Wortlautes niederschlug: „*. . . auch Verdi hat dem Meister von Baireuth* [sic!] *in gläubiger Bewunderung seines großen Genius nachgeeifert , ohne allerdings die Kraft und Energie zu besitzen, die großen Reform-Ideen Wagners selbstschöpferisch wie dieser verwirklichen zu können . . . und trotz allem ehrlichen Bemühen,* [mit seinem *Otello*] *Wagners Vorbild zu erreichen, nur ein Zwitterding von italienischer Oper und deutschem Musik-Drama zustande gebracht hat*"[11]. Selbstverständlich konnte sich auch Verdi dem starken Einfluß Wagners nicht gänzlich entziehen, doch hat er bekanntlich stets versucht, ohne Verleugnung der eigenen Individualität den von Wagner erbrachten allgemeinen Fortschritt für die Entwicklung des Musiktheaters sich und der Musik Italiens zunutze zu machen. Und er hat auch in seinen beiden Spätwerken seine charakteristische musikalische „Physiognomie" bewahrt und nachdrücklich des öfteren vor plumper „Wagnerei" gewarnt, ja die dem Bayreuther Meister verfallenen „Nachkommen Palestrinas" sogar des „*delitto musicale*" für schuldig befunden[12]. Es wundert daher kaum, daß Verdi auch die begeisterte Wagner-Rezeption der Jungitaliener mit seiner Kritik nicht verschonte, an *Cavalleria rusticana* und *Pagliacci* relativ wenig Interesse zeigte[13], und Puccinis Festhalten an der Melodie im Zusammenhang mit *Le Villi* zwar lobte, jedoch vor übertriebenem *sinfonismo* in der Oper warnte. Denn, so meinte er, „*. . . l'opera è l'opera: e la sinfonia è la sinfonia, e non credo che in un'opera sia bello fare uno squarcio sinfonico, sol per piacere di fare ballare l'orchestra*"[14]. Also nicht Unmut über die Abkehr des musikalischen Nachwuchses in Italien von der alten Form der Oper (die er ja selbst vollzogen hatte), sondern die Angst vor dem Verlust des nationalen Bewußtseins seiner zukünftigen „Erben", die sich unüberhörbar (und in seinen Augen unpatriotisch) zur neuen Mode bekannten, bereiteten Verdi

11 Karl Wilhelm Marschner, *Richard Wagners Einfluß auf die modernen Opern-Komponisten*, In: *DMz* 28 (1897), 3f; vgl. auch Heinrich Bulthaupt, *Dramaturgie der Oper* 2, Leipzig 1902, 332 f.

12 Brief Verdis an Franco Faccio vom 14. 7. 1889, In: Franco Abbiati, *Giuseppe Verdi* 4, Milano 1959, 379.

13 Daß Verdi diese Opern überhaupt nicht kannte und auch niemals kennenlernen wollte, wie in *HMz* (1/1892, 76) kolportiert wird, ist ohne Schwierigkeiten zu widerlegen und entlarvt sich von selbst als deutsche antiveristische Propaganda.

14 Abbiati, 248 f.

Sorge. Sie ließ ihn schließlich mit Verbitterung in einem 1892 an Bülow gerichteten Schreiben nicht einmal vor dem harten Urteil zurückschrecken, daß
aus der einst großen Schule Palestrinas eine *„Bastardkunst"* geworden sei,
die nunmehr unterzugehen drohe[15]. Daß Italiens Oper nicht untergegangen
ist, sondern einen neuerlichen Aufschwung nahm und dem deutschen Musiktheater einmal mehr den europäischen Vorrang streitig machte, dafür
sorgte bekanntlich der verismo, doch konnte Verdi diese Entwicklung freilich
nicht vorausahnen. Aus heutiger Sicht erscheint daher auch seine Sorge um
die Wahrung der „genealogischen Reinheit" der italienischen Musik zu
einem Zeitpunkt, da Italien mit Mascagni zumindest schon einen neuen
„Fixstern" am nationalen Opernhimmel hatte, als unangebracht und wäre
viel eher einige Jahre früher am Platz gewesen. Denn damals leistete gerade
eine nicht um sehr viel ältere Generation als jene der späteren Veristen Wagner bei seinem Einzug in Italien ausgiebige „Schützenhilfe" und schuf damit
der jüngeren die Voraussetzungen für dessen Rezeption. Es waren dies vor
allem Komponisten, die ihre stärksten künstlerischen Eindrücke durchwegs
nicht in ihrer Heimat, sondern im Ausland (überwiegend in Deutschland)
empfingen und die sowohl in Wagners musikdramatischen Ideen als auch in
einer neuen Hinwendung zur Sinfonik der Wiener Klassik eine Möglichkeit
für die Erneuerung des italienischen Musiktheaters, ja der italienischen Musik überhaupt sahen. Allen voran der schon genannte Dichterkomponist und
kongeniale Librettist des späten Verdi, Arrigo Boito, der die Verbreitung und
Umsetzung dieses für Italien neuen Gedankenguts[16] in seinen eigenen Werken mit dem sensationellen „Durchfall" der damals noch so fremdartig anmutenden Oper *Mefistofele*[17] bezahlen mußte und, wegen seines *wagnerismo*
des musikalischen Landesverrats beschuldigt, erst Jahre danach eine Rehabilitierung erfuhr[18]. Seine Begeisterung für die deutsche Musik teilte er mit
Giovanni Sgambati, der sich vor allem in Rom als Dirigent nicht nur für
Wagner und die Klassiker, sondern auch in besonderer Weise für Liszt einsetzte und zusammen mit dem bei Joachim in die Schule gegangenen Ettore
Pinelli durch die Gründung des *Liceo romano musicale* den Grundstein für die
deutsche Musikpflege an der *Accademia di Santa Cecilia* legte[19]. Besondere
Bedeutung kommt in diesem Zusammenhang (vor allem als Lehrer) Antonio

---

15 Ders. 440 f.
16 Boito übersetzte u. a. auch *Tristan und Isolde* sowie *Rienzi* ins Italienische.
17 Scala Milano, 1868.
18 Vgl. Jung, 374.
19 Näheres dazu bei Romolo Giraldi, *G. Sgambati e la Filarmonica Romana*, In: *Rasegna musicale* 12 (1939), 14 ff.

Bazzini zu, der nach Beendigung einer internationalen Karriere als Geigen-
virtuose 1873 eine Kompositionsklasse am Mailänder Konservatorium über-
nahm und 1882 dessen Direktor wurde. Er war es, der in der damals ersten
Musikstadt des Landes (in der Überzeugung, daß sich Italien dem Fortschritt
nicht verschließen dürfe) eine ganze Generation von Musikern primär mit
der deutschen, aber auch mit der französischen Musik vertraut machte, ohne
jedoch darauf zu vergessen, seinen Kompositionsschülern (unter ihnen Catalani und Puccini[20]) mahnende Worte ins „nationale Gewissen" zu reden:
*„Schließt euch so eng wie ihr wollt der neuen Richtung an, aber bleibt Italie-
ner . . . Vergeßt nicht, daß auch das Einfache groß und erhaben sein kann . . .
Ich habe beobachtet, daß in allen Ländern die der neuen Richtung folgenden
Componisten ihren nationalen Charakter bewahren . . . Warum sollte sich Italien nicht italienisch erhalten? Soll Italien allein seine ruhmvolle Vergangen-
heit verleugnen? [. . .] Dies wäre einfach absurd und lächerlich"*[21].

Entscheidende Impulse empfing Italiens *germanismo* der 70er und 80er
Jahre aber nicht nur durch das Ausland, sondern auch in der Heimat selbst.
Hier war es vor allem die in Mailand beheimatete Künstlerorganisation *scapigliatura*[22], die besonders in literarischer Hinsicht äußerst fruchtbar auf die
junge Komponistengeneration Italiens wirkte. Diese Vereinigung von vorwiegend Dichtern und Musikern[23] verstand sich als eine bohèmienartige Reaktion auf die selbstzufriedene italienische Bourgeoisie nach dem *Risorgi-
mento*, öffnete sich bereitwilligst allen von außen kommenden künstlerischen
Einflüssen und strebte nach dem Vorbild Baudelaires eine Verschmelzung
der Künste an. Auf der literarischen Seite gehörten ihr Persönlichkeiten wie
Giuseppe Rovani, Carlo Dossi und die jüngeren Ferdinando Fontana, Andrea Maffei, Marco Praga, Giuseppe Giacosa oder der von Wagner begeisterte Giovanni Verga etc. an. Diese standen mit den musikalischen Mitglie-
dern, wie den schon genannten Bazzini und Boito sowie Catalani, Franchetti,
Smareglia, Mascagni, Puccini und der damaligen musikalischen Schlüsselfi-
gur Ponchielli[24] in engster Verbindung und Zusammenarbeit. Die besondere
Affinität vieler dieser Vertreter beider Kunstrichtungen zur deutschen Romantik, die den *scapigliati*, den „Zügellosen", nicht selten das Schimpfwort

---

20 Zum Einfluß Bazzinis auf Puccini s. Carlo Paladini, *G. Puccini*, Florenz 1961, 35.
21 Zitiert nach Wilhelm Langhans, *Die musikalischen Beziehungen zwischen Deutschland und
   Italien*, In: *NBMZ* 44 (1890), 128.
22 Siehe Gaetano Mariani, *Storia della Scapigliatura*, Caltanisetta 1967.
23 Zur literarischen Seite s. Piero Nardini, *Scapigliatura da Giuseppe Rovani a Carlo Dossi*,
   Bologna 1924; zur musikalischen ders., *Vita e tempo di Giuseppe Giacosa*, Milano 1949.
24 Ponchielli bildete sowohl die Brücke zwischen Verdi und dem verismo als auch zur französischen Oper; vgl. Peter Stadler, *A. Ponchielli zwischen Verdi und der Giovane Scuola*, In: Programmheft „La Gioconda". Musiktheater im Revier, Gelsenkirchen, Spielzeit 1986/87.

„*germanisti*" einbrachte, ließ die Begeisterung für Schauergeschichten von Dämonen, Liebe und Tod sowie chaotischem Exzessionismus und schwarzer Romantik ihren Niederschlag in zahlreichen Libretti der vorveristischen Oper finden, so z. B. in den *melodramme nere*[25] eines Catalani[26] *(Elda, La Wally, Loreley)*, Franchetti *(Germania)*, Smareglia *(Cornill Schut)*, Zuelli *(La fata del Nord)*, Mancinelli *(Isora di Provenza)* oder auch eines Puccinii *(Le Villi, Edgar)*. Die Handlungen dieser Werke spielen in Bayern, Tirol, im Schwarzwald oder auch in den Schweizer Alpen[27], wobei der hier genannte „italienische Meyerbeer"[28], Alberto Franchetti, über seine *Germania* hinaus[29] auch schon zuvor durch intensive Kompositionsstudien bei Rheinberger, Draeseke und Kretschmer ein Bekenntnis besonderer Art zu Deutschland und deutscher Kultur abgelegt hatte. Von den bevorzugten deutschen Dichtern kommt hier neben Goethe, Novalis und Hölderlin besondere Bedeutung Heinrich Heine zu, nach dessen *Elementargeistern* beispielsweise Fontana das Libretto zu Puccinis *Le Villi* verfertigte, oder Andrea Maffei *William Ratcliff* für Mascagnis (schon vor der *Cavalleria* begonnene und nach *L'amico Fritz* beendete) Oper gleichen Namens[30] den Text verfaßte. Der hier zur Schau gestellte Hang zur Skurrilität, wie er fast allen *scapigliati* zu eigen war, macht es auch verständlich, daß die „*scapigliati*-Komponisten" und selbstverständlich erst recht die späteren Veristen (seien sie aus der *scapigliatura* hervorgegangen oder nicht) an Mythos und „Götternot" der *Ring*-Tetralogie oder an Parsifals „Heilandsklage" (also am Spätwerk Wagners) kein stoffliches, sondern vielmehr nur ein musikalisches Interesse hatten[31]. Es ist dies ein Umstand, der von deutscher Seite mit Genugtuung als italienisches Unvermögen ausgelegt[32], auf der italienischen jedoch für die „*mittelmäßigen*

25 Vgl. Rodolfo Celletti, *Il melodramma nero*, In: *L'Opera* 2 (1966), 63 ff.
26 Über Catalanis Beziehungen zur *scapigliatura* s. Carlo Gatti, *Catalani. La vita e le opere*, Milano 1953, 40 ff.; zu den genannten Werken s. John W. Klein, *Catalani and his operas*, In: *MMR* 81 (1958), 67–69 und 107 ff.
27 Ausführlich dazu Richard Valente, *The verismo of Puccini. From Scapigliatura to Expressionism*. Diss. Freiburg 1971, 91 ff.
28 So genannt, wegen der kompromittierenden Ähnlichkeit seines *Asrael* mit Meyerbeers *Die Afrikanerin*.
29 Vgl. Luigi Torchi, *Germania di A. Franchetti*, In: *RMI* 9 (1902), 7 ff. sowie Georg Göhlers Rezension der Uraufführung dieser Oper an der Scala, In: *Kw* 15/2 (1902), 452 f.
30 *L'ultima e senza dubbio la più allucinata, delirante* [„exaltierteste"] *opera della scapigliatura*, wie sie Gaetano Mariani (*Il melodramma della scapigliatura*, In: *Il Dramma* 47/1971, Nr. 8/9, 126) nennt.
31 Vgl. dazu einen unadressierten und undatierten (vermutl. 1894) Brief Puccinis, den Valente (67) zitiert: „*Budda è stato uno dei sogni giovanili di Wagner ... Ma io non vedo nè desidero un'opera mistica, un oratorio á la Parsifal, come l'avrebbe concepita Wagner; io cerco una cosa sentimalmente, più umana più vicina al pubblico ...*"
32 Siehe Martino Roeder, *Über den Stand der öffentlichen Musikpflege in Italien*, In: *Mwt* 1 (1880/81), 119.

jungen Komponisten, [die sich] ... *ausschließlich mit der phonischen Seite
des Stils des großen teutonischen Komponisten beschäftigen*, [als] *schädlich*"
betrachtet wurde[33]. Zwar bezieht sich dieses Zitat auf das Jahr 1880, also auf
einen Zeitpunkt vor der ersten italienischen *Ring*-Aufführung, doch hat sich
bekanntlich auch danach in dieser Hinsicht nichts geändert[34] und es blieb bei
einer Adaption von vorwiegend kompositorischen bzw. satztechnischen Details, wie Instrumentation, Leitmotivtechnik, sinfonischer Stil, Deklamatorik
etc. Besonders letztere war für die im verismo versuchte Annäherung der
Singstimme an den natürlichen Sprachfluß von äußerster Wichtigkeit[35] und
wurde zu einem hervorstechenden Kennzeichen des ganzen realistischen italienischen Musiktheaters. (Allerdings dürfte das Einbringen des deklamatorischen Elements in die Kantilene für die italienischen Opernkomponisten
kaum eine allzu große Umstellung erfordert haben, wurde doch im Rezitativ
von jeher nichts anderes versucht, als die gesprochene Rede musikalisch-
deklamatorisch zu verwirklichen.)

Es ist hier weder Ort noch Aufgabe vorliegender Untersuchung, auf dieses
Problem näher einzugehen oder nach Art verpönter „Reminiszenzenjägerei"
den mehr oder weniger auffälligen, bei den Vertretern des verismo selbstverständlich immer wieder anzutreffenden Anklängen an Wagner nachzuspüren,
doch scheint in diesem Zusammenhang zumindest von Interesse, wie die drei
„Großmeister" des verismo selbst ihr Verhältnis zu Wagner charakterisierten[36]. So hat z. B. Puccini im Jahre 1912, als die ganze musikalische Welt
darüber diskutierte, ob die Schutzfrist des *Parsifal* zu verlängern sei, zwar ve-
hement für den ausschließlichen Verbleib dieses Werkes in Bayreuth plä-
diert, sich offen zu Wagners Einfluß auf sein eigenes Schaffen bekannt,
gleichzeitig aber dennoch seine eigene musikalische Nationalität und Eigen-

---

33 Siehe C. D. Marchesi, *A proposito del Lohengrin a Roma*, In: *Napoli musicale* vom 13. 6.
    1880; Zitat nach Jung, 365.
34 Mascagni über die jungitalienische Schule im Jahre 1902: „*Das neue Italien, die junge italie-
    nische Schule* ... *studiert mit Liebe das Wagnersche Theater. Sie studiert es seitens der Form,
    des technischen Fortschritts* ... *seitens der gesamten komplexen musikalischen Konzeption;
    aber sie wird in ihm nicht das Gefühl studieren können, weil in der Kunst die Idee der spon-
    tane Ausdruck des schaffenden Genies ist.*" (Zitat nach der Übersetzung von Jung 368)
35 Zur Umstellung in der italienischen Oper vom reinen Belcanto auf die musikalische Wort-
    ausdeutung des deklamatorischen Stils aus zeitnaher deutscher Sicht s. Julius Hey, *Sprachge-
    sang*, In: *NmP* 9 (1900), 86 f.
36 Aus den vorliegenden Zeugnissen dieser Art bieten sich selbstverständlich jene als besonders
    informativ (und hier auch herangezogen) an, die nicht nur den jeweiligen Grad der tatsächli-
    chen Wagner-Rezeption einigermaßen glaubhaft widerspiegeln, sondern auch über das Na-
    tionalitätsbewußtsein der jeweiligen Komponistenpersönlichkeit Aufschluß geben.

ständigkeit hervorgestrichen: *„Ich bin kein Wagnerianer, ich bin musikalisch in italienischer Schule erzogen und wenn ich auch wie jeder moderne Musiker in der Illustrierung des Orchesters, in der dramatischen Charakterisierung der Personen und Situationen von Wagner beeinflußt bin, so blieb und bleibe ich als Komponist doch Italiener, wurzelt meine Musik in der Eigenart meiner Heimat. Aber ich bin ein Künstler, der sich vor diesem deutschen Genius beugt, der sein Vermächtnis, die berechtigte und ernst berechnete Konsequenz künstlerischen Geistes ehrt"*[37].

Ganz anders Mascagni. Er gibt zwar Wagners Größe zu, gesteht jedoch nicht wie Puccini ein, vom Bayreuther Meister persönlich stark beeinflußt worden zu sein. Ja, er vertritt sogar die Meinung, man könne Wagner überhaupt nicht imitieren[38]. Dies ist zwar nicht ganz richtig und läßt sich an Mascagnis eigenen Werken jederzeit widerlegen, doch muß man dem Meister aus Livorno zugestehen, daß er im Vergleich zu Puccini, oder erst Recht zu Leoncavallo, weit weniger auffallend in seinen Werken „wagnerisiert" hat[39]. Zweifellos ist er von diesen drei Komponisten derjenige, der in seiner Musik am meisten Italiener geblieben ist[40]. Er konnte sich daher auch, gestützt auf die große Volkstümlichkeit seiner *Cavalleria*, noch am ehesten die Prophezeiung erlauben, es wären Wagners Musikdramen wohl Ausgangspunkt für eine neue Entwicklung der Oper, doch würde in Zukunft dennoch *„. . . die* [natürlich italienische] *Melodie als die allgemeine und einzige Sprache der Seele triumphieren . . . der Ruhm und der Schmerz, die Sehnsucht und der Schrecken aller Völker sich in der erhabenen Sprache der Melodie verschmelzen und alle Menschen des reinsten und edelsten Sozialismus miteinander verbrüdern"*[41].

Fern all diesen gutgemeinten sozialistischen Verbrüderungsversuchen steht Leoncavallo. Er spricht sich, ohne besonderen Anspruch auf „nationale Exklusivität", rückhaltlos für Wagner aus, berichtet begeistert über das Erlebnis seiner ersten Wagneroper[42] und schwärmt, sich gleichermaßen zum Dich-

---

37 Zitiert nach einem Interview Puccinis, gegeben in: *NZfM* 79 (1912), 243.

38 Eine Meinung, die Mascagni bereits 1892 in Wien vertrat (s. *AMZ* 19/1892, 462) und in seinem *Il testamento del secolo* (Rom 1900, 21) bekräftigte.

39 Richard Heuberger (*Im Foyer*, Leipzig 1901, 14) meint diesbezüglich zurecht, Mascagni habe Wagner zwar nie richtig nachgeahmt, wäre aber ohne diesen *„dennoch undenkbar"*, und es hätte bei ihm *„der Einfluß Wagners nur die Reaktion einer Impfung hervorgebracht"*.

40 Dazu Mosco Carner (*Puccini. A critical biography*, London 1958, 245): *„. . .to many of his Italian contemporaries he represented 'l'italianissimo genio', never belying the characteristics of our race."*

41 Zitiert nach *AMZ* 19 (1902), 605; vgl. dazu auch Mascagnis Interview, gegeben In: *DMz* 10 (1902), 87.

42 Es war dies *Tannhäuser* in Bologna; s. Onorato Roux, *Memorie autobiografiche giovanili di Leoncavallo*, Firenze o. J., 48.

terkomponisten berufen fühlend, von seiner einzigen persönlichen Begegnung mit Wagner, bei welcher Gelegenheit dieser für seinen Plan zu einem
mehrteiligen nationalen italienischen Musikdrama viel Verständnis gezeigt
und ermunternde Worte gefunden hätte[43].

Das hier nur schlagwortartig beleuchtete Verhältnis jener drei Meister zu
Wagner gilt natürlich in modifizierter Weise auch für Giordano, Cilea, Tasca,
Spinelli etc., doch war es selbstverständlich nicht allein Wagner, der den Genannten den Sprung von der Romantik zum verismo[44] gelingen half. Hiefür
bedurfte es in entscheidendem Maße auch noch des musikalischen und literarischen Einflusses Frankreichs, der letzlich ja auch auf die deutsche Rezeption des verismo nicht ohne Auswirkungen bleiben sollte.

Was die musikalische Wirkung Frankreichs auf Italien betrifft, hat in der
2. Hälfte des 19. Jahrhunderts auf musikdramatischem Gebiet zweifellos George Bizets *Carmen* auf die Vertreter der jungen Generation am nachhaltig-
sten gewirkt, wenngleich die italienische Erstaufführung dieser Oper[45] unter
der „Rezitativ-Fassung" Ernest Guirauds gelitten haben dürfte, zumal *„das
wahrhaft Dramatische, das Leidenschaftliche, Enthüllende und Schicksal-
hafte . . . zugunsten einer wesentlich bequemer zu genießenden Schönheit"* zurücktreten mußte[46]. *Carmen* war es nämlich, in der das für den *paesanismo*
der Anfangsphase des späteren verismo so typische Grundbild der Anlage
der Charaktere vorgebildet war, die Gesangsmelodie sich bereits dem
Sprachfall unterordnete, oder der besondere Zauber des südländischen
Handlungsmilieus als dominierende dramaturgische Komponente eingebracht wurde. In dieser Oper überstürzten sich aber auch die wirklichkeitsnahen, bis zum Äußersten getriebenen Affekte, wurde die Handlung in knapper
Form auf das Wesentliche komprimiert, und mit der Titelfigur war nicht zu-

---

43 Siehe *Bei Leoncavallo*, In: *DMz* 25 (1894), 13 f.; Bekanntlich sind von den drei geplanten
   (im Unterschied zu Wagner rein historischen) Renaissance-Dramen Leoncavallos, *Caesare
   Borgia, Savonarola* und *I Medici* nur letztere vollendet worden. Mit ihnen wollte der Komponist, wie er sagte, „. . . *den ganzen Fortschritt der Form Wagners mit dem absoluten italienischen Charakter der Musik vereinigen"* (zit. n. Heinrich Schenker, *Ruggero Leoncavallo*,
   In: *Zk* 6/1894, 139). Nach einem sensationellen Uraufführungserfolg gerieten *I Medici*, in
   Kürze als „Wagner-Konglomerat" verrufen, ins Kreuzfeuer der Kritik und Leoncavallo ver-
   zichtete entmutigt auf die Vertonung der beiden anderen Teile.
44 Dieser Sprung war zweifellos auch bereits durch Verdis *La Traviata*, zumindest vom Sujet
   her, vorbereitet worden; vgl. dazu Giovanni Ugolino, *La Traviata e i rapporti di Verdi con
   l'opera verista*, In: *Atti del primo congresso internazionale di studi Verdiani*, Venezia 1966,
   261–67.
45 Neapel, 1879.
46 Werner Otto, *Die Opernübersetzung. Ein Beitrag zum Musiktheater*, In: *Die komische Oper*
   [Berlin] 1947–54, Berlin DDR 1954, 17.

letzt ein Symbol für die dämonische Urgewalt der Liebe geschaffen worden, das Opernkomponisten verschiedenster Nationalität immer wieder zur Vertonung herausforderte[47]. Ohne *Carmen* keine *Cavalleria*, kein *Bajazzo*, ohne *Carmen* aber auch kein *Tiefland*, keine *Conchita*, oder *Schmuck der Madonna* etc.! Selbstverständlich wäre hier auch noch *Le Villi*[48], ja zum Teil sogar *Manon Lescaut*[49] hinzuzuzählen, wohingegen der „mittlere" Puccini bekanntlich an das *Drame lyrique* eines Gounod, Thomas und insbesondere eines Massenet angeknüpft hat, was ihn (auf letzteren bezogen), mit dem Epitheton „massenetid" versehen, schon in der zeitgenössischen Fachliteratur zum Gegenpol des „bizetiden" Mascagni werden ließ[50]. Natürlich haben sich auch Mascagni & Cie. mit der *Lyrique* intensiv auseinandergesetzt und bestimmte Kompositionstechniken übernommen[51], doch war Puccini der einzige, der über die Adaption kompositorischer Details hinaus allgemein charakteristische Stilememente dieser Gattung französischer Oper, insbesondere die „*... Neigung zum Deskriptiven ... eine geschärfte Sensibilität für das Klangliche und eine Vorliebe für den Reiz ,atmosphärischer' Situationen und exotischer Sujets*"[52], für sich in Anspruch zu nehmen wußte und darüber hinaus italienische *passione* mit französischem *sentiment* verschmolz. Dieser Weg, und nicht jener über Bizet, führte Puccini auch zum Impressionismus seiner Spätwerke.

Keineswegs geringer ist der literarische Einfluß Frankreichs auf Italiens Dichter und Musiker dieser Zeit einzuschätzen. Hier waren es vor allem die Novellen eines Honoré de Balzac, Prosper Mérimée, Alexander Dumas, Henri Murger, einer George Sand oder eines Gustave Flaubert und Guy de Maupassant, welche dem literarischen verismo Italiens auf die Beine geholfen haben[54], nachdem sich unter dem Eindruck von deren Realistik die Dichter der *scapigliatura* von ihren Romantizismen zu lösen begonnen hatten. Allen voran Giovanni Verga und Luigi Capuana, die mit ihren ersten realisti-

---

47 Vgl. Paul Bekker, *Wandlungen der Oper*, Zürich 1934, 132 ff.

48 Siehe Carner, *Puccini*, 290.

49 Siehe Norbert Christen, *G. Puccini. Analytische Untersuchungen der Melodik, Harmonik und Instrumentation* (Schriftenreihe zur Musik 8), Hamburg 1978, 145 ff.

50 Richard Batka, *Musikalische Streifzüge*, Florenz-Leipzig 1899, 141.

51 z. B. die Verdopplung der Singstimme durch das Orchester; auch an regelrechten Plagiaten fehlte es selbstverständlich nicht, wie das Beispiel Leoncavallo zeigt, der ganze Teile aus Massenets *Le roi de Lahore* und *Le Cid* nahezu wortwörtlich in seinen *Bajazzo* übernommen hat; s. John W. Klein, *R. Leoncavallo*, In: *Opera* 9 (1958), 232 sowie Erich Urban, *Puccini und die Jungitaliener*, In: *Mk* 2/1 (1902/3), 261.

52 Christen, *Puccini*, 298.

54 Vgl. Kenneth Gustave Schuller, *Verismo Opera and The Verists*, Diss. Saint Louis, Missouri 1960, 12 ff.

schen Erzählungen[55] den verismo ins Leben riefen. Verga, allgemein als
„Vater" dieser Kunstrichtung bezeichnet[56], hat allerdings trotz seiner besonderen Vorliebe für Dumas und Maupassant[57] nicht das bürgerliche Milieu
zur Drehscheibe der Handlungsabläufe seiner Dichtungen gemacht, sondern die Stilelemente des französischen Realismus und späteren Naturalismus auf seine Heimat Sizilien und damit auf das Leben der sozial niedrig-
sten Schichten, der Bauern, Fischer und Hirten etc. übertragen. Dieser „regionale Verismus"[58], wie ihn z. B. (gleichfalls fast ausschließlich) auch Gra-
zia Deledda, Matilda Serao oder Gioffredo Cognetti vertraten, stand als
„Verismus des Südens" dem mit der italienischen Bourgeoisie verhafteten
„Verismus des Nordens" (und damit letztlich auch dem französischen Naturalismus) gegenüber[59], was für Verga (mit dem Ruf der Einseitigkeit und der
Ausschließlichkeit behaftet) innerhalb der eigenen Reihen zwangsläufig zu
einer gewissen Isolierung bzw. Ausnahmestellung führte. Und dies bedeutete in weiterer Folge auch, daß Vergas literarische Vormachtstellung in der
Öffentlichkeit das Zustandekommen eines einseitigen Verständnisses von
verismo bewirkte und die Existenz eines gleichzeitigen (wenngleich noch
nicht voll ausgeprägten) bürgerlichen Realismus, eines *verismo borghese*, in
Italien vorerst vergessen ließ. Zweifellos war daran nicht Verga alleine
schuld, denn dazu hat in hohem Maße auch die Vertonung seines *Cavalleria*-Stoffes durch Mascagni beigetragen[60]. Der sensationelle Erfolg von dessen Einakter hat nämlich zahllose Komponisten jahrelang nach Stoffen dieser und ähnlicher Art greifen lassen, wodurch dem verismo nur noch mehr
der Stempel der ausschließlichen Bezogenheit auf bäuerliches „Arme-Leute-
Milieu" aufgedrückt wurde. Ungewollt hat Mascagni darüber hinaus auch

---

55 *Nedda* (1871), *Vita dei Campi* (1880) und *Giacinta* (1881).
56 Verga hat sich selbst niemals als Begründer einer literarischen Schule betrachtet, wie er über-
     haupt eine ausgesprochene Abneigung gegen alle Arten von „-ismen" hegte; s. Paul Arrighi,
     Le Vérisme dans le Prose Narrative Italienne, Paris 1973, 24.
57 Verga hat diese beiden Dichter auch persönlich gekannt. Maupassant beabsichtigte sogar ein
     Vorwort zur französischen Übersetzung der *Cavalleria* zu verfassen; s. Alfred Alexander,
     Giovanni Verga A Great Writer and his World, London 1972, 37, 53 und 98 f.
58 Vgl. Hildegard Streich, *Der Verismus als Regionalismus bei G. Verga*, Diss. Greifswald 1940.
59 Tatsächlich verhinderte auch gerade dieser Punkt eine Annäherung der Standpunkte zwi-
     schen Zola und Verga, da letzterer die dichterische Persönlichkeit des berühmten Franzosen
     zwar bewunderte und verehrte, sich jedoch als „literarischer Fatalist" von dessen Determinis-
     mus eines psychologisch durchdrungenen, pseudowissenschaftlichen und idealismusfremden
     Naturalismus nicht angesprochen fühlte; über Zolas Beziehungen zu Verga sowie zu weite-
     ren Vertretern des verismo s. René Ternois, *Zola et ses amis italiens* (Publications de L'Uni-
     versité de Dijon 38), Paris 1967.
60 Zur Beziehung zwischen literarischem und musikalischem verismo s. Matteo Sansone, *Veris-
     mo from literature to opera*, Diss. Edinburgh 1987.

noch eine höchst fragwürdige Begriffsübertragung von der Literatur auf die Musik bewirkt, da ja sowohl er selbst als auch alle nachfolgenden veristischen Komponisten die Oper als solche keineswegs in Frage stellten, sondern *„. . . der Grundforderung der Oper nach Affektausdruck im Gesang grundsätzlich stattgegeben und die realistischen Formen der Affektmitteilung* [ja nur] *auf die Höhepunkte und zentralen Situationen der Handlung beschränkt haben"*[61].

Bekanntlich wurde am Terminus verismo bzw. Verismus in der Folge trotz seiner Widersprüchlichkeit in der Anwendung auf das Musiktheater und trotz der Tatsache, daß sich die „jungitalienische Prominenz" sehr bald wieder von den Stoffen des sog. *paesanismo* als Librettogrundlage abwandte[62], festgehalten. Verga konnte dies allerdings nur recht sein, verband man damit doch immer wieder seine Person bzw. seine *Cavalleria rusticana*, die (obwohl als Schauspiel durch Eleonora Duse, bekannt und verbreitet) sonst wohl niemals jenen Grad der Bekanntheit erreicht hätte, zu dem ihr Mascagnis Musik verhalf. Er hat dies auch offen in einem Brief an seinen Freund F. P. Mulé bekannt[63], ja darüber hinaus sogar resigniert festgestellt, daß die *Cavalleria* überhaupt das einzige wäre, was von seinen Werken sich am Leben erhalten habe-, und dies nur Dank Mascagnis Musik. Ganz anders dieser selbst! Er wollte nach Erhalt der nachträglich eingeholten Vertonungsgenehmigung den großen Erfolg des Werkes einzig und allein seiner Musik zuschreiben, was in Hinblick auf spätere, das Verhältnis zwischen Dichter und Musiker zeitlebens schwer belastende Vorkommnisse aber eher noch harmlos erscheint. Es wurde damals, im ersten „*Cavalleria*-Taumel" der frühen 90er Jahre, darüber in in- und ausländischen Presseberichten mehr Falsches als Richtiges, ja nicht selten absichtlich Entstelltes berichtet, und besonders im deutschen Sprachgebiet haben sowohl die musikalische Tagespresse als auch musikalische Fachjournale einander in ständig widersprechenden Kolportagen

---

61 Egon Voss, *Verismo in der Oper*, In: *Mf* 31 (1978), 312.
62 Bezeichnenderweise wandten sich Mascagni, Leoncavallo, Giordano oder Puccini aber nicht dem *verismo borghese* Italiens zu, sondern vielmehr französischen Dichtern. Und auch hier waren es nicht die zeitgenössischen Romane Zolas, die schon mit Alfred Bruneau einen eifrigen (wenngleich erfolglosen) Vertoner gefunden hatten, sondern die Romane und Novellen einer Quida, eines Vigny, Murger, Daudet, Sardou, Prévost, Louys u. a. Diese waren zwar in ihren breiten Milieu- und Situationsschilderungen (was bei der dramatisierten Form allerdings wegfiel) unrealistisch und vielfach noch romantisch, doch boten sie dafür dem Komponisten zahlreiche Möglichkeiten zu wirkungs- und stimmungsvoller Vertonung. Eine Zusammenstellung der wichtigsten ital. Vertonungen französischer Stoffe findet sich bei Schuller, 55 ff.
63 Siehe John W. Klein, *P. Mascagni and G. Verga*, In: *ML* 44 (1963), 357.

überboten[64]. Da letztere als Publikumsinformation einen nicht unwesentlichen Teil der deutschen Rezeption des verismo darstellen, darüber hinaus dieser Sachverhalt in das spärliche deutsche Schrifttum über Mascagni bislang kaum Eingang gefunden hat, erscheint es als Abschluß dieses einleitenden Abschnittes angebracht, in einem kurzen Exkurs das Thema Verga-Mascagni nochmals aufzurollen. Es soll damit nicht zuletzt auch der Versuch unternommen werden, ein relativ objektives Bild von der Entstehung jener Oper zu zeichnen, die der gesamten veristischen Bewegung unverkennbar ihren Stempel aufgedrückt hat:

Vergas *Cavalleria rusticana*, erstmals als Novelle in der 1879 begründeten italienischen Literaturzeitschrift *Fanfulla della Domenica* im Jahre 1880 veröffentlicht und bald darauf auch in Übersetzung in deutsches Sprachgebiet Eingang gefunden, erreichte ihren eigentlichen Durchbruch zum Erfolg erst durch die 1884 erfolgte Dramatisierung[65]. Es war hier vor allem die in diesem Zusammenhang schon genannte Eleonora Duse, die dem Sprechstück den Stempel ihrer außergewöhnlichen Persönlichkeit aufdrückte[66] und zu einer Popularität verhalf, die Verga auch die Vertonung des Stoffes ins Auge fassen ließ. Zuerst wandte er sich mit diesem Plan an den mit ihm seit Jahren befreundeten Komponisten Giuseppe Perrotta, der zwar begeistert zustimmte, in der Vertonung jedoch nicht viel weiter als über eine Ouverture hinauskam. 1883 erhielt Stanislao Gastoldon von Verga die Zustimmung zur Umarbeitung der *Cavalleria* zu einem Opernlibretto durch Bartocci Fontana, die dann auch tatsächlich am 9. 4. 1890 zur Uraufführung der bei Ricordi unter dem Titel *Mala Pasqua* herausgegebenen Oper führte. Der Erfolg war jedoch mäßig und konnte jenem des Schauspiels in keiner Weise Abbruch leisten, was ja bekanntlich erst Mascagni gelingen sollte. Dieser selbst hatte zwei Jahre zuvor, im Juli 1888, in der Zeitschrift *Il teatro illustrato* die Ausschreibung des *concorso Sonzogno*[67] gelesen und sich nicht nur spontan entschlossen, an diesem teilzunehmen, sondern auch für das Libretto einer einzureichenden Oper (gleichfalls) nach der vielbewunderten und somit Erfolg versprechenden *Cavalleria* Vergas zu greifen, angeblich (!) ohne

---

64 Zur Klärung des diesbezüglichen Sachverhalts hat am allerwenigsten die italienische Mascagni-Literatur selbst beigetragen, da diese bis zu den Veröffentlichungen der 60er und 70er Jahre eines Angelo Anselmi (*P. Mascagni*, Mailand 1959) oder eines Daniele Cellamare (*P. Mascagni*, Rom 1965) in blinder Glorifizierung des „Meisters aus Livorno" nahezu jede kritische Distanz vermissen läßt. Ja selbst die erste wirklich umfangreiche und auch wissenschaftliche Darstellung über Mascagni, jene von Mario Morini (*P. Mascagni*. 1-2, Mailand 1964), läßt in der Betrachtung des Verhältnisses zwischen Verga und Mascagni an Objektivität zu wünschen übrig. Licht in das jahrzehntelange Dunkel dieser Angelegenheit haben erst die Arbeiten der Engländer Klein (s. Anm.63) und Alexander (s. Anm.57) gebracht; vgl. neuerlich dazu auch Marco Vallora u. G. Aulenti (Hrsg.) *Quartetto della maledizione. Materiali per Rigoletto, Cavalleria e Pagliacci, Fanciulla*, Milano 1985 sowie Attila Csampai und Dietmar Holland (Hrsg.), *Cavalleria rusticana – Der Bajazzo. Texte, Materialien, Kommentare* (rororo opernbücher), Hamburg 1987, 45 ff.

65 Siehe Luigi Pescetti, *Cavalleria rusticana. Dalla Novella al dramma, al'libretto*, In: *Liburni Civitas*. Rassegna di attività municipale, 13 (1940), 29 ff.

66 Siehe Klein, *Mascagni and Verga*, 351.

67 Zu diesem waren nur Konkurrenten zugelassen, die zuvor noch keine Oper geschrieben hatten.

dabei von Gastoldons Kompositionsvorhaben gewußt zu haben. Kommt noch hinzu, daß er sich nicht zuerst bei Verga um eine Zustimmung bemühte, sondern sofort mit der Abfassung des Librettos Guido Menasci und Giovanni Targioni-Tozzeti beauftragte[68], die nunmehr aus der Prosa Vergas Verse machten. Als nun Mascagni am 8. März 1890 nach einer bangen Wartezeit von acht Monaten[69] die Mitteilung vom Gewinn des Opernpreisausschreibens erhielt[70], war sein erster Glücksrausch nur durch das noch bevorstehende nachträgliche Einholen des Einverständnisses von Verga getrübt. Dieser wurde zwar von einer ihm kaum bekannten Person, namens Giovanni Salvestri, in Kenntnis gesetzt, daß ein gewisser Pietro Mascagni gerne die Einwilligung zur Vertonung gehabt hätte[71], doch wurde er bereits drei Tage später vor vollendete Tatsachen gestellt, als er der Zeitung entnehmen mußte, daß Mascagni mit der Vertonung seines Stoffes unter 73 Mitbewerbern den ersten Preis davongetragen hatte. Mascagni näherte sich Verga unter reuevollem Einbekennen der Schuld seiner Versäumnis, sprach von Ergebenheit, ewiger Verbundenheit und der großen Ehre, die eine Einwilligung des berühmten Dichters für ihn bedeuten würde. Und er bekam sie auch! Der Preis war für den Komponisten allerdings die dem Dichter zu gebende Zusicherung der vollen Autorenrechte, obwohl Verga am Libretto Menasci-Targioni-Tozzeti nicht mitgearbeitet hatte. Als die *Cavalleria* hierauf in Kürze mehr Geld einspielte als das gleichnamige Schauspiel in sechs Jahren zuvor, war Verga selbstverständlich in höchstem Maße an einem Erhalt des ihm zugesagten Tantiemen-Anteils interessiert. Mascagnis Verleger Edoardo Sonzogno, dem der Komponist vollkommen hörig war und der sich über die zwischen Dichter und Musiker getroffene Vereinbarung hinwegsetzte, wollte jedoch Verga mit der einmaliger Überweisung von 1000 Lire ein für allemal vom künftigen Gewinn der *Cavalleria* ausschließen, worauf jener natürlich nicht einging und die Angelegenheit vor ein Mailänder Gericht brachte. Verga wurde Recht gegeben, sein Anspruch auf die Hälfte der Tantiemen bestätigt. Mascagni mußte die beiden Librettisten aus seinem eigenen Anteil bezahlen. Einer Berufung Sonzognos und Mascagnis wurde nicht stattgegeben, doch erklärte sich plötzlich Verga ganz unerwartet mit einer einmaligen Abfindung von 143.000 Lire einverstanden. Diesen unbedachten Schritt bereute er ein Leben lang und suchte angesichts des beispiellosen weltweiten Erfolges der *Cavalleria* verzweifelt nach einer Möglichkeit, aus dem bereits verlorenen „Kind seiner Schöpfung" doch noch auf irgendeine Weise Kapital zu schlagen. Diese Möglichkeit schien sich ihm 1902 zu bieten, als der Komponist Domenico Monleone an ihn mit der Bitte um die Erlaubnis zu einer weiteren Vertonung seines *Cavalleria*-Stoffes herantrat. Verga stimmte zu und nach fünf Jahren erlebte die Oper, zu der der Bruder Monleones, Giovanni, das Libretto verfaßt hatte, erste erfolgreiche Aufführungen in Amsterdam (UA 1907) und London. Als sich dieser Erfolg jedoch auch bei der italienischen Erst-

---

68 Siehe Peter Douglas Wright, *The Musico-Dramatic Techniques of the Italian Verists*, Phil. Diss., Rochester 1965, 23.

69 Mascagni hatte inzwischen das noch nicht fertige Manuskript Ricordi gezeigt, der jedoch eine Herausgabe des Werkes ablehnte.

70 Der zweite Preis ging an Nicola Spinellis *Labilia* und der dritte an Vincenzo Ferronis *Rudello*. Giordano hatte sich mit dem (unveröffentlichten und niemals aufgeführten) Einakter *Marina* beteiligt.

71 Ein diesbezüglicher Brief ist bei Alexander (139) in vollem Wortlaut wiedergegeben.

aufführung[72] einstellte bzw. fortsetzte, klagten Sonzogno und Mascagni beim Mailänder Gericht: Giovanni Monleone wegen Imitation des Librettos von Menasci-Targioni-Tozzetti, Domenico Monleone und den Verleger Puccio wegen unlauteren Wettbewerbs und Verga wegen unerlaubter Ermächtigung zur Vertonung. Der Klage wurde stattgegeben, Monleone mußte seine Oper 1908 aus dem „Verkehr" ziehen[73], was ihn schließlich dazu veranlaßte, der Musik ein neues Libretto zu „unterlegen" und die Oper unter dem Titel *La giostra dei falchi* am 17. Februar 1914 in Turin herauszubringen. Verga resignierte verbittert, wurde er doch von den Brüdern Monleone auch noch um die Tantiemen „geprellt".

Unbeschadet davon hatte die *Cavalleria* Mascagnis jedoch längst ihren Platz im Standardrepertoire in- und ausländischer Bühnen gefestigt, ja einen in der Geschichte der Oper bislang wohl einmaligen Grad an Publikumsbeliebtheit erreicht, wenngleich zu diesem Zeitpunkt sich auch bereits mehr und mehr abzuzeichnen begann, daß dieser Komponist mit keiner anderen Oper auch nur annähernd an den Erfolg seines Erstlingswerkes herankommen würde.

Begonnen hat der weltweite Siegeszug dieser knapp eine Stunde dauernden „Volksoper" bekanntlich mit der sensationellen Uraufführung am 17. Mai 1890 im römischen teatro Costanzi[74], die Mascagni über Nacht berühmt machte und auf die noch im selben Jahr Vorstellungen in Livorno, Florenz, Turin, Bologna und Palermo folgten[75]. Gleichfalls im Jahre 1890 gelang der *Cavalleria* auch noch der Sprung über die Grenzen Italiens mit Aufführungen in Madrid, Stockholm und Budapest. Vor allem in der ungarischen Hauptstadt, wo das Werk am 26. Dezember in der Landessprache über die Bühne ging, wurde die Aufführung *„unter des Genialen Directors Mahler Leitung"*[76], zu einem Ereignis besonderer Art. Das Echo in der musikalischen Fachpresse war außergewöhnlich groß[77] und erhöhte nur noch mehr die durch die Sonzogno'sche „Werbetrommel" schon ausgelöste Spannung im deutschen Sprachraum, wo man an etlichen Opernhäusern ohnehin schon längst an der Einstudierung der *Cavalleria* arbeitete. Die deutsche Erstaufführung stand somit unmittelbar bevor!

---

72 Die Oper war zuvor beim Sonzogno-Wettbewerb des Jahres 1905 eingereicht worden, wurde aber erwartungsgemäß mit keinem Preis bedacht.

73 Siehe Mario Pedemonte, *Domenico Monleone. Il musicista e l'uomo*, Genova 1942, 136; vgl. auch *SmW* 65 (1907), 255 u. 847 sowie *NMZ* 29 (1908), 183 u. 484.

74 Eine einigermaßen objektive Schilderung der *Cavalleria*-Premiere findet sich bei Eugenio Checchi, *P. Mascagni*, In: *Nuova Antologia di Scienze, Lettere ed Arti*, 68 (1898), 255 ff.

75 Eine genaue Aufführungsliste mit Daten und Besetzung bei Morini 2, 183.

76 *DKMz* 18 (1891), 5; Henry Louis de la Grange (*G. Mahler* 1, New York 1973, 221) spricht in diesem Zusammenhang vom größten Erfolg Mahlers als Direktor der Budapester Oper überhaupt sowie von dessen außergewöhnlichem musikalischen „Instinkt", der ihn nach Anhören der Oper in Italien mit Sonzogno sofort einen Kontrakt für eine Aufführung in Budapest abschließen ließ.

77 Vgl. Richard Heubergers Kritik im *Wiener Tagblatt* vom 28. 12. 1890; Teilabdruck in: Kurt Blaukopf, *Mahler. Sein Leben, sein Werk und seine Welt in zeitgenössischen Bildern und Texten*, Wien 1976, 190.

I.

Die Zeit
bis zur Jahrhundertwende

(*Cavalleria rusticana*: eine „Preisoper" stellt sich vor)

„*Pietro Mascagni wird jetzt einer preisgekrönten einactigen Oper wegen als neuer nationaler Komponist, als der Nachfolger Verdis, sehr gefeiert. Vor kurzem noch war er arm und unbekannt, jetzt ist er ein gemachter Mann. Sein Verleger Sonzogno hat bei Mascagni eine neue Oper bestellt. Die Oper Mascagnis nennt sich 'Cavalleria rusticana' und zeichnet sich durch 'Originialität und melodische Erfindung' aus.*"[1] Soweit der lapidare Wortlaut einer der ersten Berichte in der deutschen musikalischen Fachpresse über Pietro Mascagni und sein neues Werk im Sommer des Jahres 1890. Wußte man demnach zu diesem Zeitpunkt kaum mehr als den Namen des Komponisten und den Titel seiner Oper, war man wenige Monate später in Hamburg, wo am Stadttheater mit 3. Jänner 1891 *Cavalleria rusticana* erstmals über eine deutschsprachige Bühne gehen sollte, bereits nicht nur mitten in den Proben zu diesem Einakter sondern auch mit der Person Mascagnis schon bestens vertraut, da seit der römischen Uraufführung des Vorjahres sowohl von den äußeren Umständen der Entstehung als auch von den einzelnen Stationen des italienischen Siegeszuges der *Cavalleria* laufend berichtet worden war. Diesbezügliche (meist falsche) Informationen reichten damals von Einspielergebnissen[2] über Publikumsreaktionen bis zu detaillierten Schilderungen der Lebensumstände des italienischen Meisters, wobei Mascagni durchwegs die (publikumswirksame) Rolle des armen verkannten Genies spielen durfte, das, ehe es im süditalienischen Cerignola das Ehrenbürgerrecht erhielt, „*wegen des Geizes der Commune sogar Gefahr lief, Hungers zu sterben*"[3]. Ein besonders eindringliches Beispiel für Kolportagen dieser Art, die für den maestro Stimmung machen und das Interesse für seine Oper erwecken sollten[4], führt u. a. ein Bericht von Hugo Pohle zur Hamburger Erstaufführung vor

---

1 In: *NMZ* 11 (1890), 284.
2 In: *HS* 3 (1890/91, 928) heißt es diesbezüglich, „*. . .daß die 'Cavalleria' in Florenz eine Recette von 68.000 Lire ergaben, was in Italien bei einer einactigen Oper noch nie dagewesen ist.*"
3 Ebenda 661.
4 Daran hatten nicht zuletzt die deutschen Opernintendanten großes Interesse, erhofften sie sich doch mit der *Cavalleria* ein außergewöhnliches „Zugpferd" im Repertoire.

Augen[5], in dem ganz in genanntem Sinne von Mascagni das Bild eines liebenswerten, leichtlebigen Bohèmiens gezeichnet wird, der als Student schöne Mädchen geküßt und „Allotria" getrieben, keine Lust zum Lernen hatte, jedoch, wenn er wollte, die Musik nur so aus dem Ärmel schütteln konnte. Dieser „*Prachtmensch*", wie er ebenda voll Begeisterung genannt wird, mußte auf diese Weise auch tatsächlich den Eindruck erwecken, die *Sicilianische Liebesrache*[6] über Nacht und völlig „unkonventionell" geschrieben zu haben.

Bei der Aufführung der ersten deutschen *Cavalleria* selbst[7] hat sich die Begeisterung allerdings noch in Grenzen gehalten, da aus zahlreichen Rezensionen ganz eindeutig hervorgeht, daß dieser Oper in Hamburg noch keineswegs jener triumphale Publikumserfolg beschieden war, der ihr später in Wien und Berlin zuteil werden sollte. Und auch die Kritik verhielt sich überwiegend zurückhaltend. So warnt z. B. der schon genannte Pohle – obwohl geneigt, in Mascagni mehr als nur einen „*talentvollen Farbenklexer*" zu sehen – ausdrücklich davor, Mascagni sofort mit dem Genie eines Wagner oder Goldmark [!] vergleichen zu wollen[8], womit er (mit seiner Skepsis) ganz auf der Linie seines Kritikerkollegen Paul Hirsch liegt, der im übrigen jedoch mit der Behauptung, daß den Haupteinwänden gegenüber Mascagnis „*Ritterlichkeit auf dem Lande* [sic!] . . . *im voraus durch die Bezeichnung des Werkes als Melodram*" die Spitze gebrochen worden sei[9], mangelnde musikhistorische Kenntnisse unter Beweis stellt[10]. Dasselbe gilt auch für den bekannten Hamburger Musikschriftsteller Josef Sittard[11], der davon abgesehen allerdings mit einigen scharfsinnigen Einwänden gegen Mascagnis musikalischen „*Atavismus*" oder gegen dessen Trivialismen aufzuwarten weiß. Letztlich steht aber

---

5 In: *HS* 3 (1890/91), 81f.

6 So der deutsche Untertitel auf dem Hamburger Theaterzettel (s. Abb. S. 31).

7 Gekoppelt hat man damals die *Cavalleria* in Hamburg mit Cherubinis *Der Wasserträger*.

8 In: *HS* 3 (1890/91, 137.

9 In: *Mwb* 22 (1891), 34f.

10 Hirsch gehörte damit zu jenen „Experten", die in der Folge die Bezeichnung „Melodram" unreflektiert von der deutschen Übersetzung Oscar Berggrues übernahmen und in Unkenntnis der Tatsache, daß das italienische *melodramma* im Deutschen nichts anderes als „Oper" bedeutet, diesen Ausdruck in falschem Sinne zur Anwendung brachten (vgl. dazu die Definition von *melodramma* in: *The New Grove* 12/1980,118). Es war dies ein Fehler, der eine zeitlang genau so mitgeschleppt wurde, wie die einzelnen falschen, ja oft geradezu grotesken Übersetzungen des Titels *Cavalleria rusticana* mit *Sicilianische Liebesrache, Ritterlichkeit auf dem Dorfe, Ritterlichkeit auf dem Lande*, oder sogar *Sizilianische Ehrenbauern* etc., bis sich die von Verga autorisierte Bezeichnung *Sizilianische Bauernehre* nach Anton Kellners deutscher Übersetzung der dramatisierten Form durchsetzte; s. das Vorwort zu: *Sizilianische Bauernehre. Volksszenen aus Sizilien* von Giovanni Verga. Autorisierte Übersetzung der deutschen Bühnenbearbeitung von Anton Kellner (Reclams Universalbibliothek Nr.2014), Leipzig 1885, 5f.

11 In: *AMz* 18 (1891), 49f.

Stadt-Theater

(Direction: **B. Pollini.**)

Sonnabend, den 3. Jannar 1891.

123. Abonnements-Vorstellung. 18. Sonnabends-Vorstellung.

Zum ersten Male:

CAVALLERIA RUSTICANA.

(Sicilianische Liebesrache.)

Oper in 1 Akt. Dem gleichnamigen Volksstück von G. Verga entnommen von G. Targioni-Tozzetti und G. Menasci. Musik von Pietro Mascagni. **(Erste Aufführung in Deutschland.)** In Scene gesetzt von Herrn Franz Bittong.

Dirigent: Herr Capellmeister Leo Feld.

Santuzza, eine junge Bäuerin	Fr. Klafsky
Turiddu, ein junger Bauer	Hr. Alvary
Lucia, seine Mutter	Fr. Heink
Alfio, ein Fuhrmann	Hr. Greve
Lola, seine Frau	Frl. Gelber

Landleute. Kinder.

Die Handlung spielt in einem sicilianischen Dorfe.

Hierauf:

Der Wasserträger.

Oper in 3 Akten. Musik von Cherubini.

Regie: Herr Franz Bittong.

Dirigent: Herr Capellmeister Dr. Wilhelm Kienzl.

Graf Armand, Parlaments-Präsident	Hr. Cronberger
Constanze, seine Gemahlin	Fr. Brandt
Micheli, Savoyard, Wasserträger	Hr. Lißmann
Daniel, dessen Vater	Hr. Freny
Anton, sein Enkel	Hr. Landau
Marzelline, seine Schwester	Fr. Lißmann
Semos, ein reicher Pächter in Gonesse	Hr. Lohfeldt
Angelina, seine Tochter, Anton's Braut	Fr. Wolff
Hauptmann der italienischen Truppen	Hr. Lorent
Lieutenant	Hr. Ehrke
Sergeant ⎫ in Mazarin's Solde	Hr. Meyer
Korporal ⎭	Hr. Weidmann

Abb. 1: *Cavalleria rusticana*: Deutsche Erstaufführung – Stadt-Theater Hamburg
(Hamburger Theatersammlung: Zettelbuch des Hamburger Stadt-Theaters)

auch er nicht an, Mascagni einiges Talent zuzusprechen, wenngleich er (Pohle ähnlich) davor warnt, den Italiener „. . . *jetzt schon den berufenen Nachfolger Verdis oder den auferstandenen Bizet zu nennen,* [. . .] *was nur jenem Superlativ-Bedürfnis entspringen kann, das manche mit unwiderstehlicher Gewalt ergreift, sobald sie einer neuen, eigenartigen Erscheinung gegenüberstehen".*

Als solche *„eigenartige Erscheinung"* scheint am 16. Jänner 1891 das Publikum der Dresdener Hofoper die *Cavalleria* weit mehr empfunden zu haben als jenes des Hamburger Stadttheaters, da es dieser Oper unvergleichlich mehr Beifall zollte[12], eine Wiederholung des *Intermezzo sinfonico* erzwang und seiner Begeisterung auch im Kauf ungewöhnlich vieler Klavierauszüge dieser Oper Ausdruck verlieh[13]. Aber auch die Kritik blieb von dem Werk nicht unbeeindruckt, sprach von dessen *„Kraft, Lebenswärme und Originalität, das* [sic!] *einen frischen Hauch echten, reinen Musikempfindens in unsere übermüdete, grübelnde und reflectierende Zeit"*[14] hineingebracht hätte, oder sogar von einer Oper, *„die noch die ganze musikalische Welt erschüttern wird"*[15]. Allerdings sind vom Überschwang dieser Zeilen erhebliche Abstriche zu machen, da hinter ihr niemand anderer als der damals als Exzentriker und erbitterter Wagnergegner bekannte Heinrich Pudor steckt, der wenig später mit seiner (in Fachkreisen jedoch kaum ernst genommenen) *Cavalleria*-Broschüre[16] in ganz besonderer Weise übers Ziel schießen sollte. In gegenständlichem Falle beschränkt sich Pudor zwar „nur" auf das Monieren des grundsätzlichen deutschen Unvermögens, italienische Musikdramen richtig aufzuführen, doch beginnt er auch hier sofort an Seriosität zu verlieren[17], wenn er z. B. ernsthaft beklagt, daß am selben Abend in Dresden der *„blutig ernsten Cavalleria . . .* [die] *Liebelei, das Naschen und Küssen von Mozarts Schauspieldirektor"* vorangegangen sei, oder sich der (vor allem gegen Verdi gerichteten) Bemerkung nicht enthalten kann, daß die Kombination dieser beiden Opern erst begreiflich werde, wenn man sich daran erinnert, *„daß man bislang freilich nicht gewohnt gewesen sei, in den Erzeugnissen der italienischen Musik Ernst zu finden".*

---

12 Bereits am 21. Mai desselben Jahres erlebte die *Cavalleria* in Dresden ihre 23. Wiederholung (s. NBMZ 45/1891, 222).

13 Laut Mitteilung Ludwig Hartmanns in *Kw* 5 (1891/92, 65) wurden in Dresden 1891 über 700 (!) Klavierauszüge verkauft. In Italien soll Sonzogno in weniger als zwei Jahren sogar 2 Millionen Lire allein beim Verkauf des *Cavalleria*-Auszugs verdient haben. (s. Checchi, 258)

14 *SmW* 49 (1891), 149.

15 Heinrich Pudor, In: *Mwb* 22 (1891), 90f.

16 Ders., *Zur Erklärung der Cavalleria rusticana*, Dresden 1891.

17 Pudors Äußerungen zu musikalischen Fragen waren stets sehr umstritten; s. Victor Joss, *H. Pudors jähes Ende*, In: *ÖMTz* 5 (1892, 10).

Eine Meinung dieser Art werden mit Pudor vermutlich nur wenige geteilt haben, am wenigsten wohl der Dirigent der Dresdener Aufführung, Ernst Schuch, der in Sachen Verdi und ital. Musik fraglos ein vernünftigeres und sachlicheres Urteil abzugeben in der Lage war. Was Mascagni betrifft, scheint der Dresdener Generalmusikdirektor jedenfalls die Zeichen der (Opern-) Zeit erkannt zu haben, sonst wäre er wohl kaum nach Neapel gereist, um sich vom Komponisten der *Cavalleria* dessen erst halb fertige (neue) Oper *I Rantzau* aus dem Manuskript vorspielen zu lassen. *„Entzückt von der phänomenalen Gestaltungskraft Mascagnis"*, hat er dort auch sofort den Wunsch geäußert, die Oper zuerst in deutscher Sprache aufführen zu dürfen[18], welchem Ansuchen Mascagni und Sonzogno bereitwilligst entsprachen, sodaß das deutsche Erstaufführungsrecht für Dresden in formeller Weise abgeschlossen wurde. Allerdings hat sich später die Wiener Hofoper über diese Abmachung hinweggesetzt und dieses Werk als erste herausgebracht (s. S. 78 ff.).

Auf Dresden folgte am 22.d. M. *„mit lebhaftem Erfolg"*[19] die *Cavalleria* am Münchner Hoftheater, und zwar unter dem Titel *Ritterlichkeit auf dem Dorfe.* Auch hier reagierte die musikalische Fachpresse wiederum positiv, ja charakterisierte vereinzelt Mascagnis Originalität sogar als *„an manchen Stellen bis zu Wagner'scher Höhe emporragend"*[20].

Die Zeit bis zum ersten „deutschen Triumpf" der *Cavalleria*, der Aufführung an der Wiener Hofoper, nutzten die Klatschspalten einmal mehr, sich mit der Person Mascagnis auseinanderzusetzen. Diesmal mit der Physiognomie des Meisters, deren Beschreibung selbst seriöse Musikzeitschriften ihren Lesern nicht vorenthalten zu dürfen glaubten[21]. Ein aus der *Frankfurter Zeitung* entnommener, eine Aufführung der *Cavalleria* in Venedig betreffender Bericht[22] gipfelt dabei in folgendem Wortlaut: *„Pietro Mascagni ist der glückliche Besitzer eines Exterieurs, das auf den ersten Blick für ihn einnimmt. Groß, schlank, kräftig gebaut, angenehm gebräunter Teint, große Augen, voll Feuer und Willenskraft (schwarz natürlich). Hauptmale der Physiognomie: Intelligenz, gepaart mit Offenheit. Jeder Zoll ein Mann, wiewohl kein Härchen sein glattes Gesicht ziert oder entstellt."* Der so über Mascagnis Äußeres ausreichend informierte Leser erfährt hier schließlich auch noch, daß dieser versichert hätte, *„den gesanglichen Theil seiner Cavalleria noch nie besser gehört zu haben"*[23], oder,

18 Siehe *NMZ* 12 (1891), 96.
19 *SmW* 49 (1891), 136. Bis Jahresende gab es 28 Reprisen; vgl. dazu auch Paul Beckers, *Die nachwagner'sche Oper bis zum Ausgang des 19. Jahrhunderts im Spiegel der Münchner Presse*, Diss. München 1938, 37 f.
20 *MS* 8 (1891), Nr. 3, 2.
21 Siehe z. B. *NMZ* 12 (1891), 156 sowie *SmW* 49 (1891), 627.
22 Ebenda.
23 Bemerkungen dieser Art lassen sich bei Mascagni mehrfach belegen, er scheint sie bei den zahllosen in- und ausländischen Premieren seiner *Cavalleria*, die er durch seine persönliche Anwesenheit auszeichnete, ziemlich bedenkenlos fallen gelassen haben!

daß es eine Wohltat sei, „nach Langem einer Erscheinung auf dem Gebiet der Kunst zu begegnen, der es beschieden gewesen, in noch ungebrochener Kraft den Lohn des Schaffens zu empfangen"[24]. Weniger angenehm und „lesenswert" dürfte allerdings die damals gleichfalls kolportierte Mitteilung empfunden worden sein, daß der Komponist mittlerweile nicht weniger als 78 Aufführungen seiner preisgekrönten Oper in italienischen Städten beigewohnt habe und nunmehr zu erschöpft sei, um zur Aufführung seiner *Cavalleria* nach Wien zu kommen[25]. Die am 20. März d. J. erfolgte Wiener Erstaufführung der *Cavalleria* selbst (s. Abb. 2, S. 35), der Mascagni dann auch tatsächlich nicht beiwohnte[26], hat aber auch ohne dessen Anwesenheit *„wie eine Bombe eingeschlagen"*[27] und das Publikum zu wahren Begeisterungsstürmen hingerissen, was sich in einem der vielen Premierenberichte liest, wie folgt: *„Das stimmungsvolle Orchester-Intermezzo musste wiederholt werden, und nach dem Fallen des Vorhangs erhob sich ein, volle zehn Minuten währender Beifallssturm, der nicht nur die ausgezeichneten Darsteller, sondern auch den spiritus rector der glänzenden Aufführung, Direktor Jahn, zwang auf der Bühne zu erscheinen. [. . .] Gleich am nächsten Tag wurde die Novität, und zwar mit veränderter Besetzung der beiden Hauptpartien, wiederholt und auch diesmal nahm die Vorstellung einen ebenso stürmischen Verlauf wie am Vorabend"*[28].

Angesichts dieses hier zum Ausdruck kommenden Überschwangs verwundert auch kaum mehr zu lesen, daß nunmehr die Theaterkasse *„hartnäckiger verteidigt werden* [müßte], *wie Wien gegen die Türken"*, oder, daß in Kürze das *„. . . in jedem Gartenconcert, von jedem Dilettantenclavier zu hörende Intermezzo in F-Dur* [. . .] *schon zur Plage geworden"* sei[29]. Aber nicht nur das Publikum war offensichtlich außer sich vor Begeisterung, auch die (erfolgreichen Novitäten gegenüber sonst eher mißtrauische) Wiener Kritik, konnte sich *„ohne schwere Bedenken den Enthusiasten anschließen"* und – wenngleich grundsätzlich nicht gewillt, in deren ‚*urtheilsloses Hosianna-Geschrei'* einzustimmen"[30] – Mascagnis Oper sogar den Rang einens Meisterwerkes zusprechen. Und auch hier war es wieder die melodische Ader Mascagnis,

---

24 Betrachtet man diesen Lohn von der materiellen Seite, muß man allerdings dazu vermerken, daß Mascagni diesen nicht nur mit Sonzogno und seinen Librettisten, sondern auch (wie bereits erwähnt) mit Verga teilen mußte, welcher Sachverhalt in der dt. Musikpresse jedoch durchwegs völlig falsch zur Darstellung kommt; vgl. dazu z. B. *NMZ* 12 (1891), 108.

25 *MRu* 6 (1891), 102.

26 Mascagni hat damals eine Einladung der Wiener Hofoperndirektion, nach Wien zu kommen, abgelehnt und kam erstmals im folgenden Jahr, anläßlich der ital. *stagione* im Wiener Ausstellungstheater, in die österr. Kaiserstadt.

27 *AK* 15 (1891), 193 f.

28 *MRu* 6 (1891), 95.

29 *MWb* 12 (1891), 353.

30 Max Kalbeck, *Opernabende* 2, Berlin 1898, 59 f.

K. K. Hof-Operntheater.

Freitag den 20. März 1891.

75. Vorstellung im Jahres-Abonnement.

(Zum erstenmal:)

Cavalleria Rusticana.

(Sicilianische Bauernehre.)

Oper in einem Aufzuge nach dem gleichnamigen Volksstück von G. Verga, G. Targioni-Tozzeti und G. Menasci.
Nach der deutschen Bearbeitung von O. Berggruen, für das k. k. Hofoperntheater eingerichtet.

Musik von Pietro Mascagni.

Santuzza, eine junge Bäuerin Frl. Schläger	Alfio, ein Fuhrmann . . . Hr. Reidl
Turriddu, ein junger Bauer Hr. Müller	Lola, seine Frau . . . Frl. Forster
Lucia, seine Mutter . . Fr. Naulich	Landleute, Kinder.

Ort der Handlung: Ein sicilianisches Dorf.

Costüm: nach Zeichnungen von Fr. Gaul. — Die neue Decoration von Anton Brioschi, k. k. Hoftheatermaler.
Das Textbuch ist an der Kassa für 40 kr. zu haben.

Hierauf:

Der Spielmann.

Ballet in 2 Abtheilungen   Musik von J. Forster.

Pyrlmayer, Bürgermeister . . . . Hr. Price.	Sein Begleiter . . . . Hr. Caron.
Regina, seine Tochter . . . . . Frl. Cerale.	Die Wahrheit . . . . Frl. Schimanek.
Hermann . . . . Hr. Thieme.	Ein Koch . . . . Hr. Kopezki.
Hunold, der Spielmann . . . . Hr. Frappart.	Schöffen. Bürger. Volk. Soldaten. Kobolde.

Erste Abtheilung.

1. Scène dansante: Frl. Cerale, Hr. Price und Hr. Thieme.
2. Valse: Das Balletkorps.
3. Ballabile: Die Frls. Cerale, Pausie, Alleich, Vogliero, Rathner, Well, Balbo M. und das Balletkorps.

Zweite Abtheilung.

1. Marsch.
2. Pas de d ux. (Musik von Pantaleoni.) Frl. Cerale und Hr. Thieme.

Der freie Eintritt ist heute ohne Ausnahme aufgehoben.

Samstag den 21 (Zum zweitenmal:) Cavalleria Rusticana. (Sicilianische Bauernehre). Hierauf: Coppelia.

Für das Pensions-Institut.

Bei aufgehobenem Abonnement.

Sonntag den 22. März 1891.	Montag den 23. März 1891.
## Götterdämmerung	Wiener Walzer.
von Richard Wagner.	Hierauf:
In 3 Aufzügen und einem Vorspiele.	Die Puppenfee.
„Brünnhilde" Fr. Lilli Lehmann, kgl. preuß.	Zum Schluß:
Kammersängerin, a. G.	Sonne und Erde.

Dienstag den 24. Geschlossen.

Falls eine angekündigte Vorstellung abgeändert werden sollte, kann von den für dieselbe gelösten Karten auch zur Ersatzvorstellung Gebrauch gemacht werden, oder der dafür entrichtete Betrag, jedoch spätestens am Tage der Vorstellung bis halb 7 Uhr Abends (resp. eine halbe Stunde vor dem für Beginn der Vorstellung angesetzten Zeitpunkt) bei sonstigem Verlust des Anspruches an der Kasse zurückverlangt werden.

Zu jeder im Repertoire angekündigten Vorstellung erfolgt Tags vorher bis 1 Uhr Nachmittags die Ausgabe der Stammsitze; von ½ 2 bis 5 Uhr Nachmittags der allgemeine Vorverkauf der restirenden Logen und Sitze gegen Entrichtung der Vorlausgebühr.

Diese beträgt je 3 fl. für eine Loge im Parterre oder 1. Rang; 2 fl. für eine Loge der 2. Galerie; 1 fl. für eine Loge der 3. Galerie; 1 fl. für einen Fauteuil im Parquet 1. Reihe; 50 Kreuzer für die Sperrsitze im Parquet 2.—13. Reihe, im Parterre und in der 1. Reihe der 3. und 4. Galerie; 30 Kreuzer für alle übrigen Galeriesitze.

Kassa-Eröffnung 6 Uhr. Anfang 7 Uhr. Ende gegen halb 10 Uhr.

K. k. Hoftheater-Druckerei, .. wollzeile 31.

Abb. 2: *Cavalleria rusticana*: Wiener Erstaufführung – Hofoper
(Österreichisches Theatermuseum Wien)

die besonders bestach, von *„jauchzender Melodienfreudigkeit"*[31] sowie von
„wirklich fassbaren Melodien"[32] etc. sprechen ließ, womit insgesamt sogar
das diesbezüglich sehr zurückhaltende Urteil Hanslicks[33] übertönt wurde,
demzufolge *„man im ersten Rausch zu weit gegangen sei, wenn man den dramatischen Heißsporn Mascagni speziell als ‚Melodienkrösus' feierte"*.

Auch der dramatische Ablauf dieses Einakters fand Anerkennung und
Bewunderung: *„Alles wirkt"*, schreibt Heuberger, *„Turiddus bedenklich po-
puläres Trinklied,* [. . .] *Santuzzas wehmütige Romanze,* [. . .] *das reizende
Zwischenspiel, welches das Stück gleichsam bei offener Szene in zwei Akte
teilt und wie ein letzter Streif blauen Himmels vor einbrechendem Unwet-
ter ausnimmt – alles wirkt"*[34]. Selbst Hanslick fand, zumindest vorerst
noch und wohl im Hinblick auf die von ihm stets störend empfundene
Länge von Wagner-Opern, Gefallen am komprimierten Zeitablauf der
Handlung[35]. Schwierigkeiten mit der *Cavalleria,* insbesondere mit deren
Schlußgestaltung, scheint hingegen der damalige Wiener Privatdozent für
Musikwissenschaft, Max Diez, gehabt zu haben, der statt des unkonven-
tionellen Opernfinales lieber einen *„kurzen Trauerchor"* gesehen bzw. gehört hätte, um dadurch das Publikum *„weniger innerlich zerrissen"* entlas-
sen zu sehen[36]. Von einzelnen Nummern der Oper fanden besondere Erwähnung das durch seine *„Modulationsunruhe befremdende"* Lied Alfios[37], das mit seinen *„banalen Phrasen"* eher der Operette zuzurech-
nende Trinklied Turiddus[38] und natürlich das *Intermezzo sinfonico,* letzteres von Hanslick[39] als von einer Klangschönheit charakterisiert, die es
„mit Harfenaccorden und Orgeltönen zu einer Art Sphärenmusik" empor-
hebe[40]. Hanslick war es auch, der etwas ausführlicher auf die Instrumentation

---

31 *MRu* 6 (1891), 94; vgl. auch *Lyra* 14 (1891), 112.
32 Heuberger, *Im Foyer,* 13; vgl. auch *AK* 15 (1891), 194.
33 Eduard Hanslick, *Aus dem Tagebuch eines Musikers. Der modernen Oper VI. Teil.,* Berlin
    1892, 176; Hanslick war natürlich grundsätzlich erfreut darüber, daß der *„Mascagni-Par-
    oxismus als Verdienst einer Medizin gegen den Wagner-Paroxismus Beweis dafür sei, daß
    Musik ohne Melodie nicht existieren könne"* (ebenda).
34 Heuberger, *Im Foyer,* 13.
35 Bei späterer Gelegenheit allerdings (anläßlich der ital. *stagione* in Wien im Jahre 1892) hat
    er es als formale Schwäche bezeichnet, daß der *„Cavalleria . . .die erklärende Exposition und
    die Entwicklung der Handlung"* fehlten, und darüber hinaus auch gemeint, daß veristische
    Einakter vielfach den Eindruck von (nur) *„letzten Akten"* erweckten. (In: *Fünf Jahre Musik
    1891-1895. Der modernen Oper VII. Teil,* Berlin 1896, 120.)
36 In: *AK* 15 (1891), 194.
37 *MRu* 6 (1891), 94.
38 *AK* 15 (1891), 194; Ferdinand Pfohl (*Die moderne Oper,* Leipzig, 1894, 224) meinte auch
    vom *Intermezzo sinfonico,* daß es jederzeit in einer Operette stehen könnte, vorausgesetzt al-
    lerdings, *„. . . daß diese nicht von Vater Strauss ist!"*
39 *Der modernen Oper VI. Teil,* 178.
40 Was bei Hanslick nur angedeutet, liest sich bei Max Kalbeck (*Opernabende,* 64) wie folgt:

Mascagnis einging, sie teils als „*meisterlich*" lobte, teils aber auch heftig zu kritisieren wußte: so z. B. auch in Hinblick auf den ungeschickten, lärmenden Einsatz der Posaunen, was ihn (mit einem Seitenhieb auf Wagner) schließlich auch bedauern ließ, daß die Hoffnung, „*Mascagnis vielgerühmtes reformatorisches Verdienst werde sich auch in einer Veredlung und Mäßigung des unerträglich angewachsenen Orchesterlärms äußern*", nicht erfüllt worden sei[41].

Auch die „Reminiszenzenjägerei", von vage empfundenen Anklängen an bestimmte Vorbilder bis zu konkreten Plagiats-Vorwürfen, durfte schließlich bei der Wiener Erstaufführung der *Cavalleria* nicht zu kurz kommen[42], wurde doch neben dem obligaten Hinweis auf Mascagnis Abhängigkeit von Bizet und Wagner[43] u. a. auch mit dem Brustton der Überzeugung versichert, daß bereits nach den ersten Takten des Vorspiels „*echt Gounod'scher Schlußfall*" herauzuhören sei[44], der Komponist beim *Regina Coeli* nur die „*spannende Entwicklung*" als sein Eigenthum beanspruchen dürfe[45], Turiddus *Siciliana* ihr Vorbild in Meyerbeers *Dinorah* habe[46], oder, daß „*die vereinzelt tiefen Harfentöne, welche in dem ‚Intermezzo' die Dominante und Tonika (g – c) anschlagen*", bereits in Boitos *Mefistofele* zu hören gewesen seien[47].

Bedurfte es zu letzterer, von Hanslick stammender Bemerkung einiger Sachkenntnis, so war wohl kaum besondere Musikalität zum Hören von Mascagnis Affinität zu Verdi vonnöten, weswegen Hanslick auch kaum Anlaß gehabt hätte, sich an gleicher Stelle dieser Frage mehr als notwendig zu widmen. Daß er es dennoch tat, lag wohl daran, daß er zu der hier bereits genannten *Cavalleria*-Broschüre Heinrich Pudors Stellung nehmen wollte, zumal dort jede Verbindung zwischen diesen beiden Komponisten geleugnet wird[48]. Auch Heuberger setzte sich in seiner Wiener *Cavalleria*-

---

„*Wie der Hauch des Schöpfers über die ruhenden Saatgefilde hinstreift und leise die grünen Halme bewegt, so gleitet die feingewürzte Melodie dieses Andantes; im vollen Unisono sammeln sich dann die Stimmen des Streicherquartetts zu einem von Harfe und Orgel begleiteten Geigenchor, der von dem Schluchzen weinender Engel erschüttert zu werden scheint, bis er in überirdischen Räumen sterbend verhallt.*"

41 Konkret haben Hanslick zu dieser Ansicht das (auch später immer wieder vielfach kritisierte) „*Verdoppeln der Gesangsmelodie durch Posaunen,* [und] *die Notzüchtigung der Posaunen zu raschen, figurierten Stellen*" veranlaßt (in: *Der modernen Oper VI. Teil*, 179).

42 Auch in Italien selbst hatte man diesem beliebten „Kritiker-Sport" bereits ausgiebigst gehuldigt und bei der diesbezüglich zweifellos ein erfolgversprechendes Betätigungsfeld darstellenden *Cavalleria* gefunden, sie sei (in Anspielung auf die beiden rivalisierenden Verleger) eigentlich eine „*opera di Ricordi non di Sonzogno*".

43 Siehe dazu z. B. Richard Robert, In: *MRu* 6 (1891), 95.

44 *HS* 3 (1890/91), 419.

45 Das in der berühmten Osterhymne verwendete Hauptmotiv sei nach Meinung eines Rezensenten bereits in Massenets *König von Lahore* im Finale des ersten Aktes auf die Worte „*que ton coer innocent*" zu finden (s. *AK* 15/1891, 194).

46 Ebenda.

47 Hanslick, In: *Der modernen Oper VI. Teil*, 177.

48 Pudor (*Zur Erklärung der Cavalleria*, 28) ging sogar so weit, daß er Mascagni und Verdi als Gegenpole betrachtete und die von letzterem nach der Uraufführung der *Cavalleria* angeb-

Rezension kurz mit Pudors Schrift auseinander, doch wies er ihr von vornherein jenen Platz zu, der ihr zustand, nämlich jenen der Unseriosität und der Lächerlichkeit, womit er wohl auch zeigen wollte, *„welch' sonderliche Blasen ein kleines Stückchen welschen Sauerteiges im hausbackenen Ernährungsbrei eines deutschen Scholasten zu treiben vermag*[49]*."* Es dürfte demnach auch in Wien zum überwiegenden Teil mit Heuberger die Meinung geteilt worden sein, daß wohl *„niemand so herzhaft über die Broschüre lachen würde als Mascagni* [selbst], *der keck zugreifende, mehr Impulsen als Erwägungen zugängliche Künstler"*[50], wenngleich Pudor auch hier „Gesinnungsgenossen" fand, die sich öffentlicher Sympathiebezeugungen für ihn nicht enthalten konnten[51].

Fand in Wien somit die musikalische Seite der *Cavalleria* überwiegend Zustimmung, stieß der Text bzw. die deutsche Übersetzung von Oskar Berggruen auf heftige Ablehnung. Man entschloß sich daher auch, an dieser nicht nur einige Retuschen vorzunehmen[52], sondern den Text nach dessen deutscher Bearbeitung[53], die auch als Textbuch verkauft wurde, neu einzurichten. Allerdings war die Reaktion auf diese sog. „Wiener Bearbeitung"[54] nicht viel weniger negativ als auf jene der Übersetzung, warf man ihr doch *„schlechte Wortfolgen, schlechtes Satzgefüge, elend gereimte und eher geleimte Prosa,* [. . .] *die in dem Fabrikanten* [. . .] *eher einen unfertigen Schüler der sechsten Bürgerclasse als einen Journalisten erkennen lassen"*, vor[55]. Für Hanslick lag hier sogar *„schleuderhafteste Marktware"* vor, wobei (wie er meinte) noch von Glück zu reden sei, *„daß Herr Sonzogno, welcher die Theater zwingt, das Berggruen'sche 'Deutsch' an der Kassa zu verkaufen, nicht auch die Künstler verhalten kann, es zu singen"*[56].

Das Publikum hat sich an dergleichen Dingen freilich nicht gestoßen[57],

---

lich gemachte Feststellung *„. . .nun kann ich ruhig sterben, da ich einen Nachfolger gefunden habe,* [als] *eine der niederträchtigsten"* bezeichnete.

49 Im Foyer, 11; vgl. auch *DKMz* 18 (1891), 102.

50 *Im Foyer*, 12.

51 In besonderer Weise wäre hier auf Anton August Naaf, den Herausgeber der Wiener allgemeinen Zeitschrift für die literarische und musikalische Welt, *Lyra*, zu verweisen, der in ganz auffallender Weise eine Lanze für den Verfasser der Flugschrift über Mascagnis Oper brach, dessen Ansichten als *„unwiderlegbar"* begeistert zustimmte und diesem *„schneidigen Kämpfer . . .* [mit] *deutschem Gruß"* [!] seine Reverenz erwies. (s. Naaf, *Sittlichkeit und Gesundheit in der Musik*, In: *Lyra* 14/1891, 134 f.)

52 Wie z. B. in Hamburg, Dresden oder München.

53 *Cavalleria rusticana (Ländliche Ritterlichkeit).* Melodram. Dem gleichnamigen Volksstück von G. Verga entnommen von G. Targioni-Tozzetti und G. Menasci. Deutsche Bearbeitung Oskar Berggruen. Mailand: Sonzogno 1890.

54 Diese erschien 1892 in Berlin bei Bote & Bock und stellte in der Folge die textliche Grundlage für alle weiteren deutschsprachigen Aufführungen der *Cavalleria* dar.

55 *DKMz* 18 (1891), 102.

56 In: *Der modernen Oper VI. Teil*, 174.

57 Umso mehr jedoch bewegte die Gemüter die Frage, ob bei dem Namen *Cavalleria* das „e" oder das „i" zu betonen sei, welche, im *Neuen Wiener Tagblatt* geführte heftige Diskussion

und das schlechte Operndeutsch Berggruens konnte (wie schon zuvor bei den nicht viel besser „verdeutschten" Opern Verdis) der ständig wachsenden Popularität der *Cavalleria* in keiner Weise hinderlich sein. Der Bekanntheitsgrad dieser Oper wuchs so schnell, daß bereits drei Monate nach der Wiener Premiere die erste deutsche Parodie[58] der Mascagni-Oper unter dem Titel *Artilleria rusticana* im Wiener Fürst-Theater in Szene ging. Ihr folgte, weitere drei Monate später, am 3. Oktober 1891 im Theater an der Wien, Maders und Weigels *Krawalleria rusticana*[59].

Nach der Wiener Erstaufführung erlebten kleinere deutsche Bühnen[60] erste Aufführungen der *Cavalleria*, was wohl jeweils ein großes lokales Ereignis dargestellt haben dürfte, jedoch (wie der Großteil aller nachfolgenden Erstaufführungen an diversen Klein- und Mittelstädten) in der überregionalen musikalischen Presse kaum Erwähnung fand[61]. Besonderes Aufsehen erregte erst wieder die Premiere der *Cavalleria* im deutschen Landestheater in Prag, am 18. April d. J., da sie nicht nur *„zu einem der größten Erfolge wurde, den dieses Theater jemals erlebte"*[62], sondern auch auf die weitere deutsche Rezeption der Oper Mascagnis erheblichen Einfluß nahm. Denn jenes Ensemble, das auf dieser Prager Bühne durch seine außergewöhnliche Darstellungskunst das Publikum begeisterte, war es auch, das unter der Leitung von Karl Muck zwei Monate später die Berliner erstmals mit der *Cavalleria* bekannt machen und dabei einen triumphalen Erfolg erzielen sollte. Angelo Neumann, unter dessen damaliger Leitung dem deutschen Landestheater zurecht *„europäische Reichweite"*[63] zugesprochen wurde, hatte zwar

---

erst nach einer Anfrage der Redaktion bei Verga und Sonzogno ein Ende fand (s. *NBMZ* 45/1891, 371).

58 In Italien kamen als eine der ersten *Cavalleria*-Parodien im Dezember 1890 im Teatro Fossati in Mailand eine *Cavalleria rustico-napoletana* und zur selben Zeit im römischen Teatro Metastasio eine *Cavalleria rustico-romana* zur Aufführung.

59 Im Untertitel dazu hieß es: *Sizilianische Ehrenbauern, Parodieoper mit verschiedenen skandalösen Auftritten* mit der *mascanibalischen* Musik von Raoul Mader und dem Text von Alexander Weigel. Trotz der prominenten Mitwirkung Alexander Girardis war diese Parodie nicht sehr erfolgreich (s. Anton Bauer, *150 Jahre Theater an der Wien*, Zürich-Leipzig-Wien 1952, 216).

60 z. B. Nürnberg, Brünn und Königsberg.

61 Selbst die am 10. April erfolgte erste *Cavalleria*-Aufführung im Hoftheater von Hannover, also an einem schon relativ großen Hause, hinterließ kaum ein Echo in der überregionalen Fachpresse. Eine der wenigen umfangreicheren Besprechungen findet sich in *NZfM* (59/1891, 245 f.) und ist insofern von besonderem Interesse als ihr Verfasser (*„Dr. G. C."?*) nicht nur mit interessanten Beobachtungen zur Instrumentation in der *Cavalleria* aufzuwarten weiß, sondern auch auf die Affinität dieses Einakters zu den ähnlich publikumswirksamen tragischen Bauernvolksstücken der Max Hofpauer'schen Sprechbühne in München aufmerksam macht.

62 Richard Rosenheim, *Die Geschichte der deutschen Bühnen in Prag*, Prag 1935, 101.

63 Erich Steinhard, *Zur Geschichte der Prager Oper 1885–1923*, In: Prager Opernbuch 1924, 147.

schon im Herbst des vorangegangenen Jahres versucht, die *Cavalleria* auf seiner Bühne herauszubringen, doch mußte er damals wegen zu hoher Tantiemen-Forderungen und Materialkosten dem Nationaltheater den Vortritt lassen, das somit (am 4. Jänner 1891) die Prager Erstaufführung für sich verbuchen konnte. Der Erfolg dieser, in tschechischer Sprache erfolgten Premiere sowie der weiteren Vorstellungen war allerdings nur mäßig[64] und reichte bei weitem nicht an jenen der *Cavalleria* in Neumanns Theater heran.

Einen neuen Höhepunkt für Mascagnis Erfolgsoper stellte deren Erstaufführung durch eben jenes Neumann'sche Opern-Ensemble aus Prag am 13. Juni d. J. in Berlin dar, wo schon drei Wochen zuvor in einem öffentlichen Konzert das *Intermezzo sinfonico* in einem Arrangement für Militärmusik[65] erklungen war. Was letzteres betrifft, hat man aber freilich nicht nur auf diese Art und Weise die Berliner mit der *Cavalleria* bekannt gemacht, denn schon seit längerem konnte sich jedermann, sofern seine musikalischen Fähigkeiten dazu ausreichten, selbst mit der Oper unter Zuhilfenahme eines Klavierauszugs[66] vertraut machen. Und selbst wenn dies nicht der Fall war, standen dem interessierten Musikliebhaber immer noch zahlreiche Besprechungen und Einführungen größeren oder kleineren Umfangs in Kulturteilen der Tagespresse oder in musikalischen Fachzeitschriften zur Verfügung[67]. Besondere Erwähnung verdient diesbezüglich ein Bericht des Berliner Musikforschers und Mitarbeiters zahlreicher Musikfachzeitschriften, Wilhelm Tappert, der über den Rahmen einer einführenden Leserinformation weit hinausgeht und auf einige von der Kritik bisher weitgehend unberücksichtigt gebliebene Aspekte in der *Cavalleria* aufmerksam macht, so z. B. auch mit dem Hinweis darauf, daß Mascagnis Stärke nicht nur im Melodischen, sondern auch in seiner *„unfehlbaren Sicherheit, unter welcher er das Charakteristische und Wirksame in jeder Szene trifft"*, also in der harmonischen Erfindungskraft, zu sehen sei[68].

Der Erfolg der mit großer Spannung erwarteten Premiere im Berliner Les-

---

64 Laut A. M. Píša/H. Doležil (*Soupis Repertoáru Národního Dividla V Praze 1881 – 1935*, Prag 1936, 62) kam das Nationaltheater über insgesamt 14 Vorstellungen nicht hinaus.
65 Siehe *NBMZ* 45 (1891), 239 f.
66 Erschienen bei Bote & Bock, wo auch Textbuch sowie einzelne Nummern in verschiedenster Bearbeitung herauskamen; s. dazu eine Verlagsannonce in: *NBMZ* 45 (1891), 262.
67 Darüber hinaus war ja auch (wie zuvor schon in Wien) kein Tag *„ohne eine Mittheilung über Mascagnis geniale Schöpfung"* vergangen und es wurden die *„fabelhaftesten Märchen* [. . .] *erdacht und – geglaubt."* (*NBMZ* 45/1891, 221)
68 *NBMZ* 45 (1891), 222; Tappert kommt hier auch folgerichtig zu der Erkenntnis, daß das *Intermezzo sinfonico* für sich allein betrachtet, *„eine der schwächsten Nummern"* der Oper darstelle und seine große Wirkung nur der an dramaturgisch richtiger Stelle plazierten melodischen und harmonischen *„Einfachheit in der Erfindung"* verdanke.

sing-Theater war (wie bereits erwähnt) außerordentlich[69] und brachte Angelo Neumann und seinem Ensemble sowohl große künstlerische Erfolge[70] als auch beachtliche pekuniäre Vorteile[71]. Die Oper mußte in einem Zeitraum von sechs Wochen nicht weniger als 43mal wiederholt werden, und als die letzte (noch immer ausverkaufte) Vorstellung über die Bühne ging, war in den beliebten Kroll'schen Gartenkonzerten Berlins das *Intermezzo* längst heimisch geworden, dessen Produktion auf Walzen für Drehleiern schon im Gange. Auch die Aufführung der ersten Berliner *Cavalleria*-Parodie stand unmittelbar bevor[72].

Was die Reaktion von Publikum und Fachpresse betrifft, resümierte die *Neue Berliner Musikzeitung*[73] unter dem Titel *„post festum"* dahingehend, daß ersterem [dem Publikum] *„Mascagni es angethan zu haben schien, wogegen die sogenannten Sachverständigen, die Auch-Komponisten, die Fachleute sich ziemlich kühl verhielten"*, womit weitgehend der diesbezügliche, aus früheren (anderenorts erfolgten) Aufführungen bereits gewonnene Eindruck bestätigt wurde. Interessant ist jedoch in diesem Zusammenhang, daß sich damals aus den Reihen der musikalischen Fachwelt bereits jene beiden Parteien herauskristallisierten, die in Zukunft im deutschen „Opernlager" einander feindlich gegenüberstehen sollten, und zwar: *„Eingeschworene Wagnerianer, denen die Partitur des Italieners ein Greuel ist und den man kunstpolizeilich nicht dulden sollte"*, sowie jene, die sich *„ihr Bischen Kopf darüber zerbrechen, worin denn eigentlich die ungeheure Wirkung dieser ‚Cavalleria' bestehe [. . .] und das Geheimnis ergründen möchten, um die gewonnene Erkenntnis nachahmungsweise zu fructificieren"*[74].

---

69 Siehe dazu die der Tagespresse entnommenen Berichte, In: *NBMZ* 45 (1891), 231, 239 f., 277; Mascagnis Oper ging damals als „Abendfüller" Louis Frapparts Ballet *Margot* voraus.

70 Für den Dirigenten Carl Muck z. B. war das Berliner *Cavalleria*-Dirigat entscheidend für sein späteres Engagement an die dortige Hofoper, wo er nach eigener Aussage das Werk nicht weniger als 112 mal dirigiert hat; neben der *Cavalleria* wurden von Neumanns Ensemble damals auch noch Webers *Die drei Pintos* in der Mahler'schen Bearbeitung sowie Cornelius' *Barbier von Bagdad* zur Aufführung gebracht.

71 Siehe *SmW* 49 (1891), 600.

72 *Cavalleria Berolina (Berliner Bauernehre). Musikalisch-parodistischer Scherz in einem Act* von Maximilian Kramer und der Musik von Bogumil Zepler; Erstaufführung am 28. 8. 1891 im Berliner Wallner-Theater.

73 45 (1891), 283 f.

74 Ebenda; Was die zahlreichen deutschen Nachahmungen der *Cavalleria* in der Folgezeit betrifft, kann wohl mit einiger Berechtigung behauptet werden, daß es keiner einzigen (auch nur annähernd) gelungen ist, hinter Mascagnis Geheimnis zu kommen. Und als dieser selbst mit seinen späteren Werken den Erwartungen derer nicht entsprechen konnte, die voreilig von einer „neuen Ära" gesprochen hatten, machte sich sehr bald die Meinung breit, daß Mascagni offensichtlich selbst nicht über das „Rezept" seines Erfolges Bescheid wisse.

In der Reihenfolge der großen deutschen Musikzentren war als nächstes Leipzig an der Reihe, wo die *Cavalleria* im Neuen Stadttheater am 26. August Einzug hielt. Auch hier war die Begeisterung und das Interesse des Publikums wiederum außerordentlich groß[75], doch legte die Kritik eine gegenüber Berlin wesentlich „härtere Gangart" an den Tag. Nimmt sich dabei des Leipziger Musikschriftsteller Eduard Bernsdorfs Bedauern, daß man *„barocke brutale Harmoniefolge, verzwickte oder haltlose Rhythmik, unangenehm dicken Farbenauftrag und viele der Drastik zuliebe begangene Häßlichkeits-Verbrechen"* in Kauf nehmen müsse[76], noch relativ harmlos aus, so gibt Richard Pfau[77] mit der (wenngleich bereits abgenützten) Floskel vom Mascagni, der sich noch von diesem und jenem erst befreien müsse, damit ihn auch die Deutschen *„als einen der besten dramatischen Tonsetzer begrüßen dürfen"*, ein bezeichnendes Beispiel dafür ab, wie die deutsche Kritik den Italiener und seine Oper in nationaler Überheblichkeit zusehends abzuwerten begann.

Nach Bühnen wie jenen von Köln, Basel, Bonn oder Kassel kam schließlich die *Cavalleria* am 21. Oktober auch an der Hof-Oper in Berlin heraus (s. Abb. 3, S. 43), wo nunmehr jedoch (aufgrund des noch nicht lange zurückliegenden Gastspiels Angelo Neumanns) Interesse und Begeisterung des Publikums bereits erheblich „gedämpft" waren. Dies zeichnete sich zuvor auch schon in der „Werbung" für Mascagni ab, die (abgesehen von einigen wenigen Berichten aus dessen Leben[78]) kaum noch auf die aufzuführende *Cavalleria,* sondern bereits vielmehr auf des Meisters nächste Oper, *L'amico Fritz,* ausgerichtet war[79].

Die von Felix Weingartner geleitete Premiere fand daher beim Publikum nicht mehr eine enthusiastische, sondern nur noch eine *„sehr warme Aufnahme"*[80], doch brachte es Mascagnis Einakter hier bis Jahresende immerhin noch auf 33 Vorstellungen. Die Kritik, sofern sie sich überhaupt noch eingehender mit dem Werk auseinandersetzte, ließ neuerlich an Objektivität zu wünschen übrig und wartete großteils mit bereits hinlänglich bekannten Argumenten für und wider Mascagni auf.

---

75 Bis Jahresende wurde die *Cavalleria* in Leipzig 43mal gespielt, die 100. Aufführung dieses Werkes fand am 20. 11. 1893 statt.

76 *SmW* 49 (1891), 721 f.

77 In: *MWb* 22 (1891), 470.

78 Von Interesse ist hier lediglich eine Mitteilung über Mascagnis frühere Tätigkeit als Bearbeiter und Dirigent Strauß'scher und Millöcker'scher Operetten, In: *SmW* 49 (1891), 932.

79 Von dieser wurde in der musikalischen Fachpresse ja schon Mitte September, seit Einsetzen der ersten Klavierproben, aus Italien ausführlich berichtet. Die Berliner Intendanz glaubte auch, sich das deutsche Aufführungsrecht bereits gesichert zu haben, was sich allerdings sehr bald als Irrtum herausstellen sollte. (s. S. 49).

80 *HS* 4 (1891/92), 18.

Königliche Schauspiele.

Opernhaus.

Anfang 7.   **Anfang 7.**

Mittwoch, den 21. October 1891.

213te Vorstellung.

Zum ersten Mal:

Cavalleria rusticana

(Bauern-Ehre).

Oper in 1 Aufzug von Pietro Mascagni. Text nach dem gleichnamigen Volksstück von Verga.
In Scene gesetzt vom Ober-Regisseur Tetzlaff. Dirigent: Kapellmeister Weingartner.

Santuzza, eine junge Bäuerin	Frau Sucher.
Turridu, ein junger Bauer	Herr Sylva.
Lucia, seine Mutter	Frau Staudigl.
Alfio, ein Fuhrmann	Herr Betz.
Lola, seine Frau	Fräulein Rothauser.
Bäuerinnen	Fräulein Lindner, Hellmuth-Bräm, Pfund, Henneberg, Pahlen.
	Landleute.

Die Dekoration nach einem Entwurf des Herrn Professor Hertel, gemalt von Herrn Hartwig.

Textbuch 50 Pf.

Vorher, **zum ersten Mal:**

Prometheus.

Musik von Beethoven.

Nach einer mythologischen Tanzdichtung E. Taubert's in 2 Akten von Emil Graeb.
Dirigent: Musikdirector Hertel.

Während der Ouvertüre bleiben die Eingangsthüren zum Zuschauerraum geschlossen.

Prometheus	Herr Glasemann.	Aglaja, Euphrosyne, Thalia, die 3 Chariten.	
Epimetheus	Herr Burmig.	Terpsychore.	
Pandora	Fräulein dell' Era.	Herakles	Herr Winter.
Hermes	Fräulein Stoßmeister.	Hephästos.	
Elpore, Göttin der Hoffnung . .	Fräulein Urbanska.	Kratos und Bia, Dämonen der Kraft und Gewalt.	
Peitho, Göttin der Ueberredung . .	Fräulein Sonntag.		

Die Geschöpfe des Prometheus. Eroten. Waldnymphen. Satyrn. Oleaniden. Horniffen. Wespen. Hirten.
Hirtinnen. Gewerke. Schmiede. Bauleute. Schiffsleute. Bildner. Aerzte. Opfer- und Traumdeuter.

Die olympischen Götter.

Im ersten Akt: Tanz der Pandora und der 3 Chariten (Hermes). Hirtentanz. Prometheus und seine Geschöpfe.
Aufzug der Schmiede, Bauleute zc. Huldigungstanz. Reigen der Göttinnen (Pandora, Hermes). **Palmentanz.**
Im zweiten Akt: Tanz der Pandora und der Oleaniden, Satyrn, Faune und Waldnymphen. Finale. Schluß-Apotheose.
Die vorkommenden Tänze werden ausgeführt von Fräulein dell' Era, Stoßmeister, Urbanska, Sonntag, Kaselowsky,
Bethge, Gasperini, Wtorzyd, Greiner, Altmann, Delelsieur, Pfaffenberg, Winter, Wächter, Spiering, Kirschner,
Czeika, Ziller, den Herren Müller, Luaritsch, Wtorzyd, Trost, Stiller und Mürich.

Die Kostüme nach Figurinen des Herrn Guthknecht.

Nach dem Ballet findet eine längere Pause statt.

Inhalt des Ballets à 30 Pf.

Fremden-Loge	10 Mark — Pf.	Zweiter Rang Balkon und Loge . . .	4 Mark — Pf.
Orchester-Loge	9 „ — „	Dritter Rang Balkon und Loge . .	3 „ — „
Erster Rang Balkon und Loge . .	6 „ — „	Amphitheater Sitzplatz	1 „ 50 „
Parquet und Parquet-Loge . .	6 „ — „	Parterre Stehplatz	1 „ 50 „
Zweiter Rang Proscenium-Loge . .	4 „ — „	Amphitheater Stehplatz . . .	1 „ — „

Anfang 7 Uhr. Ende gegen 10 Uhr. Die Kasse wird um 6 Uhr geöffnet.

Abb. 3: *Cavalleria rusticana*: Erstaufführung an der Hofoper Berlin
(Archiv der Deutschen Staatsoper Berlin)

Als einer der wenigen, die gegen den Strom schwammen und um Sachlichkeit bemüht waren, erweist sich hier Heinrich Reimann[81]. Zwar versucht auch er mittels „Reminiszenzenjägerei" Mascagnis „Stillosigkeit" unter Beweis zu stellen[82], doch distanziert er sich ansonsten in angenehmer Weise durch Sachkenntnis und scharfe musikalische Beobachtungsgabe von den Kollegen seiner „Branche". Nicht nur, daß ihm gelingt, den Tritonus als Alfios unzertrennlichen, mit Unheil verkündender Symbolik beladenen, leitmotivischen Begleiter zu konkretisieren-, er weiß auch die Ursache für die große Popularität der *Cavalleria*-Musik bzw. für deren leichtes Erfassen und Behalten in Mascagnis übertriebener Sequenztechnik zu lokalisieren[83]. Natürlich ist auch für Reimann das diesbezügliche *„Ende und unentrinnbare Ziel"* der musikalische Leierkasten, doch leugnet er nicht, daß der damals 27jährige Kapellmeister sich im Komponieren *„schlagfertig wie ein abgelebter, raffinierter Theatermusik-Routinier"* erwiesen habe. Dies hätte ihn letztlich auch zur Überzeugung kommen lassen, daß Mascagnis Erfolg weitgehend dem Umstand zu verdanken sei, daß dem seinerzeit vom geregelten Musikunterricht „abgehauenen" Studenten *„kein Konservatorium die kaum gewachsenen Flügel beschnitten* [. . .] *keines Meisters Schule mit ihrer Gedanken Blässe angekränkelt hat".* Geradezu amüsant sind schließlich noch Reimanns Ausführungen zum Libretto, wenn er z. B. den nach dem *Intermezzo sinfonico* auftretenden Chor *„Zum Heerde* [sic!] *des Hauses . . .* [mit seiner] *textlich so sinnlos wie nur denkbar"* ausgeführten Gestaltung aufs Korn nimmt und darauf anspielt, daß die aus der Kirche kommenden Frauen singen, sie müßten nunmehr zu ihren zuhause wartenden Männern heimkehren, während diese gleichzeitig entgegnen, daß auch sie von ihren Frauen daheim erwartet werden würden, und sich die so Singenden Arm in Arm zu Paaren formieren[84].

War in Berlin – wie erwähnt – bereits eine gewisse *„Cavalleria*-Müdigkeit"[85] zu verspüren, erwies sich für andere deutsche Städte, wie z. B. für Bremen, die *Sizilianische Bauernehre* selbstverständlich noch „brandneu". Hier ging sie erstmals am 30. Oktober über die Bühne und erlebte bis Saisonende noch 76 Wiederholungen[86], was einem noch höheren Durchschnittswert in den Aufführungsziffern entspricht als dies in Berlin der Fall gewesen war.

Im Oktober d. J. fand auch noch die erste deutsche Aufführung der *Caval-*

---

81 In: *AMZ* 18 (1891), 342 ff.
82 Reimann glaubte in der *Cavalleria* sogar Anklänge an den deutschen Ländler (!) sowie an Schubert und Chopin hören zu können.
83 Pfohl (*Die moderne Oper*, 223) meinte diesbezüglich, daß Mascagnis symphonisches Prinzip sogar ausschließlich von der Wiederholung bestimmt werde.
84 Hans Swarowsky (*Wahrung der Gestalt*, Wien 1979, 186) hat dies später einmal zur berechtigten Frage veranlaßt, ob denn *„eine Teufelsmesse für Ehebrecher"* abgehalten worden sei und wo denn in diesem Falle *„der Messerstich der Betrogenen, der doch anderseits das Schicksal des im gleichen Falle sich befindenden Hauptpaares entscheidet",* geblieben wäre.
85 Mit den Gründen für den relativ geringen Erfolg der *Cavalleria* in der Hofoper gegenüber den Aufführungen im Lessingtheater beschäftigt sich ausführlich Otto Lessmann, In: *AMZ* 18 (1891), 555; vgl. dazu auch *NMZ* 12 (1891), 265; Die Berliner Hofoper erlebte am 3. November 1892 ihre 100. *Cavalleria*, was bedeutet, daß dieses Werk bis dahin durchschnittlich fast jeden dritten Tag gespielt worden sein muß.
86 Laut Ludwig Sittenfeld, *Geschichte des Breslauer Theaters bis 1900*, Breslau 1909, 274

leria als Schauspiel in der Übersetzung von Friedrich Eisenschitz im Frankfurter Schauspielhaus statt, wo das dortige Publikum nunmehr Gelegenheit hatte, Schauspiel und Oper unmittelbar miteinander zu vergleichen. Erwartungsgemäß fiel dabei das Urteil zugunsten Mascagnis aus und führte, wie z. B. in der Frankfurter *Kleinen Presse*[87], sogar zur Ansicht, daß das Schauspiel ohne Mascagnis Oper wohl niemals nach Deutschland gekommen wäre. Ein ähnliches Schicksal erlitt Vergas Schauspiel auch in Berlin, wo es am 4. Dezember im Lessingtheater Premiere hatte und wegen des geringen Erfolges bereits nach 8 Vorstellungen wieder abgesetzt wurde.

Gegen Jahresende eroberte sich die *Cavalleria* mit den Bühnen von Zürich und Bern die letzten größeren deutschen Theaterstädte, nachdem zuvor auch noch Düsseldorf, Mainz, Weimar, Darmstadt, Danzig und Stuttgart „gefallen" waren. Mascagnis Oper hatte somit innerhalb eines einzigen Jahres die wichtigsten Opernbühnen des deutschen Sprachraums „besetzt"[88].

„Besetzt" waren von Mascagni gegen Ende des Jahres 1891 aber nicht nur die deutschen Opernhäuser, sondern auch die Kultur-Feuilletons deutscher Tageszeitungen und mehr noch die musikalischen Fachzeitschriften. Allerdings ging es hier nicht mehr (wie oben bereits angedeutet) um die *Cavalleria*, sondern schon um Berichte über Mascagnis neue, mit Spannung erwartete nächste Oper: *Freund Fritz*. Schon lange vor der in Rom am 31. Oktober 1891 über die Bühne gegangenen Uraufführung konnte man so erfahren, welch' *„übertrieben hohe Forderungen die ‚lachenden Hinterbliebenen' der Schriftstellerfirma Erckmann-Chatrian"* stellten[89], was der „Einkauf" dieser Oper Berlin oder Wien kosten werde[90], daß *Freund Fritz* nicht dramatisch sondern lyrisch sei etc. Selbstverständlich wurde dem Leser hier auch sofort beruhigend versichert, daß es in der neuen Oper gleichfalls ein *Intermezzo sinfonico* sowie hinter der Szene gesungene Nummern gäbe, oder auch prophezeit, daß dem sog. „Kirschenduett" wohl der größte Erfolg beschieden

---

87 Der diesbezügliche Artikel wird zur Gänze zitiert In: *SmW* 49 (1891), 966; s. auch *Kw* 5 (1891), 55 f.

88 Im Leipziger Verlag J. Weinberger hatte man mittlerweile sogar (offensichtlich ohne Sorge um den Absatz) auch die Herausgabe von Liedern Mascagnis in deutscher Sprache gewagt. Allerdings waren diese, wie sich nur zu bald herausstellen sollte, von nicht allzu großer musikalischer Qualität: „*P. Mascagni ist ein rasch in Mode gekommener Komponist. Ob wohl auch seine bei Weinberger soeben erschienenen fünf ‚Romanzen' in Mode kommen werden? So viel ist aber sicher, daß die Vergänglichkeit der Mode sie treffen wird. Die Lieder erheben sich bis auf eines nicht über den Durchschnitt lyrischer Dutzendware und lassen auch in bezug auf die Klavierbegleitung strengere musikalische Wünsche unbefriedigt.*" (NMZ 13/1892, 41; vgl. dazu auch Karl Söhle, In: *Kw* 6 [1892/93], 7)

89 *SmW* 49 (1891), 879.

90 Siehe *AMZ* 18 (1891), 445.

sein werde. Letzteres hat sich in der Folge auch tatsächlich bewahrheitet, doch gab man sich im übrigen hinsichtlich der Oper als Ganzes auf deutscher Seite weit weniger enthusiastisch als auf der italienischen[91]. So hoben nach der Uraufführung deutsche Korrespondentenberichte zwar einige wenige Nummern in *Freund Fritz* als wirkungsvoll und gelungen hervor[92], doch wurde allgemein vehementest das Ausbleiben jeglicher *„dramatischer Verwicklung"* als grundlegender Fehler moniert[93]. Und dies warf selbstverständlich nicht nur die prinzipielle Frage auf, warum Mascagni nicht im Stile seiner *Cavalleria* weitergeschrieben habe, sondern veranlaßte auch, sich den Kopf darüber zu zerbrechen, was diesen wohl bewogen haben könnte, ausgerechnet nach der verstaubten elsässischen Dorfidylle als Opernstoff zu greifen. Denn, so hieß es damals unmißverständlich, „. . . *wenn ein gutsbesitzender Nichtsthuer sich heilig vornimmt, nicht zu heirathen, und schließlich doch mit einem holden Erdenkind abzieht, so mag dieser Stoff ja für besorgte Mütter etwas Erfreuliches haben und der öffentlichen Moral, welcher von Seiten des sizilianischen Einacters ernstliche Gefahren drohten, mit anerkennenswerther Menschenliebe Vorschub leisten; zum Drama, mit oder ohne Musik, eignet er sich jedoch umso weniger, als kein retardirendes, dunkleres Element dagegen tönt . . ., keine einzige ernste Bewegung die Ruhe stört"*[94].

Allerdings war damit die Kritik an *Freund Fritz* in den ersten deutschen Stellungnahmen noch nicht erschöpft. Was darüber hinaus noch viel mehr Anstoß erregte, war die (heute noch gültige) Erkenntnis, daß Mascagni, dessen Stärke ja in erster Linie im musikalischen *„Stoßen und Drängen, im Aufwirbeln"* liege, auch *„sämtliche idyllischen Textstellen"* hochdramatisch komponiert habe, was denn doch als ein *„zu starker Auftrag für so harmlose Verszeilen"* empfunden wurde[95]. Urteile dieser Art standen im übrigen auch nach

---

91 In Italien hatte man sich ja (laut *Kw* 6/1891/92, 24) sogar zur euphorischen Behauptung verstiegen, daß in Mascagnis zweiter Oper „. . .*eine Fülle lieblichster Melodik ausgebreitet* [werde], *wie sie nur noch bei Mozart zu finden sei"*.

92 Zu diesen zählte man neben dem *Intermezzo* und dem genannten "Kirschenduett" die große Liebesszene aus dem 3. Akt (s. *AK* 15 /1891, 625) oder einen *„mit zügellosem Humor und keckem Übermuth das Einfahren eines Gefährts schildernden realistischen Instrumentalsatz"*. (s. *MR* 6/1891, 268)

93 *NBMZ* 45 (1891), 396.

94 So der römische Korrespondent, In: *Mwb* 12 (1891), 596 f.

95 Ludwig Hartmann, In: *Kw* 5 (1891/92), 56; Hartmann demonstriert dies auch an einem Beispiel, u. zwar an der sog. „Bibelszene", wo nach seinen Worten zur Erzählung der Legende von Rebekka *„kein Instrument schweigt, wie in Tristan und Isolde die Bühne von leidenschaftlichen Akzenten bebt, Suzel und der Rabbi die letzten Tiefen und Höhen ihrer Stimmittel entholen, ein wahnsinniger Jubel bei dieser ehrlichen Regung ausbricht"*. Vgl. dazu auch Hartmanns Ausführungen zu dem diese Szene einleitenden Posaunenchor, In: *HS* 34 (1891), 32.

der deutschen Erstaufführung des *Freund Fritz*, im März des folgenden Jahres, immer wieder im Zentrum der Kritik an dieser Oper. Daß man diesbezüglich aber auch anderer Meinung sein konnte – und es auch war –, stellt jene Ansicht unter Beweis, derzufolge diese Art von Dramatik nur Leuten mißfalle, die *„dem Theater fernestehen und sich in dem Glauben wiegen, daß das ,Wirkungmachen' eine Sünde sei"*[96].

---

96 *DKMz* 18 (1891), 281; Daß „Wirkungmachen keine Sünde sei", galt hier offensichtlich auch hinsichtlich des *„wunderlich gestreiften Beinkleids"*, das Mascagni schon bei der Uraufführung der *Cavalleria* trug und nunmehr auch bei jener des *Freund Fritz* in Rom als eine Art Talismann getragen haben soll, wenn diesbezüglich an gleicher Stelle festgestellt wird, daß jemand, der *„so glücklich ist, mit Stolz seiner hohen geistigen Begabung gedenken zu können, sich den bescheidenen Aberglauben an ein paar Meter Stoff schon gestatten darf."*

(*L'amico Fritz*: die große Enttäuschung – Sonzogno in Wien – *A Santa Lucia*: Mascagnis „verweigerte *Cavalleria*-Fortsetzung" – *Le Villi*: Puccini tritt auf den Plan – *Pagliacci*: „...das Spiel kann beginnen")

Als für Mascagni zu Beginn des Jahres 1892 feststand, daß sein Erstlingswerk nach rund eineinhalb Jahren an in- und ausländischen Bühnen nahezu
dreihundertmal gespielt worden war[1], brauchte dem Italiener um den zukünftigen Erfolg seines Einakters nicht mehr bange zu sein. Ja selbst als am
19. Jänner des neuen Jahres die *Cavalleria* als *Chevalerie rustique* an der Pariser Opéra-comique nicht mit dem gewohnten Erfolg und der üblichen en-
thusiastischen Aufnahme von seiten des Publikums über die Bühne ging, war
dazu kein Anlaß. Denn sowohl der Versuch der italienischen Presse, den Pariser Mißerfolg politischen Motiven zuzuschreiben[2], als auch – wie dies auf
deutscher Seite geschah – denselben mit einem *„immer gewaltiger werdenden
Einfluß der Wagnerschen Kunst in Frankreich"*[3] zu begründen, erwies sich
sehr bald als falsch bzw. als Spekulation. Was auch immer die Hintergründe
für das mäßige Abschneiden von Mascagnis Oper in der französischen
Hauptstadt gewesen sein mögen –, fest steht, daß die in Zusammenhang damit gefallene Behauptung, Paris bilde *„das erste Bollwerk, an dem sich das
Lieblingskind der Reclame gebrochen hat"*[4], einem ausgeprägten Wunschdenken deutscher Mascagni-Gegner entsprang, da Mascagnis *Cavalleria* weder damals noch in der Folge in Frankreich beim Publikum auf Rezeptions-
schwierigkeiten gestoßen ist[5] und sich auch dort (wie im übrigen Europa) mit
der Zeit von selbst „totgelaufen" hat. Sogar ein Großteil von Mascagnis
nachfolgenden Opern, so schlecht sie auch waren und so sehr die italienische
Kritik selbst schon negative und bisweilen sogar vernichtende Urteile über sie
gefällt hatte, konnte die Grenzen Italiens ungehindert „passieren" und wurde
vom Ausland trotz hoher Tantiemenforderungen „gekauft". Geschah dies,
wo auch immer, bei den späteren Werken Mascagnis mit stets geringer wer-
dender Hoffnung auf einen neuerlichen Sensationserfolg, so durfte man bei

---

1 Siehe *MR* 7 (1891), 47 sowie Horst Seeger, *Opernlexikon*, Wilhelmshaven 1979, 113.
2 Siehe *SmW* 50 (1892), 123.
3 *MR* 7 (1892), 47.
4 Ebenda.
5 Siehe Ursula Eckart-Bäcker, *Frankreichs Musik zwischen Romantik und Moderne* (Studien
   zur Mg. d.19. Jahrhunderts 2), Regensburg 1965, 247f.

Freund Fritz noch ehrlich gespannt sein, ob der über Nacht berühmt gewordene Meister die in ihn gesetzten Hoffnungen erfüllen und sich der ihm in Überfülle gewährten Vorschußlorbeeren würdig erweisen würde.

Auch *L'amico Fritz* trat, wie zuvor schon die *Cavalleria*, die Reise ins Ausland über Budapest an, wo das Werk am 23. Jänner 1892 in Szene ging und Gustav Schmitt[6], den Tenor aller späteren „Fritz-Kritiken" vorwegnehmend, bereits damals verlauten lassen konnte, daß der Erfolg der Oper *„nicht annähernd mit jenem der Cavalleria"* zu vergleichen gewesen sei[7]. Bestätigt wurde dieser Eindruck nur wenig später im Frankfurter Opernhaus, in dem (nicht ohne zuvor noch für einige Aufregung in der Berliner Hofoper gesorgt zu haben[8]) am 12. März die deutsche Erstaufführung erfolgte[9] und – wie Ludwig Hartmann[10] berichtet – zur Premiere des *Freund Fritz „in ungewohnten Massen Schaulustige und Zuhörer in die weiten Räume des Opernhauses strömten"*. Und jener Hartmann war es auch, der mit einigen ebenso prägnanten wie „spitzen" Bemerkungen den eigenartigen Stimmungsumschwung am Premierenabend, der trotz eines nicht überwältigenden Gesamteindrucks (dennoch) zu *„stürmischen Beifallssalven"* hingrissen hätte[11], näher zu cha-

---

6 In: *NMZ* 13 (1892), 42.

7 Vgl. auch *SmW* 50 (1892), 150.

8 Bereits zu einem Zeitpunkt, da Mascagni noch an der Instrumentation des *Freund Fritz* arbeitete, hatte der Berliner Intendant Graf Hochberg von Sonzogno die vertragliche Zusage für das Recht der deutschen Erstaufführung erhalten (s. *AMZ* 18/1891, 320). Da die schon für November 1891 vorgesehene Premiere in Berlin immer wieder verschoben werden mußte und auf einen Termin, später als jener, den sich die Frankfurter Bühne mit 12. März gesetzt hatte, zu fallen drohte, versuchte die Berliner Generalintendanz, sich ihre Prioritätsansprüche auf die Vorführung der Mascagni'schen Oper gerichtlich bestätigen zu lassen (s. *NMZ* 12/1892, 80). Das Frankfurter Amtsgericht, wo das Verfahren abgewickelt wurde, wies jedoch den Berliner Antrag auf Inhibition der Frankfurter Aufführung zurück und *Freund Fritz* durfte demnach ungehindert, jedoch entgegen einer früheren Meldung, derzufolge die „*Direktoren aller größeren deutschen Theater übereingekommen* [seien], *die maßlosen Bedingungen Sonzognos abzulehnen und auf die Vorführung des ‚Freund Fritz' solange Verzicht zu leisten, bis der Verleger sich zu bescheideneren Ansprüchen herablassen würde"* (s. *NMZ* 13/ 1892, 8), eine Woche vor Berlin über die Bühne gehen.

9 Die musikalische Leitung hatte Otto Dessoff inne.

10 In: *HS* 4 (1891/92, 186f.

11 Dies soll allerdings nicht bei den wenigen musikalisch wirklich wertvollen Nummern, sondern dort, wo primär szenische und musikalische äußerliche Effekte die Aufmerksamkeit auf sich zu lenken wußten, der Fall gewesen sein: so z. B. beim Ständchen für den „Geburtstagsfritz", wo *„eine große Kinderschar mit Sträußchen in den Händen paarweise hereinhüpfte, die kleinsten vornedrein um den allgemein beliebten ‚Freund Fritz' ihre Huldigung darzubringen und sich die bis dorthin kaum erfolgte Erwärmung des Publikums sofort zum Jubel steigerte"*, oder am Schluß des zweiten Aktes, *„als das Zweigespann am Tor des Pachthofes angefahren kam, ‚Freund Fritz' mit Vehemenz an der Seite des kundigen Rosselenkers Platz nahm und letzterer ‚Postillon von Longjemeau' gleich, seine Peitsche . . . über die Rücken der Pferde knallen ließ und der Jubel abermals losbrach, ohne daß sich noch jemand um den ergreifend dargestellten Schmerzensausbruch der verlassenen Suzel kümmerte"* (ebenda).

rakterisieren versuchte und die enthusiastische Zustimmung zu diversen ef-
fektheischenden Nummern sogleich ganz gezielt dem „publikumsverbilden-
den Einfluß" der Kolportagen zur römischen Uraufführung (s. oben) zuschreiben zu können glaubte.

Den Ausführungen zu Publikumsverhalten und zu Wert bzw. Unwert von sog. „Publi-
kumserfolgen" läßt Hartmann hier noch einige bemerkens- und mitteilenswerte Gedanken zu Mascagnis Kompositionsweise folgen, Gedanken, die ihm durch den Kopf
gegangen seien, als er erstmals von des Komponisten Wahl des Erckmann-Chatrian'-
schen Freund Fritz als Opernsujet erfahren habe, und mit denen er nicht zuletzt unter
Beweis stellt, daß er (im Unterschied zu so manchem Kritikerkollegen) Mascagni gegenüber von allem Anfang an einen „kühlen" Kopf bewahrt hat. So habe er sich damals gesagt, daß jemand, „der eine mit hochdramatischen Situationen reich ausgestat-
tete Oper . . . mit solchem Talent musikalisch wiederzugeben versteht . . ., trotz mancher
harmonischer Ungeheuerlichkeiten seinen Beruf zum Opernkomponisten dokumentiert,
nunmehr aber zu seiner zweiten Oper ein der ersten vollständig entgegegesetztes Sujet
wählt . . ., sich nicht nur seiner Erfindungsgabe sehr sicher sein, sondern auch seinem
Wissen und Können zutrauen müsse, seine subjektive Leidenschaftlichkeit . . . einer objektiven Anschauung von Empfindungen unterordnen zu können, wie sie ‚Freund Fritz'
verlangt." Aber gerade darin sei er nur allzusehr enttäuscht worden, wenn er bedenke,
„welch' köstliche, humorvolle Musik . . . ein Komponist von Gottesgnaden, wie die
Fama behauptet", zu den einzelnen, in der literarischen Vorlage „meisterlich gezeichneten Charakteren" dieses Lustspiels hätte schreiben können, einem Lustspiel, dem
ohnehin „zu wenig Stoff zu sogenannten hochdramatischen Szenen" zugrunde läge.
Gerade letzteres hätte auch erwarten lassen, daß Mascagni „von ohrenbetäubenden
Lärmmitteln einer Wachparade oder Tingeltangel-Instrumentation"[12] absehen würde.
Daß damit dieser Oper kein andauernder Erfolg beschieden sein dürfte, oder, wie von
anderer Seite verlautete, eine Zeit kommen werde, „in welcher Santuzza, Turiddu, Alfio und Lola noch immer auf der Bühne leben werden, während man von Fritz Kobus
und Zusel nur noch selten hören wird"[13], stand somit für Hartmann schon damals fest.

Die erste Aufführung des Freund Fritz an der Berliner Hofoper fand unter
Felix Weingartners Leitung am 19. März 1892 statt (s. Abb. 4, S. 51) und erzielte offensichtlich einen noch geringeren Erfolg als dies in der Main-Stadt
der Fall gewesen war, da sowohl das Publikum „zu wärmeren Beifallskundge-
bungen . . . nur wenig bereit" war und auch die Presse der neuen Oper ziemlich einhellig ablehnend gegenüberstand[14]. Als „Beckmesser" besonderer
Art erwies sich damals Wilhelm Tappert[15], dessen Ausführungen durch per-

---

12 In: Kw 5 (1891/92, 182) ist diesbezüglich von „blechgepanzertem Orchester" die Rede; vgl.
    dazu auch eine ausführliche Kritik von „B." (?), In: MWb (23/1892, 340 ff. u. 351 f.), die sich
    fast ausschließlich mit der Instrumentation des Freund Fritz auseinandersetzt und u. a. von
    einem „gänzlich verfehlten Werk" spricht, zu „dessen Aufführung in Deutschland niemand
    den Muth finden würde".
13 Wilhelm Lakowitz, In: DMz 23 (1892), 95.
14 Dies betrifft auch die musikalische Tagespresse; vgl. dazu eine auszugsweise Aneinanderrei-
    hung verschiedener Tageskritiken Berlins, In: HS 4 (1891/92), 172.

Königliche Schauspiele.

Anfang 7.   **Opernhaus.**   **Anfang 7.**

Sonnabend, den 19. März 1892.

72ste Vorstellung.

Zum ersten Mal:

Freund Fritz.

Lyrische Oper in 3 Akten von Pietro Mascagni. Text von P. Suardon (nach Erckmann und Chatrian), deutsch von Max Kalbeck. In Scene gesetzt vom Ober-Regisseur Tetzlaff. Dirigent: Kapellmeister Weingartner.

Sutel	Frau Pierson.	Hanezo, } Freunde von Fritz	Herr Krasa.
Fritz Kobus	Herr Sylva.	Friedrich, }	Herr Philipp.
Joseph, der Zigeuner	Fräulein Rothauser.	Katharina, Wirthschafterin bei Fritz Frau Lammert.	
David, Rabbiner	Herr Betz.	Chor von Waisenknaben und Landleuten (hinter der Scene).	

Das Stück spielt im Elsaß.

Neue Decoration: Elsäffer Zimmer, vom Königl. Decorationsmaler Quaglio.

Textbuch 75 Pf.

Zum ersten Mal:

Die Puppenfee.

Pantomimisches Ballet-Divertissement von Haßreiter und Gaul. Musik von J. Bayer.
In Scene gesetzt vom Balletmeister Emil Graeb. Dirigent: Musikdirector Hertel.

Sir John Plumpustershire	Herr Altroggen.	Chinese,		Herr B. Zorn.
Lady Plumpustershire	Frau Spiering.	Mohrin,		Fräulein Gasperini.
Bob, Jenny, Betsy, Tommy, deren Kinder.		Poet,	mechanische Figuren	Herr Miorzzy.
Ein Spielwaarenhändler	Herr Glasemann.	Polichinelle,		Herr Mürich.
Dessen Factotum	Herr Burwig.	Portier,		Herr Winter.
Die Puppenfee	Fräulein Urbanska.	Ein Bauer		Herr Quaritsch.
Eine Trommlerin	Fräulein dell' Era.	Dessen Weib		Fräulein Kuday.
Cockerin	Fräulein Kaselowsky.	Deren Kind		E. Peter.
Bébé,	Fräulein Delcliseur.	Eine Dienstmagd		Fräulein A. Bernhardt
Chinesin, } mechanische Figuren	Fräulein Stoßmeister	Ein Lohndiener		Herr Deleuil.
Spanierin,	Fräulein Greiner.	Commis		Herren Müller, Trost, v. Stiller.
Japanesin,	Fräulein Bifoßky.	Ein Commissionär		Herr Greiner.
Ungar,	Fräulein Sonntag.	Ein Briefträger		Herr Schulze.

Verschiedene mechanische Figuren.

Neue Decoration: Puppenladen, vom K. K. Decorationsmaler Brioschi, in Wien.

Decorative Einrichtung vom Königlichen Ober-Inspector Brandt.

Nach der Oper findet eine längere Pause statt.

Preise der Plätze.

Fremden-Loge	10 Mark — Pf.	Zweiter Rang Balkon und Loge	4 Mark — Pf.	
Orchester-Loge	9 — —	Dritter Rang Balkon und Loge	3 — —	
Erster Rang Balkon und Loge	6 — —	Amphitheater Sitzplatz	1 50	
Parquet und Parquet-Loge	6 — —	Parterre Stehplatz	1 50	
Zweiter Rang Proscenium-Loge	4 — —	Amphitheater Stehplatz	1 — —	

Opernhaus.   Sonntag, den 20. März.   **Schauspielhaus.**

73ste Vorstellung. Freund Fritz. Lyrische Oper in 3 Akten von P. Mascagni. Text von P. Suardon (nach Erckmann und Chatrian), deutsch von M. Kalbeck. Die Puppenfee. Pantomimisches Ballet-Divertissement von Haßreiter und Gaul. Musik von Bayer. Anfang 7 Uhr.

79ste Vorstellung. Wohlthätige Frauen. Lustspiel in 4 Aufzügen von Adolph L'Arronge. Anfang 7 Uhr.

Abb. 4: *Freund Fritz*: Erstaufführung an der Hofoper Berlin
(Archiv der Deutschen Staatsoper Berlin)

manente „Deutschtümelei" und ein hohes Maß an Unsachlichkeit getrübt erschienen, und der sich auch nicht zu erklären scheute, daß nichts *„so ekelig widerwertig"* klänge wie der Anfang des *Preludietto*, jedoch zum Glück *„der größte Theil des Theaterpublikums nicht wisse, was er hört,* [da] *sonst in der Nähe des Opernhauses an den Fritzabenden eine Sanitätswache errichtet werden müßte, mit dem tüchtigsten Psychiater an der Spitze und handfesten Wärtern"*. Weniger unsachlich, aber fachlich gleichfalls keineswegs überzeugend, gab sich der Innhaber und Herausgeber der *Allgemeinen Musik-Zeitung*, Otto Lessmann[16], der sein Augenmerk näher auf den vermeindlichen Verfasser des Librettos, P. Suardon[17], richtete und diesem vorwarf, er sei mit seinem Text dem Komponisten *„alles schuldig geblieben"*, sodaß jener *„ganz auf seine eigene Kraft"* angewiesen gewesen wäre. Daraus, so wird hier weiter argumentiert, ließe sich letztlich auch jener Widerspruch erklären, *„der stellenweise zwischen einem überaus einfachen szenischen Vorgang und dem bombastischen Pathos seines musikalischen Ausdrucks"* liege. Auf die Divergenz zwischen handlungsmäßiger und musikalischer Zielsetzung kam schließlich auch noch Wilhelm Lackowitz[18] mit der Feststellung zu sprechen, daß in Mascagnis Oper *„die Musik als solche doch einen Fortschritt"* repräsentiere, aber *„mehr oder weniger nicht im Zusammenhang mit dem Text"* betrachtet werden dürfe. Sollte dies jedoch, wie von anderer Seite verlautete, bei Mascagnis zukünftigen Opern wieder möglich sein – der Komponist also Musik und Handlung zu koordinieren verstehe –, werde er *„Erfolge haben wie sein Vorgänger Verdi und andere Komponisten"*[19].

Die Anzahl der Aufführungen von *Freund Fritz* in Berlin bis Ende des Jahres 1892 blieb gegenüber der *Cavalleria* mit 20:75 weit zurück, was die königliche Oper aber keineswegs davon abhalten konnte, bereits die Pro-

---

15 In: *NBMZ* 46 (1892), 75.
16 In: *AMZ* 19 (1892), 162f.
17 Hinter diesem Namen verbirgt sich als *„pseudonimo piovuto dal cielo"* die *„firma librettistica"* Targioni-Tozzetti, Menasci, Mascagni, Daspuro und Zanardini, was Lessmann damals freilich noch nicht wissen konnte (s. Morini, *Mascagni*, 22).
18 In: *DMz* 23 (1892), 136.
19 *NMZ* 13 (1892), 90; vorläufig hegte man aber diesbezüglich nicht nur in Deutschland, sondern angesichts der Mißerfolge des „Amico Fritz" in Florenz, Mailand oder Venedig (s. *HS* 4(1891/92), 153) auch in Italien noch Zweifel, wo „Vorgänger" Verdi gleichfalls zielsicher auf Mascagnis größte Schwäche in dieser Oper verwies und gestand, daß er wohl *„in Wagners Tristan und Isolde den Wechsel der leidenschaftlichsten, fürchterlich tobenden Leidenschaften"* begreife, nicht jedoch im *„Landschaftsleben des Amico Fritz"* (Laut einem ebenda wiedergegebenen Interview, das Verdi dem Berliner Kritiker Heinrich Alfred Ehrlich gegeben hatte).

duktion von Mascagnis nächster Oper, *I Rantzau*, für die kommende Saison in Aussicht zu stellen[20].

Als nächste deutschsprachige Bühne griff die Wiener Hofoper nach *Freund Fritz*. Hier gelangte das Werk, unter Hans Richters Leitung am 30. und 31. März im Rahmen einer Doppelpremiere zur ersten Aufführung[21] (s. Abb. 5, S. 55), wobei man sich vereinzelt bereits darüber im vorhinein im Klaren war, daß nach der *Cavalleria* eine gerechte Beurteilung des Werkes nur unter geänderter Erwartungshaltung von Publikum und Presse zu erwarten sei. So charakterisiert z. B. Max Dietz die neue Situation gegenüber der ersten Wiener *Cavalleria* im Vorjahr dahingehend, daß *„man inzwischen von der Frucht am Baum der Erkenntnis reichlich gekostet . . . sie ganz besonders pikant und wohlschmeckend"* gefunden hätte, für *Freund Fritz* dieser Umstand jedoch nicht von Vorteil wäre, da das Publikum der neuen Oper mit vorgefaßter Meinung begegnen würde und besonders jene sehr enttäuscht sein könnten, die *„den Maßstab der Cavalleria an jede aus Mascagnis Feder geflossene Leistung anlegen wollten"*[22]. Und Dietz sollte damit auch recht behalten, denn einige wenige, in musikalischer Hinsicht im Stile der *Cavalleria* gehaltene Nummern genügten letztlich, über Unzulänglichkeiten und Andersartigkeit der Oper (zumindest für's erste) hinwegzutäuschen und der Premiere unter lebhaftem Beifall zu mehr als nur zu einem Achtungserfolg zu verhelfen[23]. Daß *Freund Fritz* auch in Wien kein Sensationserfolg werden würde, stand ja in informierten Kreisen, wo man „vorgewarnt" worden war oder bereits Aufführungen anderenorts gesehen hatte, längst vor dem 30. März fest, weshalb auch dieses Datum z. B. für den damals blutjungen Hanslick- und Brucknerschüler Max Graf keinerlei Enttäuschung mehr brachte.

---

20 In *NMZ* (13/1892, 127) stellte man darauf Bezug nehmend unter dem Motto „*Siebenmal glücklich zu preisender Opernkomponist, wenn du nicht in Deutschland geboren bist"* die Frage, ob denn in der Zwischenzeit nicht genügend Zeit wäre, *„auch einmal unter den deutschen Opernneuheiten prüfend Umschau zu halten"*. (Dabei wäre man allerdings zu der Erkenntnis gekommen, daß auch die deutschen Opernneuheiten vielfach unter dem Einfluß Jungitaliens standen; vgl. dazu J.-H. Lederer, *Cavalleria auf Deutsch – Zu den Anfängen des deutschen realistischen Einakters im ausgehenden 19. Jahrhundert*, in: *Geschichte und Dramaturgie des Operneinakters*, hrsg. v. W. Kirsch u. S. Döhring (Thurnauer Schriften zum Musiktheater 10, Laaber 1991, 127 ff.).

21 Wien hatte den *„theuren Fritz"*, wie man die Oper damals nannte, vom Verleger für ein Einreichungshonorar von 4000 fl und 8% Tantiemen aus dem Bruttoertrag jeder Aufführung erworben.

22 In: *Ak* 16 (1892), 184.

23 Laut *ÖMTz* (4/1892, 2) soll im übrigen der Beifall *„zumeist von der vierten Galerie . . . und als ein sichtbar bestellter"* ausgegangen sein.

Er hatte sich nämlich seine diesbezügliche Verärgerung bereits zuvor mit einer Lesereinführung in die neue Oper Mascagnis von der Feder geschrieben und war trotz Anerkennung einiger Details zu dem Schluß gekommen war, daß hier *„stärker als in der Cavalleria rusticana . . . eine nivellierende Styllosigkeit zu Tage tritt, welche von allem das Beste nimmt und es zu einem uneinheitlichen Gemälde verschmilzt"*[24].

Die Reaktionen der musikalischen Fachpresse auf die Wiener Erstaufführung unmittelbar selbst bestätigten nicht nur weitgehend den schon aus Frankfurter und Berliner Rezensionen gewonnenen Eindruck, sondern führten auch die ganze damalige Argumentationsbreite – von der rigorosen Ablehnung bis zum wohlwollend zustimmenden, keines weiteren Kommentars bedürfenden Gemeinplatz – eindrucksvoll vor Augen. Demnach lassen sich hier auch pauschale Abwertungen, wie sie z. B. durch Hanslick[25] oder Heuberger[26] vorliegen, sowie Urteile, in denen zumindest große *„Bedenklichkeit"* gegenüber Mascagnis Vorliebe für das *„harmonisch Gewaltsame und Unnatürliche"*[27] angemeldet werden, ebenso antreffen, wie die extrem gegensätzlichen Äußerungen eines Anton August Naaf[28], der es u. a. geradezu als Herausforderung empfand, daß Mascagni mit seiner zweiten Oper *„noch schlichter* [!] *als das erstemal"* gekommen sei.

Auf Wien[29] folgte als nächste große deutschsprachige Bühne die Dresdener Hofoper (s. Abb. 6, S. 57), wo am 2. Juni Ernst Schuch als musikalischer „Geburtshelfer" fungierte und die Kritik einmal mehr ihre bereits bekannte, indifferente Haltung *Freund Fritz* gegenüber an den Tag legte. Und dies bedeutete: große Zustimmung für bestimmte Nummern, wie „Kirschenduett" oder „Zwischenspiel" einerseits, strikte Ablehnung gewisser melodischer oder harmonischer Eigenheiten Mascagnis andererseits –, u. a. auch jener seltsamen, achteinhalb Takte lang währenden Folge von parallelen Sextakkorden des Vorspiels, die, wie man dazu sarkastisch bemerkte, auch *„durch die sich fortwährend wiederholenden Querstände nicht schöner"* werden würden[30].

---

24 In: *MR* 7 (1892), 73ff.
25 In: *Fünf Jahre Musik. Der modernen Oper VII. Teil*, Berlin 1896, 94.; Hanslick bezeichnet hier den ersten Akt als *„einfache Null"*, den zweiten charakterisiert er dahingehend , daß es dieser mit seinen *„allergewöhnlichsten Melodien mit harmonischen Nadelstichen"* nicht über das *„Banale"* hinausgebracht hätte.
26 In: *NMZ* 13 (1892), 102 f.; Heuberger bemerkte u. a., daß in des Komponisten *„Wandel an der Grenze zwischen natürlichem Reiz und quälendem Raffinement"* nichts anderes zu sehen sei, als *„Furcht vor dem Gewöhnlichem"*.
27 *DKM* 19 (1892), 87; vermutlich wird man dabei u. a. auch an Mascagnis Vorliebe für den Dominantakkord mit der kleinen Terz vor dem Dur-Dreiklang der Haupttonart, wie z. B. in der Arie des Fritz *„Son pochi fiori . . ."*, gedacht haben; vgl. auch *NZfM* 59 (1892), 286 f.

K. K. Hof-Operntheater.

Mittwoch den 30. März 1892

85. Vorstellung im Jahres-Abonnement.

Zum erstenmal:

Freund Fritz.

Lyrische Oper in 3 Akten von P. Suardon (nach Erckmann und Chatrian), deutsch von Max Kalbeck.

Musik von **Pietro Mascagni.**

Susel	— — — — —	Frl. Beeth
Fritz Kobus	— — — — —	Hr. Schrödter
Josef, der Zigeuner	— — — —	Fr. Warnegg
David, Rabbiner	— — — —	Hr. Sommer
Hanczo, Steuer-Einnehmer, } Freunde des Fritz	—	Hr. Frei
Friedrich Feldmesser,	—	Hr. Schittenhelm
Katharine, Wirthschafterin bei Fritz	— —	Fr. Baier J.

Die Handlung spielt in Elsaß. Anfang der Sechziger Jahre.

Costüme nach Zeichnungen von Fr. Gaul.

Das Textbuch ist an der Kassa um 60 kr. zu haben.

Hierauf:

Rococo.

Tanz-Divertissement in einem Akte.

„**Invitation à la Valse**" von C. M. Weber, orchestrirt von Berlioz. Fräulein: Löscher, Hauffe, Well, Herren: Price, Caron, van Hamme und das Balletcorps.

„**Gavotte**", componirt vom König Louis XIII., arrangirt von Paul Taglioni. Fräulein Pagliero, Rathner und Grafelli.

„**Grand Galop chromatique**", von F. Liszt, orchestrirt von Fr. Doppler, Fräulein Pagliero, Hauffe, Well, Rathner, Grafelli. Herren: Price, Caron, van Hamme und das Balletcorps.

Der freie Eintritt ist heute ohne Ausnahme aufgehoben.

Kassa-Eröffnung 6 Uhr. Anfang 7 Uhr. Ende gegen halb 10 Uhr.

Donnerstag	den 31. (Zum zweitenmal:) Freund Fritz.		Sonntag	den 3. Lohengrin.
	Hierauf: Das Glockenspiel.		Montag	den 4. Werther.
Freitag	den 1. April. Ein Tanzmärchen.		Dinstag	den 5. Freund Fritz. Hierauf: Wiener
Samstag	den 2. Freund Fritz. Hierauf: Coppelia.			Walzer.

Falls eine angekündigte Vorstellung **abgeändert** werden sollte, kann von den für dieselbe gelösten Karten auch zur Ersatzvorstellung Gebrauch gemacht, oder der dafür entrichtete Betrag, jedoch **spätestens am Tage der Vorstellung bis halb 7 Uhr Abends** (resp. eine halbe Stunde vor dem für Beginn der Vorstellung angesetzten Zeitpunkt) bei sonstigem Verluste des Anspruches an der Kasse zurückverlangt werden.

Zu jeder im Repertoire angekündigten Vorstellung erfolgt **Tags vorher** bis 1 Uhr Nachmittag, die Ausgabe der Stammsitze: von 2 bis 5 Uhr Nachmittags der allgemeine Vorverkauf der restirenden Logen und Sitze gegen Entrichtung der Vorlaufsgebühr.

Diese beträgt je 3 fl. für eine Loge im Parterre oder 1. Rang; 2 fl. für eine Loge der 2. Galerie; 1 fl. für eine Loge der 3. Galerie; 1 fl. für einen Fauteuil im Parquet 1. Reihe; 50 Kreuzer für die Sperrsitze im Parquet 2.—13. Reihe, im Parterre und in der 1. Reihe der 3. und 4. Galerie; 30 Kreuzer für alle übrigen Galeriesitze.

K. k. Hoftheater-Druckerei, I., Wollzeile 17.

Abb. 5: *Freund Fritz*: Wiener Erstaufführung – Hofoper
(Österreichisches Theatermuseum Wien)

Das Dresdener Publikum soll die Oper *„dankbar"* aufgenommen haben, und was darunter zu verstehen war, verdeutlicht eine Bemerkung zur ersten Reprise des Werkes, derzufolge – den *„klaffenden Lücken im Zuschauerraum"* entsprechend – *„von einem Interesse wie an der Cavalleria nicht die Rede gewesen sein konnte"*[31]. Letzteres bestätigte sich offensichtlich auch in den wenigen Aufführungen bis Saisonende, zumal in einem *„Brief aus Dresden"*[32] vermerkt wird, daß lediglich die *Cavalleria „betäubende Wirkung"* ausübe, *Freund Fritz* jedoch das Publikum nur *„spärlich"* anziehen könne.

In diesem *„Brief aus Dresden"* wird im übrigen die unterschiedliche Publikumswirksamkeit dieser beiden Opern Mascagnis auch zum Anlaß genommen, heftige Kritik an den pausenlosen *Cavalleria*-Reprisen in der Dresdener Hofoper zu üben, die sich nur mit jenen der Werke Wagners vergleichen ließen. Und gerade die Tatsache, daß der *„lange hypersentimentale* [!] *Wagner und der kurzangebundene resolute Mascagni auf die Theaterbesucher gleich anziehend wirken . . ., daß Tristan und Isolde und die Cavalleria rusticana – womöglich mit Stradella oder Puppenfee – die Pole sind, um die sich der Theaterbesuch dreht"*, stößt hier auf besonderes Unbehagen. Aus diesem Grunde wird auch der Überzeugung Ausdruck verliehen, daß *„der Drang im Publikum auf Erregung"*[33] im Theater nicht eine Mode sei, der man ruhig zusehen könne, bis sie erlischt, sondern eine Erscheinung, die man *„warnend bekämpfen"* müsse. Damit aber, so heißt es hier noch weiter, nicht nur das Publikum, *„schöne Musik zu verstehen"*, sondern auch die Künstler, *„schöne Musik technisch und ästhetisch vortragen zu können"*, nicht verlernen würden, bliebe der Kritik nichts anderes übrig, als *„immer wieder vor dem Erregungs-Kultus . . . zu warnen"*.

Dieser massive Protest gegen die „Mascagnitis", wie damals die fast „seuchenartige" Ausbreitung der *Cavalleria* in deutschen Landen genannt wurde, war selbstverständlich längst keine Einzelerscheinung mehr. Einer der erbittertsten Gegner von Mascagnis *Cavalleria*, bei dem es niemals auch nur eine Spur von Enthusiasmus für diese Oper gegeben hat, war wohl F. V. Dwelshouvers-Dery, fanatischer Antisemit und ebenso fanatischer Wagnerianer, dessen Streitschrift *Die Cavalleria und ihre Bedeutung für Deutschland* (Leipzig 1892) weite Verbreitung in Deutschland fand und wegen ihres Radikalismus einiges Aufsehen erregte. In einer Zeit, in der man trotz sichtlichen Sinkens der *Cavalleria*-Popularität sowie „Ermüdungserscheinungen" in der Rezeption dieser Oper[34] noch immer damit rechnen konnte, mit Feuilletons wie z. B.

---

28 In: *Lyra* 15 (1891/92), 115.
29 Die Oper brachte es hier im Jahr 1892 auf nicht mehr als 20 Vorstellungen.
30 *Mwb* 33 (1892), 399.
31 Ebenda.
32 In: *HS* 5 (1892/93), 8f.
33 Erregung im Sinne einer ebenda erfolgten Gegenüberstellung von *„Mascagnischer Erregungsmusik"* und *„Wagnerscher Schönheitsmusik"*.
34 Bei der 85. Vorstellung der *Cavalleria* an der Berliner Hofoper, am 13. Juni 1892, soll sich beim berühmten *Intermezzo sinfonico* keine Hand mehr gerührt haben, was in *HS* (5/ 1892/93), 243) zu der Feststellung veranlaßte, daß der Tag nicht mehr fern sei, an dem *„der frühere Enthusiasmus in Widerwillen"* umschlagen würde.

Dresden-Altstadt.

Königliches Hoftheater.

106te Vorstellung.

Donnerstag, den 2. Juni 1892.

Zum ersten Male:

Freund Fritz.

Lyrisches Lustspiel in drei Aufzügen von P. Suardou.

Nach Erckmann und Chatrian. Deutsch von Max Kalbeck.

Musik von Pietro Mascagni.

Regisseur: Herr Aeberhorst.

Personen:

Susel.	— — — — —	Frau Schuch.
Fritz Kobus	— — — —	Herr Anthes.
Joseph, der Zigeuner	—	Fräul. von Chavanne.
David, Rabbiner	—	Herr Scheidemantel.
Hans, } Freunde des Fritz	—	Herr Rebuschka.
Friedrich, }		Herr Hofmüller.
Katharine, Wirthschafterin bei Fritz.	—	Fräul. Löffler.

Volk und Kinder.

Das Stück spielt im Elsaß.

Die neuen Decorationen:

a) Speisezimmer des Fritz Kobus } sind vom Hoftheatermaler Herrn Rieck gemalt.
b) Das Innere eines elsässischen Pachthofes }

Nach dem 2. Akt 10 Minuten Pause.

Textbücher sind an der Kasse das Exemplar für 75 Pfennige zu haben.

Contractlich beurlaubt: Herr Riese.

Freibillets sind bei der heutigen Vorstellung aufgehoben.

Eintritts-Preise.

in die Logen des I. Ranges	5 Mark 50 Pf.		in die Seitengallerie, Seitenlogen und		
Fremdenlogen des II. Ranges	5	—	Stehplätze des IV. Ranges	1 Mark — Pf.
Mittellogen des II. Ranges	4	—	Mittelgallerie des V. Ranges	— 75
Seitenlogen des II. Ranges	3	—	Sitz- und Stehgallerie, Proscenium-	
Proseniumlogen des III. Ranges	3	—	logen des V. Ranges	— 50
Mittellogen des III. Ranges	2	50	Parquetlogen	4 50
Seitenlogen des III. Ranges	2	—	das Parquet 1. bis 14. Reihe	4 —
1. und 2. Reihe der Mittelgallerie			Parquet 15. bis 19. Reihe	3 —
des IV. Ranges	1	75	Stehparquet	1 50
übrigen Reihen der Mittelgallerie u.				
Proseniumlogen des IV. Ranges	1	50		

Anfang 1/28 Uhr.

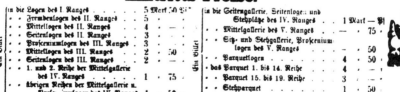

Abb. 6: *Freund Fritz*: Dresdener Erstaufführung – Hoftheater
(Sächsische Landesbibliothek Dresden)

der literarischen Humoreske Carl Ludwig Körners *Auch ein Intermezzo*[35] zumindest bei einer bestimmten musikalischen Leserschicht Interesse zu erwecken, versucht Dwelshouvers-Dery in einer Kritik von schonungsloser Offenheit[36] alle Mängel der *Cavalleria*, vom Rhythmus über Form und Instrumentation bis zu Berggruens miserablem Übersetzungs-Deutsch, aufzudecken. Die zweifellos gewisser Sachkenntnis und eines scharfen Blickes für Mascagnis Schwächen nicht entbehrenden Behauptungen Dwelshouver-Derys leiden jedoch (wie schon zuvor jene Pudors in dessen Plädoyer *für* Mascagni) an maßloser Übertreibung und verlieren insofern an Glaubwürdigkeit, als dem Italiener das letzte Quentchen an musikalischer Begabung abgesprochen wird. Schließlich tritt auch die „Richtung" des Autors sowohl durch die Frage *„wann denn endlich Richard Wagner siegen wird"* als auch durch dessen Verwunderung darüber offen zu Tage, daß *„Tausende von Menschen . . . laut die deutsche Tugend, die deutsche Kunst, die deutsche Tiefe preisen, jedoch keiner sich erhebt, um solcher ohren- und sinnbeleidigenden Vorstellung ein wohlverdientes Ende zu machen".*
Was Dwelshouvers-Dery auf dem Musiksektor war, stellte auf literarischem Gebiet Graf Adolf Westarp dar, der in seiner Kampfschrift *Der Verfall der deutschen Bühne – Ein Mahnwort an alle, die es angeht* (Berlin 1892) in gleicher Weise gegen Paul Heyse & Cie. wettert, es sich aber an gleicher Stelle auch nicht versagen kann, über die *Cavalleria* herzuziehen, die seiner Meinung nach ihre blendenden Erfolge nur der *„altgewohnten Unterwürfigkeit des Deutschen dem Auslande gegenüber"*[37] zu verdanken habe. Angesichts dieser nicht nur bei jenen beiden Autoren, sondern (wie bereits festgestellt) in der damaligen musikalisch-literarischen Fachwelt allgemein verbreiteten, betont bzw. überbetont nationalen Einstellung verwundert es demnach auch kaum noch, daß beim Auftauchen des ersten veristischen Sternes am deutschsprachigen Opernhimmel, ängstliche, auf die „Reinhaltung" der deutschen Kunst besonders bedachte und diesbezüglich offensichtlich auf schlechte Erfahrungen[38] zurückblickende Kreise warnend ihre Stimme erhoben und die deutschen Theater aufforderten, *„sich bei der Jagd auf die Werke des Auslandes nicht jeden Ehrgefühls zu begeben . . . Einbußen und Entwürdigungen zu behüten* [sic!], *die in der logischen Folge der deutsche Tondichter zu bezahlen hätte . . . da zehn Opern wie die ‚Cavalleria'. . . das ganze deutsche klassische Repertoire zerstören könnten"*[39].

Mahnende Worte dieser Art fanden bei den in der veristischen Bewegung ein Geschäft witternden Theatern – und sie waren ja damit in erster Linie angesprochen – allerdings so viel wie gar kein Gehör. Schon gar nicht war das

---

35 In dieser streiten sich ein biederer Kantor und ein noch biedererer Stadtpfeifer vor dem Hintergrund einer rührseligen Liebesgeschichte um die Richtigkeit der Harmonik einer bestimmten Stelle des *Cavalleria*-Intermezzos (s. *NMZ* 13/1892, 246ff.).

36 In: *ÖMTz* (5/1892, 7), der Haltung dieses Blattes entsprechend, als *„streng aber gerecht"* bezeichnet.

37 Westarp, *Der Verfall*, 15.

38 Vielleicht erinnerte man sich dabei der „nationalen Folgen" des Wiener Rossini-Rummels zur Zeit des Vormärz; vgl. Hans Christoph Worbs, *Zur deutschen und österreichischen Rossini-Rezeption im Vormärz*, In: *Festschrift Heinz Becker*, hrsg. von J. Schläder und R. Quandt, Laaber 1982, 106 ff.

39 *Kw* 5 (1891/92), 66.

in Wien der Fall, wo man im Sommer 1892 bereits mitten in den Vorberei-
tungen zur ersten großen Sonzogno-stagione, dem Abschluß und „Knalleffekt" der Wiener internationalen Theaterausstellung stand und mit größter
Spannung nicht nur den neuesten Werken eines Leoncavallo, Giordano, Cilea etc., sondern auch (und vor allem) Mascagnis persönlichem Erscheinen
sowie dem Dirigat seiner eigenen Werke entgegensah. Letzteres betreffend
gab es zwar zuvor noch einige Aufregung, da irredentistische italienische
Kreise nach Wien kolportiert hatten, Mascagni hätte es abgelehnt, in die
österreichische Kaiserstadt zu kommen, doch nach einem persönlichen De-
menti des Meisters[40] war es schließlich doch soweit, daß der „Wundermann
aus dem Citronenland" auf dem Wiener Westbahnhof eintraf und von einem
„Wirbelsturm ekstatischer Begeisterung umkreist wurde"[41].

Der erste Höhepunkt der stagione war auch bereits Mascagnis Auftreten selbst
im Ausstellungstheater im Wiener Prater, wo am 15. September unter dessen
persönlicher Leitung *Freund Fritz* zur Aufführung kam. Bei dieser Vorstellung,
die, wie alle Aufführungen der stagione, in italienischer Sprache gesungen wurde
und zu der auch noch rechtzeitig ein Klavierauszug erschienen war[42], konzen-
trierte sich selbstverständlich die Aufmerksamkeit von Kritik und Publikum
nicht mehr auf das Werk selbst, sondern in erster Linie auf Person und Dirigier-
weise Mascagnis. Erwartungsgemäß schnitt der maestro diesbezüglich auch entsprechend gut ab und wurde mit allen nur denkbaren „Superlativen" bedacht[43],

---

40 Vgl. dazu ein Interview, das Mascagni im *Neuen Wiener Tagesblatt* gab und das abgedruckt
    wurde In: *DMz* 23 (1892), 437.
41 Max Dietz, In: *HS* 5 (1892/93), 3 f.; Besonders beschämend fand Dietz in diesem Zusam-
    menhang, daß „*gerade jener Teil der Wiener Gesellschaft, der sich ‚pschütt' hält, gierig dem
    Fremden nachjagt um sich vor ihm tief in den Staub zu bücken*", weshalb ihn auch nicht ver-
    wundert hätte, daß der ständig von „*mascanibalischem Wüthen*" seiner Verehrer und Vereh-
    rerinnen umgebene junge Mascagni gestand, er komme sich vor „*wie ein Seehund, der zur öf-
    fentlichen Besichtigung ausgestellt ist*". Zur „*öffentlichen Besichtigung ausgestellt*" waren im
    übrigen seit Eröffnung der Wiener Theaterausstellung auch ein Portrait und eine Gipsbüste
    Mascagnis sowie die 2143 in sechs verschiedenen Farben geschriebenen Worte des *Cavalle-
    ria*-Textes, womit man dem damals erst 28jährigen Komponisten bereits „*unsterblichen
    Ruhm*" bescheinigen zu müssen glaubte (s. *Internationale Ausstellung für Musik- und Thea-
    terwesen in Wien 1892. Fachkatalog der musikhistorischen Abteilung von Deutschland und
    Österreich-Ungarn*, Wien 1892, 187 u. 387).
42 Bei Rebey & Robitsch in Wien; angekündigt als „*Clavier-Auszug mit italienischem Text.
    Netto fl 7,50*"
43 Man sprach u. a. von „*Vollendung eines eminenten Kapellmeisters, der nebenbei in das kom-
    plizierte Getriebe auf der Bühne die tiefste Einsicht besitzt*" (*SMZ* 32/1892, 217), von einer
    „kecken rhapsodischen Auffassung des Intermezzos", das durch ihn „*ein wesentlich interes-
    santeres Gesicht*" bekommen hätte (*DKMz* 19/1892, 245), oder davon, daß Mascagni „*die-
    sem matten Werke in der That einige Unzen frischen Lebenssaftes zugeführt und als Dirigent
    diesmal auch bei jenen Kennern Anerkennung gefunden* [habe], *welche seine angebliche
    Größe als Tondichter noch stark anzweifeln*" (*Ak* 16/1892, 489).

wobei am Ende der Oper das Publikum sich „wie vom Mascagni-Fieber ge-schüttelt“ gebärdet haben und des *„Zurufens, Händeklatschens und Tücher-schwenkens kein Ende“* gewesen sein soll[44]. Noch stürmischer verlief der Abend des 19. September, an dem Mascagni auch die Aufführung seiner *Ca-valleria* persönlich leitete[45], wenngleich er diesmal von seiten der Kritik den Vorwurf allzu verschleppter Tempi einstecken mußte und verschiedentlich die Meinung aufkam, daß *„der Effekt ungleich schwächer als bei den Vorstel-lungen in der Hofoper“* gewesen sei[46]. Seinen Triumph mußte der Komponist diesmal allerdings mit den beiden Protagonisten der Oper, Gemma Bellin-cioni und Roberto Stagno, teilen, die schon in Rom mit größtem Erfolg ge-holfen hatten, die *Cavalleria* aus der Taufe zu heben. Besonders erstere, die „Anwältin des verismo“, wie man diese „singende Duse“[47] in den 90er Jah-ren aufgrund ihres Einsetzens für die Verbreitung des verismo außerhalb Ita-liens noch gerne nannte, riß das Publikum zu wahren Begeisterungsstürmen hin und ließ die Kritik von *bedeutendster dramatischer Leistung der Gegen-wart“*[48] und von *„einer der größten Künstlerinnen, die wir je gesehen und ge-hört haben“*[49], sprechen.

Zwischen *Freund Fritz* und *Cavalleria* fiel am 17. September (unter Emi-lio Ferrari) die deutsche Erstaufführung von Ruggero Leoncavallos *Pagliacci* (s. Abb. 7 S. 61), wobei der am 21. 5. 1892 in Mailand von Toscanini mit sensationellem Erfolg aus der Taufe gehobene und bereits mit einem ausge-zeichneten musikal. „Leumund“ behaftete Einakter[50] auch hier in Wien auf

---

44 *Ak* 16 (1892), 489.

45 Ebenda.

46 *HS* 6 (1892/93), 30; vgl. auch *DKMz* 19 (1892), 256 sowie *Ak* 16 (1892), 490.

47 Die echte Duse, Eleonora Duse, war im übrigen kurz nach Beendigung der stagione in Wien als Santuzza im Schauspiel *Cavalleria rusticana* zu sehen.

48 *Wiener Zeitung* Nr. 217 (1892), 21. Sept., 5.

49 *DKMz* 19 (1892), 256; vgl. auch *SMZ* 32 (1892), 217; Die Gestaltung der Rolle der Santuzza durch G. Bellincioni war in der Folge Vorbild für mehr als nur eine Generation von Sänge-rinnen und wurde, angefangen vom streng zurückgekämmten Haar mit Mittelscheitel, bis zu gewissen, für sie typischen Bewegungen und Gesten, nachgeahmt (s. F. Candida, *Perchè Gemma fece Epoca*, In: *La Scala* 9 (1957), 37 ff. sowie Eugenio Gara, *Mascagni – Sänger zwischen Vorurteil und Wahrheit: ,Cavalleria rusticana‘*, In: *Pietro Mascagni Cavalleria ru-sticana – Ruggero Leoncavallo Der Bajazzo. Texte, Materialien, Kommentare* . . . 78 ff.)

50 Siehe *Kw* 5 (1891/92), 278 sowie *DMz* 23 (1892), 280; In letzterem war dem ungenannten Schreiber der Vorname des Komponisten nicht bekannt, was denselben zu der zur Erheite-rung fachkundiger Leser sicher beitragenden Frage *„Leoncavallo oder Leon Cavallo?“* veran-laßte. Derselbe Autor verwechselt ebenda auch *pagliaccio* mit *pagliericcio*, was zur kuriosen Übersetzung des Titels der Oper mit „Strohsack“ führte.

Internationales
Ausstellungs-Theater
im k. k.   Prater.

Heute Samstag den 17. September 1892.

Italienische Oper.

Zum 1. Male:

PAGLIACCI.

Opera iu 2 atti.

Parole e musica di **Ruggero Leoncavallo.**

Nedda, attrice da fiera, moglie di	–	Salud Othon
Canio, capo della compagnia –	–	Alfonso Garluli
Tonio, la scemo, commediante	–	Ottorino Beltrami
Peppe, commediante	–	Francesco Daddi
Silevio campagnuolo	–	Edoardo Sottolana

Contadini e contadine.

La scena si fara in Calabria presso Montalto il giorno della festa di Mezzagosto. — Epoca presente fra il 1865 e il 1870.

Sonntag den 18. September 1892. Zum 2. Male:

Pagliacci.

Anfang halb 8 Uhr.

K. k. Hoftheater-Druckerei, I., Weihzeile 17.

Abb. 7: *Pagliacci*: Deutsche Erstaufführung – Ausstellungstheater Wien
(Österreichisches Theatermuseum Wien)

weitgehend einhellige, wenngleich auch überraschende Zustimmung stieß, da selbst Hanslick[51] der Oper seine grundsätzliche Zustimmung nicht versagen konnte. Es mag in diesem Zusammenhang auch von Interesse sein, daß damals nicht nur schon vorausgesagt wurde, die *„Dorfkomödianten"* würden auf deutschen Bühnen gleichfalls Erfolg haben[52], sondern daß bereits auch jenes Werturteil fiel, welches später zur allgemein vorherrschenden Meinung werden sollte: daß nämlich *„Leoncavallo dem Komponisten der Cavalleria in technischer Schulung weit überlegen"* sei und Mascagni einen Partner gefunden habe, *„mit dem er das Monopol auf internationale Beachtung in Zukunft werde teilen müssen"*[53]. Die Gründe für die spontane „Sympathiebezeugung" Leoncavallo gegenüber lagen nicht zuletzt darin, daß sich dieser Komponist bekanntlich wie kein anderer Italiener seiner Generation in Wort und Tat zu Wagner bekannte, was hier, wie in der Folge auch an anderen deutschsprachigen Bühnen – insbesondere bei den „eingefleischten" Wagnerianern unter den Rezensenten – als äußerst positiv empfunden wurde. Bezeichnendes Beispiel dafür in Wien: Max Graf[54], der Leoncavallo nicht zuletzt deswegen eine Ausnahmestellung zuerkennt, weil dieser *„den Stempel der Seichtheit, das alte Sigel der italienischen Oper"* abgelegt habe und sein eigener Librettist gewesen sei. Allerdings gibt Graf auch noch ein bezeichnendes Beispiel dafür ab, wie eine Überbewertung von Leoncavallos Affinität zum Meister aus Bayreuth sehr oft auch eine ungerechtfertigte Unterbewertung Mascagnis mit sich bringen konnte, wenn er z. B. das *Intermezzo sinfonico* aus den *Pagliacci* dahingehend charakterisiert, daß es den Ahnherrn aller Intermezzi *„soweit an echter künstlerischer Wirkung übertrifft, als es ihm an äußerlicher Effecthascherei gebricht"*.

Konnte somit Leoncavallo mit seinem dramat. Erstlingswerk auf Anhieb einen eindeutigen Erfolg für sich verbuchen, war den weiteren, damals gleichfalls noch im Rahmen der Wiener stagione vorgestellten jungitalieni-

---

51 In: *AMZ* 19 (1892), 477; Der relativ positive Eindruck Hanslicks hat sich in seiner Rezension zur ersten Wiener deutschsprachigen Aufführung im Jahr darauf noch wesentlich verstärkt, worauf noch näher einzugehen sein wird.

52 Siehe *SmW* 50 (1892), 836.

53 *HS* 6 (1892/93), 32; diese Prophezeiung erfolgte angesichts der höchstwahrscheinlich überhaupt ersten gemeinsamen Aufführung von *Cavalleria* und *Bajazzo* am 25. September d. J. im Wiener Ausstellungstheater. Beide Einakter sollten in Zukunft ja bekanntlich wie *„siamesische Zwillinge"* aneinandergekettet sein.

54 In: *MR* 7 (1892), 200 f.; s. auch Max Dietz, *Italienische Oper*, In: *Ak* 16 (1892), 489 f.; Graf wollte im übrigen *Pagliacci* aus *„musikalisch-metrischen Gründen"* mit *„Hanswürste"* übersetzt wissen.

schen Novitäten, wie *Tilda, Mala vita* und *Il Birichino*, kein Glück beschieden, wobei sich letzteres, ein Einakter Leopoldo Mugnones[55], als jenes Werk
erwies, das bei weitem die schlechteste Aufnahme fand. Denn außer ein paar
abfälligen Bemerkungen schenkte die Kritik diesem „*im Verismus gebadeten
unscheinbaren Werkchen*"[56] kaum Aufmerksamkeit, wobei die Oper, der auch
ein Selbstmordversuch auf Eisenbahngeleisen und naturalistisches Zugsge-
räusch nicht zu einem bescheidenen Augenblickserfolg verhelfen konnten, in
Wien wohl auch unter der Nähe der ersten *Cavalleria*-Aufführung gelitten
haben dürfte[57], der sie als „Vorspann" gedient hatte und bei der die Erwartungen natürlich bereits ganz auf Mascagnis Erscheinen ausgerichtet waren.

Nicht viel besser erging es Francesco Cilea mit seiner dreiaktigen *Tilda*[58],
wenngleich der Komponist bei deren Uraufführung in Florenz[59] einen sensationellen Erfolg erzielen konnte und etliche Nummern wiederholt werden
mußten. In Wien aber, wo „*nach den einzelnen Acten eine Massenflucht*" ein-
gesetzt haben soll, konnte die Kritik weder dem „*läppischen Textbuch Arnold
[!] Grazianis*" etwas abgewinnen[60], noch sich für die Musik „*Franz [!] Cileas*"
begeistern[61], bei letzterer gerade noch Bereitschaft zeigend, einigen wenigen
Stellen „*etwas technische Geschicklichkeit und ab und zu glückliche Anemp-
findung*"[62] zuzubilligen. Bei einer Beurteilung dieser Art, verwundert denn
auch nicht, daß *Tilda* bei keiner weiteren deutschen Bühne Verlangen nach
näherer Bekanntschaft erweckte, verschwand doch das Werk selbst in Italien
spätestens zu jenem Zeitpunkt aus dem Repertoire, da der Komponist mit
einer neuen Oper, *L'Arlesiana* (1897), aufwartete[63].

Sowohl aus musikalischen Gründen als auch (mehr noch) der höchst an-
stößig empfundenen Handlung wegen konnte schließlich auch Umberto

---

55 Mugnone war der Dirigent der Uraufführung der *Cavalleria*; das Libretto zu *Il Birichino
    (Der Gassenjunge)* stammt von Enrico Golisciani.
56 Max Dietz, In: *HS* 6 (1892/93), 30; vgl. auch *DKMz* 19 (1892), 256, *MR* 7 (1892), 208 und
    Hanslick, *Fünf Jahre Musik*, 64.
57 Darauf wird auch verwiesen In: *Wiener Zeitung* Nr. 217, 21. Sept., 4.
58 Libretto von Anneldo Graziani.
59 7. April 1892, Teatro Pagliano.
60 Eine Straßensängerin läßt sich aus verschmähter Liebe von ihrem einstigen Geliebten erste-
    chen!
61 *Wiener Zeitung* Nr. 221, 25. Sept.1892, 11.
62 *Ak* 16 (1892), 514; vgl. auch Hanslick, *Fünf Jahre Musik*, 65.
63 Vgl. John W. Klein, *Cilea – A Century Tribute*, In: *Opera* 17 (1966), 528 sowie *Pipers Enzy-
    klopädie des Musiktheaters* 1, München 1986, 582f. (Das gleichfalls die Sprache des verismo
    sprechende Werk wurde in dem hier zur Diskussion stehenden Zeitraum an deutschprachi-
    gen Bühnen nicht aufgeführt).

Giordanos *Mala vita* im Wiener Ausstellungstheater in keiner Weise überzeugen[64], und vermutlich rettete nur die großartige Darstellung der weibli-
chen Hauptrolle durch Gemma Bellincioni das Werk vor einem totalen
Mißerfolg. Schon nach der römischen Uraufführung[65] war man sich trotz
eines beachtlichen Publikumserfolges darüber einig, daß diese dreiaktige
Oper des jugendlichen „*U. Giordana* [sic!] . . . *aller Sitte und Moral offen
und frech Hohn biete*[66], welcher Eindruck sich in Wien offensichtlich noch
verstärkte. Denn hier war nicht nur die Rede von einer Handlung, die in
der „*Kloake*" spiele und eine „*Geschichte aus der Hefe des Volkes*" er-
zähle[67], sondern man war auch überzeugt, daß *Mala vita* wegen des anrüchigen Stoffes auf einer deutschen Bühne kaum denkbar sei[68] (was sich allerdings sehr bald als Irrtum erweisen sollte). In ähnlicher Schärfe wurde
auf die Musik reagiert, wobei u. a. von einer durch „*haarsträubende Dissonanzen verursachten musikalischen Blutvergiftung*"[69], vom Versuch, „*sich mit
verbrauchten Phrasen über die Scheußlichkeit mancher Situationen hinweg-
zuhelfen*"[70], oder auch davon zu lesen war, daß die Oper „*kein vollwertiges
Kunstwerk*" sei[71].

Angesichts dieses ausgesprochen schlechten Abschneidens genannter drei
Opern in Wien erklärt sich wohl auch, warum die musikal. Fachpresse das
am Ende der stagione gezogene Resümme insgesamt nur zu gerne überwiegend negativ ausfallen ließ, und (selbst Mascagni und Leoncavallo nicht
gänzlich ausschließend) mit einiger Genugtuung und prophetisch festgestellt
wurde, daß es diesen „*grünen Schößlingen*" nicht gelingen werde, einen „*Rie-
sen wie Verdi zu entfernen*"[72].

Eine Frage, die schon seit den ersten deutschen Sensationserfolgen der *Cavalleria*
einiges Kopfzerbrechen bereitete, nunmehr im Zusammenhang mit der Wiener stagione jedoch neuerlich, diesmal von Max Graf[73] gestellt wurde, war jene, „*wieso es
komme, daß Italien jedes Jahr eine große Anzahl mehr oder weniger wirksamer Bühnenwerke ans Licht bringt, während unsere* [i. e. die deutsche] *Production zu stagnie-
ren scheint*". Eine ehrliche Antwort darauf zu geben, fiel offensichtlich nicht leicht,
denn Graf zog es vor, statt die Gegebenheiten objektiv zu analysieren (was freilich das
damalige Unvermögen deutscher Opernkomponisten, auch publikumswirksame

---

64 In dem von Nicola Daspuro verfaßten Libretto geht es um eine Dirne, der sich die Chance
    bietet, in ein „bürgerliches Leben" überzuwechseln, die jedoch nach enttäuschter Liebe in
    ihr altes Milieu zurückkehrt. Diese Oper, Cileas *Tilda* und wohl auch Mascagnis *Cavalleria*
    dürfte Ernst Pick im Auge gehabt haben, als er in *MR* (7/1892, 241) generell zum Wandel
    des Librettos in der modernen ital. Oper meinte, daß man „*wie in der Musik, so auch in der
    Dichtung Mangel an Talent, Seichtheit der Ideen durch crasse Effecte . . . zu verdecken ver-
    sucht und eine neue Richtigkeit damit zu schaffen glaubt, daß man das Schöne und Gute von
    der Bühne fernehält und die Wahrheit, wie sie sich in der Häßlichkeit des Alltags widerspie-
    gelt auf die Bretter zerrt*".

Werke zu schreiben, ans Licht gebracht hätte) sich vielmehr auf den (sicherlich beque-
meren und „ungefährlicheren") Standpunkt zurückzuziehen, daß es den deutschen
Komponisten vielfach an Gelegenheit mangle, ihre Werke an den Mann zu bringen.
Folgerichtig konnte hier denn auch nicht die Bemerkung ausbleiben, man habe „*der
italienischen stagione . . . genügend Aufmerksamkeit zugewendet, man wende die glei-
che jetzt den deutschen Opernproductionen zu*", welchem Aufruf sich die konservative
und ständig gegen die nationale Verfremdung deutscher Kultur kämpfende *Lyra* nur
allzu gerne mit der Bemerkung anschloß, daß „*vor Überschätzung der Italiener zum
Nachtheile der deutschen musikalischen Zeitgenossen entschieden zu warnen*" sei[74].
Ungeachtet dessen brachte die stagione Mascagni einen „Abschluß" für seine nächste
Oper *I Rantzau* in Wien, wo er das Werk noch vor seiner Abreise in privatem Kreise
vorgespielt hatte[75], Leoncavallo einen Vertrag für seinen *Bajazzo* in Wien und Berlin
und schließlich Giordano die Zusage für die Aufführung seiner *Mala vita* an der Berliner Kroll-Oper. Sonzogno hingegen soll mit einem Defizit von 30.000 Gulden abge-
reist sein[76].

Nach „*den musikalisch-theatralischen Gerichtsferien, der sommerlichen
Schonzeit neuer Opern, wo zwar kein neuer Mißerfolg von ‚L'amico Fritz',
aber dafür ein umso entschiedenerer von ‚l'amico Mascagni' selbst zu vermelden war*"[77] – also im Herbst desselben Jahres –, setzte dessen glücklose elsäs-
sische Dorfkomödie ihren Zug über die großen deutschen Bühnen in schon
bekannter Art und Weise fort, d. h. mit mäßigem Publikumserfolg und unter
überwiegend negativer Beurteilung durch die Fachkritik. Letzteres läßt sich
deutlich am Beispiel Leipzigs zeigen, wo *Freund Fritz* am 12. Oktober, gekoppelt mit Mozarts *Bastien und Bastienne*, erstmals zur Aufführung ge-

---

65 21. 2. 1892, Teatro Argentina.
66 *MWb* 23 (1892), 128.
67 *DKMz* 19 (1892), 256.
68 *SmW* 50 (1892), 836.
69 Hanslick, *Fünf Jahre Musik*, 67f.
70 Dietz, In: *HS* 6 (1892/93), 31.
71 Heuberger, In: *Im Foyer*, 62.
72 *HS* 6 (1892/93), 32.
73 *MR* 7 (1892), 209.
74 *Lyra* 15 (1892), 4.
75 Hanslick war dabei zugegen und berichtet in *AMZ* (19/1892, 492): „*Ich hatte jüngst das Ver-
    gnügen, die ganze Oper kennen zu lernen. Mascagni hat sie . . . von Anfang an bis Ende auf
    dem Klavier vorgespielt und vorgesungen, die beiden (bereits gestochenen) ersten Akte aus No-
    ten, die beiden letzten ganz auswendig, ohne auch nur bei einem Wort, einem Ton zu stocken.
    Er sang sich mit seiner jugendlichen kreischenden Komponistenstimme in solches Feuer hin-
    ein, daß er die Ströme von Schweiß kaum bemerkte, die über sein Gesicht flossen. [. . .] Wer
    mit solchem Enthusiasmus seine Oper in einem großen Zuge vorsingt, ohne die Hörer mit Er-
    läuterungen oder Nebendingen aufzuhalten, der lebt voll und glücklich in seiner Kunst.*"
76 *HS* 6 (1892/93), 38.
77 So der Wortlaut in *MR* (7/1892, 171), wo unter der Schlagzeile „*Ein Fiasko Mascagnis*" u. a.
    auch auf dessen erfolglose Kandidatur bei den Gemeinderatswahlen in Livorno Bezug ge-
    nommen wird.

langte und bis Jahresende gerade noch auf acht Vorstellungen kam. Die musikalische Fachwelt resümierte hier einerseits dahingehend, daß sich die Oper *„weder besser noch schlechter"* als die *Cavalleria* erweise und in beiden sowohl *„frisch zugreifendes Talent und dramatische Lebendigkeit"* als auch *„ein wahres Kokettieren mit dem Häßlichen und Widerwärtigen"* zu finden sei[78], andererseits meinte sie aber, daß dennoch *„mit einiger Besorgnis den weiteren Schöpfungen des Glückskindes"* entgegengesehen werden müsse, da sich Mascagni ständig selbst zitiere und abschreibe[79].

Bestätigte sich damit einmal mehr, daß das einmal über *Freund Fritz* gefällte negative Urteil ein endgültiges bleiben sollte und auch in die musikalische Zukunft Mascagnis von deutscher Seite keine großen Hoffnungen mehr gesetzt wurden, war hingegen die Begeisterung und das Interesse für die Person des Italieners, wo immer dieser persönlich in Erscheinung trat, nach wie vor ungebrochen. Dies war nach Wien nunmehr im Oktober d. J. auch in Städten wie Frankfurt und Stuttgart der Fall, wo Mascagni in ersterer „Intermezzo" und „Traum" aus seinem noch unfertigen *Guglielmo Ratcliff*, in letzterer seine *Cavalleria* dirigierte und das Publikum *„den jungen Komponisten mit einem Wohlwollen behandelte, welches deutschen Tondichtern . . . in derselben überschwänglichen Weise nicht zuteil"* geworden sei[80].

Überschwängliche Aufnahme und Wohlwollen, sowohl von seiten des Publikums, als auch von jener der Kritik, sollten allerdings (ehe Leoncavallos *Bajazzo* seinen deutschen Siegeszug antrat) damals nicht nur Mascagni, sondern auch noch einem anderen Italiener zuteil werden. Es war dies der veristische „Außenseiter" Pierantonio Tasca[81], der mit seiner zweiaktigen, in der Berliner Kroll-Oper am 16. November d. J. uraufgeführten Oper *A Santa Lucia* einiges Aufsehen erregte und dort *„geradezu jubelnd gefeiert"* wurde[82]. Offensichtlich hatte der Komponist mit der Vertonung dieses Stoffes[83] genau jene Art von veristischer Oper vorgelegt, die man eigentlich von Mascagni als Fortsetzung des *Cavalleria*-Stils erwartet hatte. Es verwundert daher auch keineswegs, daß das Werk nicht nur auf zahlreichen deutschen Bühnen Ver-

---

78 Eduard Bernsdorf In: *SmW* 50 (1892), 882.
79 *NMZ* 13 (1892), 247.
80 Ebenda 268.
81 Zur Person Tascas, der hauptberuflich Bürgermeister des kleinen Städtchens Noto bei Palermo war, s. *Enciclopedia della musica* 4, Milano 1964, 358.
82 *DMz* 23 (1892), 545.
83 Libretto von Enrico Golisciani nach Gioffredo Cognettis gleichnamigem neapolitanischen Fischerdrama.

breitung fand[84], sondern rund zwei Jahre später sogar zu einer handlungsmäßigen Fortführung in Nicola Spinellis *A basso porto* führte, die schließlich noch größeren Erfolg erzielen sollte. Entscheidende „Schützenhilfe" bei der Berliner Uraufführung dürfte ohne Zweifel wiederum Gemma Bellincioni geleistet haben, deren hinreißendes Spiel den *„Beifall des Publikums einem rauschenden Orkan"* habe gleichen lassen[85]. Tasca selbst wurde dabei, wenngleich der Kritik nicht entgangen war, daß dieser Komponist ganz im Fahrwasser Mascagnis „schwamm"[86], vielfach *„geborenes dramatisches Talent...., das seinen Personen auch Blut und Leidenschaft einzuflößen versteht"*[87], zugesprochen. Selbst der den Jungitalienern gegenüber überaus kritisch eingestellte und sogar ein Werk wie Leoncavallos *Bajazzo* entschieden ablehnende Ferdinand Pfohl stellte dem Komponisten ein glänzendes Zeugnis aus und bekannte euphorisch: *„Der Glanzpunkt der Oper, die Liebesscene zwischen Cicillo und Rosella, bricht mit der Operntradition und löst sich und verklärt sich in ein von Gefühlsschauern durchbebtes Zwiegespräch, das sich zur Region der reinsten Empfindung aufschwingt. Hier sprießt und blüht es von Musik; eine reiche Fülle von Stimmungen und Einzelzüge von melodischer und harmonischer Feinheit zeichnen diese Szene aus, die in einer Fermate von Liebeswonne und Zartheit des Gefühls ausklingt. Tasca komponiert mit der Empfindung und der Intuition des Dramatikers[88]."*

Ziemlich abseits vom „deutschen veristischen Alltag" und kaum wahrgenommen, ging am 29. November 1892 in Hamburg erstmals auch ein Werk Puccinis auf einer deutschsprachigen Bühne in Szene: *Le Villi* (s. Abb. 8, S. 69). Puccinis zweiaktige Erstlingsoper, die hier in der Übersetzung von Ludwig Hartmann zur Aufführung kam, hatte ihre erfolgreiche Uraufführung bereits am 31. 5. 1884 in Mailand erlebt, nachdem sie zuvor, wie man bis in die jüngsten Puccini-Darstellungen immer wieder lesen kann, wegen Unleserlichkeit des eingereichten Manuskriptes im Mailänder Sonzogno-Wettbewerb des Jahres 1883 nicht in die engere Wahl gezogen und ungelesen dem jungen Komponisten zurückgeschickt worden sein soll[89].

---

84 In Berlin konnte sich die Oper bis 1905 im Spielplan halten; s. statist. Anhang.
85 *NMZ* 13 (1892), 270.
86 Nicht nur in Hinblick auf die typisch jungitalienische Kompositionsweise sondern auch wegen musikalischer Formen, wie Präludium, Intermezzo, Kirchenszene mit Chor, Tarantella etc.
87 *DMz* 23 (1892), 545.
88 *AMZ* 19 (1892), 263f.
89 Siehe Carner, *Puccini*, 37 sowie Wolfgang Marggraf, *Giacomo Puccini* (Taschenbücher zur Musikwissenschaft 17), Wilhelmshaven 1979, 22.

Die Wahrheit über den Ausgang des Wettbewerbs dürfte, wie Alfred Alexander überzeugend dargestellt hat[90], wohl vielmehr darin gelegen gewesen sein, daß Sonzogno von seinem sich als Wettbewerbsveranstalter und „Preisspender" vorbehaltenen Recht Gebrauch machte, bei Uneinigkeit der Wettbewerbskommission selbst die letzte Entscheidung zu treffen, die damals bekanntlich nicht zugunsten von Puccini sondern von Luigi Mapelli[91] mit *Anna e Gualberto* und Guglielmo Zuelli mit *La fata del Nord* ausfiel. Dafür spricht auch der Umstand, daß Arrigo Boito, der selbst in der Kommission saß und sich für Puccini einsetzte, zusammen mit Puccinis Lehrer Ponchielli und dem Librettisten F. Fontana das Urteil der Kommission heftigst anfocht, was nur bedeuten kann, daß man sich mit der Oper sehr wohl auseinandergesetzt haben muß und vielmehr von seiten Sonzognos versucht wurde, mit der „Legende" von Puccinis unleserlicher Handschrift eine offensichtliche „Schiebung" zu verschleiern.

In der Uraufführung von *Le Villi* saß im übrigen an der Baßgeige im Orchester niemand anderer als Pietro Mascagni, der beim Anhören der Oper Tränen vergossen haben soll, die aber, wie Julius Korngold[92] später einmal boshaft, aber höchst treffend formulierte, *„der Erfolg der ‚Cavalleria' getrocknet"* hat. Bekanntlich ist es aber bei diesen Tränen der Rührung nicht geblieben und Mascagni hat sich des Plagiats schuldig gemacht, indem er, um mit Pfohls Worten alle „zufälligen" Übereinstimmungen auf einen Nenner zu bringen, *„die Zinsscheine Puccinis eingelöst"* hat[93]. So gesehen war es auch ein Glück für Mascagni, daß *Le Villi* erst gegen Ende des Jahres 1892 auf deutschen Bühnen zur Aufführung kam und dort (damals wie heute) auch so gut wie keine Verbreitung gefunden hat, denn auf diese Weise wurden die bei Puccini, dem (somit) eigentlichen Ahnherren des „mascagnismo" getätigten musikalischen „Anleihen" erst in jüngster Zeit, mit dem Erscheinen der ersten Schallplatten-Gesamtaufnahmen der Oper, auch einem breiteren Publikum bekannt[94]. Erstaunlich ist in diesem Zusammenhang auch die Tatsache – und dies sei hier vorweggenommen –, daß sogar in Hamburg, wo die *Cavalleria* ja ihre deutsche Erstaufführung erlebt hatte und somit lange und bestens bekannt sein mußte, von der musikalischen Fachpresse die auffallende Affinität zwischen Mascagnis und Puccinis Oper nicht angesprochen wurde. Zwar erklärt sich dieser Umstand zum Teil daraus, daß man vermutlich der Meinung war, *Le Villi* sei später als *Cavalleria rusticana* entstanden[95], doch hätte dies ja keinesfalls ausgeschlossen, auf die Übereinstimmungen zwischen diesen beiden Werken hinzuweisen.

Le Villi erwies sich in Hamburg als ausgesprochener Publikumserfolg[96], wenngleich dazu wohl nicht nur Puccinis Anwesenheit (s. Abb. 9, S. 71) son-

---

90 Alfred Alexander, *Giovanni Verga. A Great Writer and his World*, London 1972, 62f.

91 Nicht „Borelli", wie Carner (38) irrtümlich angibt.

92 In: *Die romanische Oper der Gegenwart*, Wien-Leipzig-München 1922, 70.

93 In: *Die moderne Oper*, 286.

94 Schon damals konnte man, wie z. B. im *„Briefkasten"* von *NBMZ* (48/1894, 362), diesbezüglich lesen: „... *wäre diese Oper [Le Villi] vor der Cavalleria in Deutschland aufgeführt worden, würde die Cavalleria unmöglich gewesen sein, so ähnlich ist sie der Vorgeschaffenen!"*

95 Darauf läßt eine in *HS* (6/1892/93, 99) gefallene Bemerkung schließen, der zufolge *„Die Willi"* nur deshalb im deutschen Schwarzwald spielen würden, *„weil, wie es den Anschein gewinnt – nach den deutschen Erfolgen Mascagnis! – man dem deutschen Publikum glaubt unmittelbar näher zu treten, wenn man ihm auf heimischen Boden spielende Dramen entgegenbringt."*

Stadt-Theater.

(Direction: **B. Pollini**.)

Dienstag, den 29. November 1892.

74. Abonnem.-Vorstellung. 11. Dienstags-Vorstellung.

Zum ersten Male:

Die Willis.

Phantastische Oper mit Ballet in 2 Akten von Ferdinand Fontana, für die deutsche Bühne übertragen von Ludwig Hartmann. Musik von Giacomo Puccini.

(Erste Aufführung in Deutschland.)

In Scene gesetzt von Herrn Franz Bittong.
Dirigent: Herr Kapellmeister Theodor Hentschel.

Wilhelm Wulf . . . . Hr. Eichhorn
Anna, seine Tochter . . . Fr. Klafsky
Robert . . . . Hr. Seidel
Berglente, Willis und Geister.

Im 2. Akt: **Tanz der Willis**, arrangirt von Frl. Marie Merjack, ausgeführt von Frl. Boor, Frl. Genée, Frl. Mende und dem Corps de Ballet.

Ort der Handlung: Der Schwarzwald.

Hierauf, zum ersten Male:

Bastien und Bastienne.

Singspiel (Schäferspiel) in 1 Akt von W. A. Mozart (componirt 1768),

mit neuem Text und Dialog von Max Kalbeck, musikalisch eingerichtet von J. N. Fuchs.

In Scene gesetzt von Herrn Franz Bittong.
Dirigent: Hr.-Kapellmeister Theodor Hentschel

Bastien . . . . Hr. Weidmann
Bastienne . . . . Frl. Traubmann
Colas . . . . Hr. Wiegand

Grosse Preise. 1. Rang, Parquet und Parquetloge ℳ 6.
2. Rang-Mittelloge und 1. Parterre ℳ 4. 2. Rang-Seitenloge und Sitz-Parterre ℳ 3. 3. Rang-Mittelloge ℳ 2,70. 3. Rang-Seitenloge ℳ 2,10. Steh-Parterre ℳ 1,50. Gallerie-Sitzplatz ℳ 1,20. Gallerie 75 ₰
Richtige mit dem Scenarium des Stadttheaters übereinstimmende Textbücher sind an der Casse und Abends bei den Billeteuren zu haben.

Abb. 8: *Die Willis*: Deutsche Erstaufführung – Stadt-Theater Hamburg
(Hamburger Theatersammlung: Zettelbuch des Hamburger Stadt-Theaters)

dern auch der Umstand beigetragen haben dürfte, daß dem Publikum die Handlung der Oper schon durch Adolphe Adams beliebtes und vielgespieltes Ballett *Giselle* gut bekannt gewesen war. Aber auch die Kritik reagierte überwiegend positiv, sprach sie doch von einem *„genial beanlagten Musiker"*[97] sowie von *„außerordentlichem Talent des Komponisten, das sich von Rohheiten und Trivialitäten vollständig fernzuhalten weiß"*[98], und vermerkte schließlich sogar mit einiger Befriedigung, daß Puccini *„wie Boito, Franchetti, Smareglia u. s. w. nicht zu der neuitalienischen-realistischen Schule . . ., sondern zu jener Richtung, die mehr oder minder von Wagner beeinflußt wird"*, zu zählen sei[99]. „Folgen" hatte dieser persönliche Erfolg Puccinis in Hamburg allerdings so gut wie keine, denn wider Erwarten brachte es *Le Villi* hier auf nicht mehr als insgesamt sieben Vorstellungen, und in Frankfurt, der einzigen deutschen Stadt, in der die Oper im Jahr darauf noch in Szene ging, blieb es sogar nur bei drei Aufführungen.

Sechs Tage nachdem Puccini erstmals mit einem dramatischen Werk in der deutschen Musikszene in Erscheinung getreten war, also am 5. Dezember 1892, wurde in der Berliner Hof-Oper der erste *Bajazzo* in deutscher Sprache[100] aufgeführt (s. Abb. 10, S. 73). Gekoppelt mit Mozarts Singspiel *Bastien und Bastienne* erzielte hier Leoncavallos Einakter unter der Leitung von Josef Sucher einen unvergleichlich größeren Erfolg als zuvor in Wien und brachte es noch bis Jahresende auf nicht weniger als neun Reprisen. Der Kaiser selbst, der der Premiere beiwohnte und von der Oper gleichfalls begeistert gewesen sein soll, rief den anwesenden Komponisten in seine Loge, beglückwünschte ihn und versprach, den König von Italien vom außerordentlichen Erfolg des Abends telegraphisch zu benachrichtigen[101]. Von seiten der musikalischen Fachpresse wurde selbstverständlich (wie schon zuvor in Wien) der *Bajazzo* sofort mit Mascagnis „Preisoper" in Verbindung gebracht, wobei hier jedoch, offensichtlich im Übereifer des Abwägens, welche Oper die bessere sei, die Meinung zu kursieren begann, Leoncavallos Werk hätte beim Sonzogno-Wettbewerb von 1890 den zweiten Preis erzielt[102].

---

96 Siehe *AMZ* 19 (1892), 630.
97 Pfohl, *Die moderne Oper*, 286.
98 *AMZ* 19 (1892), 629.
99 Siehe *NZfM* 59 (1892), 540; zum Einfluß Wagners und anderer deutscher dramatischer Komponisten auf Puccinis *Le Villi* s. M. Carner, *Puccinis early Operas*, In: *M & L* 19 (1938), 295 ff. sowie Karl Gustav Fellerer, *Puccini*, Potsdam 1937, 23.
100 Der deutsche Klavierauszug in der Übersetzung von Ludwig Hartmann erschien zusammen mit zwei- und vierhändigen Potpourris aus dieser Oper bei Adolph Fürstner in Berlin.
101 Siehe *SmW* 50 (1892), 1096.
102 So z. B. in *SmW* 50 (1892), 1111, *AMZ* 19 (1892), 505, *NMZ* 13 (1892), 289, *DMz* 23 (1892), 603.

Festessen anläßlich Puccinis Anwesenheit in Hamburg

Abb. 9: Aus: H. Chevalley, *Hundert Jahre Hamburger Stadt-Theater*, Hamburg 1927 (s. S. 68).

Dieser relativ weit verbreiteten Meinung, die sogar noch bis in jüngere Zeit anzutreffen ist[103], wurde allerdings (wenngleich vereinzelt) zurecht entgegengehalten, daß es *„völlig unglaubhaft"* sei, die beiden Werke wären zur gleichen Zeit komponiert worden, und vielmehr angenommen werden müsse, daß das eine der anderen *„direkt zum Vorbild und Muster"* gedient habe[104]. Der Tenor der unabhängig davon angestellten zahlreichen Vergleiche zwischen Mascagnis und Leoncavallos Einakter lief schließlich darauf hinaus (und dies begann sich ja bereits in Wien abzuzeichnen), daß der Vorzug eindeutig letzterem zu geben sei: *„Leoncavallo dürfte in rein musikalischer Beziehung an Originalität der Motive wie Gediegenheit der Arbeit, vielleicht alles übertreffen, was bis jetzt die jungitalienische Schule geleistet hat* [und seine] *stark sinnliche italienische Ader . . .* [werde] *dem Werk den Weg über alle Bühnen der Welt bahnen*[105]*."*

Daß Leoncavallos Oper aber auch gegenteilige, allerdings weit in der Minderzahl stehende Prognosen gestellt wurden, dies mag stellvertretend jene Ansicht unter Beweis stellen, derzufolge dem *Bajazzo* der Welterfolg der Mascagnischen Oper schon allein deswegen nicht zuteil werden könne, weil dem Komponisten *„der sichere Blick für dramatische Wirkung und die fast elementare Kraft, mit welcher Mascagni auf sein Ziel losstürmt"*, fehle[106].

Das überaus positive Abschneiden des *Bajazzo* bei der Fachpresse lag natürlich auch hier wieder zu einem erheblichen Teil an Leoncavallos gutgeheißenem sinfonischen Stil und der (wenngleich nicht konsequenten) Anwendung Wagner'scher Leitmotivtechnik, worauf – mehr noch und gezielter als zuvor in Wien – immer wieder hingewiesen wurde. So war u. a. zu lesen, der Komponist habe *„von Wagners Kunst und Instrumententechnik viel gelernt"*[107], das Werk sei *„ohne Tristan, die Meistersinger und ohne Venusberg nicht denkbar"*[108], oder, es wären *„an Stelle der bloß wohlklingenden Tonfolgen die in Wagner'schem Sinne charakteristischen Melodien getreten"*[109]. Und selbstverständlich fand auch wiederum die Tatsache, daß Leoncavallo sein Libretto wie Wagner selbst verfaßt hatte, besondere Beachtung und Anerkennung, wobei aller-

---

103 Siehe James Hinton, *Strong Wine – Soon Watered*, In: *Opera News* 17 (1953), 24.
104 Arno Kneffel, In: *NBMZ* 46 (1892), 694; Des Autors Bedenken beruhen dabei aber keineswegs nur auf Vermutungen, sondern sind Ergebnis einer eingehenden und lesenswerten Untersuchung, in der (in einer für eine Rezension eher untypischen Weise) mit etlichen Notenbeispielen charakteristischer Passagen aus beiden Opern verglichen werden, was schließlich auch der Überzeugung Ausdruck verleihen läßt, daß sich Leoncavallo in seinem *Bajazzo* Mascagni *„in vielen Stücken überlegen"* zeige, daß er *„vor allem maßvoller"* sei und auch bei *„Ausbrüchen der höchsten Leidenschaft niemals die ästhetische Grenze"* überschreite.
105 *Kw* 6 (1892/93), 103.
106 *HS* 6 (1892/93), 130.
107 *NMZ* 13 (1892), 289.
108 *Kw* 6 (1892/93), 103.
109 *AMZ* 19 (1892), 644 vgl. auch Bernhard Vogel In: *NMZ* 14 (1893), 61f.

Königliche Schauspiele.

Anfang 7.

Opernhaus.

Anfang 7.

Montag, den 5. December 1892.

259ste Vorstellung.

Zum ersten Mal:

Bajazzi.

(Pagliacci.)

Oper in 2 Akten und einem Prolog.

Musik und Dichtung von R. Leoncavallo, deutsch von Ludwig Hartmann.

In Scene gesetzt vom Ober-Regisseur Tetzlaff. Dirigent: Kapellmeister Sucher.

Canio, Haupt einer Dorfkomödiantentruppe — Bajazzo . Herr Sylva.
Nedda, sein Weib — Colombine Frau Herzog.
Tonio, — Taddeo . Herr Bulß.
Beppo, | Komödianten — Harlekin . Herr Philipp.
Silvio, ein junger Bauer . . . . Herr Fränkel.
Bauern . . . . Herren Kraja, Krüger ꝛc.

Landleute beiderlei Geschlechts und Gassenbuben.

Zeit und Ort der wahren Begebenheit: Bei Montalto in Calabrien am 15. August (Festtag) 1865.

Textbuch 60 Pf.

Vorher, zum ersten Mal:

Bastien und Bastienne.

Singspiel in 1 Akt von Wolfgang Amadeus Mozart. Dirigent: Kapellmeister Sucher.

Bastien . . . . Herr Philipp.
Bastienne . . . . Fräulein Weiß.
Colas . . . . Herr Krolop.

Textbuch 30 Pf.

Zwischen beiden Opern findet eine längere Pause statt.

Preise der Plätze.

Fremden-Loge	10 Mark — Pf.	Zweiter Rang Balkon und Loge . .	4 Mark — Pf
Orchester-Loge . . .	9 „ — „	Dritter Rang Balkon und Loge . . .	3 „ — „
Erster Rang Balkon und Loge . . .	6 „ — „	Amphitheater Sitzplatz . . .	1 „ 50 „
Parquet und Parquet-Loge . . .	6 „ — „	Parterre Stehplatz . . .	1 „ 50 „
Zweiter Rang Proscenium-Loge . .	4 „ — „	Amphitheater Stehplatz . . .	1 „ — „

Opernhaus. Dienstag, den 6. December. **Schauspielhaus.**

260ste Vorstellung. Auf Allerhöchsten Befehl. Zur Erinnerung an das 150jährige Bestehen des Königlichen Opernhauses: Théâtre paré. „Ouvertüre zu: Iphigenia in Aulis.“ „Prolog.“ „Ouvertüre zur Oper: Cleopatra von Graun. (Eröffnungs-Oper vom 7. December 1742.) „Orpheus und Eurydike“ (2. Akt). „Die Hochzeit des Figaro“ (2. Akt). „Fidelio“ (2. Akt, Kerkerscene). „Der Freischütz“ (2. Akt, Scene 1). „Der Prophet“ (3. Akt, Scene 2). „Götterdämmerung (Schlußscene). Anf. ½8 Uhr.

270ste Vorstellung. Die Quitzows. Vaterländisches Drama in 4 Aufzügen von Ernst v. Wildenbruch. Anfang 7 Uhr.

Abb. 10: *Bajazzi*: Berliner Erstaufführung – Hofoper
(Archiv der Deutschen Staatsoper Berlin)

dings die Aussage des Komponisten, die Handlung beruhe auf einer wahren Begebenheit in dessen Heimat Kalabrien, nicht unwidersprochen blieb.

Leoncavallos Behauptung, das tragische Geschehen in seiner Oper habe sich tatsächlich
zugetragen, hat bekanntlich bei dem französischen Schriftsteller Catulle Mendès heftigsten Protest hervorgerufen, da er die *Pagliacci* für eine Nachahmung seiner *Femme de
Tabarin* hielt und deshalb sowohl auf dem Theaterzettel und in der Partitur genannt, als
auch an den Einnahmen des Werkes beteiligt werden wollte. Leoncavallo hat sich zeitlebens gegen diesen Vorwurf gewehrt und in zahlreichen öffentlichen Stellungnahmen zu
rechtfertigen versucht. Von besonderem Interesse ist diesbezüglich ein Briefwechsel
zwischen ihm und dem Verleger Sonzogno[110], da in diesem der „schwarze Peter" gewissermaßen an den „Kläger" Mendès zurückgespielt wird, wenn Leoncavallo die Frage
stellt, was dieser wohl sagen würde, *„wenn man ihm den Vorwurf machte, daß er seine
‚Femme de Tabarin‘ aus dem ‚Dramma nuovo‘* [des span. Dichters Calderón Estébañez]
entlehnt habe . . . [wo] *in der That in der letzten und bedeutsamsten Szene . . . der Gatte,
ein Komödiant, den Geliebten seines Weibes wirklich vor ihm tötet, während er nur seine
Rolle zu spielen scheint".* Leoncavallo wäre sogar bereit gewesen, im Falle eines Prozes-
ses den aus der Haft wieder entlassenen Giovanni d'Allesandro (so der wahre Name Ca-
nios bzw. Bajazzos) vor Gericht zu zitieren um seine Behauptung bestätigen zu lassen[111].
Allerdings wäre er dabei in große Schwierigkeiten gekommen, da sich, wie eine Durchsicht der Prozessakten ergab[112], herausgestellt hätte, daß Leoncavallo *„non riferi in nes-
suna fase del lavoro letterario i fatti si svolsero nella realità"*[113]. Der Dichter Leoncavallo
hat demnach, was sich anhand der Gerichtsprotokolle jenes am 5. März[114] des Jahres
1865 verübten und mit des Komponisten Vater Vincenzo als zuständigen Richter befaß-
ten Verbrechens leicht überprüfen läßt, nur den äußeren Rahmen, den Ort des wirklichen Geschehens, nicht jedoch dieses selbst[115] der sich gänzlich anders darstellenden
Handlung seiner Oper zugrundegelegt. Wenn man bei Teresa Lerario, die neben anderen „biographischen Ungereimtheiten" auch das bis in jüngste Zeit mit 8. März 1858
falsch verbreitete Geburtsdatum Leoncavallos[116] anhand der Geburtsurkunde auf 25.
April 1857 korrigiert, darüber hinaus in einer Gegenüberstellung einiger Textstellen aus
den *Pagliacci* und aus Mendès Drama zahlreiche wörtliche Übereinstimmungen feststellen kann, erhärtet sich der Verdacht, daß Leoncavallo (auch wenn er auf *„Ehre und
Gewissen"* versicherte, niemals *La Femme de Tabarin* gelesen zu haben), das
Mendès'sche Drama doch nicht ganz unbekannt gewesen sein dürfte.

Im Rahmen einer stagione an der Kroll-Oper in Berlin kam in der deutschen Reichshauptstadt nach mehrmaligen Verschiebungen[117] am 13. Dezember schließlich auch noch Giordanos *Mala vita* zur Erstaufführung und
wurde wiederum (wie zuvor in Wien) in erster Linie ein Erfolg für die Prota-

---

110 Im vollen Wortlaut wiedergegeben In: *AMZ* 21 (1894), 534f.
111 Siehe *MWO* 2 (1902), 445.
112 Teresa Lerario, *Ruggero Leoncavallo e il soggetto dei Pagliacci*, In: *Chigiana N. S. 6/7*
(1971), 120ff.
113 Ebenda.
114 Nicht 15. August, wie man immer wieder lesen kann; s. z. B. Ernst Krause, *Oper von A-Z*,
Leipzig 1979, 120.

gonisten Roberto Stagno und Gemma Bellincioni, nicht aber für den Komponisten selbst. Das Sujet dieser Oper erregte hier bei der Kritik noch weitaus mehr Anstoß als in der österr. Kaiserstadt, obwohl man ohnehin schon den Schluß des Werkes dahingehend „gemildert" hatte, daß das von ihrem Geliebten verlassene und verzweifelte Straßenmädchen Christina bei Handlungsschluß tot zusammenbrechen mußte, anstatt in ihre frühere „Heimstätte", das Freudenhaus, zurückzukehren. Zu dieser, von der Zensur angeordneten Änderung hatte man sich offensichtlich in Anbetracht zu erwartender, allzu empörter Reaktionen von seiten der Kritik entschlossen, die aber, ungeachtet dieser (letztlich unbedeutenden) „Retouche", schließlich dennoch nicht ausblieben. So wurden Stimmen laut, die von einer „naturalistischen Oper vom reinsten Unwasser"[118], oder vom „Kehricht der menschlichen Klasse"[119] etc. sprachen und die natürlich jede vernünftige und (vor allem) ehrliche Argumentation, wie z. B. jene Otto Lessmanns[120], übertönten, nach der „nur Pharisäermoral die Gemeinheit der niederen Klasse für gemeiner erachten [würde] als die der sogenannten höheren Kreise, wie sie allabendlich anstandslos in französischen und deutschen Unsittendramen einem behaglich schmunzelnden und hier gar nicht prüden Publikum vorgeführt wird".

Dieser nahezu einhellig negativen Beurteilung des Librettos stand eine Palette von Meinungen über die Musik gegenüber , die von „beachtenswertes Talent"[121], über „mangelhafte musikalische Bildung"[122] bis zu „gewöhnliche Handwerksarbeit . . ., die selbst hinter Tascas ‚A Santa Lucia' beträchtlich zurücksteht"[123], reichte.

Negative Pauschalurteile dieser Art, sowohl das Libretto als auch die Musik betreffend, fielen zweifellos übertrieben hart aus und waren in dieser Form unverdient. Sie werden jedoch verständlich, wenn man sie als Ausdruck einer ständig wachsenden Verbitterung darüber begreift, daß die als „Invasoren" betrachteten Jungitalier un-

---

115 Siehe Lerario, 177f.
116 So auch in *MGG* 8 (1960), Sp.634.
117 Es kursierten Vermutungen über ein polizeiliches Aufführungsverbot für die Oper.
118 *DTz* 23 (1892), 603.
119 *SmW* 50 (1892), 1131.
120 In: *AMZ* 19 (1892), 245.
121 *AMZ* 19 (1892), 659; vgl. auch *DTz* 23 (1892), 604.
122 *Kw* 6 (1892/93), 106.
123 *HS* 5 (1892/93), 130; Unter Hinweis darauf, daß an der „öden langweiligen Flickarbeit [der Italiener] . . . das einzig Gute [wäre], daß dabei zu Bewußtsein gebracht wurde, daß es auch jenseits der Alpen Opernschreiber gibt, denen nichts einfällt", wird hier aufgrund der vom Publikum verlangten Wiederholung des auch bei Giordano „unvermeidlichen Intermezzos" noch der (einer gewissen Komik nicht entbehrende) Vorschlag gemacht, in künftigen Musiklexika Intermezzo als „ein klägliches Musikstück, das immer da capo gespielt werden muß", zu definieren.

aufhaltsam deutsches „Opernterrain" besetzten und daß man, wie es W. Lakowitz[124] übertrieben formulierte, fast an einem Punkt angelangt sei, wo *„jeder Theaterbesucher, der bravo statt brava schreit, der öffentlichen Verachtung anheimzufallen"* Gefahr laufe. Und angesichts der konkreten Situation des zu Ende gehenden Jahres 1892 in Berlin, wo *Cavalleria, Bajazzo* und *Freund Fritz* auf dem Spielplan der Hofoper standen, *A Santa Lucia* und *Mala vita* in der Kroll-Oper gespielt wurden und zur selben Zeit im Lessingtheater Eleonora Duse als Santuzza in der dramatisierten Fassung von Vergas *Cavalleria rusticana* gastierte, ist auch in gleicher Weise nur zu verständlich, daß Felix Weingartner sich veranlaßt sah, seine Oper *Genesius* zurückzuziehen, nachdem das Berliner Hofopernpublikum in zwei nahezu leeren Vorstellungen diesem Werk *„mit der größtmöglichen Teilnahmslosigkeit entgegengekommen war"*, und daß er seiner Verbitterung darüber öffentlich im *Berliner Börsen-Curier* Ausdruck verlieh. Der in der *Musikalischen Rundschau*[125] nicht nur aufgrund der Tatsache, *„daß man in Berlin gegenwärtig unreifen italienischen Bühnenwerken eines Taska* [sic!] *und Giordani* [sic!] *zujubelt"*, sondern auch wegen seiner für das ganze deutsche Opernwesen typisch erachteten Äußerungen nochmals veröffentlichte Brief Weingartners setzt sich im übrigen auch mit jenen (primär als *„äußerlich"* charakterisierten) Kriterien auseinander, auf die das breite Publikum in den neuen italienischen Opern in besonderer Weise ansprechen würde, mit welchen jedoch die *„ernsten"* deutschen Komponisten nicht aufwarten könnten.

Daß sich dies mit dem Opernwettbewerb von Gotha im darauffolgenden Jahr nur allzu bald ändern sollte, kündigte sich (wenngleich in sarkastischer Weise) bereits zu Beginn des neuen Jahres an, zu welchem Zeitpunkt angesichts des Mangels an neuen deutschen wirkungsvollen Opern der Wunsch immer dringlicher wurde, dem Abonnenten *„durch einheimische Kräfte von der Art Jungitaliens ein Werk zu schaffen, wo das Orchester lärmt, die Sänger ... schreien, die Augen rollen, mit den Füßen stampfen – und das Publikum dieses Spektakel für echt italienisch erachten kann"*[126]. Allerdings, so werden hier im selben Atemzuge Bedenken geäußert, *„wäre es nicht weniger fraglich, ob ein deutscher Bühnenkünstler sich recht in den tückisch verschlossenen, stolzen Halborientalen, den Sizilianer hineinleben könne, wie daß einer seiner transalpinen Kollegen im Stande wäre, das Wesen eines pommerschen oder emsländischen Bauern völlig zu begreifen"*. Diese Bedenken, die sich in Zukunft nur als allzu richtig erweisen sollten, haben aber deutsche Opernkomponisten keineswegs davon abhalten können, sich auf „südländische Libretti" zu stürzen, sahen sie doch offenbar darin in jener Zeit *„die einzige Möglichkeit, die für sie verschlossen geglaubten Theatertüren zu öffnen"*[127] –, freilich nicht bedenkend, daß ihnen dies „postwendend" den Vorwurf einbringen würde, sich zu „Affen" der Italiener gemacht zu haben[128].

---

124 In: *DTz* 23 (1892), 603.
125 7 (1892), 240.
126 *Kw* 6 (1892/93), 122.
127 Siehe Felix Draeseke, In: *Kw* 7 (1893/94), 41.
128 Vor dem Wettbewerb von Gotha ist dieses „Kunststück" bereits deutschen Komponisten wie Alexander Fielitz-Coniars (*Vendetta*, UA Lübeck, 21. 10. 1891), Erik Meyer-Helmund (*Liebeskampf*, UA Dresden, 14. 5. 1892), Wilhelm Reich (*Der Schwur*, UA Berlin, 29. 12. 1892), Karl Schröder (*Der Asket*, UA Leipzig, 4. 3. 1893) sowie Karl von Kaskel (*Hochzeitsmorgen*, UA Hamburg, 23. 3. 1893) gelungen.

(Das Jahr des *Bajazzo* – *I Rantzau*: Mascagnis Fiasko in Berlin – Zweite Wiener stagione – *Monon Lescaut* contra *Manon*)

Mit Beginn des neuen Jahres[1] setzte das italienische „Löwen-Pferd", wie der Name *Leoncavallo* gelegentlich „übersetzt" wurde, mit dem *Bajazzo* seinen „Siegesritt" über dt. Bühnen in Städten wie Leipzig und Dresden[2] (s. Abb. 11, S. 79) fort. Stand dabei jeweils die eminente Publikumswirksamkeit dieser Oper wiederum außer Zweifel[3], war man sich allerdings bei der Frage, ob Leoncavallo die bessere Oper als Mascagni geschrieben habe, keineswegs so einig wie bisher, da sowohl eindeutig für als auch gegen Leoncavallo Stellung bezogen wurde[4]. Aber auch auf einer anderen Ebene – die ital. Oper grundsätzlich betreffend – waren gegensätzliche Positionen deutlich auszumachen. Und da hieß es dann auf der einen Seite, daß es die deutschen Komponisten doch genauso gut wie die Italiener verstünden, ihren Werken *„leidenschaftliche Accente"* zu geben, ihre Kantilenen doch *„die innigsten und gemüthvollsten der Welt"*[!] wären[5], wohingegen auf der anderen (mit einigem Mut zur Wahrheit) verlautete, daß es *„sehr thöricht wäre, von einer Ablösung der Wagner'schen Richtung* [durch Jungitalien] *zu sprechen"*, da die Veristen von Wagner zwar *„in technischer Hinsicht befruchtet . . ., in der Absicht und der Wirkung ihres künstlerischen Schaffens aber beide ‚Richtungen'. . . nichts miteinander gemein"* hätten. Wagner stünde *„außerhalb des Theaters, dessen Bedarfes* [d. h. des Tagesbedarfes, des gewöhnlichen Repertoirebetriebes]. . ., *Mascagni wie Leoncavallo jedoch mitten drin"*[6].

Letzteres läßt, wenngleich als Argumentation unrealistisch, einen Exkurs in die gesamte Rezension lohnenswert erscheinen, weil hier sowohl ein Beispiel für das damals seltene Bemühen um Objektivität vorliegt, als auch die als Faktum anerkannte Einsicht vorherrscht, daß es nun einmal die Italiener gewesen wären, die *„das Zeitbedürfnis nach einer neuen Operngattung befriedigt"* hätten. Natürlich wird gleichzeitig auch bedauert, *„daß es nicht deutsche Künstler waren, denen es vergönnt gewesen, zu voll-*

---

1 Zu dieser Zeit erschienen bei Schott in Mainz französische Klavierlieder Leoncavallos, bei Lehne & Comp. in Hannover *Prolog* und *Intermezzo* in der Bearbeitung für Streicher und Infanteriemusik; s. eine diesbezügliche Annonce In: *HMz* 1 (1893), 56.
2 6. bzw. 22. Jänner.
3 Vgl. z. B. Eduard Bernsdorf, In: *SmW* 51 (1893), 177.
4 Siehe z. B. *NMZ* 14 (1893), 31 sowie *HS* 5 (1892/93), 50.
5 *AK* 17 (1893), 431.
6 Hugo Dingers, In: *Mwb* 24 (1893), 127ff.

bringen, was jene gethan", doch wird gleichzeitig auf die vorbildliche Selbständigkeit der Italiener verwiesen, die erkannt hätten, daß *„nur selbständiges freies Schaffen, echte Kunst, der Nation zur Ehre"* gereiche.

Von beispielhafter Objektivität ist hier auch die Gegenüberstellung von *Cavalleria* und *Bajazzo*, da es nicht darauf ankommt, zu entscheiden, welche Oper von beiden die bessere sei, sondern die in beiden Werken jeweils verschieden gelagerten Vorzüge und Schwächen (unter Verzicht auf ein endgültig wertendes Gesamturteil) lediglich gegenübergestellt werden. Auf diese Weise wird in bezug auf die Handlung die *Cavalleria* mit ihrer *„Knappheit und Schärfe der Exposition . . ., in der Schlag auf Schlag die Entwicklung des Dramas erfolgt,* als *„mehr aufregend",* der *Bajazzo* jedoch, dem dies fehle, dafür aber *„psychologisch umso tiefer angelegt"* sei, als *„mehr erschütternd"* charakterisiert. In Analogie dazu heißt es in musikalischer Hinsicht vom *Bajazzo*, daß er das, was ihm *„im Vergleich zur ‚Cavalleria' an unmittelbar schlagenden Effecten abgeht . . ., durch künstlerisch größere Tiefenwirkung und Feinheit"* ersetze. Überraschend viel Lob findet an gleicher Stelle im übrigen auch Leoncavallos *„Schilderung der dramatischen Situation",* was insofern verwundert, als gleichzeitig gerade darin auch eine Möglichkeit gesehen wird, nicht nur den verismo in seiner Achillesferse zu treffen, sondern auch einen qualitativen Unterschied, ja sogar *„die Grenze zwischen italienischer und deutscher dramatischer Musik"* überhaupt zu ziehen. Denn, hier wird unmißverständlich der Überzeugung Ausdruck verliehen, daß ein durch die Schule Wagners gegangener dt. Komponist sich bemüht hätte, für die „Liebe" des Bösewichts Tonio zu Nedda *„den musikalisch-charakteristischen Ausdruck zu finden",* wohingegen Leoncavallo es nicht eingefallen sei, *„über das Allgemeine hinauszugehen, der Wohlklang ihm als Hauptsache"* gegolten habe. Gegen den grundsätzlich richtigen, hier aber nicht ganz glücklich am Beispiel der Figur des Tonio angesprochenen Widerspruch der Verbindung von Musik und konsequent realistischer Darstellung, über den sich die italienischen Opernkomponisten (trotz des veristischen Anspruchs) tatsächlich mit südländischer „leggerezza" hinweggesetzt haben und in dessen Bestehen durch die Beibehaltung der großen Arie letztlich aber wiederum auch das Erfolgsrezept des verismo lag, wäre nichts einzuwenden, wenn er letztlich nicht zur chauvinistischen Ansicht verleiten würde, daß das im *Prolog* des Tonio propagierte Programm des verismo von einer wahr und ernst zu nehmenden Bühnenkunst in erster Linie für die italienische Oper selbst Geltung haben müsse, denn für die Deutschen *„wäre der Prolog in dieser Hinsicht eigentlich überflüssig, da sie die Kunst ja schon lange ernst"* nehmen würden.

Zwischen die beiden *Bajazzo*-Premieren von Dresden und Leipzig fiel am 7. Jänner in Wien die deutsche Erstaufführung von Mascagnis dritter Oper, *I Rantzau*[7], deren Aufführungsrecht man sich – wie es damals hieß – als Folgeerscheinung einer *„Italomanie"*[8] bereits während der stagione im Herbst des Vorjahres gesichert hatte[9]. Auch diesmal waren, wie bei den Opern zuvor,

---

7 Der deutsche Klavierauszug von Max Kalbeck erschien 1892 in Berlin bei Bote & Bock.

8 Siehe R. Roland, *Italomanie (Zur Jahreswende)*, In: *MRu* 8 (1893), 1.

9 Die Uraufführung dieser vieraktigen Oper, zu der Targioni-Tozzetti und Menasci nach dem gleichnamigen Drama Erckmann-Chatrians das Libretto geschrieben hatten, war wenige Wochen zuvor, am 10. November 1892, im teatro della Pergola in Florenz mit großem Publi-

Abb. 11: *Der Bajazzo*: Dresdener Erstaufführung – Hoftheater
(Sächsische Landesbibliothek Dresden)

dem Ereignis zahlreiche Reklame- und Korrespondentenberichte vorausgegangen, ja vereinzelt wußte man sogar schon wieder vor der Uraufführung in Florenz vorauszusagen, welche Nummern sich als besonders wirksam erweisen würden. Allerdings fanden in Wien von diesen, sich meist widersprechenden Urteilen[10] fast ausschließlich nur die negativen ihre Bestätigung, und eine mit wenigen Ausnahmen[11] geradezu als vernichtend zu bezeichnende Kritik leitete jene Wende im Geschick Mascagnis ein, derzufolge dessen zukünftigen Opern auf deutschen Bühnen nur mehr wenig Glück beschieden sein sollte. Zwar waren unsachliche „Ausfälligkeiten", wie z. B. jene eines René Renard[12] Ausnahmeerscheinungen, doch nahmen sich auch führende Wiener Kritiker, wie Heuberger, Dietz und insbesondere Hanslick, dessen Ausführungen in nachstehendem Exkurs zusammengefaßt werden, kein Blatt vor den Mund und deckten schonungslos die Schwächen Mascagnis auf[13].

Hanslick[14], schon *Freund Fritz* gegenüber als Opern-Sujet sehr skeptisch eingestellt, sieht in der dramatischen Vorlage für *I Rantzau* einen noch viel ungeeigneteren Stoff[15] für eine Vertonung als in jenem und schreibt den Mißerfolg Mascagnis zu einem nicht geringen Teil diesem Umstand zu, wenn er meint, daß *„die neue Dorfgeschichte das Talent Mascagnis vielmehr gebunden, als daß dieses . . . selbst abgenommen habe"*. Dies würden zwei bis drei Szenen der Oper beweisen, der Rest wäre jedoch *„Unbedeutendes und Langweiliges . . ., Reminiszenzen aus dem früheren Mascagni und aus Verdi, theatralische Gewohnheitsphrasen und derb aufgeschminkte Empfindungen, die erkältend wirken"*. Des weiteren trifft Hanslick eine Unterscheidung zwischen *„guten und schlimmen Hilfsmittel"*, die es beide Mascagni gestattet hätten, *„auch ödere Strecken seiner Partitur nicht gerade leer und reizlos erscheinen zu lassen"* –, ersteres als *„leidenschaftlich dramatischen Zug"* charakterisierend, der auch solche Stellen beherrsche, *„die nichts als phrasenhaftes Allgemeingut"* wären, letzteres als *„die consequente Erniedrigung des Leittons, das unvermittelte Aneinanderfügen*

---

kumserfolg über die Bühne gegangen und hatte dort *„i fiori della colonia straniera e della cittadinanza, e maestri di musica, e critici francesi, tedesche e nostrali, cantanti, attori, artisti in gran numero, e non pochi di gran nome"* versammelt (s. Girolamo Biaggi, *I Rantzau*, In: *Nuova Antologia di lettere, szienze ed arti* 126 /1892, 334).

10 Siehe z. B. *DMz* 23 (1892), 545 oder *MRu* 7 (1892), 123f.

11 z. B. der mit „J. T." [?] zeichnende Rezensent in *ÖMTz* (5/1893, 4), der sich vollkommen unkritisch gibt und der Oper ausschließlich positive Züge abgewinnen kann.

12 In: *AK* 17 (1893), 734; hier ist von einem Werk die Rede, *„vor welchem sich auch die allerwinzigste und primitivste Regung verkriechen muß, das so dürftig und kindisch, wie kein anderes unserer Zeit, mit einer unbeholfen zusammengestohlenen, technisch mehr wie dilettantischen Katzenmusik"*.

13 Da die Rezensionen Heubergers (In: *NMZ* 14 / 1893, 32) und Dietz' (In: *HS* 5 1892/93, 202f. u. 180f. sowie *AK* 17 1893, 27f) mit jener Hanslicks z. T. inhaltlich übereinstimmen und stellenweise sogar den gleichen(!) Wortlaut haben, braucht hier auf sie nicht weiter eingegangen zu werden.

14 In: *Fünf Jahre Musik*, 70ff.

15 Über die Unzulänglichkeiten des Librettos s. auch Kalbeck, *Opernabende*, 47.

gräßlich mißklingender Accorde, der beständige Taktwechsel auf jeder Seite der Partitur u. s. w." beschreibend. Zu einzelnen Nummern stellt Hanslick u. a. fest, man könne schon in der Ouvertüre merken, daß Mascagni *„in seiner Melodiengestaltung wie in seiner Harmonisierung bereits der Manier verfallen"* sei, daß das *„Kyrie eleison"* im zweiten Akt *„geistlos"*, das mit Dreschflegeln begleitete Volkslied *„barbarisch"* wirke, und daß sich Mascagni noch dazu den Haupteffekt, beide Themen kontrapunktisch zu verbinden, entgehen habe lassen. Besonderes Unbehagen löst bei ihm auch das *Intermezzo sinfonico* zwischen 3. und 4. Akt mit seinem *„ungarischen Lassan"* aus und veranlaßt ihn zu fragen, *„wie denn nur der Zigeuner aus ‚Freund Fritz' in diese* [elsässische] *Gesellschaft"* gekommen sei. Als *„allerliebst und klangschön"* findet einzig und allein der *„Plauderchor"* des dritten Aktes seine Zustimmung, an welchen er auch in erster Linie bei der Bemerkung gedacht haben mag, daß Mascagnis dritte Oper *„bei schwacher schöpferischer Kraft im Ganzen … die Erinnerung an gelungene, ja reizende Einzelheiten"* hinterlasse. Auf diese Weise resümierend, wünscht schließlich Hanslick dem Komponisten auch, *„er möge sein schönes Talent zwei Jahre lang ruhen und sein Werk ausreifen lassen"*.

Hinter Hanslicks Kritik, die trotz ihrer Härte ein gewisses Wohlwollen und ein Interesse am weiteren Werdegang des Schöpfers der von diesem in vieler Hinsicht geschätzten *Cavalleria* erkennen läßt[16], steht demnach auch die deutliche Mahnung, in Zukunft nicht so überstürzt, sondern langsamer und sorgfältiger zu arbeiten-, eine Mahnung, die als Vorwurf der *„Schnellschreiberei"* Mascagni schon unmittelbar nach der Uraufführung[17] und nunmehr in massiver Weise auch nach der Wiener Erstaufführung getroffen hat. So verlautete z. B. auch von anderer (als von Hanslicks) Seite, daß hier *„nackte Routinier-Arbeit"* vorliege[18], und man sich frage, *„ob der hochbegabte Mann Einkehr halten, oder weiterhin mit geschäftiger Eile Opern für den Laden des Herrn Sonzogno"* liefern werde[19]. Schließlich hieß es sogar (wenngleich überspitzt), daß Mascagni das *Kyrie eleison* mit dem Chorlied der Knechte nur deshalb nicht gleichzeitig hätte erklingen lassen, *„weil ein contrapunktisch ausgeführtes Musikstück eine längere Verfertigungsdauer in Anspruch genommen hätte, aber die Oper rasch vollendet sein mußte"*[20].

Einen bemerkenswerten Beitrag zu Mascagnis Oper leistete schließlich

---

16 Hanslick pflegte mit Mascagni in Wien freundschaftlichen Kontakt!
17 Siehe Biaggi, *I Rantzau*, 339.
18 *DKMz* 20 (1893), 14; vgl. auch *MRu* 8 (1893), 14.
19 Ebenda.
20 F. W. [?], In: *NZfM* 61 (1893), 139; Ähnlich reagierte auch Anton Bruckner, der, von A. Göllerich um seine Meinung über Mascagni befragt, antwortete: *„Mein Mann ist er nicht …, Talent, ja das hat er, aber er hat noch viel zu lernen. Er kann nicht arbeiten. Er wirft nur alles so hin, roh, wie es ihm einfällt. Beim ersten Hören gefällt's, beim zweitenmal aber hört man nichts Neues mehr daraus. Das ist nicht das Rechte."* Im übrigen, so soll Bruckner noch hinzugefügt haben, hätte er von den drei Opern Mascagnis nur eine gehört, in die zweite habe ihn *„kein Mensch mehr hineingebracht"* (s. August Göllerich, *Anton Bruckner. Ein Lebens- und Schaffensbild* IV/3, Regensburg 1937, 309).

auch noch Heinrich Schenker[21], der zwar in seinem Gesamturteil über die Oper gleichfalls zu keiner positiven Stellungnahme kommt, doch Anlaß zur Kritik in ganz anderen, als bisher vorgebrachten Kriterien findet.

Schenker hält z. B. (entgegen Hanslick) den Stoff der Oper, auch wenn die Librettisten ihn, der *„geradezu einer der dramatischsten Urstoffe"* zu nennen sei, *„beleidigt und totgeschlagen"* hätten, für *„ausgezeichnet, groß und würdig"*, doch wäre Mascagnis *„musikalische Haltung . . . von so unnachahmlicher Unbeholfenheit und von kindlichen Thorheiten, daß man ihn kaum ein schuldloses Opfer des Librettos heißen möchte"*[22]. Schenker kritisiert in diesem Zusammenhang auch besonders, daß Mascagni *„voll des Ehrgeizes ein grandioses Finale zu bauen, selbst dort nicht zögert, ein immer höher aufwärtsstrebendes Finale zu unternehmen, wo das Gefühl geradezu bergab, mindestens nirgends hingeht, und diese mit Bastardmitteln der Unwahrheit und ehrgeizig excitierter Kunst immer fort und fort bis zum fff und dem Schlußpunkt des Vorhanges zu zerren"*. Und auch umgekehrt würde er *„eine Lava lyrischer Eloquenz oft dort, wo der dramatische Realismus Bändigung des lyrischen Naturtriebes dringend gebietet, ausgießen . . ., ein Intermezzo, wo kein Platz für eine Lücke ist, schreiben . . ., eines zu schreiben versäumen, wo es vielleicht am Platze, mindestens nicht überflüssig wäre"*, in welcher sich daraus ergebenden *„Unausgeglichenheit der lyrischen und dramatischen Triebe"* Schenker letztlich die Hauptursache für das *„Mißbehagen des Zuhörers"* sieht. Auch mit dem schon bei den Werken zuvor vielfach kritisierten häufigen Taktwechsel des Komponisten setzt sich Schenker eingehend auseinander, glaubt allerdings darin nicht unbedingt etwas Negatives sehen zu müssen, da die metrische Unsymmetrie *". . . nicht schlecht zum Charakter der Mascagnischen Musik„* passen würde, eine *"Symmetrie in höheren Proportionen"* ohnehin meistens vorhanden wäre und *„übrigens Symmetrie, wie sie die Kritiker wünschen, nicht so unverbrüchliches Hausgesetz der Musik"* sei. *„Deutsche Melodik"*, so heißt es hier jedoch, sollte sich *„von solchen Erscheinungen freilich fern halten"*(!), wohingegen Mascagni gut daran täte, *„sein weiteres Schaffen an eben diesen Feinheiten, wie sie die ‚Rantzau' in schon sehr glücklichen Beispielen offenbaren, anknüpfen zu lassen"*.

Das Publikum reagierte erwartungsgemäß wiederum weit weniger negativ als die Fachkritik, ja es scheint an dem Werk eine Zeit lang sogar Gefallen gefunden zu haben, da *I Rantzau* in der Hofoper immerhin auf insgesamt 21 Vorstellungen kam. Im Repertoire halten konnte sich die Oper jedoch genau so wenig wie *Freund Fritz*.

In den Beginn des neuen Jahres fiel mit 16. Jänner auch noch die Hamburger Erstaufführung von *Freund Fritz* (s. Abb. 12, S. 83), die dem Werk zwar von seiten der Fachpresse den bereits gewohnten Vorwurf der „Unoriginalität" und der zu einer Dorfidylle unpassenden Musik brachte, jedoch in-

---

21 In: *ZK* 2 (1893), 280 ff.
22 Vgl. dazu eine Analyse der ersten Szene aus *I Rantzau* bei Schuller (43 ff.), in der demonstriert wird, wie Mascagni eine rein romantische Szene gewaltsam realistisch zu vertonen versucht.

Hamburger
Stadt-Theater.

(Direction: B. Pollini.)

Montag, den 16. Januar 1893.

121. Abonnem.-Vorstellung. 17. Montags-Vorstellung.

Zum ersten Male:

Freund Fritz

Lyrisches Lustspiel in 3 Akten von P. Suardou.
(Nach Erckmann und Chatrian). Deutsch v. Max Kalbeck.

Musik von **Pietro Mascagni.**

In Scene gesetzt von Herrn Franz Bittong.

Dirigent: Herr Kapellmeister Gustav Mahler.

Susel........................	Frl. Bettaque
Fritz Kobus	Hr. Bötel
Joseph, der Zigeuner..........	Fr. Heink
David, Rabbiner	Hr. Litzmann
Hanczo, } Freunde von Fritz....	{ Hr. Lorent
Friedrich, }	{ Hr. Simon
Katharine, Wirthschafterin bei Fritz	Frl. Uplegger

Chor von Bauern und Bäuerinnen.

Das Stück spielt im Elsaß.

Zeit: Anfang der sechsziger Jahre.

Grosse Preise. 1. Rang, Parquet und Parquetloge M. 6.
2. Rang-Mittelloge und 1. Parterre M. 4. 2. Rang-Seitenloge und Sitz-
Parterre M. 3. 3. Rang-Mittelloge M. 2,70. 3. Rang-Seitenloge M. 2,10
Steh-Parterre M. 1,50. Gallerie-Sitzplatz M. 1,20. Gallerie 75 ₰.
Richtige mit dem Scenarium des Stadttheaters übereinstimmende Textbücher
sind an der Casse und Abends bei den Billeteuren zu haben.

Abb. 12: *Freund Fritz*: Hamburger Erstaufführung – Stadt-Theater
(Hamburger Theatersammlung: Zettelbuch des Hamburger Stadt-Theaters)

sofern von Interesse ist, als am Dirigentenpult Gustav Mahler stand, der nicht nur in Budapest, sondern in der Folge auch in der Hanse-Stadt reichliche Erfahrung mit „Veristischem" und „Präveristischem" sammeln konnte[23], ja sogar einem Einakter der deutschen Verismus-Nachfolge auf die Beine geholfen hat[24]. Von ihm sind auch Äußerungen zu Mascagnis zweiter Oper überliefert[25], aus denen einerseits hervorgeht, daß ihn damals mit dem italienische Meister *„eine Menge Affinitäten"* verbunden habe, andererseits Mascagni mit diesem Werk gegenüber der *Cavalleria* ein bedeutender Fortschritt gelungen sei, und daß schließlich er selbst für die seiner Meinung nach bislang stets ein Opfer der Dirigenten gewordene Oper alle seine Energie aufgewandt hätte, um mit ihr beim *„gewöhnlichen"* Publikum Wirkung zu erzielen[26]. Letzteres scheint ihm auch tatsächlich gelungen zu sein, denn Hamburg war jene deutsche Stadt, in der *Freund Fritz* die höchsten Aufführungsziffern erzielte.

Im Februar gab es von Leoncavallos *„gemeinem Spektakel",* wie Arrigo Boito den *Bajazzo* nannte[27], Erstaufführungen in Städten wie Stuttgart, Breslau, Mannheim, Frankfurt, Prag und Bremen, die dem Komponisten Anerkennung bei Publikum und Presse brachten. Hervorzuheben wäre davon vor allem Prag, wo es sich im Nationaltheater am 10. Februar zwar um die erste Aufführung in tschechischer Sprache gehandelt hat, die Tatsache jedoch, daß der *Bajazzo* dort erstmals nach der Wiener stagione des Vorjahres zusammen mit der *Cavalleria* an einem Abend gespielt wurde, auf deutscher Seite ein außergewöhnliches Echo in der musikalischen Fachpresse hervorrief und man sich offensichtlich die günstige Gelegenheit nicht entgehen lassen wollte, die „Verträglichkeit" beider Opern (unmittelbar hintereinander) vergleichen zu können. Das Ergebnis dieses Vergleichs entsprach dabei zwar

---

23 Mahler hat gleich nach seinem Amtsantritt in Hamburg zahlreiche *Cavalleria*-Reprisen geleitet, in der Folge hier auch Alberto Franchettis *Asrael* herausgebracht; zu Mahlers Wirken in Hamburg vgl. Irmgard Schaberth, *Gustav Mahlers Wirken am Hamburger Stadttheater*, in: *Mf* 2 (1969), 443ff.

24 Mahler dirigierte in Hamburg am 23. 3. 1893 die Uraufführung von Karl von Kaskels *Hochzeitsmorgen*, jenem veristischen dt. Einakter, der auf insgesamt 7 dt. Bühnen gespielt wurde und sich damit als der erfolgreichste und am weitesten verbreitete vor dem Einakterwettbewerb von Gotha erwies; zur UA s. *NBMZ* 47 (1893), 157.

25 Siehe den Brief an Schwester Justine vom 27. Jänner 1893.

26 Interessant freilich wäre in diesem Zusammenhang zu erfahren gewesen, worin Mahler damals seine Affinität zu Mascagni ganz konkret gesehen hat, zumal er zwar in Hamburg noch eine Reihe von veristischen Opern dirigierte, später jedoch als Kapellmeister bzw. Direktor der Wiener Hofoper sämtlichen Veristen gegenüber (ausgenommen am ehesten noch Puccini mit *La Bohème*) eine äußerst ablehnende Haltung einnahm; zu Mahlers Verhältnis zum verismo insgesamt s. J.-H. Lederer, *Gustav Mahler e l'opera italiana*, In: *Römische Historische Mitteilungen* 32/33 (1992), S. 351 ff.

27 Siehe *MGG* 8 (1960), Sp.638.

noch keineswgs der in der heutigen Bühnenpraxis vielfach vorherrschenden
(fragwürdigen) Gewißheit von der optimalen Kombinierbarkeit beider
Opern, zumal man die Koppelung der zwei Einakter wegen der stofflichen
Ähnlichkeit vielmehr *„als an sich wenig empfehlenswert"*[28] betrachtete, doch
brachte dieses Prager Opernereignis zumindest eine weitere kräftige Bestätigung der bereits allerorts kursierenden Meinung, daß *„dem Talent Leoncavallos unbedingt Vorzug vor seinem gefeierten Genossen"* zu geben sei[29]. Und
daß man diesbezüglich auch hier in Prag in „Wagner'schen Kategorien"
dachte, verdeutlicht sehr eindringlich die an gleicher Stelle getroffene Feststellung, daß die der Oper vielfach zugestandene *„Großartigkeit"* der Musik
Leoncavallos erst bei *„einem wahrhaft tragischen Vorgange auf der Bühne,
dem eine weltbewegende* [!] *Frage"* zugrunde liegt, richtig zur Wirkung kommen würde.

Ein Ereignis besonderer Art war die kurz darauf „in Szene" gegangene
Berliner „Mascagni-Woche" vom 19.-26. Februar, in der der maestro erstmals persönlich in der deutschen Kaiserstadt erschien und nicht nur *Cavalleria* und *Freund Fritz* selbst dirigierte, sondern auch der Erstaufführung von
I Rantzau beiwohnte.

Schon einige Tage vor seinem ersten öffentlichen Auftreten war Mascagni eingetroffen und „überwachte" die letzten Proben seiner neuen Oper, die am 25. d. M. unter
der Leitung von Felix Weingartner über die Bühne gehen sollte (s. Abb. 13, S. 87).
Und selbstverständlich war seine Person auch hier (wie zuvor in Wien) Mittelpunkt
zahlreicher Ehrungen und Ovationen und man war, wenngleich fast krampfhaft versucht wurde, mit Nachdruck darauf hinzuweisen, daß es in Berlin *„keine Wiederholung des Wiener Mascagni-Fiebers"*[30] gäbe, doch *„überall bestrebt, Mascagni in eine
Wolke von Lob und Ruhm einzuhüllen"*[31]. Auch in den Feuilletons der musikalischen
Fachpresse war Mascagni Gegenstand eingehender „Betrachtungen", die in einem
seitenlangen, von naiver Überschwänglichkeit geprägten Artikel gipfelten[32], in dem
nicht nur alle ohnehin längst bekannten, richtigen und falschen Details aus des Komponisten Leben wiederholt wurden, sondern der neugierige und sensationslüsterne
Leser auch erfahren konnte, was der *„Sonnenschein und Wärme in die trüben Winter-
tage hineinfallen lassende"* Mascagni bei einem Empfang im Berliner City-Hotel an-
gehabt habe, welche Zigarren er geraucht, wie er den Damen zugelächelt, was er ge-
gessen habe etc.[33]

---

28 *NMZ* 14 (1893), 69; allerdings hat man diese Ansicht sehr bald geändert, denn bereits zwei
   Monate später, am 3. April in Frankfurt und am 10. April in Leipzig, folgten die ersten deutschen Bühnen dem Beispiel Prags.
29 Ebenda.
30 *Kw* 6 (12892/93), 172.
31 *NBMZ* 47 (1893), 134.
32 Ernst Zabel, *Die Mascagni-Woche*, In: *NBMZ* 47 (1893), 134ff.
33 Jenem hier genannten Empfang war im übrigen der Besuch Mascagnis einer Vorstellung des

Als es dann am 21. d. M. endlich so weit war und der Komponist ans Dirigentenpult trat, um seine *Cavalleria* als eine Vorstellung *„zum besten der unter dem Protectorat der Kaiserin stehenden Frauenhilfe für Armen-Krankenpflege"* zu dirigieren, wurde er begeistert, *„wenn auch nicht entfernt so enthusiastisch, wie man nach dem Zulauf, den die ‚Cavalleria' gefunden, hätte erwarten können"*[34], empfangen. Nach dem *Intermezzo sinfonico* soll sich jedoch ein *„wahrer Beifallsorkan"* erhoben haben, worauf das ganze Stück nochmals gespielt werden mußte. Nach Ende der Vorstellung mußte sich Mascagni etliche Male dem Publikum zeigen und wurde anschließend auch noch vom Kaiser in dessen Loge empfangen. Die Kritik war allerdings von Mascagnis Dirigat (wie zuvor in Wien) nicht allzu sehr begeistert und machte ihm generell verschleppte Tempi, ja Befangenheit und Unsicherheit zum Vorwurf[35]. Letzteres dürfte nicht zuletzt auch damit in Zusammenhang gestanden sein, daß einer Anzahl von Berliner Kritikern, die Felix Weingartner, der seinerzeit die *Cavalleria* einstudiert hatte, zu langsame Tempi vorgeworfen und die temperamentvollere Auffassung Carl Mucks vorgezogen hatten, durch die Übereinstimmung des Komponisten mit Weingartner *„eine hübsche Lection"*[36] erteilt wurde, angesichts der sie bei einer plötzlichen Meinungsänderung ihr „Gesicht" verloren hätten.

Der große Publikumserfolg von *I Rantzau*[37], der diesmal keineswegs von vornherein feststand, da selbst *„diejenigen, welche an der Ausführung des Werkes selbst betheiligt waren, mit seltener Einmüthigkeit in dem Urtheil übereinstimmten, daß der neuen Oper ein entschiedenes Fiasko in Aussicht stehe"*[38], konnte die musikalische Fachwelt allerdings nicht beeindrucken. Sie zeigte sich nämlich mehr als enttäuscht, ja reagierte vielfach geradezu empört über das Werk, weshalb es ihr auch nur vereinzelt gelang, sachlich zu bleiben und z. B. gewisse harmonische und melodische Eigenheiten des Komponisten nicht lediglich als Effekthascherei zu deuten, sondern aus der dramatischen Situation heraus zu erklären. Einer der wenigen, die auf letztere Weise ernsthaft hinter „den Sinn des Häßlichen" in Mascagnis Musik zu gelangen versuchten, war Arno Kneffel[39], der z. B. von einem aus drei parallelen Quinten bestehenden Motiv gegen Ende des dritten Aktes meinte, daß zwar *„kein menschliches Ohr jemals solche Töne vernommen"* haben dürfte, der beabsichtigte Effekt aber sehr wohl eingetreten und *„eine beängstigende erwartungsvolle Schwüle auf das Publikum"* herabgesunken sei, während die dies-

---

    Bajazzo vorausgegangen, nach der er voll Begeisterung über die vom Ensemble der Hofoper erbrachte Leistung spontan die Überlassung seiner nächsten Oper *Ratcliff* diesem Haus ausgesprochen haben soll (s. *NZfM* 61 /1893, 104); allerdings ist es dazu nicht gekommen, da die dt. Erstaufführung des *Ratcliff* 1895 in Stuttgart stattfand.

34 *DMz* 24 (1893), 87.
35 *SmW* 51 (1893), 281.
36 *AMZ* 20 (1893), 115.
37 Der Premierenabend brachte Mascagni 17 Vorhänge sowie den vom Kaiser verliehenen roten Adler-Orden.
38 Arno Kneffel, In: *NBMZ* 47 (1893), 115.
39 Ders., ebenda, 116.

Abb. 13: *Die Rantzau*: Deutsche Erstaufführung – Hofoper Berlin
(Archiv der Deutschen Staatsoper Berlin)

bezüglich überwiegende Meinung vielmehr von Äußerungen der Art getragen war, daß „*in der Rantzau die Mißachtung der Tonalität einen wahren Hexensabbath gefeiert*" habe[40], „*der Komponist Wechselbälge, nicht Sprache, nicht Gesang, mißgestaltet, schieläugig, kielkröpfig, dickbauchig, krummbeinig*"[41] etc. präsentiert hätte.

Daß das insgesamt so negativ ausgefallene Urteil der Fachpresse später zu einem erheblichen Teil wohl auch zur Meinung eines von Premierenstimmung und der Anwesenheit Mascagnis unbeeinflußten Berliner Publikums wurde, dies läßt (worauf noch einzugehen sein wird) die in der Folge geringe Nachfrage nach dieser Oper mit nur 15 Reprisen bis Jahresende vermuten[42]. Im Folgejahr 1894 war *I Rantzau* bereits vom Spielplan wieder abgesetzt.

Der März des Jahres 1893 brachte an erwähnenswerten und größeres Presseecho hervorrufenden Erstaufführungen lediglich Tascas *A Santa Lucia* im deutschen Landestheater in Prag[43], obwohl aus dieser Stadt noch kurz zuvor siegessicher zu vernehmen gewesen war, daß „*die Mascagnis und Leoncavallos nicht darüber hinwegtäuschen könnten, daß die italienische Opernrichtung endgültig ausgespielt*" habe[44]. Daß dieses beträchtlich verfrühte Wunschdenken jedoch keineswegs der Reaktion des Prager Opernpublikums entsprach, beweist die begeisterte Aufnahme des Werkes, wenngleich dafür zu einem nicht geringen Teil wiederum die Protagonisten Bellincioni und Stagno verantwortlich gezeichnet haben dürften[45]. Die Kritik nahm freilich die den Italienern gegenüber nunmehr schon fast obligat ablehnende Haltung ein, diesmal u. a. mit der Begründung, daß es aufgrund der jedes milde Urteil verwehrenden zahlreichen Mängel dieser Oper an der Zeit wäre, „*gegen das überhandnehmende Auftischen solcher..., nur anwidernder italienischer Straßenbilder auf der deutschen Scene Stellung zu nehmen, da sich sonst am Ende unsere jungen Tondichter veranlaßt sehen, auch Marktfrauen operistisch zu verherrlichen, um überhaupt aufgeführt zu werden*"[46].

---

40 *DMz* 24 (1893), 100.
41 *HS* 5 (1892/93), 255; vgl. auch *NMZ* 14 (1893), 68.
42 Dennoch erschienen bei Lehne & Comp. (Hannover) 1893 aus *I Rantzau* Vorspiel und Phantasie für Orchester und Infanteriemusik, bei Louis Oertel (Hannover) eine große Fantasie, arrangiert von Arthur Seidel für Militär-, Harmonie-, Horn-, Pionier- und Artilleriemusik; s. diesbezügliche Annoncen in: *HMz* 1 (1893), 56 sowie *DKMz* 20 (1893), 211.
43 Die Aufführung fand am 26. d. M. statt; in den Monat März fielen u. a. auch der erste Kölner und Münchner *Bajazzo*; s. *MS* 11 (1893), Nr.7, 7 sowie Beckers, *Die nachwagner'sche Oper*, 41f.
44 *Brief aus Prag*, In: *HS* 5 (1892/93), 13.
45 Siehe *SmW* 51 (1893), 440.
46 *NMZ* 14 (1892), 95.

Auf welche Weise damals diese „jungen Tondichter" auf die jungitalienische Herausforderung reagierten und wozu sie sich veranlaßt sahen, verdeutlicht der von Herzog
Ernst II. von Sachsen-Coburg und Gotha, dem Begründer des Deutschen National-
vereins und Förderer dt. Kunst und Wissenschaft mittlerweile ins Leben gerufene
Opernwettbewerb von Gotha. Das *„zur Hebung der deutschen Nationaloper"* propagierte Preisausschreiben[47] ließ allerdings bereits kurz nach seiner öffentlichen Ausschreibung[48] vielfach ernste Zweifel an der Lauterkeit der nationalen Zweckbestimmung aufkommen. Denn zum einen verwies die ausschließliche Beschränkung auf die
Einaktigkeit unübersehbar auf das Vorbild des Mailänder *concorso-Sonzogno*, zum
anderen verleitete die freie Librettowahl die Komponisten von vornherein dazu, sich
auch außerdeutschen Stoffen zuzuwenden. Beides mußte daher zwangsläufig zur Annahme führen, daß es hier nicht darum ging, die sog. „Mascagnitis" mit „deutschen
Waffen" zu bekämpfen, sondern um die mit pekuniären Spekulationen verbundene
Auffindung einer „deutschen Cavalleria"[49]. Daß diese Annahme keineswegs unbegründet war, fand seine Bestätigung in der Tatsache, daß von den 124 eingereichten
Partituren der Großteil Vertonungen realistischer, in fremdländischem Handlungsmilieu spielender und nach dem „Rezept" der *Cavalleria* gearbeiteter Stoffe darstellte,
was freilich angesichts der vorherrschenden italienische Mode nicht anders zu erwarten gewesen war, hieß es doch damals: *„Wenn irgendwo ein Preis auf ein Bühnenwerk
ausgeschrieben wird, so darf man hundert gegen eins wetten, dass die meisten Wettbe-
werber die Bahn des nun im Schwange befindlichen Curses des abschreckenden Verismus betreten, um ja sicher zu gehen"*[50]. Das Preisgericht konnte somit erst, wie Heuberger[51] polemisch aber keineswegs übertrieben formulierte, nachdem es *„zahllosen
Dolchen und einem Meer von Ehebrecherblut glücklich entronnen"* war, in der Urteils-
findung zu einem Ergebnis kommen. Und als dieses Ergebnis bekannt wurde bzw.
sich bei den im Rahmen der Gothaer „Musteraufführungen à la Bayreuth" am 30. Juli
1893 uraufgeführten beiden Preisopern herausstellte, daß man es hier in Paul Um-
laufts *Evanthia* mit einer *„matten Nachahmung Wagners"*, mit Josef Forsters *„Die
Rose von Pontevedra"*[52] mit einem *„Abklatsch Mascagnis"*[53] zu tun hatte, lag der Vorwurf nahe, *„dass die beabsichtigte Intention des kunstsinnigen Herzogs, eine deutsche
Oper aus seiner Concurrenz ans Tageslicht zu fördern, durch einen im vorhinein nicht
richtig aufgefaßten Standpunkt der P. T. Preisrichter gründlich vereitelt worden"* sei[54].
Denn, so heißt es hier weiter, man hätte bei diesem nationalen Wettbewerb nicht nur
annehmen zu dürfen geglaubt, *„dass die Herren Preisrichter ihre Aufmerksamkeit ausschließlich solchen Arbeiten zuzuwenden haben würden, welche deutsche Stoffe mit*

---

47 Siehe *MRu* 7 (1892), 194.
48 Der volle Wortlaut findet sich in *NBMZ* 46 (1892), 482.
49 Vgl. *NmP* 4 (1895). Nr. 43, 7.
50 *MRu* 8 (1893), 109.
51 In: *Im Foyer*, 133 f.
52 Zu Forster s. Carl Nemeth, *Josef Forster*, Diss. maschr. Wien 1949; zur *Rose von Pontevedra*
    und anderen in der Nachfolge des Wettbewerbs von Gotha stehenden Einaktern als „Caval-
    leria-Imitationen" s. Lederer, *Cavalleria auf Deutsch*, 134 ff.; zu dieser Thematik s. auch
    Siegfried Mauser, *Neudeutsche und deutsche Veristen*, In: *Bruckner, Wagner und die Neu-
    deutschen in Österreich* (Bruckner-Symposium 1984), Linz 1986, 171 ff.
53 *MRu* 8 (1893), 132.
54 *Mwb* 24 (1893), 392.

deutscher Tonsatzkunst und Gründlichkeit auszuweisen haben", sondern man hätte auch erwartet, *„dass man dieser marktschreierischen jungitalienischen Invasion, welche mit besonderer Liebe den Ehe- und Treubruch durch Mord und Todtschlag curirt ... mit Beispielen edler Zucht und Sitte begegnen würde"*.

Während Tascas Oper sich in Prag zumindest beim Publikum noch einiger Beliebtheit erfreute, war indessen Mascagnis *I Rantzau* in der Gunst von Publikum und Kritik noch weiter gesunken und praktisch an einem Tiefpunkt angelangt. Dies zeigen die Beispiele nachfolgender Erstaufführungen dieser Oper in Hamburg, Dresden, Frankfurt und Prag (Dt. LTh.), wo jeweils der „Aufputz" von Mascagnis persönlicher Anwesenheit wegfiel und das Werk über einige wenige Reprisen nicht hinauskam. In Hamburg – hier hatte Mahler die Oper am 19. April herausgebracht[55] (s. Abb. 14, S. 91) – hieß es u. a., daß der Komponist *„wie in keiner der beiden vorhergehenden Opern gleich kleinlich, besonders in harmonischer Beziehung, gefeilt, gekleistert und geflickt"*[56] hätte, und in Dresden mußte Mascagni von einer unter Mangel an Selbst- bzw. Nationalbewußtsein nicht gerade leidenden Kritik zur Kenntnis nehmen, daß der *„durch seine Klassiker und norddeutschen Meister vorgebildete Deutsche"* nichts schwerer verzeihen könne als den Mangel an Kontrapunktik, der hier in einer *„haarsträubenden Armut an Melodie"* zutage getreten sei[57]. Nicht viel weniger massiv waren die Vorwürfe nach den Erstaufführungen in Prag und Frankfurt, denen jeweils nicht mehr als insgesamt vier Reprisen folgten[58].

Überwiegend negative Kritiken und geringe Aufführungsziffern, welche die Jungitaliener in zunehmendem Maße zu ernten begannen[59], waren in der Folge für weitere massive italienische Opernvorstöße allerdings kein Hindernis, und Sonzogno orientierte sich offensichtlich nach wie vor ausschließlich an der ungebrochenen Publikumswirkung von *Cavalleria* und *Bajazzo*, wie die große stagione im Theater an der Wien, die den ganzen Monat Juni dauerte und dem Wiener Publikum in rund 40 Vorstellungen sieben italienische Opern präsentierte, eindrücklich vor Augen führt. Wie im Herbst des vergangenen Jahres im Wiener Ausstellungstheater, hatte Sonzogno auch diesmal[60]

---

55 Dabei soll seine Begeisterung für Mascagni sehr gedämpft worden sein; s. Henry-Louis de La Grange, *Mahler* 1, New York 1973, 267.
56 *IIS* 5 (1892/93), 349; s. dazu auch Pfohl, *Die moderne Oper*, 252.
57 *Kw* 5 (1892/93), 218; vgl. auch *NMZ* 14 (1893), 119.
58 Siehe *DKMz* 20 (1893), 26.
59 Vgl. diesbezüglich z. B. auch die negativen Kritiken der Hamburger Erstaufführung der zuvor durchwegs positiv beurteilten Oper *A Santa Lucia* am 29. Mai, In: *NMZ* 14 (1893), 145 sowie *HS* 5 (1892/93), 397.
60 Der Wiener stagione ging ein kurzes Gastspiel Sonzognos im Grazer Thalia-Theater voraus, wo mit *Cavalleria, I Rantzau, l'amico Fritz* und *Festa a marina* ein Teil des Wiener Pro-

Hamburger
Stadt-Theater.

(Direction: B. Pollini.)

Mittwoch, den 19. April 1893.

208. Abonnem.-Vorstellung. 30. Mittwochs-Vorstellung.

☞ **Benefiz** ☜

für Fräulein

Kathi Bettaque.

Zum ersten Male:

Die

Rantzau.

Oper in 4 Akten
von G. Targioni-Tozzetti und G. Menasci.
Deutsch von Max Kalbeck.

Musik von **Pietro Mascagni.**

In Scene gesetzt von Herrn Franz Bittong.
Dirigent: Herr Kapellmeister Gustav Mahler.

Johann Rantzau, Grundbesitzer ...	Hr. Eichhorn
Jacob Rantzau, Holzhändler	Hr. Wiegand
Florentius, Schullehrer	Hr. Litzmann
Georg, Jacob's Sohn	Hr. Seidel
Lebel, Oberförster	Hr. Weidmann
Luise, Johann's Tochter	Frl. Bettaque
Julie, Tochter des Florentius	Frl. Olitzka

Abb. 14: *Die Rantzau*: Hamburger Erstaufführung – Stadt-Theater
(Hamburger Theatersammlung: Zettelbuch des Hamburger Stadt-Theaters)

an seine beiden „Zugpferde" sowie an *Mala vita* und *Freund Fritz* einige Novitäten angehängt, die jedoch alle vor halb leerem Haus gespielt wurden und
trotz der bereits angelaufenen Sommerpause der Hofoper das Publikum
nicht in das Theater an der Wien zu locken vermochten.

Gleich die erste Neuigkeit, Gellio Benvenuto Coronaros *Festa a marina*,
war ein ausgesprochener Mißerfolg und wurde von der Kritik einhellig als
Cavalleria-Imitation reinsten Wassers entlarvt-, u. a. auch von Heuberger[61],
der dem Einakter dieses *concorso Sonzogno*-Preisträgers Szene für Szene, ja
Nummer für Nummer das Vorbild von Mascagnis *Sizilianischer Bauernehre*
nachwies, darüber hinaus aber auch boshaft meinte, daß die Oper gleich allen anderen Sonzogno'schen „*Ehebruchsopern*" nur deshalb einaktig wäre,
„*um auszudrücken, daß ein Akt genügt, um einen Ehebruch zu vollführen*".

Die mit *Festa a marina* an einem Abend gekoppelte einaktige Rokkoko-
Idylle *Il piccolo Haydn* von Gaetano Cipollini soll gleichfalls nur knapp
einem Fiasko entgangen sein[62], zumal das Publikum wohl Gefallen an den
vom Komponisten eingestreuten originalen Musiksätzen Haydns gefunden
habe, nicht jedoch an der „*Eigenmache dieses kleinen unansehnlichen
Nichts*"[63]. Und daß auch letztlich nicht einmal diese „Eigenmache" Cipollinis
geistiges Eigentum zu sein schien, erzürnte ganz besonders Schenker[64], der
den Komponisten auf Schritt und Tritt des „*musikalischen Diebstahls*" über-
führen zu können glaubte und behauptete, daß Cipollini u. a. „*auch das berühmte Menuett von Boccherini zum Modell setzt, danach alle Linien einer
eigenen, in der That doch nur vorgeschobenen Melodie schneidert . . . und für
ein neues Stück ausgibt, was so entstanden.*"

Als nächstes war – für Wien zum zweiten Mal – Giordanos *Mala vita* auf
dem Programm. Zwar mußte diesmal (im Unterschied zur Aufführung in der
Theaterausstellung des Vorjahrs) auf die geniale Interpretation von G. Bellincioni verzichtet werden, doch konnte die Oper dafür bei der Kritik zumindest
ehrenvoll bestehen. Max Graf[65] sprach damals sogar von einem „*unbestrittenen Sieg*" und von einem Werk „*der Überzeugung von der Wahrheit des Realismus*", welch' aufgeschlossene Haltung der neuen Kunstrichtung gegenüber

---

gramms gespielt wurde; dazu und zu den ersten Aufführungen von *Cavalleria* und *Bajazzo*
in Graz s. Sabine Franz, *Vom Thalia-Theater zum Theater am Stadtpark. 35 Jahre Grazer
Theatergeschichte (1864-1899)*, maschr. Dipl.-Arbeit, Graz 1989.
61 In: *Im Foyer*, 105; vgl. auch Schenker, In: *Zk* 2 (1893), 282 sowie *MRu* 8 (1893), 101.
62 Siehe *DKMz* 20 (1893), 149.
63 Max Dietz, In: *AK* 17 (1893), 257 f.
64 In: *Zk* 2 (1893), 283.
65 In: *MRu* 8 (1893), 105 f.

offensichtlich aus der nunmehrigen (neu gewonnenen) Einsicht von der Notwendigkeit einer zeitadäquaten musikalisch-dramatischen Ausdrucksform resultierte, heißt es hier doch weiter, daß die Ablehnung letzterer großteils in der vielfach vorherrschenden Bequemlichkeit begründet sei, im gewohnten musikalischen *„Katechismus eine neue Rubrik einzuführen"*. Und wer nicht zugeben wolle, setzt Graf fort, bei einem realistischem Werk *„gepackt und ergriffen"* zu werden, dem müsse doch zumindest *„so viel hängen geblieben sein, daß ihm Opern in alter Form, erfüllt von Romantik, Troubadours, minnigen Jungfrauen etc. nicht mehr behagen wollen"*[66].

Als eine Oper genau dieser „alten Form", mit einem Libretto von *„unerquicklichster Überromantik"*[67] wurde wohl auch (die über eine einzige Reprise nicht hinausgekommene) dritte Wiener Novität empfunden: *Flora mirabilis*, ein dreiaktiger veristischer Vorläufer des griechischen Wahlitalieners, Delibes- und Massenet-Schülers Spiros de Samaras. Heubergers Kommentar beschränkte sich bei diesem Werk auf die sarkastische Feststellung, daß *„ein paar gar leidenschaftliche Verehrer des Intermezzos aus der ‚Cavalleria'. . . an diesem Abend noch trauriger als alle übrigen"* aus dem Theater gegangen seien, da sie *„die drei markierten Auftakt-Achtel"* auch in *Flora mirabilis* entdeckt und erfahren hätten müssen, daß die Oper viel älter als Mascagnis Einakter sei[68]. Und nach Abzug dieser drei, nunmehr auf das Konto Samaras' gebuchten Achtel wäre für sie *„der Ruhm Mascagnis nur mehr fünf Achtel seiner früheren Größe"*[69] wert gewesen, welche *„Grenz- und Gebietsstreitigkeiten"*, wie Schenker[70] hingegen meinte, Mascagni allerdings nicht zu fürchten brauche, *„da sich sein Reich noch weit und breit genug jenseits dieser paar Wendungen"* ausdehne.

Am Ende der stagione, die noch um einige Tage verlängert werden mußte, faßte man deren Ergebnis in Hinblick auf die Novitäten dahingehend zusammen, daß zwar keine von diesen „eingeschlagen" habe, die Spielzeit jedoch von *„unleugbarem Interesse"* gewesen sei und man hoffe, *„die Truppe, mit besseren Opern ausgestattet, wieder in Wien begrüßen zu können"*[71]. Diese Hoffnung hat sich allerdings nicht erfüllt, womit auch Sonzognos Rechnung nicht aufgegangen war, im Schlepptau bereits bekannter und erfolgserprobter

---

66 Ebenda, 107.
67 *MRu* 8 (1893), 107; vgl. auch *DKMz* 20 (1893), 163.
68 Die Uraufführung fand in Mailand am 16. 5. 1886 statt. In Deutschland wurde die Oper bereits 1887 in Köln in einer Übersetzung O. Berggruens gespielt; s. *DKMz* 20 (1893), 182.
69 *Im Foyer*, 108.
70 In: *Zk* 14 (1892/93), 283.
71 *DKMz* 20 (1893), 177 f.

jungitalienischer Opern, „kleinere" Veristen oder Ladenhüter des Verlags auf ausländischen Bühnen einzuführen. Denn, außer Coronaros Oper, die 1895 in Berlin und Frankfurt je einmal noch zur Aufführung kam, ist keines der beiden anderen Werke auf einer deutschsprachigen Bühnen nochmals aufgetaucht, selbst *Mala vita* verschwand, wie bereits erwähnt, nur zu bald wieder von diesen.

Der Erfolg des übrigen Repertoires der stagione war zwar nicht überwältigend, aber dennoch unvergleichlich größer, wobei die eindeutige Reihung mit *Bajazzo* an der Spitze der Publikumsgunst, gefolgt von *Cavalleria* und *Freund Fritz*, freilich nicht nur für Wiener Verhältnisse typisch war. Sie entsprach der damals allgemeinen, ständig wachsenden Wertschätzung von Leoncavallos Erfolgsoper durch das Publikum, wie umgekehrt auch hier in Wien die Fachkritik mit einem weiteren „Zugstück" à la *Cavalleria* ganz offensichtlich eine noch stärkere „Verwelschung" des Bühnenspielplans als bisher befürchtete und zusehends von ihrer zuvor relativ positiven Beurteilung dieses Werkes abzurücken begann[72].

Ihre Einstellung zu Leoncavallo und dessen Einakter neuerlich unter Beweis zu stellen, dazu sollte die Wiener Kritik auch sehr bald Gelegenheit bekommen. Denn kurz nach der Wiener Erstaufführung von Tascas *A Santa Lucia*[73] (s. Abb. 15, S. 95) bekam mit 19. November endlich auch Wien seinen ersten „deutschen" *Bajazzo*[74], nachdem das Werk zuvor in der österr. Kaiserstadt schon zweimal in der Originalsprache über die Bühne gegangen war. Und hier war dann zu beobachten, daß nicht nur das regionale und überregionale Interesse der musikalischen Fachpresse für die erste hauseigene Produktion des *Bajazzo* an der Hofoper äußerst gering war, sondern daß die wenigen ausführlicheren Kommentare auch von deutlich „schärferer Gangart" waren als zuvor. Schließlich scheute man sich nicht einmal, von „*dichterischer Impotenz des Komponisten*"[75], oder von „*wissenschaftlich-speculativem Eclecticismus*"[76] etc. zu sprechen, was den Eindruck erweckt, daß

---

72 Allerdings war man in Wien weit davon entfernt, den *Bajazzo* in so unsachlicher Weise abzuwerten, wie dies z. B. in Hamburg geschah, wo dessen Erstaufführung am 7. September unter größtem Publikumserfolg über die Bühne ging, die Kritik hingegen den äußeren Erfolg der Aufführung nur der „*Unmündigkeit*" des Publikums zuschrieb und bedauerte, Leoncavallo „*an einer Kunstform untergehen zu sehen, die mit musikalischer Kunst nichts mehr gemein*" habe (*HS* 5, 1892/93, 485). Bedenken dieser Art haben allerdings die Intendanz des Hamburger Stadttheaters, voran der „italienfreundliche" Hofrat Pollini, nicht davon abhalten können, den *Bajazzo* in der Saison 1893/94 nicht weniger als 42mal auf den Spielplan zu setzen.

73 Anlaß war der Namenstag des Kaisers am 4. Oktober; s. *MRu* 8 (1893), 77, 163, Hanslick, *Fünf Jahre Musik*, 86 f., *DKMz* 20 (1893), 253 und Heuberger, *Im Foyer*, 116.

K. K. Hof-Operntheater.

Mittwoch den 4. Oktober 1893.

184. Vorstellung im Jahres-Abonnement.

Zum erstenmal:

A Santa Lucia.

Melodramma in due Atti (dalle Scene popolari Napolitane di Goffredo Cognetti).
Musica di Pierantonio Tasca. Versi di Enrico Golisciani.

Cicillo pescatore	* * *
Rosella	* * *
Totonno, ostricaro padre di Cicillo e di	Sigr. Neidl.
Concettina	Sigra. Forster.
Maria, fidanzata di Cicillo	Sigra. Kaulich.
Torre, lo zoppo	Sigr. Felix.
Un Venditore di Lumache	Sigr. Fochler.
Un Marinaro	Sigr. Schittenhelm.

Nannina (4 anni). Marinari, Pescatori, Venditori, Avventori, Popolani e Popolane, Poliziotti, Voci di devoti ecc. ecc. — Scena: Napoli 1861.

* * „Cicillo" Sigr. **Stagno**. * * „Rosella" Sigra. **Bellincioni**.

Deutsche und italienische Textbücher sind an der Kassa für 50 Kreuzer zu haben.

Harlequin als Elektriker.

Pantomime in 2 Bildern, arrangirt von Julius Price. Musik von Josef Hellmesberger jun.

Pantalon	Hr. Nunziante.
Colombine	Frl. Sironi.
Pierrette	Frl. Löscher.
Leander	Frl. Pagliero.
Harlequin	Hr. Thieme.
Pierrot	Hr. Godlewski.
Eine Zigeunerin	Frl. Schleinzer.
Ein Lastträger	Hr. Mazzantini.

Vorkommende Tänze:

1. **Polka.** Frl. Nimus, Graselli, die Herren Godlewski und Rathner.
2. **Valse.** Frl. Löscher, Allesch, Nowak, Konnert, Pichler, Krauß, Swoboda, Krammer, die Herren van Hamme, Rathner und die Damen vom Ballet.
3. **Pas de deux.** Frl. Sironi und Hr. Thieme. (Musik von Pugni.)
4. **Galopp.** Das gesammte Ballet-Personale.

Der freie Eintritt ist heute ohne Ausnahme aufgehoben.

Kassa-Eröffnung 6 Uhr. Anfang 7 Uhr. Ende nach halb 10 Uhr.

Donnerstag	5. Aïda. (Anfang 7 Uhr.)	Sonntag	8. Die Meistersinger von Nürnberg. (Anfang 7 Uhr.)
Freitag	6. Margarethe (Faust). (Anfang 7 Uhr.)	Montag	9. Manon. (Anfang 7 Uhr.)
Samstag	7. Zum zweitenmal: A Santa Lucia. Hierauf: Harlequin als Elektriker. „Rosella" Frl. Bellincioni, „Cicillo" Hr. Stagno als Gäste. (Anfang 7 Uhr.)	Dinstag	10. Zum drittenmal: A Santa Lucia. Hierauf: Harlequin als Elektriker. „Rosella" Frl. Bellincioni, „Cicillo" Hr. Stagno als Gäste. (Anfang 7 Uhr.)

Abb. 15: *A Santa Lucia*: Wiener Erstaufführung – Hofoper
(Österreichisches Theatermuseum Wien)

der *Bajazzo* in Wien nur mehr ein lohnenswertes Angriffsobjekt war, nicht aber ein der Diskussion noch würdig erachtetes Thema. Als einer, für den diese Oper aber sehr wohl noch genügend Diskussionsstoff abgab und der sich auch sichtbar um sachliche Zurückhaltung in der Argumentation bemühte, erwies sich Hanslick, wenngleich dessen (einen kurzen Exkurs lohnende) Stellungnahme[77] als die verspätete Einlösung eines anläßlich der stagione-Aufführungen des Vorjahrs gegebenen Versprechens anzusehen war[78]:

Wie die meisten Rezensenten vor ihm, fühlt sich auch Hanslick veranlaßt, die Oper einem Vergleich mit der *Cavalleria* zu unterziehen. Er sieht dabei den Unterschied zwischen beiden Werken darin, daß der *„Bajazzo entschieden mehr Sinn für die Form, für Abrundung der einzelnen Teile eines Musikstückes und deren harmonisches Verhältnis zueinander"* zeige, Mascagni hingegen in seiner Musik *„zerrissen und sprunghaft"* sei, obwohl jede seiner Opern *„einzelne überraschende Funken von Genialität"* aufblitzen lasse, womit bei ihm erwartungsgemäß die bessere Bewertung von Leoncavallos Musik seiner grundsätzlich stärkeren Gewichtlegung auf das formale Element als auf inhaltliche Kriterien entspricht[79]. Hanslick ist darüber hinaus auch überzeugt davon, daß Leoncavallo kein Nachahmer Mascagnis sei, ja *„beide keine Nachahmer"* seien, sondern *„der Boden, aus dem sie emporwachsen . . . noch immer Verdi als derjenige Italiener* [wäre], *welcher zuerst mit starkem dramatischen Accent und rücksichtsloser Orchesterwut gegen die weichliche melodiöse Monotonie Bellinis und Donizettis revolutioniert hat"*. Diese Dramatik, bei deren Charakterisierung der berühmte Wiener Kritiker wohlweislich den gewichtigen Anteil Wagners unter den Tisch fallen läßt, hat denselben auch offensichtlich besonders fasziniert, da er betont, daß speziell in der letzten Szene der Oper *„die blitzschnelle Ermordung Neddas . . . mit der Gewalt eines Elementarereignisses"* auf ihn gewirkt hätte. Der Schluß des *Bajazzo*, der schon von jeher Bewunderung hervorrief und vereinzelt sogar als ausschlaggebend für den Erfolg der ganzen Oper angesehen wurde[80], verfehlte somit auch bei Hanslick seine Wirkung nicht, wobei darüber hinaus diesmal auch dessen bühnenästhetisches Empfinden durch unliebsame Unterbrechungen der Handlung kaum verletzt worden sein dürfte, da das Publikum mit „Da Capos" gespart und der anwesende Komponist sich erst nach Ende der Vorstellung vor der Rampe gezeigt haben soll, um sich für *„orkanartige Beifallsstürme"* zu bedanken[81].

74 Die Übersetzung besorgte Ludwig Hartmann.

75 Rudolf Schlösser, In: *MWb* 24 (1893), 126.

76 August Naaf, In: *Lyra* 16 (1893), 46.

77 In: *Fünf Jahre Musik*, 97 ff.

78 Hanslick hatte sich bis zur deutschen Premiere des *Bajazzo* an der Hofoper aufgrund der zahlreichen „Da Capos" in den stagione-Aufführungen *„in einem Zustand zorniger Verbissenheit"* außer Stande gesehen hatte, eine umfassende, zusammenhängende Besprechung von Leoncavallos Oper abzugeben, und versprach damals, dies zu einem späteren Zeitpunkt (was damit geschah) nachzuholen.

79 Vgl. Werner Abegg, *Musikästhetik und Musikkritik bei Hanslick* (Studien zur Musikgeschichte des 19. Jahrhunderts 44), Regensburg 1974, 52.

80 Siehe z. B. *DKMz* 20 (1893), 297.

81 Für die glänzende Aufführung hat sich Leoncavallo im nächsten Jahr bei der Wiener General-Intendanz mit der Widmung seines sinfonischen Gedichtes *Seraphicus Seraphita* an Baron Bezecny bedankt.

Mit diesem Wiener *Bajazzo*, dem drei Tage zuvor die Schweizer Erstaufführung der Oper in Zürich vorausgegangen war (Basel folgte im Oktober d. J.), hatte Leoncavallos Oper bis Ende des Jahres 1893 praktisch alle großen deutschsprachigen Bühnen erobert[82].

Während der Stern Leoncavallos somit am deutschen Opernhimmel gerade am hellsten leuchtete, Mascagni hingegen schon keine Hoffnungen mehr wecken konnte, mit einer neuen Oper an den Erfolg seines Erstlingswerkes anzuknüpfen[83], stand jener Komponist, von dem nahezu jede Oper ein Welterfolg werden sollte, Giacomo Puccini, auch mit der deutschen Erstaufführung seiner dritten Oper, *Manon Lescaut*, praktisch noch immer am Beginn seiner Bühnenkarriere in deutschsprachigen Ländern. Da *Edgar* auf deutschen Bühnen überhaupt keinen Zugang gefunden hatte, *Le Villi* bisher mit wenigen Vorstellungen auf Hamburg beschränkt geblieben[84] und Puccini somit im deutschen Sprachraum weitgehend unbekannt war, setzte man bei diesem Jungitaliener auch entsprechend geringe Erwartungen in sein neuestes Werk, obwohl von der Uraufführung[85] Berichte von einer ausgezeichneten Aufnahme der Oper vorlagen. Der Erfolg der in Hamburg am 7. November erstmals über eine deutsche Bühne gegangenen, zwischen Romantik und Realismus stehenden und seine Herkunft aus der *scapigliatura*[86] nicht verleugnenden *Manon Lescaut* war daher erwartungsgemäß kein großer, das Urteil der Fachkritik fast ausnahmslos negativ.

---

82 Im Jahre 1893 fand der *Bajazzo* u. a. auch noch Aufnahme in das Repertoire von Bühnen wie jenen von Köln, Frankfurt, Breslau, Nürnberg, Stuttgart, Karlsruhe, München, Mainz, Darmstadt, Magdeburg, Schwerin, Königsberg und Lübeck. Von letzterer Stadt wird im übrigen als Kuriosum mitgeteilt, daß sich der *Lübecker Generalanzeiger* mit der Entdeckung eines bisher gänzlich unbekannten Komponisten J. Pagliacci, von dem die Oper *Bajazzo* stammen soll, ein bemerkenswertes Verdienst erworben habe, jedoch am Kunstverstand des Verfassers (dieser im Folgenden wiedergegebenen Notiz) zu zweifeln sei: „. . . ‚Bajazzo‘, eine *Novität, die sowohl in Italien als auf allen dt. Bühnen insbesondere dadurch Aufsehen erregt hat, daß der Komponist J. Pagliacci der ‚Cavalleria rusticana‘ des Mascagni ein Gegenstück an die Seite gestellt hat, ein Stück, welches die Handlung in der ‚Cavalleria rusticana‘ philosophisch, moralisch und man möchte auch sagen communalistisch [!?] abwägt, eine ähnliche Handlung schafft und auch in der Musik sich Mascagni nähert.*“ (*AMZ* 20/1893, 573)
83 Siehe dazu die Kommentare zu den Erstaufführungen von *I Rantzau* in Prag sowie München und Köln (alle im Okt. d. J.), In: *SmW* 51 (1893), 822, *NMZ* 14 (1893), 256, *AK* 17 (1893), 638 f. und *MS* 19 (1893), Nr. 21.
84 Zwölf Tage nach der dt. Erstaufführung von *Manon Lescaut*, am 19. November d. J., kam *Le Villi* noch in Frankfurt heraus, brachte es dort jedoch nur auf drei Vorstellungen und verschwand dann für Jahrzehnte aus dem deutschen Bühnenspielplan.
85 1. Februar 1893, Turin.
86 Siehe Gianandrea Gavazzeni, *Ritratto della Manon Lescaut*, In: *Musica d'oggi* 1 (1958), Nr. 7, 417 ff. sowie Valente, *The Verismo of Puccini*, 126 f.

Grund für die nicht nur damals sondern durch Jahrzehnte hindurch nur mäßige Aufnahme von *Manon Lescaut*, lag zu einem sicherlich nicht unerheblichen Teil darin,
daß sich Puccini trotz der damals schon als Welterfolg geltenden *Manon* Jules Massenets nicht gescheut hatte, Prévost's Roman nochmals zu vertonen[87], den Standpunkt
vertretend, daß Massenet es auf französisch mit *„Puder und Quaste"* (*„con la cipria e i
minuetti"*[88]) gemacht habe, dies für ihn aber kein Hindernis sei, es auf italienisch, *„con
passione disperata"*, zu versuchen. Daß dies Puccini wirkungsvoll gelungen ist, steht
heute außer Zweifel, doch war es damals diese offensichtliche Herausforderung des
Jüngeren, die immer wieder und nur zu oft zugunsten Massenets ausfallenden Vergleichen veranlaßte. Denn die von Meilhac und Gille flüchtig, weichlich und rokoko-
haft gezeichnete *Manon* kam bei Publikum und Kritik wesentlich besser an als Puccinis derbe, aber menschlicher „geformte" *Manon Lescaut*, und offensichtlich war man
tatsächlich der Ansicht, daß *„eine Manon, die mehr büßt als genießt, keine rechte Manon"*[89] sein könne. Man wunderte sich bei Puccini auch nicht wenig darüber, daß er
als Jungitaliener, denen in ihren Mord- und Ehebruchsopern *„damals das Blut von
den Händen floß"*[90], den Sprung vom bäuerlichen ins bürgerliche Milieu gewagt hatte,
wo es sich doch darüber hinaus bei *Manon*, dieser „zivilisierten Carmen" und „Ahn-
frau aller Kameliendamen", um einen ureigensten französischen Stoff handelte. Dessen Vertonung durch einen Italiener, mit einer im Verhältnis zu den Franzosen wesentlich kraftvolleren musikalischen Sprache, war daher von vornherein dazu verur-
teilt, bei der (an Massenets *Manon* gewöhnten) musikalischen Fachpresse auf Widerstand zu stoßen.

Widerstand regte sich in erster Linie nicht nur gegen die (viel zu dick empfundene) Instrumentation, sondern auch gegen Puccinis vorgeblich perma-
nentes Verweilen in dynamischen Extremen, was (besonders auf die beiden
ersten Akte bezogen[91]) von *„Operieren mit Dynamitpatronen"* in gleicher
Weise sprechen ließ, wie davon, daß für den Komponisten nur der *„musikalische Superlativ oder der resignierte Flüsterton"* existiere, *„die unschuldigste
Fliege an der Wand einen wahren Orkan im Orchester"* entfachen würde[92].
Aber auch sonst kam Puccini, trotz Hervorhebung und Anerkennung einzelner, musikalisch und dramatisch als gelungen angesehener Details, wie z. B.
der Deportationsszene oder *Manons* Tod, nicht besonders gut weg und

---

87 Über die Unterschiede der Libretti von Massenets und Puccinis Oper ausführlich bei Valente, *The Verismo of Puccini*, 117 ff.; Die Anregung, das Werk mit *Manon Lescaut* zu bezeichnen, um eine Verwechslung mit Massenets *Manon* auszuschließen, geht auf Ricordi zurück.
88 Zit. nach Carner, *Puccini*, 57.
89 Korngold, *Die Romanische Oper*, 75.
90 Ders., ebenda, 74.
91 Daß Puccini im zweiten Akt die Milieu-Zeichnung des Rokoko um nichts weniger zart und
   stilecht gelungen ist als Massenet und daß sich der Komponist gerade im Kontrast des Lieb-
   lichen und Schmeichelhaften zum Dramatischen mit dem *Madrigal* des zweiten Aktes ganz
   bewußt an die *Gavotte* in Massenets Oper angelehnt hat, darüber bestehen heute kaum mehr
   Zweifel; vgl. Valente, 129.

mußte sich sagen lassen, daß er *„seit ‚Le Villi' keine geistige Abklärung"*[93] erfahren habe und vielmehr bei Gounod, Bizet, Verdi, Leoncavallo und Gold-
mark(!) musikalische „Anleihen" getätigt hätte[94].

Ganz anders hingegen – ein Plädoyer *für* Puccini –, die Ausführungen eines
(anonymen) Autors[95], der von einem Musikeindruck, *„wie er seit Jahren nicht
da war"*, spricht –, Ausführungen, die nicht nur wegen ihres (damaligen) Sel-
tenheitswertes, sondern auch in Hinblick auf eine scharfsinnige und vernünftige Argumentation zumindest in einigen Punkten eine kurze Erörterung
rechtfertigen:

Als besonders bemerkenswert erweist sich hier die Erkenntnis, daß Puccinis Werk
(wenngleich übertrieben als *„Rückkehr zur Kunst gegenüber dem modernsten Verismus"* charakterisiert) mit der damals verbreiteten Vorstellung von Verismus nur sehr
wenig zu tun hätte, was demnach auch eine von gänzlich anderen Voraussetzungen
ausgehende Beurteilung der Musik zur Folge hat, nämlich: die zahlreichen musikalisch-dramatischen Effekte der Oper nicht als veristische „Dynamitpatronen" gesehen, sondern als bewußt gesetzte Kontraste zu der stellenweise *„mildernden, oft be-
zaubernden Wirkung der Grazie der Musik und der Szene"*. Nicht weniger bemerkenswert die Forderung, von der *„leidlichen Sucht des Vergleichens"* zwischen Massenet
und Puccini endlich Abstand zu nehmen, und dies nicht nur aufgrund der hinlänglich
bekannten Tatsache, daß die Musik des ersteren als *„kalt, formgewandt und zierlich"*
von der des letzteren, die *„glühend wie ein Lava-Ausbruch"* wirke, gänzlich verschieden sei, sondern auch wegen der im Gegensatz zu Massenet bei Puccini hinzutreten-
den *„sittlich-tragischen Wirkung"*. Auffallend breiter Raum wird an gleicher Stelle
auch Puccinis Anlehnung an Wagner, im speziellen dessen Tristan-Rezeption im *Intermezzo* der Oper gewährt, was vor allem auch deswegen von besonderem Interesse
ist, weil unter dem gleichzeitigen Hinweis darauf, daß der Komponist dabei trotzdem
seine *„nationale italienische Eigenart"* bewahrt hätte[96], von deutscher Seite einem unter starkem Wagnereinfluß stehenden Italiener die nationale Eigenständigkeit einmal
nicht abgesprochen wurde.

Zur oben genannten *„nationalen italienischen Eigenart"* gehörte damals u. a.
fraglos auch das obligate Zwischenspiel – in *Manon Lescaut* zwischen zwei-

---

92 *NBMZ* 47 (1893), 564 f.
93 Ebenda.
94 Dies stimmt nur zum Teil, denn Puccini hat sich in viel auffälligerer Weise hörbar an Wagners *Tristan* angelehnt, was dem Rezensenten aber offensichtlich entgangen ist. Interessant
   ist in diesem Zusammenhang, daß Puccini in *Manon Lescaut*, mehr noch als alle anderen
   Komponisten sich selbst „abgeschrieben" bzw. altes Material aus länger zurückliegenden
   Kompositionen verwendet hat (s. Christen, *Puccini*, 33).
95 In: *DMz* 24 (1893), 540.
96 In ähnlicher Weise hat sich diesbezüglich zu einem späteren Zeitpunkt auch Korngold (*Die
   romanische Oper*, 78) geäußert und im Zusammenhang mit Puccinis Wagner-Rezeption festgestellt, daß *„kein transalpiner Komponist sich so energisch zu Wagner bekennt im Pathos
   und im Orchesterpart, wie der junge Puccini"*, jedoch *Manon Lescaut* keine Imitation Wagners darstelle, sondern mit Wagner nur *„den gleichen heißen Atem"* verströme.

tem und drittem Akt stehend –, und wie sehr man damals (nur zu verständlich) der Meinung war, daß der Urheber aller Intermezzi Mascagni sei, verdeutlicht ein Hinweis darauf, daß *„natürlich auch Puccinis Oper ihr Intermezzo habe*[97], damals freilich noch in Unkenntnis der Tatsache, daß dieser Komponist schon in *Le Villi* ein zweiteiliges, der *Cavalleria* später als Vorbild dienendes sinfonisches Zwischenspiel geschrieben hatte. Unkenntnis herrschte aber auch im Hinblick auf den Autor des Librettos von *Manon Lescaut,* was jedoch gleichfalls verständlich erscheint, da aufgrund der Vielzahl von Mitarbeitern[98] in der Partitur auf die Angabe eines Autors verzichtet worden war[99].

Was die Reaktion des Publikums auf die Hamburger *Manon Lescaut* betrifft, soll diese *„einem guten Mittelerfolg"* entsprochen und besonders nach dem dritten und vierten Akt *„ziemlich lebhaften Applaus"*[100] hervorgerufen haben. Die Zahl von nur insgesamt fünf Aufführungen bis Jahresende und die Tatsache, daß die Oper mit Beginn des neuen Jahres bereits wieder vom Spielplan verschwunden war, zeigen jedoch, daß das Interesse an *Manon Lescaut* in der Hanse-Stadt nur von kurzer Dauer war. Auch das Folgejahr 1894 brachte Erstaufführungen dieser Oper lediglich in Köln, Leipzig und Mannheim, wobei sich an deren langsamer und sporadischer Verbreitung auch zu einem Zeitpunkt nichts ändern sollte, da Puccini bereits mit *La Bohème* und anderen Werken große Erfolge erzielen konnte.

Zieht man für die „deutsche" Präsenz der Jungitaliener eine Bilanz des Jahres 1893, war deren Erfolgsbarometer damals trotz hoher Aufführungsziffern von *Cavalleria* und *Bajazzo*[101] eindeutig im Sinken begriffen und ließ die Zukunft wenig aussichtsreich erscheinen. Aussichtsreich standen hingegen die Zeichen der Zeit für die deutsche Musikwelt, da das Jahresende endlich jenes Ereignis brachte, auf das man vielfach bereits mit großer Sehnsucht gewartet hatte und in das alle Hoffnungen der Zukunft der deutschen Oper gesetzt worden waren: Engelbert Humperdincks Märchenoper *Hänsel und Gretel*[102].

Der Erfolg, den diese Oper damals erzielte, läßt sich durchaus mit jenem vergleichen, den damals *Cavalleria* und *Bajazzo* auf dt. Bühnen erzielten und mit welchen Hum-

---

97 In: *AK* 17 (1893), 366.
98 Illica, Giacosa, Oliva und Praga; auch Leoncavallo sollte auf Anraten Ricordis zur Mitarbeit herangezogen werden, wozu es jedoch nicht kam.
99 G. B. Shaw ließ dies sogar zur Ansicht gelangen, daß sich Puccini seinen Text selbst geschrieben habe (s. G. B. Shaw, *Musik in London 1890–94*, London 1932, 219).
100 *SmW* 51 (1893), 902.
101 Siehe statist. Anhang.
102 Die Uraufführung fand in Weimar am 23. Dezember unter der Leitung von Richard Strauss statt.

perdincks Werk in der Anzahl der Aufführungen bereits nach einem Jahr gleichgezogen hatte[103]. Wie jene war auch *Hänsel und Gretel* zu einer Zeit erschienen, die das Auftauchen einer neuen dramatischen Kunstform geradezu herbeigesehnt hatte, und wie jene stellte dieses Werk auch ein neues Leitbild dar-, ein Leitbild, das nunmehr der Zukunft der deutschen Oper den Weg weisen sollte und dessen Ideal, die durch einen *„berufenen deutschen Künstler ... erreichte Erstrebung der edelsten und höchsten Volkstümlichkeit"*[104], mit Humperdinck als in glücklicher Weise erfüllt betrachtet wurde. Überschwänglich sprach man damals sogar von einer *„seit dem Tode Wagners ersten wirksamen deutschen Novität"*[105], von einer *„Wiedergeburt der deutschen Kunst"*[106], oder von einem *„balsamischen Maienhauch nach dem versengenden veristischen Scirocco"*[107] etc. Diese nationale Euphorie entsprang dabei primär dem Glauben, daß durch Humperdincks Anknüpfen an Wagners Musiksprache und deren Verbindung mit der damals praktisch neuen Stoffwelt des Märchens[108] sowie durch den Einbezug allbekannter Volkslieder ein Höchstmaß an Volkstümlichkeit, ja eine echte Volksoper geschaffen worden sei. Und der Erfolg gab dieser Ansicht auch recht, war es Humperdinck doch gelungen, nicht nur weiteste Publikumskreise anzusprechen, sondern auch beim überwiegenden Teil der Kritik begeisterte Zustimmung zu finden. Auf gewisse, bewußt gemachte Manipulationen im Handlungsablauf des Märchens, oder auf den ideologischen Aspekt des Stückes, demzufolge durch gezielte musikalische Unterhaltung mittels heiter-ausgelassener Strophenlieder bzw. Tänze soziale Ungerechtigkeit und der Realismus des „Arme-Leute-Milieus" verschleiert wurden[109], ging man damals wohlweislich nicht ein. Das paßte offensichtlich nicht zu jenem Wunschbild, das man vom Komponisten als neuen musikalischen „Nationalhelden" vielfach gezeichnet hatte, nämlich das Bild vom „reinen Toren", der voll Naivität und frei von jeglicher Absichtslosigkeit seine Oper geschaffen habe.

Erfüllt wurden die Hoffnungen jener, die erwartet hatten, daß nunmehr für den Verismus auf den dt. Bühnen das Ende gekommen sei, durch Humperdincks Oper des „poetischen Realismus"[110] allerdings nicht. Denn es gelang dem Werk weder die hohe Spielfrequenz einer *Cavalleria* oder eines *Bajazzo* herabzusetzen, noch wurde durch sie der unmittelbar nach dem Wettbewerb von Gotha einsetzende Strom dt. veristischer Ein- und Mehrakter unterbrochen. Im Gegenteil, das Jahr nach der Uraufführung von *Hänsel und Gretel* war sogar jenes, in dem am meisten Opern dieser Art in Szene gingen.

103 Laut Max Friedländer (*Opern-Statistik für das Jahr 1894*, Leipzig 1895) erzielten im Jahre 1894 *Bajazzo* 467, *Cavalleria* 515 und *Hänsel und Gretel* 469 Vorstellungen.

104 Wilhelm Kienzl, In: *Die Zukunft der deutschen Oper*, In: Ders., *Aus Kunst und Leben*, Berlin 1904, 53; diese Studie entstand noch vor der Uraufführung von Humperdincks Oper.

105 Arthur Smolian, In: *MWb* 25 (1894), 605.

106 *Lyra* 18 (1894/95), 79.

107 Richard Batka, *Musikalische Streifzüge*, 147.

108 Batka (ebenda, 154) rechtfertigt die Abkehr Humperdincks von der Dramenwelt Wagners mit der Hinwendung zum *„Mythos im Kleinen"*.

109 Über das Ideologische in der Musik von *Hänsel und Gretel* s. Wolfgang Burde, *Analytische Notizen zum gesellschaftlichen Gehalt und Standort von Musikwerken*, In: Zs. f. Musiktheorie 5 (1974), Nr.2, 20f.

110 Mit dieser Bezeichnung stellte man in zeitgenössischen Darstellungen der nachwagner'schen Oper Humperdincks Einakter mildernd dem „rohen Naturalismus" gegenüber; s. z. B. Siegfried Floch, *Die Oper seit Richard Wagner*, Köln 1904, 23.

(*I Medici*: „. . . eine historische Pompoper mehr" – *A basso porto*: die Fortsetzung der „Fortsetzung" – *Silvano*: Sonzognos Berliner „Ehrenrettung" – *Guglielmo Ratcliff*: „unzeitgemäße Wahl")

„Die Staubwolken welche bei uns die Stürmer und Dränger jungitalienischer Musik anläßlich ihrer ersten Errungenschaften aufwirbelten und dabei viel bedeutenderes Zeitgenössisches vorübergehend darin zu verdunkeln suchten, sind vorübergezogen und wir können nun mit offenem Auge nach der Richtung blicken, aus der uns jener Sturmwind für kurze Zeit so viel Sand in die Augen streute. Wir sehen jetzt klar nach jener Gegend, von der jene anscheinend groß angelegte Musikbewegung, geführt von temperamentvollen Naturtalenten und einer nahezu romanhaft angelegten Reclame ausging, um später an ihrer inneren Hohlheit dahinzusiechen und einer ganz neu entdeckten Componistenwelt bis auf einige hervorragendere Persönlichkeiten um so sicherere Vergessenheit zu bereiten. Wenden wir uns nach Italien, so sehen wir den ehemals vergötterten Mascagni müssig und schaffensunfähig auf seinen leicht errungenen, bereits welkenden Lorbeeren ruhen. Von den jüngst aufgetauchten compositorischen Kräften Italiens steht nur noch stramm und allgemein bewundert Leoncavallo da, der in seiner italienischen Kunst deutschen Geist und deutsches Wesen vereint[1]."

Liest man diese, an Überheblichkeit und Zweckoptimismus kaum zu überbietenden Zeilen, läßt sich mit hoher Wahrscheinlichkeit vermuten, daß damals, zu Beginn des Jahres 1894, selbst ein unbefangener Leser an deren Richtigkeit Zweifel hegen und vielmehr zur Überzeugung gelangen mußte, daß eine vom Verismus „befreite" deutsche Opernbühne nur ausgeprägtem Wunschdenken entspringen könne. Und er hätte damit auch recht gehabt, denn jenes Wunschdenken hing damit zusammen, daß man mit der in Weimar im Vorjahr über die Bühne gegangenen Uraufführung von Humperdincks *Hänsel und Gretel* bereits die „Auferstehung" der deutschen Oper feierte und mit dieser *„Waffe"* die Jungitaliener schon besiegt zu haben glaubte.

Zwar stimmt, wie in Kolbergs Bericht triumphierend verkündet wird, daß die italienische Opernproduktion stagnierte[2], doch rechnete man nicht mit der „Langzeitwir-

---

1 Emil Kolberg, *Über die Opernproduction Italiens im Jahr 1893*, In: *MRu* 9 (1894), 11.
2 Das hat sich selbstverständlich auch in Deutschland bemerkbar gemacht, wo es 1894 lediglich zwei deutsche Erstaufführungen von Werken jungitalienischer Komponisten gab.

kung" von *Cavalleria* und *Bajazzo*, die jetzt erst im Begriffe war, richtig zum Tragen zu kommen und die sich nicht nur auf den deutschen Bühnenspielplan sondern auch auf das deutsche zeitgenössische Opernschaffen in starkem Maße auswirken sollte. Was letzteres betrifft, stieß die dabei im eigenen Land den Italienern gegenüber geleistete „Schützenhilfe" bekanntlich vielfach und besonders in betont nationalen Kunstkreisen auf Unverständnis und Widerstand, was einerseits verständlich, andererseits jedoch wiederum höchst widersprüchlich erscheint: vorallem in Hinblick darauf, daß damals nach wie vor (wie zu Beginn der veristischen Bewegung) die Meinung vorherrschte, die neuen italienischen Opern wären ohnehin *„nur durch das Studium deutscher Tonwerke erreicht worden . . ., da sowohl die ‚Sicilianische Bauernehre' wie die ‚Bajazzi' offenkundiges Zeugnis geben, daß ihre Autoren nicht nur Wagner'sche Partituren studiert, sondern auch dessen Behandlung des Orchesters und Vocalparts vielfach zum Muster genommen"* hätten[3]. So gesehen hätte ja die Auseinandersetzung mit Werken der Jungitaliener schließlich nichts anderes als die Beschäftigung mit ureigenster deutscher Materie bedeutet, und es wäre das deutschen Komponisten zum Vorwurf gemachte Streben nach „Internationalismus" unbegründet gewesen. Daß das nicht der Fall war, lag daran, daß man auf deutscher Seite zwar wohl sehr stolz auf die italienische Wagner-Rezeption war, jedoch nicht als Tatsache zur Kenntnis nehmen wollte, daß es nicht die Deutschen selbst, sondern die Italiener gewesen waren, die mit Hilfe Wagners den musikalischen Verismus „entdeckt" hatten. Ein Nachahmen veristischer Opern mußte gerade deshalb in den Augen vieler deutscher Kritiker als „Verrat an der eigenen Sache" erscheinen.

Der Neid auf die damals zweifellos gegebene Vormachtstellung der italienischen Oper sprach ja, wie bisher deutlich zu sehen war, verhüllt und unverhüllt aus nahezu jeder deutschen Kritik an Opern der Jungitaliener, und war man bisher geneigt, sich mit Vorwürfen berechtigter und unberechtigter Art zu begnügen, so ging man nunmehr, wie z. B. der um „moralische und nationale Reinheit deutscher Kunst" besonders fanatisch kämpfende Felix Draeseke[4], daran, die Möglichkeit eines Verismus in der Musik überhaupt in Frage zu stellen. Gegen die diesbezüglich getroffene, prinzipiell richtige Feststellung, es könne *„die musikalische Sprache, der von Jedermann gesprochenen wohl angenähert, nicht aber völlig gleich gemacht werden"* und daß *„von Verismus deshalb in der Tonkunst wohl kaum die Rede"* sein dürfte, wäre auch nichts einzuwenden, wenn sie, wie bei Draeseke, nicht darauf abzielen würde, das Wagnis der Italiener, Realismus und Musik miteinander zu verbinden, als sinnlos hinzustellen. Denn die damit verbundene Absicht lief offensichtlich darauf hinaus, die deutschen Wagnerepigonen, die diesbezüglich nicht einmal einen Versuch unternommen hatten, in einem besseren Licht bzw. als von vornherein klüger als die Jungitaliener erscheinen zu lassen. Daß Draeseke aber den Verismus in der Musik gar nicht primär wegen seiner inneren Widersprüchlichkeit ablehnte, sondern gegen diesen vielmehr moralische Bedenken hatte, dies geht deutlich aus der an die oben zitierte Feststellung unmittelbar anknüpfenden Bemerkung hervor: daß nämlich die Musik in der Neuzeit gelernt habe, *„auch das absolut Gemeine und Obszöne darzustellen"*, was noch *„viel schlimmer als jeder mit musikalischen Mitteln ausgedrückte derbe Realismus"* wäre.

---

3 *NZfM* 61 (1894), 2.
4 In: *Kw* 7 (1893/94), 102 f.

„Opfer" einer Einstellung oben genannter Art dem Verismus gegenüber wurden damals praktisch auch alle weiteren Erstaufführungen von Puccinis *Manon Lescaut* in Städten wie Leipzig, Mannheim und Köln, doch soll im Folgenden nicht neuerlich davon die Rede sein[5], sondern vielmehr auf genau die gegenteilige Position zu oben angeführtem Standpunkt in der Diskussion um die prinzipielle Sinnhaftigkeit des Verismus eingegangen werden –, eine Position, die Puccini mit seiner Oper die Chance gab, auch einmal in einem anderen Lichte zu erscheinen:

Der Autor, Alfred Kühn[6], der bereits in einleitenden Bemerkungen seine aufgeschlossene Haltung gegenüber Neuem und Andersgeartetem erkennen läßt, stellt hier die Kenntnis der Problematik und der notwendigen Kompromißhaftigkeit der Verbindung von Musik und Realismus im dramatischen Musiktheater insofern überzeugend unter Beweis, als er letztere nicht zum Anlaß nimmt, die ganze veristische Bewegung bzw. im speziellen Falle Puccinis Oper in Frage zu stellen, sondern vielmehr als gegeben hinnimmt, ja Puccini sogar zugutehält, daß er in seinem Werk *„von selbst alle Mängel"* in Kauf genommen habe, die *„bei einer solchen Vereinigung von Wort und Ton einmal unvermeidlich"* wären. Bei dem damit angesprochenen Sprechgesang, jenem *„fatalen Mittelding zwischen Musik und Deklamation, das überall einsetzt, wo eine Anpassung der Musik an den Text von vornherein musikalische Zerrissenheit bedeutet"*, stößt sich Kühn demnach auch nicht an Puccinis *„unvermeidlichem unmusikalischen Scandiren über langgehaltenen Accorden"*, sondern bewundert vielmehr deren kühne Folge, die *„namentlich für einen Italiener* [!]*, dem Tonika-Dominante, Dominante-Tonika über alles geht"*, erstaunlich sei. Seine besondere Bewunderung gilt daher auch dem Schluß des Intermezzos mit seinem *„kühnen Doppelvorhalt"*[7], von dem er zwar gesteht, daß er lang gebraucht habe, um ihn in seinem Ohr *„zugänglich"* zu machen, der ihn aber jetzt wie manche andere Stelle *„auf Weg und Steg"* verfolge. Auch wird hier keine Klage über mangelnde Einheit und Zerfahrenheit in Puccinis Musik laut, sondern der Standpunkt vertreten, daß *„die musikalische Einheit . . . nichts weiter als die Wahrung eines gleichbleibenden musikalischen Wertes"* sei, die in *Manon Lescaut* auch keineswegs dadurch gefährdet erscheine, daß in ihr *„von der einfachsten Form eines Haydn'schen Menuetts bis zum Wagner'schen Drama . . . alle möglichen Formen alter und neuer Kompositionsweisen"* auftreten. Schließlich spricht Kühn hier auch noch den musikalischen Niederschlag von Puccinis *Tristan*-Rezeption in dieser Oper an, der für ihn *„in seinem chromatischen Suchen und Tasten die Leidensmotive des letzten Actes birgt"*[8], und der ihn sogar das Kompliment aussprechen läßt, daß mancher vor Puccini schon versucht habe, *„sich mit dem deutschen Meister zu messen, keiner es aber so gut verstanden* [habe]*, aus musikalischen Ansätzen Wagners so schöne Musik zu machen"*.

---

5 Zu Leipzig (EA 3. Feb.) s. Eduard Bernsdorf, In: *SmW* 52 (1894), 178, zu Köln (14. Okt.) s. Paul Hiller, In: *NZfM* 62 (1895), 258 u. 268 f.; die EA in Mannheim fand am 8. April statt.

6 In: *NZfM* 61 (1894), 62 ff; die Rezension betrifft die Leipziger EA von Manon Lescaut.

7 Siehe Klav.-Auszg. (Deutsch), B.& H. Leipzig 1895, 201.

8 Über die Ähnlichkeit mit dem *Tristan*-Vorspiel im Umspielen eines tonalen Zentrums s. René Leibowitz, *L'arte di G. Puccini*, In: *Approdo musicale* 4 (1959), Nr.6, 15.

Das „jungitalienische Ereignis" des Jahres 1894 schlechthin fand am 17.
Februar in Berlin statt, wo am königlichen Opernhaus Leoncavallos *I Medici* in deutscher Sprache[9] erstmals über die Bühne gingen (s. Abb. 16,
S. 107). Leoncavallo befand sich damals in Italien wie in Deutschland
praktisch in derselben Situation wie zwei Jahre zuvor Mascagni mit *Freund
Fritz*, denn auch er hatte eine einzige Oper mit Welterfolg geschaffen,
nach der alles mit größter Spannung auf das nächstfolgende Werk wartete.
Der Uraufführung im teatro dal Verme in Mailand, die am 9. November
1893 nach gewohnter italienischer Manier als großes „Spektakel" ablief
und als Sensationserfolg heftigst akklamiert wurde[10], wohnte bereits eine
Reihe deutscher Korrespondenten bei, deren Berichte auch ganz in diesem
Sinne ausfielen, wobei selbst der sonst den Jungitalienern gegenüber eher
kritisch eingestellte Heuberger[11] dieser vieraktigen *azione storica* einiges
abgewinnen konnte.

Selbstverständlich wurde der Komponist vor seinem großen Auftritt in Berlin auch
ausgiebig interviewt, gab dabei wiederholt die im Zusammenhang mit seinem *Bajazzo*
schon gemachten Äußerungen über seine Lebensumstände zum besten, lieferte aber
auch interessante Details zur Entstehung seiner *Medici*, die bekanntlich erster Teil
einer geplanten großen historischen Trilogie nach dem Vorbild Wagners waren, und
über sein Verhältnis zum Bayreuther Meister selbst:

„*In Bologna hörte ich zum erstenmal ,Tannhäuser', das erste Werk Wagners, welches
ich überhaupt kennen lernte. Diese neue Kunst machte auf mich einen tiefen Eindruck,
und ich warf mich eifrig auf ihr Studium. Damals faßte ich den Entschluß, nachdem
ich Wagners Tetralogie kennen gelernt, in einer Trilogie die ganze Renaissance zusam-
menzufassen, indem ich in einem andern, im italienischen Sinn ein musikalisches
Drama schuf und zuerst eine epische Dichtung auf das Theater brachte. Ich hatte in
Bologna das Glück, Wagner, der zur Aufführung seines ,Rienzi' dort hingekommen
war, persönlich kennenzulernen, und in der einzigen Unterredung, welche ich mit ihm
hatte, auch von meinem Vorhaben mit ihm zu sprechen. Er hörte mich gütig, und über
mein junges Feuer lächelnd an. Er ermunterte mich, auf der Ausführung meiner Idee
zu beharren, und nicht vor den Schwierigkeiten und Kämpfen zurückzuschrecken, welche meiner harren würden. Plötzlich nahm er das berühmte Barett ab, faßte ein Bü-
schel seiner weißen Haare zwischen die Finger und sagte: ,Voyez, je lutte encore!' [. . .]
Die historischen Untersuchungen für meine Trilogie nahmen sechs Jahre in Anspruch.
[. . .] Im Jahre 1888 hatte ich das Libretto zu den ,Medici' vollendet, ging dann nach
Mailand, um die Tatsache Ricordi mitzuteilen. Die Idee gefiel ihm . . . ein Jahr später
war die Oper vollendet, aber Ricordi wollte sie nicht veröffentlichen. Nach längerem*

---

9 Die Übersetzung besorgte Emil Taubert.
10 Noch im selben Jahr gab es in Mailand bereits eine Parodie auf die Oper unter dem Titel:
   I medici senza leone e senza cavallo.
11 In: *Im Foyer*, 118 ff.

Zuwarten schrieb ich nach drei Jahren in vier Monaten das Textbuch und die Mu-
sik der ‚Pagliacci‘, löste den Vertrag mit Ricordi und schloß bezüglich der ‚Medici‘
einen neuen Vertrag mit Sonzogno.“ Und auf die Frage, welchem Kunstzweig *I*
Medici angehörten und wie er Wagner beurteile, antwortete Leoncavallo ebenda,
daß er in seiner Oper *„den ganzen Fortschritt der Form Wagners mit dem absolut*
italienischen Charakter der Musik“ vereinigen wollte, Wagner *„eine der größten*
Künstlernaturen“ sei, man seine Formen jedoch nicht *„sklavisch“* nachahmen
dürfe, sondern sich an seine *„außerordentlich hohe Auffassung von Kunst“* halten
müsse[12].
Daß Leoncavallo in Deutschland mit seiner Oper aber gerade vorwiegend in diesen
beiden Punkten Anstoß erregen würde und ihn der massive Vorwurf der Wagner-
Nachahmung bzw. des falschen Verständnisses Wagner'scher Kunstideen und Kompositionsprinzipien schließlich sogar zur Aufgabe seines großen Vorhabens veranlas-
sen sollte, dies hätte sich dieser damals vermutlich nicht vorstellen können, fühlte er
sich nach dem Sensationserfolg der Mailänder Uraufführung mehr denn je berufen,
eine italienische Nationaloper zu begründen und auf *I Medici* auch *Savonarola* und
Caesare Borgia folgen zu lassen. Seines Sieges sicher, war er demnach auch nach Berlin gekommen, wo bereits vor der Premiere bei Bote & Bock der deutsche Klavierauszug sowie verschiedenste Bearbeitungen einzelner Nummern aus allen vier Akten[13] erschienen waren und die Aufführung der *Medici* aufgrund entsprechender Reklame
nicht nur ein künstlerisches sondern auch ein gesellschaftliches Ereignis ersten Ranges zu werden versprach.

Der äußere Erfolg der deutschen Erstaufführung von *I Medici* entsprach
in jeder Weise den allgemein hochgeschraubten Erwartungen, depechierte
der Kaiser[14] doch schon nach dem zweiten Akt nicht nur Glückwünsche
an den italienischen König, sondern lud Leoncavallo auch in seine Loge
ein, was in Anspielung auf den „Dreibund“ zur Bemerkung veranlaßte,
daß die *Medici* in Berlin *„Spiegelbild der politischen Weltlage“*[15] seien.
Als schließlich auch noch bekannt wurde, daß der Kaiser an Leoncavallo
sogar den Auftrag erteilt hatte, die Figur des deutschen Nationalhelden,
des *Roland von Berlin*, zu vertonen, tauchte jedoch vielfach unverhüllt
die Frage auf, ob denn Wilhelm wirklich damit den *„wackeligen Drei-*
bund zu festigen“ glaube, oder ob er den italienischen Komponisten tatsächlich für berufen halte, *„den Ruhm des deutschen Kaiserhauses zu ver-*
herrlichen“[16].
     Die pompöse Aufmachung der Aufführung und das demonstrativ zur
Schau gestellte Wohlwollen des Kaisers Leoncavallo gegenüber konnten frei-

---

12 Aus der *Berliner Zeitung*, wiedergegeben in: *DMz* 25 (1894), 13 f.
13 Siehe eine diesbezügliche Annonce, In: *NBMZ* 48 (1894), 120.
14 Bezeichnenderweise erschien dieser in der Uniform des ehrenhalber unter dem Oberbefehl
    des italienischen Souveräns stehenden Frankfurter Husarenregiments.
15 *NZfM* 61 (1894), 103.
16 Ebenda.

Königliche Schauspiele.
Opernhaus.

Anfang 1/2 8.   **Anfang 1/2 8.**

Sonnabend, den 17. Februar 1894.

Mit aufgehobenem Abonnement
und unter Fortfall der permanent reservirten Plätze.

Zum ersten Mal:

Die Medici.

Historische Handlung in 4 Akten, Dichtung und Musik von R. Leoncavallo.
Uebersetzung von Emil Taubert. Tanz von Emil Graeb.
In Scene gesetzt vom Ober-Regisseur Tetzlaff. Dirigent: Kapellmeister Sucher.

Lorenzo de' Medici	Herr Bulß.	Poliziano	Herr Fränkel.
Giuliano de' Medici	Herr Sylva.	Simonetta Cattanei	Frau Herzog.
Giambattista da Montesecco, päpstlicher Capitano	Herr Mödlinger.	Deren Mutter	Frau Lammert.
		Fioretta de' Gori	Frau Sucher.
Francesco Pazzi	Herr Krolop.	Zwei Volkssänger	Herr Lieban. Herr Schmidt.
Bernardo Bandini	Herr Sommer.		
Erzbischof Salviati	Herr Stammer.	Bürger. Volk. Verschworene :c.	

Ort der Handlung: Florenz. Zeit: Die geschichtlichen Ereignisse 1471—1478.

Decorative Einrichtung vom Ober-Inspector Brandt.

Neue Decorationen. Im ersten Akt: **Wald bei Florenz**, im dritten Akt: **Der Ponte vecchio**, aus dem Atelier von Hartwig. Im zweiten Akt: **Platz vor Santa Trinità**, aus dem Atelier von Wagner & Bucaz. Im vierten Akt: **Inneres der Kirche von Santa Reparata**, vom Decorationsmaler Quaglio.

Nach dem 2. Akt findet eine längere Pause statt.

Textbuch 75 Pf.

Erhöhte Preise:

	Mark	Pf.		Mark	Pf.
Fremden-Loge	12	—	Zweiter Rang Balkon und Loge	6	—
Orchester-Loge	12	—	Dritter Rang Balkon und Loge	4	—
Erster Rang Balkon und Loge	10	—	Amphitheater Sperrsitz	2	—
Parquet und Parquet-Loge	10	—	Parkett Stehplatz	2	—
Zweiter Rang Prosceniums-Loge	7	—	Amphitheater Stehplatz	1	—

Die Billets tragen die Bezeichnung „Reserve-Satz" und den Datumstempel.

Dienst- und Freiplätze haben keine Gültigkeit.

Der Billet-Verkauf findet statt: Sonn- und Festtage.   Wochentage.
Auf Meldungen reservirte Billets mit 50 Pf. Bestellgeld . . 8 — 10 Uhr.   9 — 10 Uhr.
Nicht reservirte Billets . . . 12 — 1/2 3   10 1/2 — 1

Bei Rückgabe der Billets in Folge Wegfalls oder Abänderung der Vorstellung wird auch das Bestellgeld zurückgezahlt.

Außerdem sind Billets zu haben mit einem Preiszuschlag von 50 Pf. für das Billet zu den Logen, I. Rang und Parquet und 25 Pf. für die übrigen Billets durch den Invalidendank, Markgrafenstraße 51a, Sonntags von 1 1/2 Uhr, Wochentags von 1 Uhr ab bis 1/2 Stunde vor Eröffnung der Abendkasse.

Die Billet-Inhaber werden ersucht, bei dem Betreten des Zuschauerraumes den Coupon vom Billet trennen zu lassen. Derselbe ist bis zum Schlusse der Vorstellung als Legitimation aufzubewahren.

Opernhaus.   Sonntag, den 18. Februar.   **Schauspielhaus.**

42ste Vorstellung. **Die Medici.** Historische Handlung in 4 Akten, Dichtung und Musik von R. Leoncavallo. Uebersetzung von Emil Taubert. Tanz von Emil Graeb. Anf 7 Uhr.

49ste Vorstellung. **Die Minnekönigin.** Komödie in 1 Aufzug von Hanns v. Gumppenberg. **Verbotene Früchte.** Lustspiel in 3 Aufzügen, nach einem Zwischenspiel des Cervantes von Emil Gött. Anfang 7 Uhr.

Montag, auf Allerhöchsten Befehl: 2. Gesellschafts-Abend. **Tannhäuser.** Anfang 8 Uhr.

Abb. 16: *Die Medici*: Deutsche Erstaufführung – Hofoper Berlin
(Archiv der Deutschen Staatsoper Berlin)

lich nicht über die Tatsache hinwegtäuschen, *„daß die ‚Medici' in musikalischer wie dramatischer Hinsicht* [als] *ein bedeutender Rückschritt gegen die ‚Pagliacci' desselben Komponisten"* angesehen wurden[17]. Im speziellen traf Leoncavallo, wie bereits angesprochen, der Vorwurf der plumpen Nachahmung Wagners, wobei man mit einiger Boshaftigkeit feststellte, daß er vergessen habe, *„seinen unfreiwilligen* [bayreuther] *Mitarbeiter"*[18] namhaft zu machen. Allein schon die Bezeichnung seiner beabsichtigten Trilogie mit *„Crepuscolo"* wurde als Anmaßung empfunden und damit kommentiert, daß sich Leoncavallo täusche, wenn er den Italienern *„etwas Ähnliches"* geben zu können glaube, wie Wagner den Deutschen mit dem *Ring des Nibelungen.* Denn, dieser hätte *„seine große Persönlichkeit, seine ganze Menschlichkeit mit seinem Werk geoffenbart"*, Leoncavallo hingegen *„nur eine historische Pompoper mehr geschaffen, die schon gleich zu Anfang als reguläre Effektoper, als trennbares Bühnenstück"* erkennbar geworden wäre. Aber nicht nur die provokante *„Ummünzung Wagner'schen Geistes in spezifisch italienische Währung"*[19], auch Leoncavallos Bemühen um historische Treue[20], sein offensichtlicher Rückfall in die längst überwunden geglaubte Nummernoper[21], oder das unüberhörbare Delektieren am *„eigenen Speiszettel"* namens *Bajazzo*[22] lösten bei der Kritik großes Unbehagen aus und ließen verlauten, daß die Oper *„ehe sie gegeben wurde, längst gerichtet"* gewesen wäre[23].

„Gerichtet", im wahrsten Sinne des Wortes, wurde Leoncavallo mit seiner neuen Oper von Heinrich Schenker[24], der sich nach den *Medici* gezwungen sah, sein bisheriges, relativ positives Urteil über Leoncavallo gänzlich zu revidieren. Auch er stößt sich

---

17 Otto Lessmann, In: *NBMZ* 48 (1894), 94.
18 *Kw* 7 (1893/94), 166.
19 Max Marschalk, In: *Zk* 3 (1894), 431 ff.
20 Leoncavallo hatte sein Textbuch mit zahlreichen „wissenschaftlichen Fußnoten" ausgestattet, um seine historischen Forschungen über das Geschlecht der Medici zu dokumentieren, was ihm aber nur als *„naiver Irrtum, eine historische Epoche durch allerlei auf zuverlässiger Forschung beruhende Einzelheiten ... veristisch darstellen zu können"*, ausgelegt wurde (vgl. Marschalk, ebenda). Allerdings konnte man damals auch eine allen Ernstes gemachte Mitteilung nachstehenden Wortlautes lesen: *„Das Kultus-Ministerium hat auf Anraten erfahrener Schulmänner Leoncavallo, den Komponisten der geschichtlichen Oper ‚Die Medici', damit beauftragt, die Geschichtstabellen von Cauer in Musik zu setzen. Der Grund für diese im ersten Augenblick verblüffende Thatsache ist darin zu suchen, daß sich die Weltgeschichte, musikalisch illustriert, dem Schüler leichter einprägt und mit Hilfe der Melodie dem Volke dauernder im Gedächtnis bleibt. Man würde infolgedessen die Gesangstunde mit der Geschichtsstunde vereinigen können ..."* (*HMz* 2/1894, Nr.9, 3)
21 Siehe Oscar Bie, In: *Kw* 7 (1893/94), 166; im speziellen wird hier auf die Verschwörerszene im dritten Akt verwiesen, in der *„nach alter Meyerbeer'scher Manier"* alle Darsteller gleichzeitig auf der Bühne agieren würden, sich eigentlich aber weder sehen noch hören dürften.

selbstverständlich an Leoncavallos Wahl des dichterischen Stoffes als eine *„Verkennung und Entfernung von der Centralidee Wagners"*, doch scheint ihn mehr noch des Komponisten schlechtes Kopieren von Wagners Modulationssystem und Melodiebildung gestört zu haben, wenn man bei ihm lesen kann, daß dessen *„pathetische und große Gesänge"* den Eindruck erweckten, *„als wollten sie nach hundert Richtungen hinaus schweifen, ohne Schwerpunkt, nach dem alle Linien schließlich zurückkehren möchten"*, oder, daß *„sein unplastisches Modulieren ein ewiges Schielen"* zu sein scheint und *„ein Aussöhnen seiner so widerspruchsvollen Tendenzen . . . vielleicht nur dann möglich gewesen wäre, wenn er die einzelnen Etappen seiner Melodie mindestens neu und interessant genug zu gestalten gewußt hätte"*. Falsch verstandene Wag- ner'sche Kompositionsprinzipien wären aber nur die eine, *„die deutsche Methode"* der beiden *„Auswege"* gewesen, die Leoncavallo eingeschlagen hätte, *„um sich vor der angeborenen Trivialität zu retten"*. Die andere sei in der *„französischen Methode"* zu sehen, bei der der Komponist *„für die schmalen 2-4, selten 8taktigen Einwürfe fran- zösische Noten'"* verwenden würde. (Darunter seien Noten zu verstehen, *„deren Sinn ein leichter, leiser Kontrast gegen Melodie, Harmonie oder Rhythmus ist, deren Beruf* [sic!] *aber ist, nicht mehr und nicht intensiver aufzufallen, als eine angenehm fließende Pikanterie es gerade erfordert"*.) Aus diesem Grunde kommt Schenker schließlich auch zur Überzeugung, daß *„es Leoncavallo am Besten noch sozusagen und am Glücklichsten gelingen würde, die französische Oper ins Italienische zu übersetzen, nicht aber das musikalische Drama Wagners, das . . . sehr leicht eine dünne Originali- tät spurlos verschlingen"* könne[25].

Daß die relativ hohe Zahl von zwanzig Reprisen nicht nur mit dem fast ein- hellig negativen Urteil der Kritik[26] nicht in Einklang stand, sondern offen- sichtlich auch dem Publikumsinteresse widersprach, und die Berliner Inten- danz *I Medici* wohl nur in Rücksicht auf den Kaiser und sein Liebkind Leon- cavallo öfter als gewünscht auf den Spielplan setzte, diese Ansicht bestätigen nachfolgende Städte, wie Nürnberg[27] und Frankfurt[28], in denen die Oper über fünf bzw. acht Vorstellungen nicht hinauskam[29].

Eine Oper, die zu ihrer Verbreitung einer kaiserlichen Protektion nicht be- durfte, sondern aus eigener Kraft ihren Weg machte, war Nicola Spinellis

---

22 Siehe August Ludwig, In: NBMZ 48 (1894), 95.

23 Oscar Bie, In: Kw 7 (1893/94), 167.

24 In: Zk 3 (1894), 138 ff.

25 Vgl. auch Hellmut Federhofer, *Heinrich Schenker. Nach Tagebüchern und Briefen in der Os- wald Jonas Memorial Collection*, University of California, Riverside, Hildesheim, Zürich, New York, 1985, 56 f.

26 Selbstverständlich gab es vereinzelt auch „kaisertreue" Stimmen, wie jene Wilhelm Lakowitz, der sogar von einem „Meisterwerk" sprach (In: *DMz* 25/1894, 84).

27 EA am 28. Februar 1894.

28 EA am 4. August 1894.

29 In andere deutschsprachige Länder gelangten *I Medici* überhaupt nicht; Wilhelm Jahn z. B., der Direktor der Wiener Hofoper, lehnte eine Annahme für dieses Haus sofort ab, nachdem er der Uraufführung in Florenz beigewohnt hatte.

A basso porto, uraufgeführt am 8. April in Köln. Daß das Werk gerade in Köln zur Uraufführung kam *„und das Unglaubliche geschah, daß die Oper eines Italieners eher dort aufgeführt wurde, als in seinem Vaterlande"*[30], soll darin begründet gewesen sein, daß der Direktor des Kölner Stadttheaters, Julius Hofmann, durch den italienischen Bariton Mario Fumagalli auf die Oper aufmerksam gemacht worden war, worauf Spinelli Gelegenheit bekam, sein Werk einem sachverständigen Kreise vorzuspielen[31]. Als handlungsmäßige Weiterführung von *A Santa Lucia*, und somit als Fortsetzung der oben (S. 48) als „Fortsetzung" der *Cavalleria* apostrophierten Oper Pierantonio Tascas gleichfalls den Neapolitanischen Volksdramen Gioffredo Cognettis entnommen, erzielte das von Ludwig Hartmann ins Deutsche übersetzte dreiaktige Werk[32] einen ganz außerordentlichen Publikumserfolg, der ihm in der Folge an nicht weniger als 45 deutschsprachigen Bühnen treu bleiben sollte.

Auch die Kritiken, die Spinelli in Köln bekam, waren außerordentlich positiv, was zwar angesichts der damals bereits obligaten Ablehnung der Jungitaliener auf den ersten Blick verwundert, sich jedoch daraus erklärt, daß *A basso porto* (wie schon angedeutet) gerade von jenem Schlage einer *Cavalleria* oder eines *Bajazzo* war, der seinerzeit auch von der Fachpresse (wenngleich mit Vorbehalten) akzeptiert worden war. Spinelli traf mit dieser neuerlichen „veristischen Blutauffrischung" somit einmal mehr genau jenes Genre, auf dessen Wiederholung nicht nur das Publikum sondern auch die musikalische Fachwelt bei Mascagni und Leoncavallo bisher vergeblich gewartet hatten. Es braucht daher auch nicht zu verwundern, Spinellis Talent gelegentlich

---

30 *Kw* 7 (1893/94), 251; dies verwundert umso mehr, als Spinelli in Italien bereits 1890 zu einer vielgenannten Persönlichkeit avancierte, nachdem er in jenem *concorso Sonzogno*, aus dem Mascagni mit seiner *Cavalleria* als Sieger hervorging, mit dem Einakter *Labilia* den zweiten Preis gewonnen hatte und diese Oper im römischen Costanzi-Theater neben Mascagnis Werk oftmals und mit Erfolg gespielt worden war.

31 Heinrich Chevalley (In: *RK* 2 [1895/96], 664) berichtet, daß sich Hofmann das Aufführungsrecht der Oper erkauft habe, wodurch auch die Tatsache ihre Erklärung findet, daß *A basso porto* trotz des großen Erfolges im Jahre 1894 ausschließlich in Köln gegeben wurde und sich erst 1895, nachdem Hofmann die Rechte an das Leipziger Verlagshaus Martin Oberdörfer (wo auch der Klavierauszug in deutscher und italienischer Sprache erschien) abgetreten hatte, sprunghaft andere deutschsprachige Bühnen eroberte und schließlich in den Jahren 1897/98 in Hinblick auf Erfolg und Aufführungsfrequenz einen Höhepunkt erreichen konnte. Zu dieser Zeit lief sogar das Intermezzo aus der *Cavalleria* (wenngleich nur vorübergehend) Gefahr, den Rang von jenem aus *A basso porto* abgelaufen zu bekommen, das damals, als *„Nummer zahlreicher Kapellen stürmisch Da capo verlangt"*, von Lehne & Comp. in Hannover in verschiedensten Bearbeitungen zum Verkauf angeboten wurde (s. *HMz* 5/1897, Nr. 53, 493).

32 Das Libretto stammt von Eugenio Checchi.

höher veranschlagt zu sehen als jenes der beiden genannten, und daß die Meinung kursierte, die Oper sei von *„viel stärkerer musikalischer Potenz"* als *Cavalleria* und *Bajazzo*, da sich Spinelli vor allem *„in der virtuosen Behandlung der Singstimmen"* weit überlegen zeige[33]. Schließlich war hier sogar von einem Finale der Oper die Rede, *„wie es so großartig in keiner aller italienischen Opern"* vorkäme –, ein Finale, das dem Werk Spinellis *„das Interesse der musikalischen Welt"* sichern würde[34].

Daß *A Santa Lucia* aufgrund des Vorliegens einer handlungsmäßigen Fortsetzung auch eine musikalische bekommen würde, war vorauszusehen und aufgrund des Erfolges von Tascas Oper auch längst erwartet. In noch viel höherem Ausmaße vorauszusehen war jedoch, daß auch Mascagnis *Cavalleria* handlungsmäßig fortgeführt werden würde, was auch tatsächlich geschah, obwohl dazu – im Gegensatz zu Spinellis Werk – keine dichterische Vorlage vorhanden war. Deutsche Bühnen blieben allerdings von jenen erfolglosen und meist der Lächerlichkeit preisgegebenen Opern, wie Giuseppe Ercolanis *Il figlio di Turridu* (1894), Giulio Faras *Santuzza* (1894) oder Oreste Bimbonis *Santuzza* (1895) verschont[35], doch fehlte es dort nicht an „Mascagnibalismen" anderer Art: so z. B. das Ballett *Cavalleria-rustico-Siciliana*, nach einer aus Mascagnischen Motiven von einem Ballettkapellmeister namens Cinniruta „zusammengestoppelten" Musik, aufgeführt von einer Mailänder Operetten-Truppe Anfang September im Wiener Carl-Theater[36], oder in Berlin, F. Panitz'[?] parodistische Oper *Una fina familia*, eine *„gelungene, geistreiche Parodie und Travestie auf die ‚Cavalleria', die ‚Bajazzi' und ‚Mara'"*[37], die auch in Wiesbaden und Prag aufgeführt worden sein soll[38].

Scheint, wie oben ersichtlich, für das Publikum das Thema *Cavalleria* nach einer „Laufzeit" von knapp vier Jahren noch interessant genug gewesen zu sein, einen amüsanten Stoff für eine Parodie, eine Persiflage oder eine „abgeschmackte" Mascagni-Imitation abzugeben, war bei der musikalischen Fachpresse die Diskussion um Mascagnis Einakter im Jahre 1894 so gut wie abgeschlossen. Zwar fanden noch gelegentlich Aufführungsjubiläen in musikalischen Zeitschriften Erwähnung und man zerbrach man sich etwas verspätet über Not- oder Unnotwendigkeit des *Intermezzo sinfonico* den Kopf[39], oder es wurde die *Cavalleria* einmal mehr mit dem „schmeichelhaften" Epitheton

---

33 Paul Hiller, In: *NZfM* 61 (1894), 249; vgl. auch *AMz* 21 (1894), 254 f sowie *Kw* 7 (1893/94), 251.

34 Ders., ebenda.

35 Siehe dazu *NZfM* 62 (1894), 283.

36 Näheres dazu In: *WTz* 17 (1894), Nr. 8, 5 sowie *SmW* 52 (1894), 692.

37 *Mara* von Ferdinand Hummel war einer der bekanntesten und erfolgreichsten deutschen veristischen Einakter des Jahres 1894. (s. Anm. 41)

„Afterkunst" bedacht[40], doch wurde deren „erdrückende" Dominanz im deutschen Bühnenspielplan[41] – wie jene des *Bajazzo* – bereits allgemein (wenngleich mit einer gewissen Resignation) als nicht mehr wegzudiskutierendes Faktum hingenommen, wie eine von Max Friedländer für das Jahr 1894 erstellte Gesamtstatistik deutschsprachiger Bühnen eindringlich vor Augen führt[42].

Mit dem Jahre 1895 sollte der nach Friedländers Recherchen eindeutig gegebenen Spitzenreiterfunktion von Mascagnis und Leoncavallos Einaktern allerdings ein Ende bereitet werden, da sich nunmehr die statistische Bilanz sowohl durch eine ständig wachsende Verbreitung von Humperdincks erfolgreicher Märchenoper als auch durch das Auftauchen von Kienzls *Evangelimann* (s. unten) zu Gunsten der Deutschen sehr rasch zu ändern begann. Im übrigen betraf dieser Rückgang der Aufführungsziffern auch nicht nur diese beiden Komponisten, sondern (zumindest vorübergehend) die Jungitaliener insgesamt[43], woran auch die deutschen Erstauffüh-

---

38 Siehe *AK* 18 (1894), 747.

39 Karl Kappel von Savenau in: *NMZ* 15 (1894), 163 f.

40 Max Arend, *Kunst und Moral*, In: *NZfM* 61 (1894), 534.

41 Ganz im Gegensatz zu jenen deutschen Ein- und Mehraktern, die mittlerweile entweder unmittelbar in Reaktion auf die jungitalienischen Vorbilder oder als „Nachgeburt" des Wettbewerbs von Gotha auf deutschen Bühnen zur Aufführung gelangt waren. Denn deren Bühnenleben war meist von nur sehr kurzer Dauer und vielfach auf die Stätte der Uraufführung beschränkt. Sie konnten einem Vergleich mit ihren italienischen Vorbildern einfach nicht standhalten und kamen daher weder beim Publikum an, noch erweckten sie bei der musikalischen Fachpresse Interesse-, außer dahingehend, daß letztere unter dem Vowurf der musikalischen „Fremdländerei" und der Einfallslosigkeit für die eigenen Landsleute vielfach nur Hohn und Spott übrig hatten. Eine der ganz wenigen Ausnahmen stellt diesbezüglich Ferdinand Hummels *Mara* dar. Dieser, von tscherkessischer Blutrache handelnde Einakter wurde am 11. Oktober 1893 an der Berliner Hofoper mit großem Erfolg uraufgeführt. Er brachte es (wenngleich bei der Kritik nicht unumstritten) nicht nur in Berlin auf 50 Vorstellungen, sondern konnte sich mit insgesamt 207 Aufführungen bis zur Saison 1909/10 im dt. Bühnenspielplan halten, ja er ging sogar in London, Florenz, Mailand (alle 1895) in Szene; zu Berlin s. *NBMZ* 47 (1893), 501, *AMz* 20 (1893), *AK* 17 (1893), 640, *NZfM* 62 (1894), 113; zur EA in Wien s. *NZfM* 61 (1894), 550, *MWb* 25 (1894), 525, *Lyra* 18 (1894/95), 20, *ÖMTz* 7 (1894/95), Nr. 13/14, 6.

42 Dank dieser Statistik läßt sich eine „veristische Zwischenbilanz" ziehen, die auch interessante Vergleichsmöglichkeiten mit Opern anderer Komponisten desselben Zeitraumes bietet. Demnach stehen 551 Aufführungen von Werken Mascagnis (515 *Cavalleria*, 27 *Freund Fritz*, 9 *I Rantzau*) 503 von jenen Leoncavallos (467 *Bajazzo*, 36 *I Medici*) gegenüber. Puccini ist 9 mal mit *Manon Lescaut*, Spinelli 11 mal mit *A basso porto* und *Tasca* 9 mal mit *A Santa Lucia* vertreten. Im Vergleich dazu die jeweils höchsten Aufführungsziffern von spielplandominierenden Werken anderer Komponisten: *Hänsel und Gretel*: 469, *Lohengrin*: 270, *Martha*: 217, *Faust* (Gounod): 206, *Troubadour*: 204, *Carmen*: 194, *Regimentstochter*: 154, *Fidelio*: 149, *Zauberflöte*: 123.

rungen von insgesamt drei neuen Opern italienischer Provenienz nichts ändern konnten.

Daß sich die damals offensichtliche (durch deutsche Einakter à la *Cavalleria* sicher noch verstärkte) Übersättigung mit Veristischem bzw. „Pseudoveristischem" nicht nur auf die Werke der Italiener bezog, sondern alles diesbezüglich von „außen" Kommende betraf, zeigt die aus Frankreich „importierte" einaktige, der *Cavalleria* nachgebildete *La Navarraise* Jules Massenets. Auch sie verschwand, nachdem sie in Köln und Hamburg im Jänner 1895 in deutscher Sprache unter geringer Anteilnahme von Publikum und Presse erstmals aufgeführt worden war, nach wenigen Wiederholungen wieder von den Spielplänen dieser Bühnen[44]. In Wien, wo dieses Werk am 4. Oktober desselben Jahres herauskam, gab es zumindest noch 8 Reprisen, wenngleich dort die Reaktion der Kritik um einiges heftiger als in der Hansestadt ausfiel[45] und man den Einakter u. a. als eine Oper mehr *„des gewissen spekulativen Kunst-Internationalismus"* charakterisierte, die *„der deutschen und heimatlichen Kunst-Luft den Raum wegnimmt"*[46]. Dabei hätte man sich, auf letzteres bezogen, ja gar nicht mehr so zu alterieren brauchen, da in der Zwischenzeit, am 4. Mai 1895, in der Berliner Hofoper *Der Evangelimann* uraufgeführt worden war-, jene Oper, die sich in Kürze als eminenter Publikumserfolg erwies und die von nationalen Musikkreisen zum willkommenen Anlaß genommen wurde, neuerlich die Rolle eines Retters der deutschen Oper vor dem *verismo* zu vergeben: diesmal an Wilhelm Kienzl. Die Voraussetzungen dafür erfüllte die Oper dieses Dichterkomponisten freilich auch in hohem Maße, denn nicht nur die Handlung fußte fest auf deutschem Boden, auch die Musik wurde in ihrem überwiegenden Teil als deutsch empfunden, obwohl ganz Hellhörige aus ihr (neben Wagner und anderen Komponisten) noch immer *„ein wenig Mascagni"*[47], oder die *„Jungitaliener"*[48] allgemein hören zu können glaubten. Daß der *Evangelimann* jedoch überhaupt mit dem *verismo* in Zusammenhang gebracht wurde, beruht in erster Linie auf der in gewissem Sinne veristischen Art des Ablaufs der auf einer wahren Begebenheit beruhenden Handlung, die zu Kommentaren wie z. B. jenem veranlaßte, Kienzl habe *„die Manier der Italiener gewissermaßen aufs Deutsche angewendet"*[49], wobei dem Komponisten in der Übertragung des Bühnengeschehens auf ein bürgerliches bzw. halbbürgerliches Milieu primär das moderne deutsche realistische Schauspiel[50], aber auch Opern wie *I Rantzau* oder *Manon Lescaut* als Vorbilder gedient haben dürften.

---

43 Siehe statist. Anhang; für den zahlenmäßigen Rückgang von *Cavalleria* und *Bajazzo* an einzelnen großen Bühnen, die Beispiele Wien und Berlin: *Cavalleria:* 1894: 17 bzw. 27, 1895: 15 bzw. 18; *Bajazzo:* 1894: 33 bzw. 22, 1895: 14 bzw. 8.
44 Siehe *AMZ* 22 (1895), 32.
45 Siehe z. B. Hanslick, *Fünf Jahre Musik*, 146 sowie Heuberger, *Im Foyer*, 193 f.
46 In: *Lyra* 19 (1895/96), 19;
47 Kalbeck, In: *Opernabende* 2, 235 (anläßlich der Wiener EA).
48 E. Bernsdorf, In: *SmW* 54 (1896), 450 (anläßlich der Leipziger EA).
49 Beckers, *Die Nachwagner'sche Oper*, 51.
50 Kienzl nannte seine Oper „Musikalisches Schauspiel"!

Dieses geänderte, für die dt. Oper damals praktisch neue Milieu entsprach zwar nicht mehr dem bisherigen dt. Verständnis von Verismus, wie darüber hinaus ja auch die Handlung aufgrund ihrer zahlreichen Unterbrechungen durch „Erzählungen" und Volksszenen sowie durch ihr „Dahinschleppen" über einen Zeitraum von 30 Jahren im Grunde genommen als unveristisch gelten mußte, doch glaubte man dennoch von einer veristischen Oper sprechen zu können. Und dies nicht nur wegen der schon angesprochenen tragischen Wirklichkeitsnähe des Sujets, sondern auch bzw. vor allem aufgrund des an Stelle von Mord und Totschlag durch Liebe und Versöhnung gekennzeichneten Handlungsschlusses. Dadurch wurde nämlich die immer wieder zuvor schon erhobene Forderung erfüllt, ein Opernstoff müsse bei aller Drastik des Realismus ein „idealisierendes" Element enthalten. Die Tatsache, daß der somit als erste, wirklich deutsche veristische Eigenleistung[51] betrachtete *Evangelimann* gleich nach seiner Uraufführung als *„neuerlicher Rückschlag gegen den im trübsten Pfuhl des Lebens fischenden italienischen Verismus"*[52] mit Freuden begrüßt wurde, verwundert daher ebenso wenig wie die nicht nur damals, sondern noch Jahre später anzutreffende Feststellung, daß Kienzl zusammen mit Humperdinck *„die Rettung der Ehre Deutschlands in einer Zeit, die nach und neben Wagner . . . nur noch Franzosen und Italiener auf der Opernbühne zu kennen schien"*[53], gelang.

Die mit Humperdinck und Kienzl zur Schau gestellte euphorische Gewißheit, einen (nach Wagner) neuerlichen Sieg deutscher Kunst über die italienische errungen zu haben, erhielt neue „Nahrung" durch den totalen Mißerfolg der herbstlichen Sonzogno-stagione in Berlin, wo Samaras' *La Martire* vollkommen durchfiel, die bereits im Theater an der Wien gespielte *Festa a marina* Coronaros mißfiel, und der Beifall bei der deutschen Erstaufführung von Mascagnis *Silvano* nur dem anwesenden Komponisten gegolten haben soll[54]. Allgemein erleichtert, betrachtete man demnach auf deutscher Seite den schon längst erwarteten *„großen Krach in musikdramatischen Knallbonbons"* als endgültig eingetreten, verkündete lauthals, daß *„die Tulpenhausse [sic!] an tragischen Einaktern . . . in sich zusammengebrochen"* sei[55], oder zeigte sich befriedigt darüber, daß *„das Unternehmen des berühmten Mailänder Verlegers Sonzogno verkrachte, der im Lindentheater den Versuch machen wollte, einige neuitalienische Werke, die in der Heimat nicht mehr anzubringen waren, den guten Deutschen anzuschmieren"*[56].

Eröffnet wurde die stagione, in der auch Mascagni selbst (wieder) als Dirigent mitwirkte[57], am 14. September im Berliner Theater unter den Linden

---

51 Vgl. dazu Karl Blessinger, *Der Verismo*, In: *Dichter und Bühne* IV, Frankfurt 1921, 11.
52 Hans Dütschke, In: *AMz* 22 (1895), 252.
53 Max Morold, *Wilhelm Kienzl* (Monographien moderner Musiker III), Leipzig 1909, 45.
54 *NmP* 4 (1895), Nr. 43, 7.
55 Ebenda.
56 Oscar Bie, In: *Kw* 9 (1895/96), Nr. 9, 24.
57 Mascagni stand damals am Beginn einer ausgedehnten Tournee, die ihn durch eine Reihe großer deutscher und österreichischer Städte führte.

mit der von Max Kalbeck erarbeiteten deutschen Fassung von *La Martire*[58], welcher Dreiakter sich (wie erwähnt) als eklatanter Mißerfolg erwies. Und bei dieser *novella scenica* rief auch nicht nur das Sujet Abscheu hervor[59] und ließ neuerlich fragen, warum die Italiener *„ihre Vorwürfe mit Vorliebe von der Straße, aus der Kneipe, aus der Verbrecherwelt schöpfen"* würden[60] –, auch die Musik konnte in keiner Weise gefallen und erfuhr vielfach eine Charakterisierung dahingehend, daß sie *„in der Erfindung schwach bis zur Trivialität und unselbständig"* sei[61]. Eine schlechte Darstellung des Werkes dürfte noch das ihre dazu beigetragen haben, zumal die zweite Vorstellung bereits vor leerem Haus stattgefunden haben soll, was schließlich den Veranstalter auch bewog, in das kleinere *„Neue Theater"* (?) umzusiedeln. Dort wurde die stagione auch tatsächlich mit *Festa a marina* fortgesetzt[62].

Auch Coronaros Oper, die am 3. Oktober über die Bühne ging, kam nicht viel besser davon, wurde sie doch entweder überhaupt totgeschwiegen, oder gerade noch „gut genug" für einen Hinweis darauf befunden, was doch im Vergleich dazu *„A Santa Lucia und Mala vita, die gelegentlich des Gastspiels der Bellincioni und Stagno in Krolls Theater zur Aufführung gelangten, für Meisterwerke"* gewesen wären[63].

Zumindest zu einem äußeren Publikumserfolg, der „Ehrenrettung" von Sonzognos stagione, brachte es Mascagni am 8. Oktober mit seinem *Silvano*, und dies vermutlich auch nur aufgrund seiner persönlichen Anwesenheit, die zuvor schon bei einer von ihm selbst dirigierten *Cavalleria* (nach wie vor) Scharen von Bewunderern anzulocken vermocht hatte. Dieses von Sonzogno klug erdachte „Reklame-Manöver", Mascagni selbst zwecks Steigerung der Spannung vor seiner neuen Oper als Dirigent auftreten zu lassen, hat zwar beim Publikum die erwartete Wirkung gezeigt, nicht jedoch bei der Kritik: Sie ließ sich nämlich dadurch nicht (mehr) beirren und „bescherte" der Oper um nichts weniger vernichtende Urteile, als dies schon bei der Uraufführung der Fall gewesen war[64]: angefangen vom *Silvano*, in welcher *„blutigen, dum-*

---

58 Die Uraufführung fand am 23. 5. 1894 im teatro Mercadante in Neapel statt.
59 Die Oper handelt von einem Schiffsarbeiter, der seine Frau und sein sterbendes Kind wegen einer Dirne verläßt, und endet mit einem effektvollen Selbstmord der Protagonistin durch Einatmen giftiger Kohlengase.
60 *NZfM* 62 (1895), 488.
61 *AMz* 22 (1895), 387.
62 Über Hintergründe und Ursachen des Abbruchs der stagione im Theater unter den Linden ausführlich bei Wilhelm Lakowitz, *Sonzognos Italienische Oper in Berlin*, In: *DMz* 26 (1895), 512.
63 Ders., ebenda, 538; vgl. dazu auch *AMz* 22 (1895), 506.
64 Zur Mailänder Uraufführung am 25. März 1895 s. die Rezensions-Auszüge bei Morini, *P. Mascagni* 1, 24 sowie In: *DKMz* 22 (1895), 90.

men Geschichte"[65] ein nicht mehr zu unterbietender kompositorischer Tief-
stand erreicht worden wäre[66], bis zur erschöpften musikalischen Phantasie
des *„Obmanns des musikalischen Jung-Italien"*, die es unmöglich mache, aus
dem *„zerflossenen, deklamatorischen Arioso . . . eine wirklich tiefgehende Melodie herauszufinden"*[67].

Insgesamt somit in den Augen der Fachwelt fraglos *„eine arge Enttäuschung"*[68], womit offensichtlich der von Paul Marsop[69] schon anläßlich der
Uraufführung dieses Werkes an seine deutschen Kritikerkollegen gemachten
Aufforderung, *„ihre Schuldigkeit zu tun und im Vaterlande Mozarts und Webers den Mascagniaden gegenüber in gebührender Weise endgültig Stellung
zu nehmen"*, Folge geleistet wurde. Allerdings ging angesichts der positiven
Publikumsreaktion gleichzeitig auch die ebenda ausgesprochene Prophezeiung in Erfüllung, nach der *„möglicherweise bei der Stärke der Influenza Mascagnitis selbst der ,massive‘ Silvano . . . noch baß bewundert werde"*, wie darüber hinaus sich selbst die Intendanz der Berliner Hofoper einmal mehr
durch einen Augenblickserfolg blenden ließ und die Annahme von Mascagnis neuester Oper, *Zanetto,* für das kommende Jahr versprach. *Silvano*
brachte es kurz darauf noch auf zwei Aufführungen in Frankfurt[70], wohin
Sonzogno mit seinem Ensemble weitergezogen war, sowie im Jahre 1897 auf
eine einzige Vorstellung in Stuttgart[71].

Zwei Wochen nach dem Frankfurter *Silvano* fand am 27. Oktober 1895 in
Stuttgart[72] die deutsche Erstaufführung von Mascagnis überarbeitetem Ju-
gendwerk *Guglielmo Ratcliff*[73] statt. Dem nach der gleichnamigen Dichtung

---

65 Mit dem *Silvano* wollte Mascagni seine *Cavalleria* von der Last des „siamesischen Zwillings-
   bruders", Leoncavallos *Bajazzo,* befreien und diesen durch einen eigenen neuen, besonders
   wirkungsvollen veristischen Einakter ersetzen.
66 *RK* 2 (1895/96), 194.
67 DMz 26 (1895), 539.
68 *22* (1895), 523.
69 In: *MS* 13 (1895), 163.
70 Siehe *NMZ* 16 (1895), 255.
71 Siehe *SMZ* 18 (1897), 103.
72 Ursprünglich sollte die Oper zuerst in Berlin herauskommen: die königl. Berliner Generalintendanz hatte bereits 1893 das Erstaufführungsrecht erworben (s. *NBMZ* 47/1893, 578 f.),
   gab es jedoch 1895 kurzfristig an Sonzogno zurück (s. *AMz* 22/1895, 102), sodaß Stuttgart
   dieses erwerben konnte.
73 Dessen Kompositionsanfänge reichen in Mascagnis Zeit seiner Zugehörigkeit zur *scapigliatura* zurück. Wohl deswegen dürfte der Komponist auch bereit gewesen sein, für diese Oper
   alle seine anderen zu verleugnen und gesagt haben, sie sei *„sangue del suo sangue, l'aspira-
   zione costante della sua giovinezza, la campagna e la consolatrice dei suoi dolori"*. (s. Checchi, *Mascagi*, 260)

Heinrich Heines entstandenen, von Emil Taubert ins Deutsche übertragenen Werk[74], hatten bereits im Frühjahr d. J. dt. Korrespondentenberichte von der Uraufführung ein denkbar schlechtes Zeugnis ausgestellt[75], sodaß sehr wahrscheinlich war, daß man in Stuttgart ähnlich reagieren würde. Und so geschah es auch, ja mehr noch, denn die Reaktionen beschränkten sich hier nicht nur auf einige wenige, meist lediglich ein paar Zeilen umfassende negative Pauschalurteile[76], sondern ließen überwiegend nicht einmal mehr ein Mindestmaß an Objektivität und „Fairness" gegenüber Mascagni erkennen: Als romantische vieraktige Oper, noch dazu aus der Feder eines ein für allemal zum Veristen „abgestempelten" italienischen Komponisten, galt der *Ratcliff* nämlich nur noch als *„unzeitgemäße Wahl"*, und dies bedeutete, daß er einer Diskussion überhaupt nicht (mehr) für würdig erachtet wurde[77].

Wie man mit einigem guten Willen und unter weniger oberflächlicher Auseinandersetzung mit dieser Oper jedoch auch als deutscher Kritiker zu einem nicht unbedingt ausschließlich negativen Urteil kommen konnte, dies stellt die hier in einigen Passagen wiedergegebene Besprechung Heinrich Chevalleys unter Beweis[78]. Zwar ist dieser Autor gleichfalls vom „Unzeitgemäßen" des Stoffes, ja sogar von der „Unkomponierbarkeit" der Heine'schen Vorlage überzeugt, doch macht er für die mangelnde Wirksamkeit des *Ratcliff* zu einem nicht geringen Teil auch die *„stellenweise ein unglaubliches Deklamè"* zu Tage fördernde Übersetzung Emil Tauberts verantwortlich, der den italienischen Text Andrea Maffeis ins Deutsche übertragen hatte. Im übrigen begrüßt er sowohl des Komponisten *„gelungene und veredelte"* Instrumentierung als auch dessen Abkehr von der *„übertriebenen Sprache einer exzentrischen Leidenschaft des ‚Freund Fritz'"*, wenngleich er Mascagnis, an die *Cavalleria* gemahnenden Melodiebau *„ebensowenig schön wie neu"* findet. Von den vier Akten finden als Höhepunkte der Oper Chevalleys besondere Anerkennung die Traum-Erzählung Ratcliffs im zweiten Akt sowie das diesem vorausgehende *Intermezzo sinfonico*[79]. Dem letzten Akt

---

74 Klavierauszug mit italienischem und deutschem Text sowie zwei- und vierhändige Arrangements einzelner Nummern erschienen 1895 in Berlin bei Bote & Bock.
75 Siehe z. B. *DMz* 26 (1895), 86.; auf italienischer Seite wurde die Mailänder Uraufführung vom 16. 2. 1895 sowohl von seiten des Publikums als auch von seiten der Kritik als eindeutiger Erfolg des Komponisten gewertet; eine Zusammenstellung von Auszügen italienischer Rezensionen findet sich in: *Kw* 8 (1894/95), 171 f.
76 Siehe z. B. *SmW* 53 (1895), 840 oder *AMz* 22 (1895), 538.
77 In Italien wurde im Unterschied dazu Mascagnis *Ratcliff* als romantische Oper akzeptiert und nicht nur von Puccini sondern sogar von dem mit Lobesäußerungen sehr sparsamen Verdi bewundert, der das Werk *„über alle anderen Opern junger Zeitgenossen"* gestellt und als *„tiefempfunden, farbenreich, voll Leidenschaft und Inspiration"* gelobt haben soll (s. Klaus Geitel, *Der unbekannte Mascagni*, In: *Theater und Zeit* 11/1963/64, 108).
78 In: *RK* 2 (1895/96), 208 ff.
79 Dieses wurde von J. K. Hasel in der Beilage zu *NmP* (Nr. 52, 4/1895) in einer für Mascagni überaus kompromittierenden Weise einer Analyse unterzogen, zumal es dem Autor lediglich darauf ankam, unter Beweis zu stellen, daß sich die durch zahlreiche Wechsel- und Nebennoten angereicherten Harmoniefolgen mit dem „Wortschatz" klassischer Harmonielehre nicht definieren lassen.

glaubt der Autor hingegen seine Zustimmung weitgehend versagen zu müssen, da dieser durch ein konstantes Nachlassen der Spannung gekennzeichnet sei[80].

Auch in Stuttgart war (wie schon zuvor bei der Berliner stagione) Mascagni persönlich anwesend[81], was dem *Ratcliff* den Anschein eines außergewöhnlichen Opernereignisses gab[82] und auch entsprechend stürmische Reaktionen beim Publikum hervorrief. Daß jedoch (wie schon so oft in Fällen ähnlicher Art) nach der Abreise Mascagnis das Interesse an der gerade vorgeführten Oper geradezu schlagartig erlosch, dies wird hier durch das Zustandekommen von nur einer einzigen Reprise bis zum Ende des Jahres besonders eindringlich vor Augen geführt. *Guglielmo Ratcliff* erlebte in den beiden folgenden Jahren noch einige wenige Aufführungen an den Bühnen von Leipzig und Düsseldorf, verschwand jedoch hierauf für immer vom deutschen Bühnenspielplan.

Mascagni, für den Stuttgart zweifellos ein persönlicher Erfolg war, reiste von dort (in Fortsetzung seiner „Reklame-Tour" für eigene Werke) über Budapest[83] nach Wien, wo er am 8. November in einem Konzert Ausschnitte aus seinen neuen und alten Opern dirigierte und auch hier (nach wie vor) mit allen äußeren Ehren für einen berühmten Komponisten empfangen und vom Publikum gefeiert wurde. Die Kritiken hingegen waren denkbar schlecht, sprachen von den aus *Silvano* und *Ratcliff* dargebotenen, für Wien neuen „Kostproben" als von einem *„Haschen nach Originalität"*[84], oder auch davon, daß die bekannten Orchestervorspiele von *Freund Fritz* oder *I Rantzau*, *„aus dem Vollen geschöpft schienen, gegen diesen ,Traum'* [,Ratcliffs Traumerzählung'] *und dieses ,Intermezzo' aus der Oper ,Ratcliff"*[85]. Eine ähnliche Situation ergab sich auch noch in München, wo Mascagni am 18. und 20. November *„vor gestopft vollem Hoftheater"* seine *Cavalleria* sowie (wieder) ein Konzert mit eigenen Werken leitete und einerseits das Publikum *„in wahrhaft südländische Begeisterungsausbrüche"* versetzt wurde[86], anderer-

---

80 Die neuere (Mascagni)-Forschung charakterisiert den Spannungsabfall als typisch für die meisten „letzten Akte" von Mascagnis Opern und erblickt darin auch die Hauptursache dafür, daß dieser Komponist stets im Schatten Puccinis stand, der sich gegen Schluß seiner dramatischen Werke stets zu steigern wußte (s. W. Klein, *Mascagni and his operas*, In: *Opera* 6 / 1955, 624).

81 Er dirigierte auch hier wieder vor der Premiere des *Ratcliff* seine *Cavalleria*.

82 Nicht zuletzt auch aufgrund der Tatsache, daß der König von Würtenberg den Komponisten mit der großen Medaille für Wissenschaft und Kunst auszeichnete; s. *MmN* 2 (1895), 5.

83 Mascagni leitete hier am 30. Oktober die 100. Aufführung seiner *Cavalleria*.

84 *NmN* 2 (1895), Nr. 5, 5.

85 *NmP* 4 (1895), Nr. 45, 3 f.

86 *NMZ* 6 (1895), 299 f.

seits sich die Presse nicht der Bemerkung enthalten konnte, daß der *„gigerl-haft gekleidete Maestro ... von neuem die Überzeugung gefestigt* [hätte], *daß er künstlerisch vollständig abgewirtschaftet ..., die melodien- und leiden-schaftsreiche ‚Bauernehre' von der Not gezeugt"* worden wäre[87]. Im übrigen, so heißt es hier in schon bekannt floskelhafter Manier weiter, wären zwar *„die Akten über den ‚Vater des Verismus' längst geschlossen, aber Unmut und ein bitteres Gefühl würden sich stets von neuem regen, sieht man, wie allerorten die ersten Kräfte sich bemühen, die trivialsten und nichtigsten Kompositionen des Maestro aufzuführen ..., anderseits Dutzende ernster und gedanken-reich schaffender deutscher Musiker, wenn sie sich und ihre Kunst nicht, von bitterster Not getrieben, prostituieren, überall an verschlossene Türen pochen und warten müssen, bis sie endlich der wirksamsten Reklame teilhaftig werden, der des Todes"*[88].

„Lamentationen" dieser Art, die sich in den beiden vorangegangenen Jahren immer mehr, ja bis zum Überdruß gehäuft hatten, bildeten am Ende des Jahres 1895 den Tenor in Sachen Mascagni und Jung-Italiener, und es zeigte sich, daß die „Nachkommen" von *Cavalleria* und *Bajazzo* bei einem Großteil der deutschen musikalischen Presse a priori auf Ablehnung stießen, aber auch vom Publikum nur noch dann mit Beifall bedacht wurden, wenn der Komponist persönlich anwesend war. Die anfängliche Begeisterung der Jahre 1891 und 1892 für das damals auf deutschsprachigen Bühnen neue Genre der veristischen Oper war umgeschlagen in Unmut und Überdruß, wenngleich zu diesem Zeitpunkt wie in der Folge das Phänomen zu beobachten war, daß die jeweils neuesten jungitalienischen Opern, auch wenn sie schon bei der Urauf-führung in Italien negativ beurteilt wurden, regelmäßig von irgendeiner größeren deutschen Bühne, die sich über die (nationalen) Bedenken der Kritik hinwegsetzte, zur Aufführung angenommen wurden. Erst wenn seine Bestätigung fand, was ohne-hin vorauszusehen war, und man wieder einmal feststellen zu können glaubte, daß Jung-Italien „am Ende" sei, setzte man das Werk nach wenigen (freilich auch tatsäch-lich erfolglosen) Reprisen ab. Dadurch bestand natürlich für andere Bühnen kaum mehr ein Anreiz, sich um eine Annahme der betreffenden Oper zu bemühen. Ange-sichts der auf diese Weise zustandegekommenen „Erfolge" von „Mascagni & Cie" konnte Heuberger[89] aus damaliger Sicht auch mit einiger Berechtigung am Ende des Jahres 1895 feststellen, es sei *„die Mode um"* und der *„Kurssturz der Modekomponi-sten"* habe nicht nur Mascagni sondern auch *„seine schlechten und tüchtigen Lands-leute"* getroffen. Allerdings hat die Zukunft gezeigt, daß er damit nur zum Teil Recht hatte. Denn die Mode war nicht um, sondern nur im Begriffe, sich sujetmäßig in Hin-blick auf Zeit und Milieu zu verändern, nachdem Komponisten wie Puccini, Gior-dano, Cilea etc. rechtzeitig erkannt hatten, daß die Zukunft nicht mehr in veristischen bzw. pseudoveristischen Bauern- und Fischertragödien oder in romantischen „Schau-erdramen" mit realistischem Einschlag lag.

---

87 Ebenda.
88 Vgl. dazu auch David G. Sonneck, *Geschäft, Zopf und Clique in der Musik,* In: *NMZ* 17 (1896), 133 f. und 148.
89 In: *Musikalische Skizzen,* Leipzig 1901, 39.

(„Veristi minori" – *Zanetto*: „eine aufgeblähte Duoszene" – *La Bohème* mal zwei)

Der Wandel in Hinblick auf das Sujet, der sich (wie erwähnt) mit *La Bohème*[1], *Andrea Chenier*[2], aber auch bereits bei Mascagni selbst mit *Zanetto*[3] abzuzeichnen begann, sollte vorerst auf deutschsprachigen Bühnen noch nicht in aller Deutlichkeit spürbar werden, da auf diesen im Jahre 1896 nur letzterer zur Aufführung kam. Man mußte sich somit nach wie vor (sofern noch Interesse bestand) mit veristischen Novitäten alten Schlages begnügen, an deren Aufführung verständlicherweise jedoch keine großen Erwartungen mehr geknüpft wurden. Genaugenommen erwartete man sich von den Jungitalienern auf deutscher Seite damals überhaupt nichts mehr, denn Puccini war vergessen, Mascagni galt als „abgewirtschaftet" und von Leoncavallo war seit seinem Mißerfolg mit *I Medici* nichts Neues zu vernehmen gewesen. Auch war man diesseits der Alpen der Meinung, daß selbst Italien seine Veristen zu „verleugnen" beginne und diese *„im eigenen Vaterland kaltgestellt"*[4] seien. Zwar war diese Behauptung zweifellos übertrieben, doch war tatsächlich auch in Italien eine gewisse *„Cavalleria*-Müdigkeit" zu verspüren, und das Fehlen neuer zugkräftiger Werke machte sich unangenehm bemerkbar. Ja selbst der jährlich stattfindende Wettbewerb Sonzognos scheint von seiner bisherigen Zugkraft sehr viel eingebüßt zu haben[5]. Denn wie anders wäre es sonst zu verstehen, daß es dem Wiener Gabor Steiner gelungen war, im Mailänder Blatt *Il teatro illustrato* eine große Wettbewerbsausschreibung für eine einaktige Oper mit einem Libretto in italienischer Sprache zu annoncieren[6], um dann jedoch die prämierten Werke nicht in Mailand sondern in Wien, in einem eigens dafür zu erbauenden Sommertheater im Rahmen der Ausstellung „Wien in Venedig" aufführen zu wollen. Ist es zu diesen geplanten Aufführungen in Wien auch aller Wahrscheinlichkeit niemals gekommen[7], so scheint doch mit diesem, deutliche Parallelen zum *concorso Sonzogno* sowie zur einstigen *stagione* des Jahres 1891 im Wiener Ausstellungstheater aufweisenden Wettbewerb fraglos die Absicht verbunden worden zu sein, neues Leben in die damalige „Flaute" der italienischen Oper zu bringen.

1 UA 1. 2. 1896 in Turin.
2 UA 28. 3. 1896 in Mailand.
3 UA 2. 3. 1896 in Pesaro.
4 *AMz* 23 (1896), 11.
5 Laut einer Mitteilung in *NmR* (1/1896, 163) soll Sonzogno im Jahre 1896 erstmals die Leitung der *stagione* der Mailänder Scala abgegeben haben.
6 Der volle Wortlaut in dt. Übersetzung ist wiedergegeben In: *NBMZ* 50/1896, 5 sowie in *DMz* 27 (1896), 15 f.
7 Dafür spricht auch eine Mitteilung in *NmR* (1/1896, 165), wonach die von der Kommission prämierten acht Opern nunmehr (gegen Ende des Jahres 1896) in Mailand ihrer Aufführung harren würden.

Daß am 24. Mai 1896 Crescenzo Buongiornos veristisches Bauerndrama *La Festa della Messe (Das Erntefest)* seine Uraufführung in Leipzig erlebte, hat seine Ursache nicht darin, daß man in Italien dem dort als Operettenschreiber bereits bekannten Komponisten etwa die Annahme einer Oper dieser Art aus Gründen der oben genannten *Cavalleria*-Müdigkeit verweigert hätte. Schuld daran war vielmehr, daß Buongiorno in Dresden lebte und durch den Übersetzer des Librettos, Ludwig Hartmann, beste Beziehungen zum Leipziger Theater unterhielt[8]. Allerdings wurde dieser (offensichtlich publik gewordene) Umstand und mehr noch die Tatsache, daß ein Stück des verismo vom ältesten Schlage an einem deutschen Theater überhaupt noch angenommen und sogar uraufgeführt worden war, allgemein als *„höchst ärgerlich"* empfunden. Auch die musikalische Fachpresse, für die damit *„der Ekel vor dem sogenannten ‚Verismus', auf den Buongiorno schwört, nur neue Nahrung"* erhalten hatte[9], kommentierte dies in entsprechender Weise und ließ u. a. verlauten, daß sie es als *„Forderung der Menschlichkeit"* betrachte, Deutschland in Zukunft vor einem Werk zu verschonen, das *„nur Mitleid mit dem unsagbar geistarmen Komponisten"* erwecken könne[10]. Bei der zweiten Aufführung, wie es ebenda heißt, wurde *„die Novität unter tiefem Stillschweigen begraben"*.

Während in Leipzig *La Festa della Messe* im wahrsten Sinne des Wortes „zu Grabe getragen" wurde, zumal dieser Zweiakter an keiner weiteren dt. Bühne mehr gespielt wurde, waren mittlerweile in Italien bereits nicht nur die schon genannten neuen Opern Puccinis, Giordanos und Mascagnis, sondern auch Leoncavallos *Chatterton*[11] „aus der Taufe gehoben" worden, was Carlo Arner[12] in einem Situationsbericht zum Stand der *„Musikalischen Bewegung Italiens"* Mitte des Jahres 1896 veranlaßte, mit einigem Stolz *„ein neues zukunftsvolles Erstarken"* der italienischen Oper zu vermelden.

Diese Meinung konnte allerdings auf deutscher Seite (zumindest vorläufig) noch nicht geteilt werden, da (wie erwähnt) die einzige diesjährige „Importware" von der Art des (neuen) *verismo borghese*, Mascagnis *Zanetto*, bei ihrer mit 1. September im Theater an der Wien erfolgten dt. Erstaufführung[13] (s. Abb. 17, S. 123) einen neuerlichen Mißerfolg für den Italiener erbrachte[14],

---

8 Siehe *RK* 2 (1895/96), 1127.
9 *NMZ* 27 (1896), 149; vgl. auch *NZfM* 63 (1896), 323.
10 Otto Sonne, In: *RK* 2 (1895/96), 1127.
11 Rom, 10. März 1896; Das Werk gelangte an keiner deutschen Bühne zur Aufführung.
12 In: *NmR* 1 (1896), 83 f.
13 Gesungen wurde in ital. Sprache.
14 Die Uraufführung des *Zanetto*, am 2. März 1896, soll jedoch laut *AMz* (23/1896, 185) ein großer Erfolg gewesen sein und Mascagni *frenetischen Beifall"* sowie 27 Hervorrufe eingebracht haben; auch Morini (*Mascagni* 1, 25) berichtet Ähnliches.

woran diesmal nicht einmal die Mitwirkung von Gemma Bellincioni etwas ändern konnte. Zwar brachte es dieser, nach Coppées Komödie *Le Passant*[15] nachgezeichnete, in „halbbürgerlichem" Renaissance-Milieu spielende Einakter in Wien auf 10 Vorstellungen, doch konnte die Kritik dem ausschließlich auf zwei Frauenstimmen zugeschnittenen Werk überhaupt nichts abgewinnen. Und gerade letzteres, die Beschränkung auf zwei weibliche Protagonisten (eine davon eine Hosenrolle) war es auch, was in besonderer Weise Mißfallen erregte und von *„einer aufgeblähten Duoscene, welche . . . zu den längsten Duetten der Opernliteratur zählt"*[16], sprechen ließ, womit Mascagni nunmehr endgültig *„in jenes Genre hineingeraten* [sei], *das bekanntlich das gefährlichste ist: das der Langeweile!"*[17]. Des Komponisten *„dicke und blasierte Muse"*[18] sowie hinlänglich bekannter *„harmonischer und instrumentaler Mascagni-Pfeffer"* hätten schließlich zur Überzeugung geführt, der Italiener werde *„gelegentlich mit einem Werk hervortreten müssen, in dem er nicht etwas sagt, sondern auch etwas zu sagen hat"*[19].

Mascagnis *Zanetto* kam im Jahre 1897 noch in Brünn, Stuttgart und Leipzig, sowie 1914 in Breslau mit jeweils einigen wenigen Vorstellungen zur Aufführung.

Mascagni scheint sich oben zit. Forderung nach Werken höheren Niveaus, die ja nicht nur vereinzelt, sondern in ähnlicher Weise gleichzeitig von vielen Seiten kam, zu Herzen genommen zu haben, denn seine nächste Oper, *Iris*, die nach einer relativ großen schöpferischen Pause von fast drei Jahren im November 1898 in Mailand zur Uraufführung kam, war nach langem wieder – zumindest in Italien – ein großer, länger andauernder Erfolg. Einen Erfolg hatte Mascagni ja nicht nur in deutschen Ländern, wo mit Beginn der Saison 1897/98 außer *Cavalleria rusticana* von ihm keine einzige Oper mehr lief, sondern auch in seiner Heimat bitter nötig. Dort war ja bisweilen sein Ansehen so tief gesunken, daß man sich nicht scheute, ihn in einem Mailänder Flugblatt anhand einer Gegenüberstellung von Notenzitaten aus seinen Werken mit jenen von Komponisten wie Ponchielli, Bizet, Verdi, Meyerbeer, Paladilhe[20] etc. öffentlich des Plagiats zu beschuldigen[21].

Die dritte Oper eines Jungitalieners, die 1896 noch zu einer deutschen Erstaufführung kommen sollte, war die in Italien seit ihrer Uraufführung[22] viel gespielte *Maruzza* des Sizilianers Pietro Floridia[23], die am 13. November in Zürich in Szene ging, über drei Vorstellungen jedoch nicht hinauskam. Die

---

15 Libretto von Targioni-Tozzetti und Menasci.
16 *NmP* 5 (1896), Nr. 36, 2.
17 *ÖMTz* 9 (1896/97), Nr. 2, 2 f.
18 *DMz* 27 (1896), 488.
19 Heuberger, *Im Foyer*, 210; vgl. diesbezüglich auch *SmW* 54 (1896), 723.
20 Emil Paladilhe, Komponist der damals bekannten und auch in Italien viel gespielten *Mandolinata*.
21 Siehe *MmN* 2 (1895/96), Nr. 12, 4.

K. k. pr. Theater an der Wien.

Eigenthümerin und Direktorin: Alexandrine v. Schönerer.

Dinstag den 1. September 1896.

Eröffnungs-Vorstellung.

Zum Besten des Journalisten- und Schriftsteller-Vereines „Concordia".

Gastspiel der Signa. Gemma Bellincioni und des Frl. Lili Lejo.

Zanetto.

(„Le Passant" di F. Coppée.)

Riduzione di G. Targioni-Tozzetti e G. Menasci.

Per la Musica di Pietro Mascagni.

Zanetto . . . . GemmaBellincioni. | Silvia . . . . . Lili Lejo.

Textbücher in italienischer Sprache sind an den Tageskassen und bei den Billeteuren zum Preise von 40 kr. zu haben.

Hierauf:

Der Mikado oder: Ein Tag in Titipu.

Burleske Operette in 2 Akten von W. S. Gilbert. Musik von Arthur Sullivan.

Deutsch von F. Zell und Richard Genée.

Der Mikado von Japan Hr. Lindau.	Ku-li-lu,	Frl. Bernard.
Nanki-Poo, sein Sohn (als fahrender Musikant) = Hr. Streitmann.	Dela-la,	Frl. Bittner I.
	Kat-ji,	Frl. Walter.
Ko-Ko, geheimer Justifizirungsrath, Oberscharfrichter und beeidigter	Bih-bo,	Frl. Leitner.
	Tish-fu	Frl. Déon.
	Mim-mim,	Frl. Möckl.
Hauptoperateur in Titipu Hr. Wallner.	Nan-la,	Frl. Bittner II.
Yum-Yum, Schwestern. Hr. Ottmann.	Ali-ßung,	Frl. Kucher.
Pitty-Sing, Mündel Fr. Biedermann.	Gang-gi,	Frl. Zach.
Peep-Bo, Ko-Ko's Frl. Branche.	Ka-tin-la, Japanesinnen	Frl. Grindl.
Katisha . . . . Frl. Stein.	Gem-Gem,	Frl. Noë.
Pooh-Bah, Staatsbeamter	Tsing-Tsang	Frl. Carlé.
„für Alles" . . . Hr. Josephi.	Joli-li,	Frl. Frank.
Pish-Tush, ein Edler des Landes . . . Hr. Pohl.	Jed-de,	Frl. Holde.
	Na-ja-li,	Frl. Folkmann.
Kiki-Ki, des Mikado geheimer Temperatur-Commissär Hr. Lunzer.	Ni-Po,	Frl. Leithner.
	Vong-Sing,	Frl. Pfaller.
Katse-Ka, Japanesinnen Frl. Schick.	Bih-Bih,	Frl. Schreiter.
Ami-tjing, Frl. Meinau	Na-na-bo,	Frl. Redl.
Bet-ti-bo, Frl. Gottwald.		
Peep-Song, Frl. Fleury.	Edle Japanesen, Garden, Pagen, Volk.	

Ort der Handlung: 1. Akt. Hof im Staatspalaste, welchen Ko-Ko bewohnt. 2. Akt: Im Garten Ko-Ko's.

Nach den Bestimmungen der behördlich genehmigten Hausordnung sind Oberkleider und Schirme an den Garderoben abzugeben und haben Damen und Herren im Zuschauerraume (erstere mit Ausnahme der Logensitze) die Hüte abzunehmen.

Anfang halb 8 Uhr.

K. k. Hoftheater-Druckerei, I., Wollzeile 17.

Abb. 17: *Zanetto*: Deutsche Erstaufführung – Theater an der Wien
(Wiener Stadt- und Landesbibliothek C 64.523)

musikalische Fachpresse nahm von diesen „*Lyrischen Volksszenen*", zu denen Floridia nach Jugenderinnerungen selbst den Text verfaßt hatte[24], soviel
wie keine Notiz mehr, nachdem man im Jahre der Uraufführung dieser Oper
von deutscher Seite (dem damals eher noch vorhandenen Interesse für dieses
Genre entsprechend) eine mehr als schmeichelhafte Besprechung gewidmet
hatte[25]. Daß dem Werk in Zürich nicht einmal ein Augenblickserfolg beschieden war, dürfte aber nicht allein in der Schwäche von Musik und Sujet[26], sondern auch darin gelegen gewesen sein, daß der Aufführung einfach eine über-
ragende Darstellerpersönlichkeit wie Gemma Bellincioni fehlte, die schon
vielen Werken dieser (und auch anspruchsvollerer) Art zu größerer Bühnenwirksamkeit verholfen hatte und die auch nun wieder, am Ende des Jahres
1896, durch ihre außergewöhnliche Gestaltungskraft in München[27] *Cavalleria* und *Bajazzo* unter „*wahrem Jauchzen und Jubeln*"[28] des Publikums dem
Opernalltag zu entreißen vermochte[29].

Auf deutscher Seite zeichnete sich mittlerweile immer deutlicher ab, daß Kienzl mit
seinem im Vorjahr herausgebrachten *Evangelimann* zwar den Anstoß zu einer bereits auch im verismo Italiens ansatzmäßig vorhandenen „Versachlichung" der
Oper[30] in Richtung modernes bürgerliches und realistisches Musiktheater gegeben
hatte, daß dessen Verwirklichung jedoch noch einige Zeit auf sich warten lassen
würde. Denn was in der Zwischenzeit an „moderner" deutscher Opernproduktion
herausgekommen war, orientierte sich nach wie vor großteils an italienischen Vorbildern und konnte trotz des Wechsels von Milieu und Schauplatz seine Herkunft nur
schwer verleugnen. So z. B. Georg Jarnos vieraktige Oper *Die schwarze Kaschka*[31], bei
der es um das Schicksal einer „deutschen Santuzza" in einem pommerschen Küsten-
dorf geht und der Komponist dieses relativ lange und oft gespielten Werkes[32] zur
Kenntnis nehmen mußte, daß man „*niemals ein Werke gehört* [habe], *das einem anderen derartig gleicht, wie die ‚Kaschka' der ‚Cavalleria', die Ähnlichkeiten . . . so frap-
pant* [seien], *daß man hellauf lachen möchte*"[33]. Interessant auch – und dies in zweifa-
cher Hinsicht – der Einakter *Amen* von Bruno Heydrich[34]: zum einen, weil hier,

---

22 23. 8. 1894 in Venedig.
23 Zu seiner Person s. *Enciclopedia della musica* 2, Mailand 1964, 211.
24 Deutsche Übersetzung von Ludwig Hartmann.
25 Siehe *DMz* 25 (1894), 469.
26 Siehe *SmW* 54 (1896), 981.
27 Am 20. Dezember 1896.
28 *NZfM* 64 (1897), 79 und 91.
29 Von Leoncavallo war im übrigen gegen Ende des Jahres bei Bartholf Senff in Leipzig die
    Canconette *A Ninon* nach Worten von Alfred de Musset in der dt. Übersetzung von Fr. Ray-
    mond erschienen; s. dazu eine kurze Besprechung in: *SmW* 54 (1896), 981.
30 Vgl. dazu Th. W. Adorno, *Die bürgerliche Oper*, in ders., *Klangfiguren. Musikalische Schrif-
    ten* I, Berlin/Frankfurt 1959, 35 ff.
31 UA 12. 5. 1895 in Breslau; Das Libretto verfaßte Victor Blüthgen.
32 *Die schwarze Kaschka* konnte sich bis zur Saison 1906/07 im dt. Bühnenrepertoire halten
    und brachte es in 29 Städten auf nicht weniger als 96 Aufführungen.
33 Hermann Bischoff, In: *Kw* 11 (1897/98), 225.

gleichsam als dramaturgische Weiterentwicklung des Prologs aus *Bajazzo* sowie von Turiddus Ständchen aus *Cavalleria rusticana* die Vorgeschichte dieser, im Thüringischen Wald spielenden *„schauerlich-blutigen Jägergeschichte"* in Form einer „pantomimischen Ouverture" dargestellt wird, zum anderen, weil es sich bei diesem Komponisten und Heldentenor in einer Person um den Vater des später gefürchteten Gestapo-Chefs Reinhard Heydrich handelt[35].

Aufmerksamkeit verdient hier auch noch Franz Lehár mit seinem Lyrischen Drama *Kukuschka*[36], des Komponisten zweiter Versuch im veristischen Metier, nachdem er beim Wettbewerb von Gotha den Einakter *Rodrigo* erfolglos eingereicht hatte[37]. Anhaltender Erfolg war dieser vieraktigen, in Russland spielenden und bürgerliches mit bäuerlichem Milieu vermischenden Oper zwar weder nach der Uraufführung, noch nach der 1905 erfolgten Umarbeitung unter dem neuen Titel *Tatjana*[38] beschieden, doch hatte Lehár damit zweifellos den Grundstein für jene später so beliebte *italianità* seiner Operetten gelegt. Letztere hat ihn allerdings nicht nur immer wieder mit Puccini in Zusammenhang bringen lassen, sondern sogar zu Urteilen wie jenem (später allerdings revidierten) eines Schönberg geführt, *„Puccini sei der, der dem Lehár alles vorgemacht habe"*[39]. Übersehen wurde dabei jedoch, daß der König der silbernen Operette diesbezüglich vielmehr unmittelbar an einen Mascagni, Leoncavallo, Giordano und in ganz besonderer Weise an die Musik des ihm persönlich sehr nahestehenden Jungitalieners und Ponchielli-Schülers Antonio Smareglia angeknüpft hat, dessen von ihm bewunderten *Cornelius Schutt* er in den Volksszenen von *Kukuschka* ein Denkmal gesetzt hatte[40].

---

34 UA am 22. 9. 1895 in Köln; im Untertitel des von von Max Behrend verfaßten Librettos heißt es: *Operndrama in einem Akt und in einem musikalisch-pantominischen Vorspiele: Reinhards Verbrechen.*

35 Vgl. dazu John W. Klein, *Hans Pfitzner and the two Heydrichs*, in: *MR* 26 (1965), 308 ff.

36 UA 27. 11. 1896 in Leipzig; Libretto vom K. K. Korvettenkapitän Felix Falzari nach George Kennans „Sibirienbuch".

37 Zu Lehár und dem Wettbewerb von Gotha s. Bernard Grun, *Gold und Silber. F. Lehár und seine Welt*, Wien/München 1970, 44 ff. sowie Mark Lubbock, *Franz Lehár and Opera*, in: *Opera* 21 (1970), 996.

38 Man erkannte bei der Handlung spätestens nach der Umarbeitung, daß mit einem *„plötzlich von Edelmut erfaßten Nebenbuhler"* die Figur des Gerard aus Giordanos *Andrea Chenier* nachgezeichnet worden war, wie man in gleicher Weise keine Schwierigkeiten hatte, herauszufinden, daß beim Tod der beiden Protagonisten im Schneesturm die letzte Szene aus Puccinis *Manon Lescaut* Pate gestanden hatte, wobei man darüber hinaus – wie z. B. bei Korngold (*Romanische Oper*, 214) – die Titelheldin Tatjana sich noch in Santuzza bzw. Nedda und ihren Geliebten in Don José verwandeln zu sehen glaubte. Derselbe Korngold, der im übrigen auch in einem späteren Vergleich mit einer 1903 entstandenen, denselben Stoff behandelnden Oper, Giordanos *Siberia*, Lehár äußerst schlecht wegkommen ließ (ebenda, 18 f.), stellte in bezug auf die Musik fest, daß dieser Komponist neben Tschaikowsky zwar Mascagni, Bizet und Smareglia kopiert, aber dennoch *„vergebens bei den Veristen den dramatischen Schuß"* sich zu holen versucht habe.

39 Zit. nach Hans Swarowsky, *Wahrung der Gestalt*, Wien 1979, 217; der Vorwurf bezieht sich vor allem auf die sixte ajoutée und die große Sekund im Tonika-Dreiklang, die auch Eingang in die U-Musik gefunden haben.

40 Vgl. Grun, *Gold und Silber*, 51 f.

Angesichts eines im Laufe des Jahres 1897 nicht nur unerwarteten, sondern auch massiven neuerlichen „Vorstoßes" der *scuola giovane*[41] bekommt das Datum der Brünner Erstaufführung von Mascagnis *Zanetto* mit 1. Jänner 1897 geradezu symbolischen Charakter. Denn, 1897 war zwar kein Jahr Mascagnis (wenngleich neben dessen unverwüstlicher *Cavalleria* zumindest in der ersten Jahreshälfte auch noch *Silvano, Zanetto* und *Guglielmo Ratcliff* Erstaufführungen bzw. Reprisen auf deutschsprachigen Bühnen erlebten), doch war es im Vergleich zu 1895 und 1896 ein auffallend „starkes" Jahr der Jungitaliener insgesamt. Und dies vor allem für jene, die (wie erwähnt) die malerische Nationaltracht, unter welcher der Realismus „musikalischer Dorftragödien" verborgen gewesen war, abgelegt und sich erfolgreich einem *verismo borghese* zugewandt hatten. Diese Komponisten versuchten nunmehr neuerlich ihr Glück in Ländern deutscher Zunge, allen voran Giordano mit seinem *Andrea Chenier*, gefolgt von Puccinis und Leoncavallos *La Bohème*.

Giordano, der nach *Mala vita* in der zweiaktigen *Regina Diaz*[42] auf einen historisch-romantischen Stoff zurückgegriffen hatte, damit aber noch erfolgloser war als mit seiner veristischen „Skandaloper", wandte sich in seinem dritten musikdramatischen Werk dem bürgerlich-historischen Revolutionsdrama zu und konnte hier mit *Andrea Chenier* auf Anhieb einen Sensationserfolg bei Publikum und Press erzielen. Die Tatsache jedoch, daß von der Mailänder Uraufführung[43] sowie von weiteren, überaus geglückten Aufführungen auf anderen italienischen Bühnen vorerst in der deutschen Presse kaum etwas verlautete, mag ein gewichtiger Grund mit dafür gewesen sein, daß die (somit) ohne entsprechende Reklame in Breslau am 28. Jänner 1897 über die Bühne gegangene deutsche Erstaufführung[44] für den Komponisten nicht sehr verheißungsvoll verlief, zumal auch eine unglückliche Terminkollision mit Budapest den überwiegenden Teil der internationalen Presse nicht nach Breslau sondern zur Premiere derselben Oper in die ungar. Hauptstadt reisen ließ[45]. Doch nicht genug damit, denn die wenigen überregionalen,

---

41 Im Kunstwart (11/1897/98, 52 f.) heißt es gegen Ende des Jahres 1897: *„Ein Anwachsen des ‚Italianismo' auf der deutschen Opernbühne, das kein vernünftiger Mensch erwarten konnte, ist seit vorigem Sommer wieder zu verzeichnen . . ."*

42 Das 1894 uraufgeführte Werk kam an deutschen Bühnen nicht zur Aufführung.

43 28. März 1896; s. Ippolito Valetta, *Andrea Chenier di Luigi Illica, musica di Umberto Giordano*, In: *Nuova Antologia di Lettere, Scienze ed Arti* 68 (1897), 165 ff.

44 Die deutsche Übersetzung von Luigi Illicas Libretto besorgte Max Kalbeck.

45 Das lag an der zweifellos geringeren Repräsentativität des Breslauer Stadttheaters gegenüber dem königlichen Opernhaus in Budapest, wo nur einen Tag später (allerdings gleichfalls nicht sehr erfolgreich) die Erstaufführung derselben Oper in Szene ging und von deutscher Seite ausführlich kommentiert wurde (s. z. B. *NmP* 6 /1897, 4, *ÖMTz* 9 /1896/97, Nr. 14, Beilage 9 f. sowie *SmW* 55 /1897, 20.).

über kurze Vollzugsmeldungen großteils kaum hinausgehenden Kommentare zur Premiere ergingen sich inhaltlich in mehr oder minder leeren Floskeln, wie z. B. der Art, daß die Musik Giordanos zwar *„bei allen Schwächen von selbständigem Talent"* zeuge, der Komponist jedoch kein Melodiker wie Mascagni und Leoncavallo sei, *„wenngleich er auch in den lyrischen Partien ... den Italiener nicht verleugnen"*[46] könne, etc.

Ausführlicher, jedoch gleichfalls zu keinem positiven Ergebnis gelangend, erweisen sich die in Anm. 45 angeführten deutschen Rezensionen zur Budapester Erstaufführung des *Andrea Chenier*. Auf sie soll zwar (da es sich hier um keine Aufführung an einem deutschsprachigen Theater handelt) nicht näher eingegangen werden, doch erscheint aus ihnen zumindest jene Passage erwähnenswert, in der als *„verwunderlich"* empfunden wird, daß Giordano in seiner Oper *„auf ein breiter ausgeführtes Orchesterstück verzichtet hat ... nach wenigen Takten der Einleitung der Vorhang in die Höhe geht und auch sonst nicht das geringste Intermezzo vorfindbar ist"*[47]. Mit ihr wird nämlich auf ein für diese Oper sowie in der Folge für Werke wie *La Bohème, Tosca, Turandot* etc., aber auch schon bei *Manon Lescaut* zu beobachtendes charakteristisches Merkmal hingewiesen: der Verzicht auf eine längere Einleitung und das anstelle dessen praktizierte sofortige „Einspringen" in den Handlungsablauf. Auch zeigt sie deutlich, wie sehr damals sowohl das nunmehrige Wegfallen des althergebrachten Opern-Vorspiels als auch das Fehlen des offensichtlich zum „Markenzeichen" für eine veristische Oper gewordenen Intermezzos als Mangel empfunden wurde.

Die nächste deutsche Bühne, die *Andrea Chenier* herausbrachte, war das Hamburger Stadttheater (s. Abb. 18 S. 129), wo Gustav Mahler am 5. Februar 1897 der musikalischen Realisierung von Giordanos Partitur den Stempel des Außergewöhnlich aufdrückte[48]. Wohl waren auch hier die Kommentare der Fachpresse äußerst kurz gefaßt[49], und man gewinnt den Eindruck, daß sich mit den Budapester und Breslauer Erfahrungen das Interesse an dieser „Revolutionsoper" erschöpft hatte, doch kam Giordano dabei als *„ausgezeichneter Stimmungsmaler, geistreicher Harmoniker, vorzüglicher Colorist"*, bei dem *„kein grober Effekt"* die veristische Abstammung verrate[50], relativ „ungeschoren" davon.

Andrea Chenier brachte es in diesem und im darauffolgenden Jahr in Hamburg noch auf insgesamt 11 Reprisen, um dann jedoch erst wieder in

---

46 *NMZ* 18 (1897), 62.
47 Siehe *ÖMTz* 9 (1896/97), Nr. 14, 10.
48 Vgl. De la Grange, *Mahler* I, 395.
49 In: *NZfM* oder *AMz* wird die Aufführung überhaupt nicht erwähnt.
50 *ÖMTz* 9 (1896/97), Nr. 13, Beilage 9.

der Saison 1906/07 (allerdings mit nur einer Vorstellung) wieder auf dem Spielplan dieses Hauses aufzuscheinen. Von weiteren deutschsprachigen Bühnen griffen in dem hier behandelten Zeitraum nur noch das Berliner Theater des Westens im Jahre 1898 sowie 1909 die Wiener Volksoper nach dem Werk, worauf noch näher einzugehen sein wird. Die großen Opernhäuser dieser beiden Städte öffneten ihre Tore dem heute neben Puccinis Werken sowie den beiden Einaktern Mascagnis und Leoncavallos als eines der bedeutendsten und meistgespielten veristischen Musikdramen geltenden *Andrea Chenier* erst viele Jahre später: Wien 1926, Berlin 1929.

Eine Sensation ersten Ranges in der deutschen Opernszene des Jahres 1897 war zweifellos die am 22. Juni in Berlin erfolgte Erstaufführung von Puccinis *La Bohème* (s. Abb. 19, S. 130), die sich hier in der Hofoper als ausgesprochener Premierenerfolg erwies und großes Echo bei der Kritik hervorrief.

Das Interesse an Puccinis neuer Oper war zuvor nur gering gewesen, ja begann überhaupt erst zu einem Zeitpunkt einzusetzen, als dem Komponisten mit diesem Werk, nach vorangegangener mißglückter Uraufführung[51], mit der sensationell erfolgreichen Aufführung in Palermo[52] schon längst der Durchbruch gelungen war, die Oper nicht nur einen Siegeszug durch Italien sondern auch Erstaufführungen in Buenos Aires, Moskau, Lissabon, Manchester etc. hinter sich gebracht hatte. Genaugenommen war es im Frühjahr 1897, daß von deutscher Seite erstmals ernsthaft von *La Bohème* Notiz genommen wurde, sei es, daß der schon lange zurückliegende, nunmehr aber erst aktuell gewordene Libretto-Streit zwischen Puccini und Leoncavallo Erörterung fand[53], sei es, daß man vereinzelt von Aufführungen der Oper in italienischen Städten in Verbindung mit kleinen Werkbesprechungen Mitteilung machte und mit diesen zum Teil bereits einen kleinen Vorgeschmack dessen vermittelte, was Puccini bei der Berliner Premiere seiner Oper von der deutschen Kritik erwarten sollte[54]: eine überwiegend feindselige und den Italiener geradezu diskriminierende Ablehnung, die in

51 1. Februar 1896, Turin (Regio); s. dazu Claudio Casini, *Die Kritiken der Turiner Uraufführung*, In: *G. Puccini. La Bohème. Texte, Materialien, Kommentare* (Rororo Opernbuch Nr. 7405, hrsg. von Attila Csampai und Dietmar Holland), Hamburg 1981, 228 f.

52 13. April 1896; s. dazu Arnaldo Fraccaroli, *G. Puccini. Sein Leben und sein Werk*. Deutsch von H. R. Fleischmann, Leipzig-Wien-New York 1926, 132 f.

53 Über den einerseits privat, andererseits öffentlich im *Corriere della sera* bzw. im *Secolo* ausgetragenen Streit um den Prioritätsanspruch auf den Murger'schen Stoff s. Guido Marotti und Ferruccio Pagni, *Puccini intimo*, Florenz 1926, 47 f.

54 Siehe z. B. *NMZ* 18 (1897), 129.

Hamburger Stadt-Theater.
(Direction: B. Pollini.)
Freitag, den 5. Februar 1897.
150. Abonnements-Vorstellung.   22. Freitags-Vorstell.
Zum 1. Male:

André Chénier.

Musikalisches Drama in 4 Akten von L. Illica. Musik von
U. Giordano. Für die deutsche Bühne bearbeitet v. Max Kalbeck.
In Scene gesetzt von Herrn Franz Bittong.
Dirigent: Herr Kapellmeister Gustav Mahler.

André Chénier	Hr. Birrenkoven
Charles Gérard	Hr. Demuth
Gräfin de Coigny	Frl. Horsten
Madelaine de Coigny	Frl. v. Mildenburg
Bersi, eine Mulattin	Fr. Förster-Lauterer
Roucher	Hr. Lorent
Mathieu Populus, eine Sansculotte	Hr. Bilmar
Madelon	Fr. Schumann-Heink
Fouquier Tinville, öffentlicher Ankläger	Hr. Dörwald
Ein Incroyable	Hr. Weidmann
Pierre Fléville, der Romancier, Pensionär des Königs	Hr. Bucha
Der Abbé	Hr. Rodemund
Dumas, Präsident des Wohlfahrtsausschusses	Hr. Bucha
Schmidt, Schließer von St. Lazare	Hr. Kuckartz
Ein Haushofmeister	Hr. Löhmann
Filandro Farinelli	Hr. Pelazino
Der alte Gérard	Hr. Bartels
Horatius Cocles	Hr. Meyer
Gravier de Bergennes	Hr. Fabricius
Montmorency, eine Nonne	Frl. Zahrndt
Madame Legray	Fr. Jost
Eine Fischhändlerin	Frl. Mühler
Ein Gerichtsdiener	Hr. Plate
Ein Zeitungsjunge	Frl. Hamel

Abb. 18: *André Chénier*: Hamburger Erstaufführung – Stadt-Theater
(Hamburger Theatersammlung: Zettelbuch des Hamburger Stadt-Theaters)

Königliche Schauspiele.

Neues Opern-Theater.

Anfang 7½   Anfang 7½

Dienstag, den 22. Juni 1897.

18. Vorstellung.

Zum 1. Mal:

Die Bohème.

(Pariser Künstlerleben 1830.)

Scenen aus Henry Murgers „Vie de Bohème" in 4 Bildern von G. Giacosa und L. Illica.
Deutsch von Ludwig Hartmann. — Musik von Giacomo Puccini.

In Scene gesetzt vom Ober-Regisseur Tetzlaff.

Decorative Einrichtung vom Ober-Inspector Brandt. Dirigent: Musikdirektor Steinmann.

Rudolf, Poet,		Herr Naval.
Schaunard, Musiker,		Herr Bachmann.
Marcel, Maler,	Freunde	Herr Hoffmann, a. Gast.
Collin, Philosoph,		Herr Krasa.
Bernhard, der Hausherr		Herr Mödlinger.
Mimi		Frau Herzog.
Musette		Fräulein Dietrich.
Parpignol		Herr Alma.
Alcindor		Herr Schmidt.
Sergeant bei der Zollwache		Herr Grün.
Ein Zollwächter		Herr Selle.

Studenten. Grisetten. Nätherinnen. Bürger. Verkäufer in Läden und
Hausirer. Soldaten. Kellner. Gassenjungen. Kinder u. s. w.

Handlung um 1830 in Paris.

Neue Decorationen:

1. und 4. Bild: Mansarde.
2. Bild: Straßenkreuzung beim Café Momus, } Aus dem Atelier des Herrn Georg Hartwig.
3. Bild: An der Barrière d'Enfer.

Nach dem 1. und 3. Bilde längere Pausen.

Textbuch 1 Mark. — Theaterzettel mit Concert-Programm 10 Pf.

Fremden-Loge	10 Mark	Mittel-Parquet 1.—10. Reihe		6 Mark
I. Rang Loge	6 „	Mittel-Parquet 11.—22. „		4 „
I. „ Mittel-Balkon	6 „	Seiten-Parquet		3 „
I. „ Seiten-Balkon	3 „	Stehplatz		1 „
I. „ Tribüne	2 „			

Der Billet-Verkauf findet im Opernhause täglich zu allen für das Neue Opern-Theater angekündigten Vorstellungen statt.

Verkaufszeit: { An Sonn- und Festtagen von 9–10 Uhr und von 12–½ Uhr.
{ An Wochentagen von 9–10 Uhr und von ½,11–1 Uhr.

Für jedes im Vorverkauf bis zum Tage der jeweiligen Vorstellung Vormittags 10 Uhr zum Verkauf kommende Billet
wird ein Aufgeld von 50 Pf. erhoben. Eine Zurücknahme von Billets erfolgt nur im Falle der Abänderung der Vorstellung,
gegen Rückzahlung auch des Aufgeldes.

Außerdem sind Billets zu haben durch den Invalidendank, Unter den Linden Nr. 24 I., an jedem Tage der
Vorstellung von 10 Uhr Vormittags ab bis ½ Stunde vor Eröffnung der Abendkasse.

Die Theater-Billets berechtigen zum Eintritt in den Garten.

Abb. 19: *Die Bohème* (Puccini): Deutsche Erstaufführung – Hofoper Berlin
(Archiv der Deutschen Staatsoper Berlin)

krassem Gegensatz zu einer (vorerst) spontanen Zustimmung des Publikum stand. Damals begannen sich damit auch bereits jene beiden Arten des Puccini-Publikums abzuzeichnen, die in Zukunft für den deutschsprachigen Raum typisch werden sollten und die René Leibowitz treffend einerseits als „*l'enorme masse di ascolatori giornalmente affascinati dalle opere di Puccini, che non ha certo bisogno di studi teorici per comprendere meglio una musica che le è perfettamente familiare, e che parla un linguaggio privo di ogni misterio . . .*", andererseits als „*musicisti e ascoltatori . . . secondo cui le reazioni puramente emotive e passionali provocano giudizi secondo cui la musica di Puccini sarebbe ,volgare', ,sentimentale', ,superficiale', ,a buon mercato', tenderebbe solo ad ,effetti esteriori', volgerebbe solo ai più bassi istinti'. . . "*[55] charakterisiert hat.

Jene „*musicisti e ascoltatori . . .*", also die „Musikexperten", haben im Falle der Berliner *Bohème* auch genau in oben verdeutlichtem Sinne reagiert, wobei in Hinblick auf das Sujet[56] aber ohnehin vorauszusehen gewesen war, daß ein „*Textbuch, welches Szenen aus der Hefe der Pariser Gesellschaft schildert"*[57], wie auch eine „*als verstärkter Aufguß von Verdis ,La Traviata' in Musik gesetzte Geschichte einer Grisette"*[58], zwangsläufig die Moralapostel auf den Plan rufen würde. Was man hier – ganz abgesehen von fehlender „*dramatischer Folgerichtigkeit und psychologisch haltbarer Entwicklung"*[59] – in besonderer Weise vermißte, war der „*in Murgers Original so mächtig wirkende idealisierende Naturalismus, der nichts von dem tiefen Mitleid, das beim Erleben der Seelenleiden der Kameliendame ergreift"*[60], verspüren hätte lassen. Allerdings wurde bei dieser, „*lüstern auf den tiefliegenden Geschmack eines unkünstlerisch empfindenden Publikums spekulierenden Oper"*[61] nicht nur Kritik am Sujet bzw. an dessen Wahl geübt, sondern auch – und dies zweifellos zurecht[62] – an der mangelhaften Übersetzung Ludwig Hartmanns. Ja man sah sogar im „*Mißverhältnis zwischen dem unmöglichen Text mit der nüchternen prosaischen Sprache und der von Sentimentalität triefenden Musik"* die Hauptursache für die geringe Wirkung des Werkes.

---

55 René Leibowitz, *L'arte di G. Puccini*, In: *Approdo musicale* 6 (1959), Nr. 6, 24 f.
56 Noch 1894 trug sich Puccini bekanntlich mit dem Gedanken, nach *Manon Lescaut* Vergas *La Lupa* zu vertonen, ehe er sich endgültig Henri Murgers *La vie de Bohème* zuwandte und auch kein Hindernis darin sah, daß Leoncavallo an der Vertonung desselben Stoffes arbeitete.
57 Eugenio Pirani In: *NZfM* 64 (1897), 328.
58 Paul Ertel, In: *DMz* 28 (1897), 309.
59 W. Klatte, In: *NmR* 2 (1897), 371 f.
60 Rudolf Fiège, In: *NmP* 6 (1897), Nr. 26, 3 f.
61 Otto Lessmann, In: *AMz* 24 (1897), 396 f.
62 Vgl. Kurt Honolka, *Opernübersetzungen. Zur Geschichte der Verdeutschungen musiktheatralischer Texte* (Taschenbücher zur Musikwissenschaft 20), Wilhelmshaven 1978, 70.

Erwies sich die Kritik am Libretto somit insgesamt als äußerst negativ und gab auch jenes dahinterstehende Philistertum preis, das in Ablehnung des nackten *verismo borghese* nach einem idealisierenden Naturalismus verlangte und den Schein einer *„heilen Welt"* gewahrt wissen wollte[63], erreichte die Musik der Oper im Vergleich dazu eine weit bessere Beurteilung. In ihr wurde nämlich grundsätzlich begrüßt, daß es Puccini verstanden habe, sich von den musikalischen „Brutalitäten" der übrigen Jungitaliener fernzuhalten, wie man in gleicher Weise nicht nur so manches kompositionstechnische Detail als gelungen und von einer nicht alltäglichen Begabung zeugend charakterisierte, sondern auch den *„gut entwikkelten Sinn für charakteristische Klangfarben"*[64] sowie die außergewöhnliche Beherrschung der musikalischen Realisierung von *„Stimmung und Empfindung"*[65] hervorhob. Einwände, die freilich nicht ausblieben, liefen in melodischer Hinsicht primär auf den Vorwurf hinaus, daß die Musik *„zerrissen, kurzathmig, ohne breiten, echten dramatischen Fluß"*[66] wirke, während sie in der Harmonik vor allem die parallelen leeren Quinten betrafen, welche nicht als Ausdruck von Stimmungsmalerei sondern als Verstoß gegen elementare Regeln der Kompositionskunst gewertet wurden[67]. Und dies sogar mit der Bemerkung, man brauchte für *„diese ganz verfehlten Quintenexperimente nicht eine Stunde Kompositionsunterricht genossen zu haben"*[68].

Mit dieser relativ positiven Bewertung der Musik sowie der kategorischen Ablehnung des Sujets hinterließ *La Bohème* insgesamt in Berlin fraglos einen äußerst zwiespältigen Eindruck, der zusammen mit einem nach anfänglicher Premierenbegeisterung bald nachlassenden Publikumsinteresse keine Zweifel daran ließ, daß Puccinis Werk vorerst einmal nicht jene schnelle und weitreichende Verbreitung finden würde, wie dies bei *Cavalleria* und *Bajazzo* der Fall gewesen war. (Letztere waren ja bekanntlich bei ihren deutschen Erstaufführungen zwar gleichfalls auf massiven Widerstand

---

63 Arnold Hauser (*Sozialgeschichte der Kunst und Literatur*, München 1973, 954) meint diesbezüglich, daß die Absicht, „. . .*die bürgerliche Gesellschaft . . . harmloser erscheinen zu lassen, als sie ist, und den ahnungslosen Bürger auch weiterhin in seinen zweideutigen Wunschträumen schwelgen zu lassen"* noch viel gefährlicher und verhängnisvoller wäre, als die verpönte, unverhüllte Wahrheit selbst.
64 Siehe Anm. 59.
65 Siehe Anm. 60.
66 Siehe Anm. 59.
67 Gemeint sind hier die von Puccini als musikalisches Synonym für Kälte, Frost und Schneegestöber verwendeten leeren Quintgänge am Beginn des dritten Bildes der Oper.
68 Siehe Anm. 58.

der Kritik gestoßen, doch hatten sie beim Publikum vergleichsweise „wie Bomben" eingeschlagen.)

Von jenem spontanen Erfolg, wie er einst diesen beiden Einaktern zuteil geworden war, erwies sich hingegen in der dt. Reichshauptstadt wenig später einmal mehr Spinellis *A basso porto*, diesmal mit der am 2. Juli über die Bühne gegangenen Berliner Erstaufführung im Theater des Westens. Besonders verdient dabei erwähnt zu werden, daß Spinellis Werk nicht nur neuerlich von einer *„italienischen Oper von wirklicher Bedeutung"*[69] sprechen ließ, die Mascagnis und Leoncavallos Erfolgsopern vorzuziehen sei[70], sondern daß es sogar über *La Bohème* gestellt wurde[71], nachdem sich nunmehr die Möglichkeit eines unmittelbaren Vergleichs mit Puccinis Oper ergeben hatte. Und auch als *A basso porto* in das Berliner königl. Opernhaus überwechselte, wozu man sich offensichtlich angesichts des großen Erfolges dieser Oper im Theater des Westens entschlossen hatte[72], hieß es wiederum, Spinellis Musik sei *„mehr werth als Cavalleria, Bajazzo und Bohème zusammen"*[73].

Für Puccini selbst begann sich auch nach der mittlerweile am 14. September 1897 erfolgten Leipziger Erstaufführung seiner *Bohème* (der zweiten Station dieser Oper auf deutschsprachigen Bühnen) keinerlei „Wende zum Guten" abzuzeichnen. Auch hier war (wie zuvor in Berlin) die Reaktion des Publikums zwar positiv, aber auch hier fällte die Kritik wiederum ein insgesamt negatives Urteil, argumentierte mit denselben, schon bekannten Argumenten und stellte schließlich die provokante Frage in den Raum, *„wie derartige Werke im Lande Rossini's, Bellini's, Donizetti's und eines Verdi Gefallen, ja Begeisterung erregen können"*[74].

Wesentlich besser erging es im Vergleich dazu Leoncavallos *Bohème*, bei der es vorerst sogar den Anschein hatte, als ob ihr auf deutschsprachigen Bühnen ein glücklicheres Los beschieden sein sollte als jener Puccinis. Denn in Hamburg am 24. September desselben Jahres in der Übersetzung von

---

69 *Dmz* 28 (1897), 414.
70 Siehe *NmP* 6 (1897), Nr. 28, 2 f.
71 Siehe *Kw* 11 (1897/98), 13.
72 Der Publikumserfolg sowie die Anzahl der Aufführungen waren hier allerdings wesentlich geringer, was man in den Rezensionen teils auf eine schlechtere Besetzung und Inszenierung als im Theater des Westens, teils auf den Umstand zurückführte, daß die Oper in letzterem bereits zu oft aufgeführt worden war. Insgesamt brachte es *A basso porto* in Berlin in beiden Theatern auf 23 Aufführungen.
73 *Amz* 24 (1897), 481; *A basso porto* ging im selben Jahr auch noch an zahlreichen anderen Bühnen, wie z. B. an jenen von Kassel, Breslau, Chemnitz oder Königsberg in Szene.
74 *SmW* 55 (1897), 658.

Ludwig Hartmann erstmals aufgeführt (s. Abb. 20, S. 135), erzielte diese Oper unvergleichlich mehr Wirkung als jene des Meisters von Lucca, da sie nicht nur ein Publikumserfolg war, sondern auch (vor allem) bei der Kritik überwiegend Anerkennung fand. Letzteres hatte sich ja zuvor auch schon mit durchwegs positiven Korrespondentenberichten von der Uraufführung[75] abzuzeichnen begonnen.

Was bei den Rezensionen zur Hamburger Aufführung sofort auffällt, ist das nahezu gänzliche Ausbleiben jener harten Kritik am Libretto, die mit ihrem Tenor von der „Unkomponierbarkeit" und moralischen Anstößigkeit des Stoffes Puccinis *Bohème* in Berlin mehr oder minder zum Fall gebracht hatte. Die Ursache dafür lag vermutlich weniger darin, daß Leoncavallo sich selbst ein um so viel besseres Libretto als Illica und Giacosa geschrieben hatte, sondern vielmehr an einer völlig anders gelagerten Szenenfolge. Hier standen nämlich zwei ausgedehnte, heitere und abwechslungsreiche Genre-Bilder zwei kürzeren, sentimental-tragischen gegenüber, wodurch das reali-stische Element wesentlich reduzierte wurde und die ganze Oper weit mehr als jene Puccinis ins Tragikomische geriet. Ganz in diesem Sinne sind dem-nach auch Bemerkungen der Art zu verstehen, daß Leoncavallo diesen Stoff *„viel geschickter"*[76] verarbeitet und mit dem *„leicht graziösen Ton"*[77] der bei-den ersten Akten das französische Lokalkolorit genau getroffen hätte. Ver-ständlich somit aber auch die ganz andere Charakterisierung der zwei letzten Akte, und zwar: als *„trauriges Nachspiel zum vorangegangenen Lustspiel"*[78], oder, als erfüllt von *„einem pathetischen Ton, der zu dem Charakter der han-delnden Personen nicht recht paßt"*[79]. Allerdings wurde gleichzeitig die Fähig-keit, am Schluß der Oper beim Publikum Tränen der Rührung hervorzuru-fen, als *„größter Erfolg, den sich ein Tondichter wünschen kann"*[80], gewertet!

Und die Musik? Ihr wurde im Großen und Ganzen ein Fortschritt gegen-über dem *Bajazzo* zugebilligt-, insbesondere im Hinblick auf eine verfeinerte, maßvollere Orchestersprache, die zwar gelegentlich in einen operettenhaften Ton verfalle, aber zumindest „derbe" dramatische Zugnummern vermeide[81].

---

75 5. Juni 1897, Venedig (Fenice); zu den Korrespondentenberichten vgl. z. B. Karl Potgiesser In: *AMz* 26 (1897), 409.
76 Eugenio Pirani, In: *NZfM* 64 (1897), 434.
77 *ÖMTz* 10 (1897/98), Nr. 4, 8.
78 Ebenda.
79 *NMZ* 18 (1897), 261.
80 Siehe Anm.76.
81 Zu den zahlreichen „Zitaten" Leoncavallos aus Werken von Wagner, Tschaikowsky, Men-delssohn, Meyerbeer, Massenet u. a. s. Edward Greenfield, *The other Bohème*, In: *Opera Anual* 5 (1958), 79 ff.

Hamburger
Stadt-Theater.
(Direktion: B. Pollini.)

Freitag, den 24. September 1897.
24. Abonnements-Vorst.   4. Freitags-Vorst.

Zum 1. Male:
Erste Aufführung in Deutschland.

Die
Bohème

Lyrische Oper in 4 Akten.
Dichtung und Musik von R. Leoncavallo.
Nach dem Roman Murger's „Scenen aus dem
Pariser Zigeunerleben".
Deutsch von Ludwig Hartmann.
In Scene gesetzt von Herrn Franz Bittong.
Dirigent: Herr Kapellmeister Karl Gille.

Marcell, Maler	Hr. Birrenkoven
Rudolf, Dichter	Hr. Demuth
Schaunard, Musiker........	Hr. Bilmar
Gustav Collin. Philosoph ...	Hr. Lorent
Barbemuche, Litterat und Lehrer des	Hr. Steffens
Graf Paul	Hr. Weidmann
Gaudenzio, Besitzer des „Café Momus"	Hr. Rodemund
Durand, ein Portier	Hr. Thoma
Ein Herr aus der ersten Etage	Hr. Kuckartz
Musette, Näherin	Fr. Förster-Lauterer
Mimi, Blumenmacherin	Frl. von Wenz
Euphemia, Plätterin	Fr. Schumann-Heink
Apotheker...........	Hr. Baumann
Ein Müßiggänger von der Straße...........	Hr. Kuckartz

Abb. 20: *Die Bohème* (Leoncavallo): Deutsche Erstaufführung – Hamburger Stadt-Theater
(Hamburger Theatersammlung: Zettelbuch des Hamburger Stadt-Theaters)

Auch ihr enges Anschmiegen an die szenischen Vorgänge, worin auch heute noch einer der Vorzüge dieser *Bohème* gesehen wird[82], fand gebührend Beachtung. Was jedoch bei allem Lob oder Tadel hier überhaupt nicht angesprochen wurde, ist eine Eigenschaft der *Bohème*-Musik, die zwar damals einem Erfolg der Oper (noch) nicht im Wege zu stehen schien, die sich jedoch auf Dauer als verhängnisvoll erweisen und zu einem gewichtigen Grund für das spätere gänzliche Zurücktreten von Leoncavallos *Bohème* hinter jene Puccinis werden sollte: der Mangel an Originalität[83].

Auf den Mangel an Originalität in seinen negativen Auswirkungen auf das Werk wurde (vermutlich erstmals) in der *Neuen musikalischen Presse*[84] aufmerksam gemacht, wo anläßlich der Budapester Erstaufführung dieser Oper, am 27. November 1897, bereits Zweifel auftauchten, ob Leoncavallo die durch seinen *Bajazzo* errungene Popularität jemals zuteil geworden wäre, hätte er seine *Bohème* vor diesem geschrieben, und wo es heißt: *„Sowie im heiteren Genre, so erfaßt Leoncavallo auch im ernsten jede Situation, jede Wendung des Textes mit sicherem theatralischen Instinct, mit sorgfältigster Beobachtung von Accent und Tonfall, er findet charakteristische Farben für jede Stimmung. Aber eines fehlt im gänzlich, das ist Originalität. Er hat für alles die passende Musik. Leoncavallos Motive sind immer charakteristisch für die zu begleitende Scene, aber nicht charakteristisch für Leoncavallo. Seine Musik fesselt solange sie malt und dichtet, zum Singen aber fehlt ihr der volle Brustton und der Athem.“*

Das Hamburger Publikum nahm, wie bereits erwähnt, Leoncavallos *Bohème* sehr positiv auf und spendete dem anwesenden Komponisten, den Darstellern sowie dem „italomanen“ Direktor Pollini[85], begeistert Beifall, was u. a. auch damit kommentiert wurde, daß *„der liebe Publikus, für den noch heute der Rummel der Wachtparade und der Kastratengesang so etwa die Grenzpole seines Privatgeschmackes bilden . . ., wieder einmal sein Recht“* bekommen habe[86].

Im Wettrennen der beiden *Bohèms* um die Gunst von Publikum und Kritik gelangte als nächste jene Puccinis an einer weiteren deutschsprachigen Bühne zur Aufführung, und zwar in Wien, wo das Werk jedoch vorerst nicht an der Hofoper sondern im Theater an der Wien, am 5. Oktober 1897, in Szene ging (s. Abb. 21, S. 137)[87]. Daß Puccinis *Bohème* vor-

---

82 Siehe Klein, *Leoncavallo*, 162 f.
83 Vgl. Greenfield 77 f.
84 6 (1897), Nr. 49, 2.
85 An dessen Haus liefen nunmehr *La Bohème*, *Andrea Chenier*, *Bajazzo* und *Cavalleria* gleichzeitig.
86 *Kw* 11 (1897/98), 52.
87 Die Ursache dafür lag darin, daß der scheidende Wiener Hofoperndirektor Wilhelm Jahn

K. k. pr. Theater an der Wien.

Eigenthümerin und Direktorin: Alexandrine v. Schönerer.

Dinstag den 5. Oktober 1897.

Gastspiel der Mme.

Francès Saville

von der **Opéra comique** in Paris und des k. Kammersängers Herrn

Franz Naval

von der königlichen Hofoper in Berlin.

Zum 1. Male:

Die Bohème.

(Pariser Künstlerleben.)

Szenen aus Henry Murger's „Vie de Bohème" in 4 Bildern von G. Giacosa und L. Illica, deutsch von Ludwig Hartmann. Musik von Giacomo Puccini.

In Szene gesetzt von Direktorin Schönerer.

Keine Ouverture.

Rudolf, Poet	* *
Schaunard, Musiker	Hr. Josephi.
Marcel, Maler	Hr. Walter.
Collin, Philosoph	Hr. Alexy.
Mimi	* *
Musette	Frl. Frey.
Bernard, der Hausherr	Hr. Pohl.
Alcindor	Hr. Wallner.
Parpignol	Hr. Woller.
Sergeant der Zollwache	Hr. Fichtner.
Ein Zollwächter	Hr. Pester.

Studenten, Näherinnen, Hutmacherinnen, Bürger, Verkäufer, Hausirer, Soldaten, Kellner, Buben und Mädchen c.

Handlung um 1830 in Paris. 1. und 2. Bild: Weihnachten, 3. Bild um vier, 4. Bild um acht Wochen später.

* * * „Rudolf" Herr **Franz Naval** a. G.
* * * „Mimi" Mme. **Francès Saville** a G.

Die neuen Dekorationen aus dem Atelier des Hoftheatermalers Herrn Anton Brioschi.

Die neuen Kostüme von der Garderobe-Inspektorin Frau Marie Nunziante und dem Ober-Garderobier Herrn Schäffer.

Textbücher dieses Werkes sind an den Kassen und bei den Billeteuren um den Preis von 60 kr. zu haben.

Nach den Bestimmungen der behördlich genehmigten Hausordnung sind Oberkleider und Schirme an den Garderoben abzugeben und haben Damen und Herren im Zuschauerraume (erstere mit Ausnahme der Logensitze) die Hüte abzunehmen.

Anfang 7 Uhr

K. k. Hoftheater-Druckerei, 1., Wollzeile 17.

Abb. 21: *Die Bohème* (Puccini): Wiener Erstaufführung – Theater an der Wien
(Wiener Stadt- und Landesbibliothek C 64.523)

läufig der Weg zum ersten Musiktheater der Habsburger-Monarchie versperrt war[88], dafür wurde dieser Komponist an besagtem Theater allerdings reichlichst durch einen außergewöhnlichen Publikumserfolg[89] entschädigt, was ihm angesichts des Mißerfolges von Leoncavallos *Bohème* zu Beginn des folgenden Jahres an der Hofoper (zumindest nachträglich) fraglos eine Genugtuung gewesen sein dürfte.

Weniger Genugtuung dürfte Puccini allerdings die Kritik bereitet haben, zumal einerseits die in Hamburg, Berlin oder Leipzig gefällten Urteile bereits als *„maßgeblich"* und endgültig betrachtet worden zu sein schienen[90] und eine Reaktion zu einem erheblichen Teil daher überhaupt ausblieb, andererseits der verbleibende Rest sich für den Komponisten wiederum als wenig erfreulich erwies. Dies stellen u. a. die Stellungnahmen eines Hanslick, Heuberger oder eines Kalbeck unter Beweis, wobei auffällt, daß das Hauptinteresse auf die Musik ausgerichtet war und diese selbst einer kritischeren Beurteilung als je zuvor unterzogen wurde. So fand diese schärfere „Gangart" z. B. ihren Ausdruck in einem *„oft völlig unlogischen Spekulieren mit der Sentimentalität"*[91], in einer melodischen Erfindung, die *„weniger ein Singen als ein Sprechen über charakteristischen Orchesterklängen"*[92] darstelle, oder in einem Puccini, der als *„Kleinmeister des musikalischen Milieus... mit zappeligen Dialogen"* aufwarte und auf *„Jagd nach unerhörten Orchestereffekten"*[93] gehe. Als eine der wenigen positiven Aspekte, die Puccinis Musik abzugewinnen seien, wurden seine meisterliche Beherrschung der Instrumentation, die in den Genre-Szenen gezeigte *„vornehme Beweglichkeit, um die jeder Deutsche den Italiener beneiden"* dürfe[94], und die als erwiesen angesehene Tatsache genannt, daß sich Puccini wesentlich *„distinguirter"* als Mascagni gegeben habe.

Insgesamt somit für Puccini eine „kalte Dusche" mehr von „maßgeblicher" Seite deutschsprachiger Musikkritik, die demnach weiterhin keinerlei Bereit-

---

   Leoncavallo bereits vor längerer Zeit eine Annahme von dessen Oper in Aussicht gestellt hatte und Mahler gezwungen war, bei seinem Amtsantritt in Wien (Herbst 1897) sich an das Versprechen seines Vorgängers zu halten; darüber ausführlich bei Josef-Horst Lederer, *Mahler und die beiden Bohèms*, In: *Festschrift Othmar Wessely*, Tutzing 1982, 399 ff.

88 Puccinis *Bohème* kam erst am 25. 11. 1903 an der Wiener Hofoper erstmals zur Aufführung (s. S. 169 ff.).

89 In der nur kurzen Zeit bis 21. November d. J. gab es nicht weniger als 20 Vorstellungen der Oper.

90 Vgl. z. B. R. Fiège in *NmP* 6 (1897), Nr. 41, 2.

91 Heuberger, In: *Im Foyer*, 231.

92 Hanslick, In: *Am Ende des Jahrhunderts (1895-1899), Der modernen Oper VIII. Teil*, Berlin 1899, 77.

93 Kalbeck, In: *Opernabende* 2, 93.

94 Siehe Anm. 91.

schaft zeigte, ein einmal gefaßtes Urteil durch eine neuerliche Überprüfung auf seine Haltbarkeit zu untersuchen, sondern an Vorurteilen festhielt, wie sie in gleicher Weise auch noch in nächster Zukunft dieser Oper entgegengebracht werden sollten[95]. Dies dürfte letztlich auch ausschlaggebend dafür gewesen sein, daß *La Bohème* nach nur zwei weiteren Erstaufführungen[96] mit Beginn des Folgejahres für knapp zwei Jahre vom deutschen Bühnenspielplan überhaupt verschwand: weil, wie man damals sagte, aufgrund ihres *„schlechten Leumunds"* Kritiker *„in anderen deutschen Städten . . . nicht viel mehr von ihr wissen wollten"*.

Dem „lieben Wiener Publikus" gefiel die Oper (wie erwähnt) außerordentlich gut, was sicherlich nicht nur auf die ihm von der „überlegenen" Kritik zugeschriebene *„Unmündigkeit in Sachen Kunst"*, oder auf die Neugier für eine *„andersartige Tugend, als die vorschriftsmäßige, bürgerliche"*[97], zurückzuführen gewesen sein dürfte.

---

95 Anders in Frankreich, wo Puccinis *Bohème* von Anfang an auch von der Kritik begeistert aufgenommen wurde (s. Eckart-Bäcker, *Frankreichs Musik*, 247), was aber zweifellos auch darin seine Ursache hatte, daß man dort besonderen Gefallen an Puccinis musikalischer Zeichnung des Pariser Milieus gefunden hat. So soll Debussy sich zu de Falla dahingehend geäußert haben, daß keiner wie Puccini in seiner *Bohème* Paris beschrieben hätte (s. Jaime Pahissa, *Manuel de Falla*, London 1954, 231).
96 In Bremen am 8. Oktober und in Frankfurt am 11. November.
97 Siehe Anm. 91.

(Leoncavallos Stern im Sinken – Giordanos *Fedora* und Mascagnis *Iris*: „Verismo im Frack" und „tonaler Anarchismus")

Mit zwei Reprisen der *Bohème* in Frankfurt, der ganzen Ausbeute des Jahres 1898 auf dt. Bühnen, war Puccini vorläufig an einem toten Punkt angelangt, von dem er (wie schon angedeutet) erst wieder gegen Ende des folgenden Jahres, mit der Breslauer Erstaufführung am 1. Dezember 1899, loskommen sollte. Allerdings konnte Puccini warten und brauchte in dieser Zeit im Grunde genommen auch nur Leoncavallo für sich arbeiten zu lassen. Denn diesem gelang es zwar bis Jahresende mit seiner *Bohème* auf fünf weiteren Bühnen erstmals aufgeführt zu werden[1], doch mußt er auch zusehends schlechtere Kritiken einstecken und trug mit jeder Aufführung mehr sich selbst bzw. seine Oper „zu Grabe". Besonders interessant erweist sich in diesem Zusammenhang die Erstaufführung an der Wiener Hofoper, am 23. Februar 1898[2] (s. Abb. 22, S. 140), weil dort sowohl Publikum als auch Kritik erstmals die Möglichkeit geboten wurde, die beiden Opern gleichen Namens unmittelbar hintereinander zu vergleichen[3], und weil das aus diesem Vergleich abgeleitete Urteil auch eindeutig zugunsten Puccinis ausfiel. Zwar bedeutete dies für das Werk letzteres noch keineswegs eine Rehabilitierung, doch dürfte dessen (Vor-) Kenntnis wesentlich dazu beigetragen haben, daß die musikalischen und handlungsbezogenen Schwächen von Leoncavallos Oper hier in Wien eher evident wurden als anderswo, wobei es einmal mehr die Wiener „Kritiker-Trias" Hanslick, Heuberger und Kalbeck war, die dies in aller Deutlichkeit zum Ausdruck brachte. Sie machte nämlich keineswegs zufällig als gravierende dramaturgische Nachteile namhaft, daß Leoncavallo nicht (wie Puccini) *Mimi*, sondern *Musette* von Anbeginn der Handlung in den Mittelpunkt des Interesses gestellt hatte (wo doch *„jeder darauf geschworen hätte, daß, wenn schon ein tragisches Opfer dargebracht werden sollte, Musette dieses sein würde"*[4]), daß die Handlung nicht in des Dichters

---

1 Preßburg, Kassel, Wien, Prag (dt. Lth.), Magdeburg.
2 Der Premiere war eine „turbulente" Probenzeit vorausgegangen, die sogar zu einem Zerwürfnis zwischen Mahler und Leoncavallo führte, wobei bei dem von der Presse in entsprechender Weise „ausgeschlachteten" Streit vor allem letzterer sehr schlecht davon kam (s. Lederer, *Mahler und die beiden Bohèms*, 401 f.).
3 Wie erinnerlich, wurde Puccinis *Bohème* im Herbst 1897 im Theater an der Wien aufgeführt.
4 Kalbeck, *Opernabende* 2, 81 f; vgl. dazu auch Greenfield, *The Other Bohème*, 78.

K. K. Hof=Operntheater.

Mittwoch den 23. Februar 1898.
50. Vorstellung im Jahres-Abonnement.

Zum erstenmal:

Die Bohème.

Lyrische Oper in vier Akten. Dichtung und Musik von R. Leoncavallo. Nach dem Roman Murger's „Scenen aus dem Pariser Zigeunerleben" deutsch von Ludwig Hartmann.

Marcell, Maler	Hr. Dippel.
Rudolf, Dichter	Hr. Reichl.
Schaunard, Musiker	Hr. Hesch.
Gustav Collin, Philosoph	Hr. v. Reichenberg.
Barbemuche, Literat und Lehrer des Grafen Paul . .	Hr. Frei.
Graf Paul	Hr. Garisson.
Gaudenzio, Besitzer des „Café Momus" . . .	Hr. Schittenhelm.
Durand, ein Portier	Hr. Schmitt.
Ein Herr aus der ersten Etage	Hr. Kammerlander.
Ein Müßiggänger von der Straße . . .	Hr. Stoll.
Musette, Näherin	Frl. Renard.
Mimi, Blumenmacherin	Fr Forster.
Euphemia, Wäscherin	Fr. Kaulich.

Studenten, Mädchen, Miether beiderlei Geschlechts, Diener, Kutscher, Mägde, Köche, Kellner des Café, Küchenjungen, Lastträger, Hausknechte ꝛc.

Die Handlung spielt vom Christabend 1837 bis ebenda 1838.

Die neuen Dekorationen von A. Brioschi, k. k. Hoftheatermaler. — Kostüme nach Zeichnungen von Fr. Gaul.

Das Textbuch ist an der Kassa für 50 kr. zu haben.

Der freie Eintritt ist ohne Ausnahme aufgehoben.

Der Beginn der Vorstellung sowie jedes Aktes wird durch ein Glockenzeichen bekanntgegeben.

Abendkassen-Eröffnung gegen halb 7 Uhr. Anfang 7 Uhr. Ende nach 10 Uhr.

Donnerstag den 24. Hänsel und Gretel. Hierauf: Der Struwwelpeter.	Samstag den 26. Zum zweitenmal: Die Bohème.
Freitag den 25. Die Meistersinger von Nürnberg. „David" Hr. Julius Spielmann als Gast.	Sonntag den 27. Lohengrin. „Lohengrin" Herr Erik Schmedes als Gast.

Preise der Plätze:

Eine Loge Parterre oder I. Galerie	fl. 25.—	Ein Sitz Parterre 2.—4. Reihe	fl. 3.—
Eine Loge II. Galerie	fl. 15.—	Ein Sitz III. Galerie 1. Reihe	fl. 2.75
Eine Loge III. Galerie	fl. 10.—	Ein Sitz III. Galerie 2. Reihe	fl. 2.25
Ein Logensitz Parterre oder I. Galerie	fl. 6.—	Ein Sitz III. Galerie 3.—4. Reihe	fl. 1.25
Ein Logensitz II. Galerie	fl. 4.—	Ein Sitz IV. Galerie 1. Reihe, Mitte	fl. 2.—
Ein Logensitz III. Galerie	fl. 3.—	Ein Sitz IV. Galerie 1. Reihe, Seite	fl. 1.50
Ein Sitz Parquet 1. Reihe	fl. 6.—	Ein Sitz IV. Galerie 2. und 3. Reihe	fl. 1.50
Ein Sitz Parquet 2.—5. Reihe	fl. 4.50	Ein Sitz IV. Galerie 4.—6. Reihe	fl. 1.25
Ein Sitz Parquet 6.—9. Reihe	fl. 4.—	Eintritt in das Parterre (nur Herren gestattet)	fl. 1.—
Ein Sitz Parquet 10.—13. Reihe	fl. 3.50	Eintritt in die III. Galerie	fl. —.80
Ein Sitz Parterre 1. Reihe	fl. 3.50	Eintritt in die IV. Galerie	fl. —.60

Zum Dienstgebrauche.

Abb. 22: *Die Bohème* (Leoncavallo): Wiener Erstaufführung – Hofoper
(Wiener Stadt- und Landesbibliothek C 71.115)

Dachstube sondern in der sich *„mit unerträglicher Schwerfälligkeit und Prä-
tention"* abspielenden Szene vor dem Café Momus exponiert wurde[5], oder
schließlich, daß zwei lange Akte *„der möglichsten Veranschaulichung des Milieus"* gewidmet waren[6]. In musikalischer Hinsicht gaben eine im Vergleich
zu Puccini *„weit weniger glückliche Drapierung"*[7], ein *„lärmendes und aufge-
regtes Orchester"* sowie das Fehlen *„einiger natürlicher, rührender Accente
beim Tode Mimis"*[8] Anlaß zu Kritik.

Zieht man in Betracht, daß Leoncavallo aufgrund der als gelungen angese-
henen beiden ersten, heiteren Akte zwar eine *„ganz entschieden nach der komischen Oper gravitierende"*[9], nicht aber zum Ausdruck des Tragischen befä-
higende Begabung zuerkannt wurde, darüber hinaus aber nur einige wenige
Details Anerkennung fanden, erweist sich der Gesamteindruck, den Leoncavallos *Bohème* in Wien hinterließ, als äußerst schwach. Verstärkt wurde dieses negative Bild noch dadurch, daß dem (sich zweifellos auch persönlich
nicht sehr geschickt verhaltenden[10]) Komponisten einmal mehr nationale
Vorbehalte entgegengebracht wurden und Bemerkungen wie jene fielen, daß
die Vertonung des Stoffes dieser *„modernen internationalen Reclame-Oper"*
durch einen *„tüchtigen deutschen Musiker und Dichter"* in ganz anderer
Weise *„ein menschlich und künstlerisch erquickendes Bild"*[11] ergeben hätte.

Die Reaktion des Publikums bei der Premiere wird als außerordentlich positiv beschrieben[12], was aber (wie in schon vielen Fällen ähnlicher Art) zu
einem erheblichen Teil auf das Konto des anwesenden Komponisten gegangen sein dürfte, denn bald darauf wurde dem Werk nur mehr geringes Interesse entgegengebracht, sodaß Mahler (nicht ganz uneigennützig) sich entschloß, *La Bohème* nach 6 Vorstellungen wieder vom Spielplan der Hofoper
abzusetzen.

Ähnlich erging es der Oper auch an den anderen, oben angeführten
deutschsprachigen Bühnen (s. Anm.1), die in gleicher Weise *La Bohème*
nach jeweils nur wenigen Aufführungen wieder aus dem Spielplan nahmen,
und wo die Kritik, auch ohne Puccinis gleichnamige Oper zum Vergleich her-
anziehen zu können, dieselbe ablehnende Haltung an den Tag legte.

---

5 Hanslick, *Am Ende des Jahrhunderts*, 124.
6 Heuberger, *Im Foyer*, 296.
7 Ebenda.
8 Hanslick, *Am Ende* ... 125.
9 Kalbeck, *Opernabende* 2, 82.
10 Leoncavallo soll sich in Wien öffentlich als Jude ausgegeben haben, in der Annahme, daß
   die maßgebliche Wiener Presse in jüdischen Händen sei und ihm deshalb gewogener sein
   würde (s. Ludwig Karpath, *Begegnung mit dem Genius*, Wien 1934, 362 f.).
11 *Lyra* 21 (1898), 145.
12 Vgl. *MWb* 29 (1898), Nr. 34, 481 f.

Das Schicksal der übrigen Jungitaliener dieser Jahre kann dahingehend charakterisiert werden, daß sich Spinelli mit *A basso porto* nach wie vor behaupten und die bereits fest verankerte Stellung im deutschen Bühnenspielplan durch zahlreiche weitere Erstaufführungen sogar noch beträchtlich ausbauen konnte[13], Mascagni hingegen in der gleichen Zeit lediglich auf eine Erstaufführung seines *Ratcliff* in Düsseldorf[14] kam, aber auch Giordano nur die Berliner Erstaufführung seines *Andrea Chenier* im Theater des Westens (21. Dezember 1898) für sich verbuchen konnte. Allerdings erwies sich letztere für den Komponisten als ein Erfolg, da nicht nur das Publikum an dem Werk Gefallen fand, sondern auch die musikalische Fachpresse überwiegend positiv reagierte und im Gegensatz zu den Erstaufführungen in Breslau und Hamburg des Jahres 1897 auch ausführlich Stellung nahm. Zwar mangelte es dabei auch diesmal nicht an herber Kritik, doch wurde Giordano immerhin zugesprochen, daß er *„mit seinem unbestreitbar großen Talent zu den Männern der Zukunft der italienischen Oper"*[15] zu zählen sei, und daß in seiner Oper *„eine Reihe wirklicher Schönheiten und Charakteristiken von packender Wirkung und mehrfach unzweifelhafte Genieblitze"*[16] anzutreffen wären. Folgen im Hinblick darauf, daß aufgrund dieses Urteils nunmehr auch andere Bühnen wieder Interesse an dem Werk gezeigt hätten, ergaben sich allerdings nicht, denn *Andrea Chenier* blieb auch weiterhin auf Jahre aus dem deutschen Bühnenspielplan verbannt.

Brachte, wie zu sehen war, das Jahr 1898 für die deutschsprachigen Opernbühnen keine einzige musikdramatische Novität jungitalienischer Provenienz, waren es 1899 zumindest zwei Opern, die nach erfolgreichen italienischen Uraufführungen hier vorgestellt wurden: Giordanos *Fedora* und Mascagnis *Iris* – beides Werke, die dem verismo in Hinblick auf Handlungsmilieu und Lokalkolorit neue Perspektiven eröffneten.

Fedora, jene nach dem gleichnamigen Drama Victorien Sardous von Liebe und Rache einer russischen Spionin handelnde Oper mit dem *„Verismo im Frack"*[17], kam erstmals am 10. Oktober in Mainz zur Aufführung[18]. Zwar wurde in der Rhein-Stadt auch dem (nach *Mala vita* und *Andrea Chenier*)

---

13 Gegen Ende des Jahres 1899 lief *A basso porto* an nicht weniger als 22 Bühnen gleichzeitig und stellte damit neben *Cavalleria* und *Bajazzo* die damals am häufigsten gespielte Oper eines Jungitalieners dar.

14 Siehe *NZfM* 65 (1898), 538.

15 Otto Lessmann, In: *AMz* 30 (1898), 786.

16 Paul Ertel, In: *DMz* 29 (1898), 786; s. auch Eugenio Pirani, In: *NzfM* 66 (1899), 40.

17 Korngold, *Die romanische Oper*, 4.

18 Die dt. Übersetzung von Arturo Collauttis Libretto besorgte Ludwig Hartmann.

dritten Musikdrama Giordanos, das den Sprung auf eine deutschsprachige Bühne schaffte, von der Kritik kaum Beachtung geschenkt, doch kam in den wenigen vorliegenden Kommentaren[19] zumindest übereinstimmend zum Ausdruck, daß Giordano aufgrund seiner Distanzierung von der ursprünglichen Form des verismo mit der neuen Oper fraglos Zukunft beschieden sein werde –, eine Feststellung, die von deutscher Seite im übrigen auch schon nach der Uraufführung[20] getroffen worden war[21]. Größeres Presseecho riefen erst die Erstaufführungen des kommenden Jahres in Wien und Hamburg (s. unten) hervor, die zusammen mit Mainz am Anfang einer Reihe von Städten standen, deren Opernbühnen Giordanos *Fedora* für die nächsten sieben Jahre ohne Unterbrechung einen bescheidenen, aber dauerhaften Platz im deutschen Opernspielplan sichern sollten.

Die halb veristische, halb symbolistische, in Japan spielende *Iris*, in der allgemein ein Vorläufer von Puccinis *Madame Butterfly* gesehen wird[22], und die in Fachkreisen nicht nur heute eine künstlerisch höhere Einschätzung als *Cavalleria rusticana* genießt[23], sondern wegen ihres Vorstoßes in impressionistisches Neuland bereits nach der Uraufführung[24] den Komponisten als einen *„nuovo Mascagni"* zu feiern veranlaßte[25], erlebte ihre deutsche Erstaufführung[26] am 26. Oktober 1899 in Frankfurt. Der Eindruck, den das zuvor schon in Städten wie Mailand, Neapel, Florenz oder auch Buenos Aires außerordentlich positiv aufgenommene Werk hier hinterließ, entsprach allerdings kaum mehr als einem *„respektablem Achtungserfolg",* wie man die „laue" Aufnahme durch das Publikum und mehr noch durch die Kritik bezeichnete[27]. Hatte dabei ersteres offenbar Schwierigkeiten in der Rezeption eines realistischen Handlungsablaufes, der zwar aus dem Exotismus dramaturgisch legitimierbar war, sich jedoch durch symbolistische Irrealismen dem logischen Verständnis des (europäischen) Rezipienten weitgehend entzog[28],

---

19 Siehe z. B. *AMz* 26 (1899), 628 sowie *SmW* 57 (1899).
20 17. November 1898, Mailand (Scala).
21 Siehe *NZfM* 65 (1898), 517.
22 Puccini, der selbst einmal daran dachte, diesen Stoff zu vertonen, hat später den „Sonnenaufgang" aus *Iris* in seiner *Butterfly* „kopiert" (s. Christen, *Puccini*, 226). Umgekehrt konnte William Ahsbrook (*The Operas of Puccini*, London 1969, 54) nachweisen, daß Mascagni in *Iris* (einmal mehr) musikalische „Anleihen" bei Puccinis *Le Villi* tätigte.
23 Siehe Klein, *Mascagni and his Operas*, 626.
24 12. November 1898, Rom (Costanzi).
25 Siehe Checchi, *Mascagni*, 267.
26 Die dt. Übersetzung von L. Illicas Libretto stammt von Max Kalbeck.
27 *NMZ* 20 (1899), 430.
28 Siehe Klaus-Dieter Link, *Literarische Perspektiven des Opernlibrettos von 1850-1920* (Abhandlungen zur Kunst- Musik- und Literaturwissenschaft 173), Bonn 1975, 140.

fand letztere darüber hinaus auch nur wenig Gefallen an der musikalischen Realisierung des Stoffes. Insbesondere die zahlreichen *„Modernismen"* der Partitur sowie die Zeichnung des japanischen Lokalkolorits waren es, die Anstoß erregten und von einer *„unverständlichen, zum Teil monotonen, zum Teil widerwärtig klingenden, in grellen Dissonanzen förmlich schwelgenden* [musikalischen] *Sprache"* sprechen ließ[29]. Und in jener neuen impressionistischen Kompositionsweise schließlich, der selbst Puccini *„tante belle cose e uno strumentale dei più smaglianti e coloriti"*[30] zugestand, und in der Mascagni nach eigener Aussage den *„malizi volgari"* früherer Opern eine Absage erteilen wollte[31], sah man auf grund des Fehlens von *„Melodien im vokalen Sinne"* nichts anderes als *„tonalen Anarchismus"*[32]. „Nummern", wie das Vorspiel mit dem anschließenden „Sonnenhymnus", der „Chor der Wäscherinnen", oder das durch Enrico Caruso bekannt gewordene *„Apri la tua finestra . . ."*, die von der musikalischen Fachpresse sogar ausnehmend positiv beurteilt wurden und über deren Qualität auch heute kein Zweifel besteht[33], haben aber offensichtlich weder ausgereicht, dem musikalisch vermutlich anspruchvollsten Werk Mascagnis eine insgesamt positivere Beurteilung zukommen zu lassen, noch auf Dauer das Interesse des Publikums zu erwecken, denn *Iris* kam in Frankfurt über insgesamt sechs Vorstellungen nicht hinaus. Auf anderen deutschsprachigen Bühnen tauchte sie (mit Ausnahme eines Kölner Dirigats dieser Oper durch Mascagni selbst[34]) in dem hier untersuchten Zeitraum überhaupt nicht mehr auf.

Mascagni, der nach diesen wenigen Frankfurter *Iris*-Aufführungen in den nächsten sechs Jahren im deutschen Bühnenspielplan nur durch seine *Cavalleria* vertreten sein sollte, stieß in diesem Jahr aber auch mit seinen sonstigen Aktivitäten in Deutschland auf wenig Gegenliebe. Dies zeigt u. a. seine im Herbst 1899 unternommene große Deutschland-Tournee mit dem Orchester der Mailänder Scala, die ihn u. a. nach Freiburg[35], Berlin[36] und nach Leipzig[37] führte, und bei der sich zwar herausstellte, daß Mascagni beim Publikum von seiner einstigen Zugkraft nicht viel eingebüßt hatte und nach wie vor umjubelt wurde, die Presse jedoch sowohl an seiner Person als auch an

---

29 *NMZ* 20 (1899), 430; vgl. auch *AMz* 26 (1899), 590.
30 Siehe Leonardo Pinzauti, *G. Puccini*, Turin 1975, 72.
31 Siehe Checchi, *Mascagni*, 263.
32 *SMZ* 49 (1899), 254 f.
33 Siehe Geitel, *Der unbekannte Mascagni*, 109 f.
34 Am 20. Februar 1906
35 Siehe *MWb* 30 (1899), 710.
36 Siehe *SmW* 57 (1899), 918 sowie *MWb* 31 (1900), 4.
37 *MWb* 31 (1900), 947; In Leipzig trat im übrigen wenig später auch Leoncavallo als Dirigent seines *Bajazzo* auf (s. *MWb* 30/1899, 667).

seiner Stabführung[38] kein gutes Haar ließ. Eine im *Berliner Börsencurier* sowie im *Berliner Tagblatt*[39] gegen Mascagni öffentlich geführte Presse-Kampagne führte sogar dazu, daß Giulio Ricordi, *Iris*-Verleger und neuer Protector des Komponisten, sich zu einer wutentbrannten, von deutscher Seite als *„bedenkliches Symptom einer akuten cerebralen Entartung"* kommentierten Entgegnung veranlaßt fühlte, in der u. a. von einer gesamtdeutschen Kritik die Rede ist, die *„gegen alles, was von der italienischen Seite kommt, ihre Bulldoggenzähne fletscht"*, und die Urteile fällt, *„die nur eben gut sind . . ., irgendeinem eingeschlafenen Zuhörer, der Bierdünste verdaut und gleichzeitig nach Knoblauch und Rettichen duftet, ins Ohr geflüstert zu werden"*[40].

Wirft man einen Blick auf die noch unter dem Einfluß des „verismo der ersten Stunde" entstandene deutsche Opernproduktion der letzten drei Jahre, zeigt sich sehr deutlich, daß für deutsche Komponisten die modellhafte Wirkung einer *Cavalleria rusticana* mehr und mehr verblaßte und deren schablonenhafte Vordergründigkeit hintern einen Opernrealismus zurücktrat, der in Erweiterung des Handlungsspielraumes zunehmend das bürgerliche Milieu für sich zu entdecken begann. Ja, unter dem Einfluß des Sprechdramas wagte dieser Realismus sogar schon einen Vorstoß in die Lebenswelt des Proletariats, nachdem man sich die Frage gestellt hatte, *„warum nicht auch die Oper den Weg machen können sollte, den das Drama zurückgelegt hat, da auch dieses unter Zweifeln bürgerlich . . . in unserer Zeit proletarisch geworden ist"*[41]. Beispiel dafür gibt der am 18. Februar 1897 in Augsburg mit großem Pulikumserfolg uraufgeführte und bis zur Jahrhundertwende verhältnismäßig oft gespielte Einakter *Der Strike der Schmiede* des Wieners Max Joseph Beer[42] ab, bei dem die Fachpresse der realistischen, sozialkritischen und im Arbeitermilieu einer Fabrik spielenden Handlung[43] erstaunlich viel Aufgeschlossenheit entgegenbrachte. Erstaunlich deswegen, weil man noch wenig früher so ein *„Gemisch von Brutalität und weicher Empfindung"* kaum als *„Hauptagens des Erfolges"*[44] zu preisen gewagt hätte. Und schon gar nicht, wie in diesem Falle, wäre das Eingeständnis gekommen, daß der Librettist *„einen höchst wirksamen Einacter geschaffen"* habe, wo doch ein Stoff vertont worden sei, *„bei dem die Handlung eines Lohnkampfes den ungehemmten Fluß der Rede erfordert . . . und sich die Dichtung bei einer derartigen Begebenheit vielfach in Trivialitäten bewegt, die bisher keinen Anspruch erheben durften, vertont zu werden"*[45]. In

---

38 Von Mascagnis eigenen Werken kam dabei jeweils das *Iris*-Vorspiel sowie als obligate Zugabe das *Cavalleria*-Intermezzo zum Vortrag.
39 Im vollen Wortlaut wiedergegeben In: *AMz* 26 (1899), 758.
40 Ebenda.
41 Korngold, *Romanische Oper*, 127.
42 Zu seiner Person s. August Naaf, *M. J. Beer*, in: *Lyra* 32 (1908/09), 154 ff. sowie RiemannL 11/1929, Bd. 1, 134.
43 Text von Victor Leon, frei nach François Coppées gleichnamigem berühmten Gedicht.
44 Paul Ertel, In: *DMz*, 29 (1898), 546.
45 *DKMz* 24 (1897), 82.

Hinblick auf das Sujet somit eine Beurteilung, die man damals (von deutscher Seite) wohl keinem Italiener hätte zukommen lassen, und die auch den Eindruck erweckt, daß man ob so viel „fortschrittlicher Eigenleistung" nicht wenig stolz war, zumal ja feststand, daß *„ein vollblütiger Neu-Italiener diesen spannenden Text-Vorwurf in die grellste Beleuchtung gerückt"* hätte[46]. Ganz anders allerdings bei der Musik: hier hatte man wenig Grund auf den Komponisten stolz zu sein, war diese doch bestenfalls *„in besserem Sinne modern als die Handlung"*[47] zu charakterisieren, womit zum Ausdruck gebracht werden sollte, daß sie als „brav und harmlos" in keiner Weise für geeignet gehalten wurde, ein Pendant zur Dichtung darzustellen. Ein Schuß von jenem *„Paroxismus der italienischen Leidenschaft"*[48], dessen Fernbleiben ja ausdrücklich begrüßt wurde, hätte der Oper Beers vermutlich weniger geschadet als eine noch viele Jahre nach der Uraufführung anzutreffende musikalische Charakterisierung der Art, daß bei diesem Einakter *„Wagner'sche Wendungen enteignet werden, Neßler und Flotow-Einflüsse mit veristischer Manier abwechseln und bald ein verwässerter Mascagni-, bald ein tränenseliger Kienzl-Einfall der Beerschen Production aushelfen, strophische Formungen und Chorsätze teils von Lortzing*[49] *Eingänglichkeit, teils von Leoncavallo Charakteristik beziehen"*[50].
Daß diese Oper in knapp drei Jahren an 25 Bühnen nicht weniger als 71 Aufführungen erzielte, zeigt, daß ein deutsches Bühnenwerk mit einem modernen und publikumswirksamen Sujet, selbst wenn es nur die teilweise Zustimmung der Kritik hatte und, wie in diesem Falle, musikalisch schwach war, sich sehr wohl im Bühnenspielplan halten konnte, daß jedoch umgekehrt – und darauf sollte in diesem abschließenden Exkurs u. a. auch in besonderer Weise aufmerksam gemacht werden – ein Meisterwerk wie Puccinis *Bohème* trotz unleugbaren Publikumsinteresses sich gegen den Widerstand der mächtigen und einflußreichen musikalischen Fachpresse jahrelang nicht durchsetzen konnte.

---

46 *Lyra* 21 (1897/98), 292.
47 *NMZ* 18 (1897), 272.
48 *DTz* 28 (1897), 139.
49 In Lotzings Regina hatte Beers Oper im übrigen einen sehr frühen Vorläufer: auch hier geht es (allerdings nur als Rahmen einer konventionellen Liebeshandlung) um das Spannungsverhältnis zwischen der ausgebeuteten Arbeiterschaft eines Betriebes und dem Fabriksherrn. Dieses Werk dürfte seine um 50 Jahre verspätete Uraufführung, am 21. März 1898 in Berlin, der damals auf dem Theater ständig wachsenden Spekulation mit der aktuellen Wirklichkeit des proletarischen Milieus zu verdanken gehabt haben.
50 *Mkr* 10 (1919/20), Nr. 3, 497; anläßlich der Aufführung an der Wiener Volksoper am 4. 6. 1919.

II.

Von der Jahrhundertwende
bis zum Ausbruch des Ersten Weltkriegs

(Totgeglaubter verismo – *Le Maschere*: „. . . seit Menschengedenken
kein Komponist mehr so ausgezischt worden ist" – *Tosca*:
„Blutrünstige Criminaloper" und „Afterkunst")

Konnte das europäische Musiktheater im ersten Jahr des neuen Jahrhunderts
von französischer bzw. italienischer Seite durch Uraufführungen so bedeutender Opern wie Charpentiers *Louise* und Puccinis *Tosca* bereichert werden[1], war die deutsche Opernszene weder mit einer in ihrer Bedeutung diesen Werken vergleichbaren Neuschöpfung vertreten, noch wurde deren
Spielplan durch neuen musikdramatischen „Import" aus Italien belebt. Was
letzteres betrifft, braucht wohl kaum betont zu werden, daß das Ausbleiben
von jungitalienischen Novitäten in deutschen Musikkreisen überwiegend begrüßt wurde, denn dieser Umstand, verbunden mit einem spürbaren Zurück-
gehen der Aufführungsziffern bereits im Repertoire befindlicher Opern der
scuola giovane, bot selbstverständlich wieder einmal willkommenen Anlaß,
den verismo totzusagen. „*Daß die Jung-Italiener bedeutend an Terrain verloren haben . . ., zwar ,Bauernehre' und ,Bajazzi' immer noch einen recht breiten Raum im Repertoire einnehmen, dafür aber die anderen Werke Mascagni's und Leoncavallo's fast ganz verschwunden sind und auch die anderen
Vertreter des Verismo, Giordano, Puccini, Spinelli nur ganz vorübergehend
auftreten*[2], entsprach dabei zwar der statistischen Realität des deutschen Bühnenspielplans, doch verwundert dennoch, daß man damit gleichzeitig auch
glaubte, „*die italienische Mode wohl im Wesentlichen als abgethan*"[3] betrachten zu können. Und dies umso mehr, als nicht nur bereits einige Jahre zuvor
aus einer ähnlichen Situation heraus falsche Schlüsse gezogen worden waren
(s. oben), sondern weil auch die Kenntnis von den italienischen und außeritalienischen Sensationserfolgen der in Rom am 14. Jänner 1900 uraufgeführten *Tosca* Puccinis hätte voraussehen lassen müssen, daß diese Oper in
Kürze auch auf deutschsprachigen Bühnen Einzug halten würde. Zwar sollte
es noch einige Zeit dauern, bis deren aufsehenerregende dt. Erstaufführung

---

1 Vgl. Helmut Schmidt-Garre, *Oper im Jahre 1900. Zwischen Naturalismus und Décadence*, In:
  NZfM 124 (1963), 3 ff.
2 *SmW* 58 (1900), 977.
3 Ebenda.

in Dresden über die Bühne ging, doch bereitete schließlich sowohl der Eintritt dieses Ereignisses als auch (erst recht) die in weiterer Folge für Begeisterung und Entrüstung gleichzeitig sorgenden Werke Puccinis den Spekulationen oben genannter Art ein Ende –, möglicherweise nicht zuletzt auch begünstigt durch Voraussetzungen, die man sich auf dt. Seite selbst geschaffen hatte:

Der Umstand nämlich, daß im Jahre 1900 nach achtjähriger Diskussion die gegen öffentliche Unsittlichkeit gerichtete sog. „Lex-Heinze" durch den deutschen Reichstag endgültig abgelehnt wurde[4], wirft auch die Frage auf, inwiefern dadurch diese neuerliche, in erster Linie von Puccinis Opern getragene italienische „Invasion" begünstigt worden sein könnte. Dabei ist zu überlegen, daß zwar deren berüchtigte, für die Wahrung der „Moral" auf dem Theater zuständige Theaterparagraphen 184 a und 184 b in erster Linie das moderne deutsche Sprechtheater betrafen, doch wäre denkbar, daß deren Durchsetzung nicht nur einer weitgehenden Verbannung vieler naturalistischer Dramen von den Bühnen gleichgekommen wäre, sondern, unter Vorgabe moralischer Bedenken, auch eine legale Handhabe hätte bieten können, bei den Musiktheatern auf die Auswahl aufzuführender moderner Opern aus dem Ausland Einfluß zu nehmen. Daß auf diese Weise in der Folge Werke wie *Tosca, Madame Butterfly, Il Tabarro*, aber auch (auf deutscher Seite) *Tiefland, Mona Lisa*, oder *Der Schmuck der Madonna*, die allesamt aufgrund ihrer als unmoralisch und anrüchig empfundenen Sujets bei ihren dt. Erst- bzw. Uraufführungen auf entschiedene Ablehnung der Kritik stießen, dieser „Lex-Heinze" zum Opfer gefallen wären, diese Vermutung entbehrt damit (aber auch im Hinblick auf den späteren „Fall *Salome*" an der Wiener Hofoper) nicht einer gewissen Berechtigung.

Jene Oper, die im Jahre 1900 als einzige unter den Werken der Jungitaliener auf deutschsprachigen Bühnen einige Aufmerksamkeit auf sich lenken konnte und deren Eindruck auf die Kritik in gewissem Sinne auch das Spekulative oben angestellter Überlegungen unterstreicht, war Giordanos *Fedora*. Wie bereits erwähnt, in Mainz im Vorjahr zur deutschen Erstaufführung gekommen, ging dieses Werk am 11. Jänner in Hamburg zum zweiten Mal über eine dt. Bühne (s. Abb. 23, S. 153) und erfuhr auch hier wiederum sowohl durch das Publikum als auch durch die musikalische Fachpresse eine überraschend positive Aufnahme. Überraschend vor allem im Hinblick auf letztere, da die Vorlage zum Libretto doch zur neuesten französischen, unter dem Einfluß Zolas stehenden Literatur zählte und somit bei einer Kritik, die sich bisher überwiegend als Verfechter der Beibehaltung von „Maske und Kothurn" sowie als Hüter der Moral aufgespielt hatte, zu erwarten gewesen wäre, daß diese Oper auf heftigen Widerstand stoßen würde. Das Gegenteil

---

4 Siehe *Die Lex-Heinze und ihre Gefahr für Kunst, Literatur und Sittlichkeit. Von einem Parlamentarier*, Köln 1900.

Hamburger
Stadt-Theater

(Direktion: **Franz Bittong, Max Bachur.**)

Donnerstag, den 11. Januar 1900.

129. Abonnements-Vorst.   19. Donnerst.-Vorst.

Zum 1. Male:

Fedora.

Lyrische Oper in 3 Akten, nach Sardou's Drama
von Arthur Colautti.
Deutsch von L. Hartmann.
Musik von Umberto Giordano.

In Scene gesetzt von Herrn Wilhelm Vilmar.
Dirigent: Herr Kapellmeister Carl Gille.

Die Fürstin Fedora Romazoff	Frl. Wiesner
Gräfin Olga Sukarew	Fr. Förster-Lauterer
Graf Loris Jpanoff	Hr. W. Birrenkoven
De Sirieux, Botschaftsattaché	Hr. Schwarz
Dimitri, Groom	Frl. Neumeyer
Gretsch, Polizeikommissar	Hr. Roha
Lorek, Chirurg	Hr. Weidemann
Desiré, Kammerdiener	Hr. Jörn
Rouvel	Hr. Weidmann
Cyrillo, Kutscher	Hr. Berger
Beriff	Hr. Lorent
Nicola	Hr. Stahlberg
Sergus	Hr. Fr. Birrenkoven
Michele, Portier	Hr. Bartels
Boleslaw Lasinski, Componist	Hr. Pelazino
Dr. Müller	Hr. Enders
Marka, Kammerfrau	Frl. Mühler
Basilio, Diener	Hr. Bann
Iwan, Polizist	Hr. Meyer

Polizeiagenten, Herren, Damen, Dienerschaft,
Landmädchen.

Ort der Handlung: Der 1. Akt spielt in
St. Petersburg, der 2. Akt in Paris, der 3. Akt
in der Schweiz.

Abb. 23: *Fedora*: Hamburger Erstaufführung – Stadt-Theater
(Hamburger Theatersammlung: Zettelbuch des Hamburger Stadt-Theaters)

war jedoch der Fall: Giordanos Wahl dieses Stoffes wurde nicht nur gebilligt, sondern sogar als *„Griff in den Schatz der modernen Dramen von nicht zu unterschätzender Tragweite"* für das Musiktheater begrüßt sowie als Verdienst des Komponisten gewürdigt, der damit *„den Anstoß zu weiteren Versuchen dieser Art"* gegeben habe[5].

Daß diese Oper, mit ihrem Überwiegen des Sprechgesangs und der damit verbundenen Annäherung an das gesprochene Drama von den Akteuren nicht nur sängerische sondern in verstärktem Maße auch schauspielerische Fähigkeiten verlangte[6] und nur unter diesen Gegebenheiten auch zu einem außerordentlichen Erfolg gelangen konnte, dies führt die im Rahmen eines mehrtägigen Gastspiels einer italienischen stagione erfolgte Wiener Erstaufführung am 16. Mai 1900 vor Augen. In ihr wurde nämlich Gemma Bellincioni in der Titelrolle neuerlich in besonderer Weise ihrem Ruf als „Anwältin" des verismo gerecht und hatte als stürmisch umjubelte Sänger-Schauspielerin zweifellos gewichtigen Anteil an der geradezu begeisterten Reaktion der Kritik. Zwar stieß bei letzterer erwartungsgemäß das mit den (traditionellen) Vorstellungen von einer italienischen Oper damals unvereinbar scheinende Überwiegen des Deklamatorischen auf Ablehnung und ließ von einer *„bis in die letzten lyrischen Schlupfwinkel zurückgedrängten Musik"*[7], oder von einer *„Entmaterialisierung der italienischen Opernmusik"*[8] sprechen, doch brachten die wenigen „geschlossenen Nummern" dem Komponisten höchste Anerkennung und vermochten die Kritik stark zu beeindrucken. Angesichts der Überzeugung, daß *„der unter den Jungitalienern weitaus am ernstesten zu nehmende Giordano ...große Gesangsnummern"* geschrieben habe[9] und mit *Fedora* ein *„Musikdrama modernster Art mit allgemein verständlicher Musik"*[10] vorliege, drängt sich allerdings auch die Frage auf, warum nach Ablauf der stagione keine Einstudierung dieses Werkes an der Hofoper vorgenommen wurde. Die Ursache dafür ist möglicherweise in des damaligen Direktor Mahlers Aversion dem verismo gegenüber zu suchen, doch verwundert dennoch, daß auch nach dessen Abgang von der Wiener Hofoper fast 20 Jahre vergehen mußten, ehe *Fedora* an diesem Haus im Jahre 1924 in Szene gehen konnte.

---

5 Rudolf Birgfeld, In: *DMz* 31 (1900), 19.
6 Vgl. dazu Julius Hey, *Sprachgesang*, In: *NmP* 9 (1900), 71 ff.
7 Heuberger, *Im Foyer*, 300.
8 Korngold, *Die romanische Oper*, 3.
9 Siehe Anm. 7.
10 *ÖMTz* 12 (1899/1900), Nr. 9, 2.

Giordanos *Fedora* brachte es im selben Jahr noch auf sieben weitere lokale Erstaufführungen auf dt. Bühnen. Auch sie wurden von der musikalischen Fachpresse überwiegend positiv aufgenommen, kamen jedoch jeweils über einige wenige Reprisen nicht hinaus, was wohl zum guten Teil auch in einem inadäquaten Aufführungsstil sowie im Fehlen einer überragenden Darstellerin der schwierig zu gestaltenden Titelrolle begründet gewesen sein dürfte. Mit dieser, worin letztlich auch immer begründeten geringen Bühnenpräsenz eines seiner bedeutendsten Bühnenwerke befand sich Giordano damals allerdings in „bester Gesellschaft", denn auch Puccini und Leoncavallo konnten 1900 nur sehr sporadisch mit ihren beiden musikdramatischen „Namensvettern" in Erscheinung treten, und Spinelli, der 1899 mit *A basso porto* noch ein Maximum an Aufführungen erzielte, mußte sein Werk sogar nahezu völlig vom Spielplan verschwinden sehen. Sorgen dieser Art blieben hingegen dem Jungitaliener Alberto Gentili von vornherein erspart, da dessen in München am 29. Dezember 1900 uraufgeführte(!) Oper *Natale (Weihnachten)* bereits nach 2 Vorstellungen für immer „beigesetzt" wurde und der Komponist dieses vielsagend als „*Nichtigkeit*"[11] charakterisierten Einakters keine Hoffnungen mehr auf eine Wiedererweckung anderenorts hegen durfte.

Für die Entwicklung des deutschen Opernverismus erweist sich das Jahr 1900 lediglich insofern von Interesse, als in diesem Jahr erstmals eines der wenigen nennenswerten Werke zur Aufführung gelangte, in denen einmal auch das durch Leoncavallos Einakter vorgegebene Gaukler-Milieu zum Vorbild genommen wurde. Daß Opern dieser Art sehr selten waren, liegt wohl daran, daß sich viele, der „Mode" des verismo unterliegende Komponisten durch Leoncavallos *Pagliacci* zwar in musikalischer Hinsicht kräftig „anregen" ließen, jedoch in ihrem Bemühen, ihre veristischen Neigungen stets möglichst gut zu verschleiern, es weitgehend vermieden, Milieu bzw. Handlung des *Bajazzo* zu kopieren. Denn, letztere ließen sich ja – im Unterschied zur *Cavalleria* – weit weniger unauffällig nachahmen, und eine Bühne auf der Bühne, ein Zirkusmilieu, oder ein vor Eifersucht rasender Komödiant mußten natürlich sofort ins Auge springen bzw. „gewisse Erinnerungen" wach werden lassen. So geschehen auch bei *Roland mester* des deutsch-ungarischen Wunderpianisten und Liszt-Schülers Géza Zichy, welche dreiaktige Oper[12] als *Meister Roland*[13] am 21. Jänner 1900 im Prager Landestheater erstmals auf einer deutschen Bühne in Szene ging. Das von Zichy selbst verfaßte Libretto spielt in einem Zirkus und handelt von einem Kunstschützen und seiner Frau, deren Glück heimtückisch durch eine eifersüchtige Nebenbuhlerin zerstört wird. Letztere, eine Art „Lola-Typ", dürfte auch ausschlaggebend dafür gewesen sein, daß *Meister Roland* vereinzelt sogar mit Mascagnis *Bauernehre* in Zusammenhang gebracht wurde[14], was vielleicht auf den ersten Blick überraschen mag,

---

11 *AMz* 28 (1901), 17.
12 Uraufführung in Budapest, am 10. Jänner 1899.
13 Bearbeitung und Übersetzung von F. Fontanas Libretto durch Max Kalbeck.
14 Siehe *NMZ* 20 (1899), 84.

da man Handlung und Milieu (erwartungsgemäß) ja primär eine auffällige Affinität zu Leoncavallos *Bajazzo* beimaß. Und man empfand letztere – wider Erwarten – nicht einmal als negativ, zumal u. a. nicht nur die Meinung auftauchte, daß Zichy *„beson- ders Leoncavallo mit seinen ‚Pagliacci‘ imponiert zu haben scheint"*[15], sondern sogar ausdrücklich vermerkt wurde, daß es bei der Übernahme der *„durch Leoncavallos ‚Bajazzi‘ . . . nahegerückten Welt der Akrobaten, Voltigeure, Jongleure usw."* keines- wegs eine *„Schmälerung der poetischen Freiheit des Dichters"* bedeute, wenn dieser zeige, *„daß auch in des Gauklers Brust ein Herz schlägt"*[16]. Erstaunlich auch, daß man sich bei diesem Komponisten, der es in seiner Oper weder an einem Intermezzo noch an einem „Vogellied" mangeln ließ, damit zufrieden gab, daß er für jene Kreise ge- sorgt hatte, *„die bedrängt von den anspruchsarmen und anstrengenden modernen Er- zeugnissen panem et circenses rufen: Gebt uns Melodie und spannende äußere Vor- gänge"*[17]. So gesehen traf auch die Feststellung, Zichy habe mit der Musik seiner Oper *„auf jeden Fall einen Treffer gemacht, denn sein Werk gefiel und hatte starken Er- folg"*[18], nicht nur für die Aufführung in Prag mit ihren fünf Reprisen zu, sondern auch für das weitere Schicksal des Werkes, das dieses noch auf die Bühnen von Hamburg[19], Braunschweig und Magdeburg mit insgesamt 32 Vorstellungen bis zur Saison 1907/08 brachte. In Wien scheiterte im übrigen eine Aufnahme an der Hofoper am hartnäckigen Widerstand Gustav Mahlers, der erklärte, *„nur auf allerhöchsten Befehl des Kaisers"* das Werk seines Budapester „Erzfeindes" Zichy zur Aufführung zu brin- gen[20].

An der von deutscher Seite mit Genugtuung konstatierten „mageren Bilanz", welche Jungitalien im Hinblick auf die Verbreitung seiner Werke an deutsch- sprachigen Opernbühnen für das abgelaufene Jahr ziehen mußte, hat sich auch im Folgejahr 1901 kaum etwas geändert, zumal neben wenigen Repri- sen schon laufender Werke nur drei weitere neue Opern, Crescenzo Buon- giornos *Il cuor della fanciulla*, Oronzo Mario Scaranos *Renata* und Edoardo Mascheronis *Lorenza* aufgeführt wurden. Kaum etwas geändert hat sich al- lerdings auch an der Gewohnheit, in betont nationalen Kreisen daraus wie- der sofort verfrühte Prognosen in Hinblick auf das Ende des *verismo* abzulei- ten. Was diesmal in ganz besonderer Weise dazu verleitete, war zweierlei: zum einen, daß so bedeutende Opernhäuser wie die Mailänder Scala und das Carlo Felice-Theater in Genua die Saison mit *Lohengrin*, dem *„Wagnerisch- sten unter Wagners Musikdramen"* eröffneten und man darin sowohl eine Abkehr Italiens vom eigenen *verismo* als auch ein Zeichen für den *„besser gewordenen Kunstgeschmack"* des italienischen Opernpublikums erblicken

---

15 *NZfM* 67 (1900), 65f; vgl. auch *NmP* 9 (1900), 30.
16 Batka, *Aus der Opernwelt*, 55.
17 Ders., ebenda 57.
18 *NZfM* 67 (1900), 66.
19 Siehe *AMz* 27 (1900), 289.
20 Vgl. De la Grange, *Mahler* I, 451.

zu können glaubte[21], zum anderen, daß sich die Uraufführung von Mascagnis *Le Maschere*, die am 17. Jänner 1901 in einem „Massenstart" an sieben Bühnen gleichzeitig vonstatten ging, für den Komponisten als beispielloses „Fiasko" erwies[22]. Demnach wurde die „Exekution" der *Maschere* von deutscher Seite nicht nur mit außergewöhnlichem Interesse verfolgt[23], sondern in den zahlreichen detaillierten Berichten über die Reaktionen in den einzelnen Städten der Uraufführung[24] auch unverhohlen Freude über den Mißerfolg Mascagnis Ausdruck verliehen[25]. Und dies nicht zuletzt deshalb, weil Mascagni (wie er selbst sagte) seine Oper *„sich selbst in ausgezeichneter Hochachtung und unveränderlicher Zuneigung"* gewidmet hatte[26] und mit seinem Librettisten Illica angesichts des immer größer werdenden Wagner-Einflusses auf das italienische Musikleben *„mit voller Absicht zu der heiteren italienischen Musicomödie"* zurückkehren wollte[27]. Ein, wie man meinte, *„literarhistorisch recht interessanter Versuch"*, der angesichts der *„Fremdherrschaft Wagner's"* in Italien eigentlich auf *„sympathische Aufnahme"* hätte stoßen müssen[28].

Daß schließlich *„seit Menschengedenken kein Komponist mehr so ausgezischt worden ist"* wie Mascagni bei der Uraufführung seiner *Maschere*, dafür machte man sowohl künstlerisches Versagen als auch den Umstand verantwortlich, daß der Komponist *„schon seit einigen Jahren ..., ohne nach der Cavalleria eine andere durchschlagende Oper componiert zu haben ... sich dermaßen zum Halbgott hinaufgeschraubt hat, daß er – der einstmals bettelarme Musikdirector von Cerignola – das gewöhnliche Menschenpack und insbesondere die Stadt Pesaro und ihre Behörden nur en canaille behandelt"*[29].

Inwieweit dies tatsächlich für Mascagnis „Pleite" mit seinen *Maschere* ausschlaggebend war, mag dahingestellt bleiben, doch steht außer Zweifel, daß dem Komponisten seine wachsende Selbstüberschätzung und seine „Eskapaden" in Pesaro, die für Schlagzeilen im In- und Ausland sorgten und die ihn schließlich zur Niederlegung

21 *NZfM* 68 (1901), 20.
22 Klein (*Mascagnis Operas*, 629) spricht von *„the most extraordinary tribute ever to a composer"*.
23 Auf deutschsprachigen Bühnen ist die Oper niemals zur Aufführung gekommen.
24 Genua, Mailand, Rom, Turin, Venedig, Verona und Neapel.
25 Siehe besonders *NmP* 10 (1901), 57.
26 Laut *MWb* 32 (1901), 68.
27 *SmW* 59 (1901), 165; vgl. dazu auch Morini (*Mascagni* 2, 27 ff.), der im Versuch der Wiederbelebung der *Commedia dell'arte* Anstoß und Vorbild für spätere Opern dieser Art eines Strauss, Busoni, Malipiero oder Casella sieht.
28 *NmP* 10 (1901), 54; vgl. auch *SmW* 59 (1901), 114.
29 *AMz* 28 (1901), 101 f.

seines Amtes als Direktor des Rossini-Konservatoriums zwangen, nur sehr wenig Sympathie einbrachten.

Die Uraufführung der *Maschere* allein war es aber nicht, die Anlaß gab, sich auf deutscher Seite erneut mit der Person Mascagnis auseinanderzusetzen. Dieser trat auch (wie fast jedes Jahr) selbst wieder diesseits der Alpen in Erscheinung, um durch Konzerte oder persönliche Dirigate der *Cavalleria* seinen verblassenden Ruhm aufzufrischen und zumindest auf lokaler Ebene für Schlagzeilen zu sorgen. Und diesmal gelang dies Mascagni auch in ganz entschiedener Weise, denn nicht nur in Dresden, wo er am 20. April 1901 seinen Erfolgseinakter leitete[30], sondern auch in Wien konnte er als Dirigent eigener und fremder Werke einen eindeutigen Erfolg erzielen. In der österreichischen Kaiserstadt, in welcher er am 25. und 28. Mai anläßlich Verdis Tod dessen *Requiem* sowie in einem weiteren Konzert am 9. Juni Goldmark und Brahms[31] im Musikverein, aber auch seine *Cavalleria* in der Hofoper dirigierte, wurde ihm schließlich sogar das Komturskreuz des Franz-Joseph-Ordens mit dem Stern verliehen –, eine Auszeichnung, die unter den Italienern bisher nur Verdi zuteil geworden war[32].

Leoncavallo, im Gegensatz zu Mascagni weder durch besondere dirigentische Fähigkeiten, noch von Natur aus durch ein entsprechendes „Äußeres" in die Lage versetzt, für sich und sein Werk Reklame zu machen, war 1901 in seinen Beziehungen zur deutschen Opernszene an einem absoluten Tiefpunkt angelangt. Denn abgesehen von seinem *Bajazzo*, der sich nach wie vor großer Beliebtheit erfreute, brachte er es nur auf eine einzige Neueinstudierung seiner *Bohème*[33], die damit weit hinter jene Puccinis zurückfiel. Diese geringe Präsenz seiner Werke im deutschen Bühnenspielplan, aber auch die Tatsache, daß er den acht Jahre zurückliegenden Kompositionsauftrag Kaiser Wilhelms noch immer nicht erfüllt hatte, veranlaßten nunmehr auch bei ihm, von einem Komponisten zu sprechen, der – wie die ganze veristische Bewegung selbst – *„einfach zu vergessen"* sei[34].

Als „zu vergessen" und keineswegs geeignet, Jungitalien in einem besseren Licht erscheinen zu lassen, wurden letztlich auch die drei eingangs genannten Ur- bzw. Erstaufführungen von Opern Buongiornos, Mascheronis und Scaranos angesehen. Am ehesten konnte von ihnen noch der am 2. Februar in Kassel zur Uraufführung gebrachte Einakter des Erstgenannten, *Il cuor della fanciulla (Das Mädchenherz)*, Anklang finden[35], was allerdings auch nur daran lag, daß der bereits 1896 mit *La Festa della Messe* hervorgetretene

---

30 Siehe *Mk* 1 (1901/02), 35 f.
31 Mascagnis hat sich damals in Wien sehr begeistert über Brahms geäußert; s. *Mkr* 10 (1919/20), Nr. 1, 136.
32 Vgl. dazu auch Morini, *Mascagni* 2, 30.
33 Köln, am 2. Februar 1901.
34 Erich Urban, *Musikalische Charakterköpfe* 3, In: Generalanzeiger für Oldenburg, 27. November 1901, Nr. 276, 3.

Buongiorno (s. S. 121) mittlerweile dem verismo abgeschworen und ein (wenngleich mit einem unmotiviert tragischen Schluß versehenes) höfisches Intrigenstück aus der Rokoko-Zeit vorgelegt hatte[36]. Daß aber *Il cuor della fanciulla*, wie Paul Hiller[37] meinte, *„in Bälde die Runde über die Bühnen Deutschlands und weit darüber hinaus"* machen werde, davon konnte freilich keine Rede sein, da das Werk nach jeweils einigen wenigen Vorstellungen an insgesamt 6 deutschen Bühnen[38] sehr bald wieder „aus dem Verkehr" gezogen wurde. Von den zwei anderen Opern, veristische Nachzügler „à la Cavalleria", soll Scaranos *Renata* am 4 Jänner d. J. im Berliner Theater des Westens bei ihrer ersten und zugleich letzten Vorstellung der Direktion dieses Hauses *„kein günstiges Zeugnis"*[39] ausgestellt haben, Mascheronis *Lorenza*[40] schließlich unter der Leitung des Komponisten am 14. November in Köln zumindest zu einem Premierenerfolg[41] gekommen sein. Auch dieses Werk verschwand jedoch, nachdem es kurzfristig die Bühnen von Köln, Bonn und Lübeck „beglückt" hatte, sehr schnell wieder vom Spielplan.

Während die internationale Opernszene des Jahres 1902 unter dem außergewöhnlichen Eindruck von Claude Debussys *Pelléas et Mélisande*[42] stand, war jenes Ereignis, das in der deutschen Opernwelt am meisten Aufsehen erregte, zweifellos die Erstaufführung von Puccinis *Tosca*. Neben Gustave Charpentiers *Louise*[43] der einzig namhafte „Import" dieses Jahres, ging das bereits mit größter Spannung erwartete Werk am 21. Oktober 1902 unter der Leitung von Ernst Schuch in Dresden in Szene (s. Abb. 24, S. 161) und löste bei der deutschen musikalischen Fachpresse erwartungsgemäß einen beispiellosen Sturm der Entrüstung aus.

Auch diesmal, wie schon zuvor bei der Berliner Erstaufführung von *La Bohème*, galt die Ablehnung jedoch nicht dem Werk als Ganzen, sondern in erster Linie dem Sujet: Victorien Sardous, 1887 für Sarah Bernhardt ge-

35 Dt. Übersetzung von L. Illicas Libretto durch L. Hartmann.
36 Siehe *NMZ* 22 (1901), 95.
37 In: *NZfM* 68 (1901), 122.
38 Darunter Leipzig und Dresden; zu letzterem s. *NMZ* 22 (1901), 299.
39 *AMz* 28 (1901), 51.
40 Edoardo Mascheroni, Verdis Lieblingsdirigent, hatte sein *dramma lirico* Gemma Bellincioni gewidmet, die auch bei der Uraufführung am 13. 4. 1901 in Rom die Titelpartie sang.
41 Siehe *NZfM* 68 (1901), 65 f., *RMTZ* 2 (1901), 421, *Mk* 1 (1901/2), 441, sowie *BW* 4 (1901), 264 f; dt. Übersetzung von Theobald Rehbaum.
42 Uraufführung in Paris, am 30. 4. 1902.
43 Die dt. Erstaufführung ging am 1. Jänner in Elberfeld über die Bühne, zwei Tage später gefolgt von Hamburg, wo das Werk bei Publikum und Presse außerordentlich gut ankam. In der nur kurzen Zeit bis Ende der Saison 1901/02 griffen nicht weniger als 10 weitere dt. Bühnen nach Charpentiers *Louise* und erbrachten insgesamt 88 Vorstellungen.

schriebenes und in Deutschland als Boulevardstück bisher noch unbekanntes Drama gleichen Namens, das aufgrund seiner „Kruditäten" selbst in Italien, wenngleich nur anfänglich und in einem unvergleichlich geringerem Ausmaß, auf Widerstand gestoßen war.[44] Wie sehr dieser Stoff in der Bearbeitung von Illica und Giacosa damals tatsächlich Empörung hervorrief und *„im wahrsten Sinne des Wortes das Gruseln lehrte"*[45], davon legen die fast ausnahmslos negativen, an Heftigkeit des Ausdrucks kaum zu überbietenden Kommentare zum Libretto ein beredtes Zeugnis ab. So konnte man hier u. a. nicht nur von einer Oper lesen, die alles hinter sich gelassen hätte, *„was die veristische Richtung den Nerven der Opernbesucher bisher zugemutet hat"*[46], sondern auch der Frage begegnen, wie es möglich sei, *„daß ein so hervorragender Künstler wie Puccini die antikünstlerische Tat begehen konnte, das Schauerstück als Textbuch zu verwenden"*[47]. Ja, allein schon im Zustandekommen der Aufführung wurde eine *„nationale Schande"*[48] gesehen, wie man schließlich auch entschieden verneinte, daß *„so blutrünstige Criminalopern dauerndes Interesse finden* [würden]. . . *, da das große Publikum soviel gesundes Empfinden hat, daß es im Theater nicht nur Spannung sondern auch Läuterung sucht, was ihr bei dieser Afterkunst jedoch verwehrt"* werde[49].

Ganz anders die Beurteilung der musikalischen Seite von Puccinis *Tosca*. Sie fiel mit wenigen Ausnahmen eindeutig positiv aus und in ihr wurde dem Komponisten sogar das Verdienst zugesprochen, ein für eine Vertonung ungeeignet erachtetes Libretto[50] „veredelt" zu haben, was besonders eindringlich die sog. „Folterszene" des zweiten Aktes vor Augen führe[51], bei der es dem Komponisten geglückt sei, durch die Arie der Titelheldin, *„Vissi d'arte . . .*", die krassen, realistischen Bühnenvorgänge gleichsam unter *„einem Schleier von Schönheit"* gemildert erscheinen zu lassen[52].

---

44 Über die Reaktion der italienischen Kritik anläßlich der am 14. Jänner 1900 im römischen Costanzi-Theater erfolgten Uraufführung s. Fracciaroli, *Puccini*, 146 ff.

45 *MWo* 2 (1902), 398.

46 *Mk* 2 (1902/03), 289.

47 Gerhard Schjelderup, In: *AMz* 29 (1902), 733.

48 Georg Richter, In: *NMZ* 23 (1902), 593.

49 Friedrich Brandes, In: *SmW* 60 (1902), 371.

50 Auch Verdi war dieser Ansicht, was dazu führte, daß er seine Absicht, Sardous *Tosca* zu vertonen, wieder fallen ließ, nachdem ihm die Zustimmung zu einer Änderung der Handlung versagt worden war (vgl. Marggraf, *Puccini*, 79).

51 „. . .*wohl das Fürchterlichste, was man bis jetzt auf der Opernbühne gesehen hat"*, wie es in *BW* (5/1902, 172) heißt.

52 *AMz* 29 (1902), 734; vgl. dazu auch Wilhelm Kienzl, *Betrachtungen und Erinnerungen*, Berlin 1909, 250, sowie Puccinis eigene Aussage zu dieser Arie, In: Arthur M. Abel, *Gespräche mit berühmten Komponisten*, Garmisch-Partenkirchen 1962, 170 f.

Königliches Opernhaus.

222ste Vorstellung.

Dienstag, den 21. October 1902.
Zum ersten Male:

Tosca.

Musikdrama in drei Akten von V. Sardou, L. Illica und G. Giacosa.
Deutsch von Max Kalbeck.

Musik von Giacomo Puccini.

Regie: Herr Moris.

Personen:

Floria Tosca, berühmte Sängerin.	Frau Abendroth.
Mario Cavaradossi, Maler.	Herr Burrian.
Baron Scarpia, Polizei-Chef.	Herr Scheidemantel.
Cesare Angelotti.	Herr Nebuschka.
Der Mesner.	Herr Greder.
Spoletta, Polizei-Agent.	Herr Kruis.
Sciarrone, Gendarm.	Herr Plaschke.
Ein Schließer.	Herr Gutzschbach.
Ein Hirt.	Fräul. Schäfer.

Ein Cardinal. Der Staatsprocurator. Ein Officier. Ein Sergeant.
Damen und Herren. Bürger. Soldaten. Sbirren. Volk u. s. w.
Ort der Handlung Rom im Juni 1800. 1. Akt: Die Kirche Sant' Andrea della Valle.
2. Akt: In einem Zimmer Scarpia's im Palazzo Farnese. 3. Akt: Auf der Plattform der Engelsburg.

Die neuen Decorationen und Costüme sind von den Herren Hoftheatermaler Rieck und Garderobeninspektor
Metzger angefertigt.
Maschinelle Einrichtung von Herrn Maschinenmeister Fischer.

Nach dem 1. Akt 12 Minuten Pause.

Textbücher sind an der Kasse das Exemplar für 1 Mark zu haben.

Krank: Frau Wittich. Herr Anthes. Heiser: Herr Perron.

Freibillets sind bei der heutigen Vorstellung nicht giltig.

Eintritts-Preise.

	Mark	Pf.		Mark	Pf.
in die Logen des I. Ranges	8	—	in die Seitengallerie, Seitenlogen und Stehplätze des IV. Ranges	1	50
Fremdenlogen des II. Ranges	6	—	Mittelgalerie des V. Ranges	1	50
Mittellogen des II. Ranges	5	50	Sitz- u. Stehgallerie, Proscenium- logen des V. Ranges	1	—
Seitenlogen des II. Ranges	5	—	Parquetlogen	6	—
Proscenialogen des III. Ranges	4	—	das Parquet 1. bis 14. Reihe	6	—
Mittellogen des III. Ranges	4	—	Parquet 15. bis 19. Reihe	5	—
Seitenlogen des III. Ranges	3	50	Stehparquet	2	—
den Balkon des IV. Ranges	3	50			
die Mittelgallerie und Proscenienlogen des IV. Ranges	2	50			

Gekaufte Billets werden nur bei Abänderung der Vorstellung zurückgenommen.

Die Tageskasse ist geöffnet:
An Wochentagen Vormittags von 10—12 Uhr für den Vorverkauf, von 12 bis Nachm. 2 Uhr für den Verkauf.
Sonn- und Festtagen 11—12 . 2 .
Ferner von 10 der 11 Uhr bis Nachm. 1 Uhr für den Vorverkauf zu der nächsten Vorstellung.
Schriftliche und telephonische Anmeldungen finden an der Tageskasse keine Berücksichtigung.
Parquetplätze müssen vor Beginn der Ouverture eingenommen werden.

Spielplan.

Königliches Opernhaus. **Königliches Schauspielhaus.**
Mittwoch, 22. October: Die Afrikanerin. Mittwoch, 22. October: Der Störenfried.
Oper in fünf Akten. Musik von Meyerbeer. Lustspiel in vier Akten von Roderich Benedix.
(Anfang 7 Uhr.) (Anfang 1/2 8 Uhr.)

Abb. 24: *Tosca*: Deutsche Erstaufführung – Hofoper Berlin
(Archiv der Deutschen Staatsoper Berlin)

Was darüber hinaus im einzelnen an weiteren musikalischen Vorzügen des Komponisten zur Sprache kam, waren u. a. eine durch *„blühenden Nuancenreichtum"* gekennzeichnete Instrumentation, *„treffsichere Charakterisierung der musikalischen Situation"* sowie die Art des Deklamierens[53]. Aber auch die Beherrschung der Leitmotiv- bzw. Leitklangtechnik erregte Aufmerksamkeit, wobei speziell im Hinblick auf letzteres die Idee, das *„in dem grenzenlosen Bösewicht Scarpia verkörperte Schicksal mittels harmonischer Brutalitäten"* zu symbolisieren[54], nicht nur Anerkennung sondern sogar Bewunderung hervorrief[55].

Puccini, der bei der Premiere in Dresden anwesend war und vom Publikum stürmisch gefeiert wurde, konnte somit zumindest in musikalischer Hinsicht der deutschen Musikkritik teils neuerlich einigen Respekt abgewinnen, teils (was in allen Rezensionen zum Ausdruck kam) seinen Ruf als der weitaus Begabteste unter den Jungitalienern weiter festigen. Davon zeugt auch in aller Deutlichkeit ein begeistertes Plädoyer, das Erich Urban (einer der wenigen Kritiker, der auch dem Libretto der *Tosca* seine Zustimmung nicht versagte) für den Komponisten abgab[56], und worin der Hoffnung Ausdruck verliehen wird, daß es Puccini gelingen möge, sich aus dem *„Zusammenbruch des Verismo in eine verheißungsvolle Zukunft hinüberzuretten"*.

Die an gleicher Stelle gefallene Bemerkung Urbans über eine ungerechtfertigt geringe Verbreitung der *Bohème* auf deutschsprachigen Bühnen, für die sehr einsichtig die deutsche Neigung verantwortlich gemacht wird, *„immer den Sittenrichter zu spielen, holden Leichtsinn in Liederlichkeit, ein feines Spiel mit der Moral in Sittenlosigkeit und jenes echt französische zarte Sinnen in triefende Sentimentalität zu kehren, unter welcher Last strenger unerbittlicher Begriffe die zierliche delikate ‚Bohème' zusammenbrach"*, kann in abgewandelter Form in noch verstärktem Maße auch für *Tosca* geltend gemacht werden, deren Durchbruch gleichfalls eine deutsche „Kritikermoral" dieser Art lange verhinderte. Denn, Puccinis *Tosca* scheiterte letztlich bei ihrer deutschen Erstaufführung primär am negativen Urteil über das Libretto[57], wobei jedoch gerechterweise hinzugefügt werden muß, daß dessen außergewöhnliche Härte zu einem nicht geringen Teil aus einer sehr wohl berechtigten Kritik an der katastrophal schlechten Übersetzung durch Max Kalbeck resultierte.

Mit dem Problem der durchwegs geradezu miserablen Übersetzungen der Werke Puccinis und im speziellen jener der *Tosca* hat sich auf deutscher Seite in eingehender

---

53 *MWo* 2 (1902), 398.
54 Gemeint sind die durch ein unvermitteltes Nebeneinanderstellen von (nicht verwandten) Harmonien erzielten sog. „Scarpia-Akkorde" auf den Stufen B-As-E.
55 *SmW* 60 (1902), 1014.
56 In: *Mk* 2 (1902/03), 258 f.
57 Zweifellos ist darin eine der Hauptursachen zu sehen, daß diese Oper nach 11 Vorstellungen in Dresden nicht nur für ein Jahr vom deutschen Bühnenspielplan überhaupt verschwand, sondern auch in den folgenden vier Jahren über eine jeweilige Jahresbilanz von maximal 16 Aufführungen an insgesamt 6 Bühnen nicht hinauskam.

Weise erstmals Richard Specht im Rahmen des Eingeständnisses seiner Verkennung Puccinis und seines Rehabilitierungsversuches dieses Komponisten auseinandergesetzt[58]. Anhand eines ausführlichen „Fehlerkataloges" wird dabei überzeugend verdeutlicht, daß Kalbeck *„in einer geradezu verhängnisvollen Weise versagt hat"*, sowie der Überzeugung Ausdruck verliehen, *„daß deutsche Beurteiler, denen die ‚Tosca' nur aus der deutschen Version bekannt ist, der Oper und ihrem Schöpfer unbedingt Unrecht tun"*. Diese Ansicht wird auch in der heutigen modernen Librettoforschung vertreten, wenn es z. B. heißt, daß unter den Übersetzungen Puccini'scher Werke *„gerade die spontansten Opern wie Manon, Bohème und Tosca so entstellt sind, daß der deutsche Hörer nicht ahnen kann, was für tüchtige Partner Illica und Giacosa in Wirklichkeit waren"*[59], oder, wenn Kalbecks *Tosca*-Übersetzung jener Günther Rennerts gegenübergestellt wird und auf diese Weise die Schwächen ersterer eindringlich vor Augen geführt werden[60].

Ein weiterer Umstand, auf den es in diesem Zusammenhang zu verweisen gilt und der sicherlich *Tosca* gleichfalls viel von ihrer tatsächlichen Wirkung auf Publikum und Kritik einbüßen ließ, war der damals auf deutschen Opernbühnen vorherrschende, modernem realistischen Musiktheater völlig inadäquate Gesangs- bzw. Darstellungsstil. Und dies umso mehr, als gerade diese Oper von den Protagonisten in besonderer Weise nicht nur stimmliche sondern auch schauspielerische Qualitäten verlangte und übertriebenes Pathos fehl am Platze war. Puccini zeigte sich in Dresden diesbezüglich auch keineswegs zufrieden[61], wie er ja grundsätzlich mit der Darstellung seiner Werke auf deutschsprachigen Bühnen nicht einverstanden war, wobei seine Kritik nicht nur dem Mangel an wirklichen Sänger-Schauspielern galt, sondern auch den Dirigenten, die es vielfach lediglich bei einer exakten Direktion bewenden lassen würden[62].

Sorgte Puccini mit seiner *Tosca* in der deutschen Musikwelt für „musikalische Schlagzeilen", war Mascagni zur gleichen Zeit wegen seiner sowohl in künstlerischer als auch in finanzieller Hinsicht in Amerika erlittenen „Pleite", die sogar zur kurzfristigen Inhaftierung seiner Person geführt haben soll, in aller Munde. Auf seiten der deutschen Musik-Presse ließ man sich dies selbstverständlich nicht entgehen und schenkte der Sensationsmeldung nicht nur über Gebühr Aufmerksamkeit, sondern nahm sie auch zum Anlaß, einerseits Deutschlands stets bereitwilligste Aufnahme schlechter ausländischer Kunstwerke zum wiederholtenmal zu kritisieren, andererseits dem amerikanischen Publikum wie der amerikanischen Polizei *„zu dem schnellen Eingreifen in die Entwicklung so fragwürdiger Ereignisse"*[63] zu gratulieren.

---

58 R. Specht, *Giacomo Puccini*, Berlin 1931, 154.
59 Kurt Honolka, *Opernübersetzungen*, 242.
60 Link, *Literarische Perspektiven*, 119 ff.
61 Siehe *DMz* 33 (1902), 295.
62 Alfredo Untersteiner (*L'opera italiana in germania*, In: *Gazetta musicale* 57/1902, Nr. 51, 661 f.) machte schon 1902 für das allgemein schlechte Abschneiden der ital. Oper in Deutschland die deutschen Dirigenten verantwortlich und empfiehlt diesen, in Italien zu studieren, wie man italienische Oper dirigiert.
63 *MWo* 2 (1902), 417.

Ansonsten sorgte Mascagni, der im übrigen zu dieser Zeit auf angestrengter Suche nach einem neuen und wirksamen Libretto war, zwar für keine weiteren, für die Presse „vermarktbaren" Schlagzeilen, doch erschien von ihm in der *Deutschen Musik-Dirigentenzeitung*[64] ein Interview, das sich u. a. auch mit der Frage des Bedeutungswandels des Librettos sowie dessen zunehmender Wichtigkeit und den daraus abzuleitenden Folgen für die Entwicklung des Musiktheaters beschäftigt, und worauf es sich kurz einzugehen lohnt:

Als Italiener nach wie vor an dem Grundsatz *„prima la musica dopo le parole"* festhaltend, vertritt Mascagni hier die Ansicht, daß sich die durch Wagner vollzogene, die Musik in die Rolle einer *„dienenden, begleitenden Sklavin"* drängende *„Verschwisterung von Musik und Text"* für die Zukunft der Oper als *„Fluch"* erweisen werde, und läßt dabei auch keinerlei Zweifel darüber offen, wer *„im nach wie vor nicht beendeten Musikkrieg zwischen lateinischer und germanischer Rasse"* den Sieg davontragen werde, wenn er prophezeit, daß *„die Wagnersche Formel zur Erstarrung der Musik, zur Enttäuschung des Publikums"* führen müsse.
Bekanntlich ist weder das eine noch das andere eingetreten, doch hat sich diese *„Verschwisterung"* zweifellos auf eine andere Art verhängnisvoll ausgewirkt, nämlich im Hinblick auf die deutsche Beurteilung des modernen italienischen Musiktheaters. Denn, die daraus unter Verlust des Primats der Musik bzw. der Melodie resultierende Aufwertung der Dichtung als ideale Realisierung einer wechselseitigen Durchdringung von Wort und Ton verabsolutiert, ließ die italienische Oper nach Regeln messen, nach denen sie nicht geschaffen war. Für deren Texte bzw. Libretti im speziellen bedeutete dies, daß sie einer Überprüfung auf ihre Einheit mit der Musik, auf folgerichtigen Aufbau, auf die psychologische Durchdringung der Charaktere, aber auch auf ihren moralischen Wert selbstverständlich nicht standhalten konnten und daher immer wieder auf heftigste Ablehnung stießen. Kommt noch hinzu, daß man auf deutscher Seite nicht nur überwiegend der überheblichen Meinung war, von den Italienern *„nicht das Geringste"* lernen zu können[65], sondern daß auch in keiner Weise Bereitschaft gezeigt wurde, deren gänzlich andersgeartete Auffassung von Musiktheater als nationale Eigenart zu akzeptieren[66]. Betrachtet man unter diesem Blickwinkel Mascagnis Behauptung von einem auf Wagners musikdramatischen Neuerungen lastenden *„Fluch"*, ist dieser eine gewisse Berechtigung nicht abzusprechen.

Es erübrigt sich, in besonderem darauf hinzuweisen, daß Mascagni mit so gearteten Äußerungen über die Zukunft der Oper nicht auf Zustimmung stoßen konnte, wie er ja überhaupt in Fragen der Kunst in deutschen musikalischen Fachkreisen schon lange nicht mehr ernst genommen wurde. Was jedoch – zumindest beim Publikum – nach wie vor auf Zustimmung stieß, war seine *Cavalleria*, die mit 225 Jahresaufführungen (gemeinsam mit Verdis *Troubadour*) an 5. Stelle der am häufigsten gespielten Opern auf deutschsprachi-

---

64 10 (1902), 198 f.
65 Heinrich Bulthaupt, *Dramaturgie der Oper* 2, Leipzig 1902, 334.
66 Vgl. dazu Frank Thiss, *Puccini, Versuch einer Psychologie seiner Musik*, Berlin-Wien-Leipzig 1947, 38 ff.

gen Bühnen stand und sich somit immer noch als zugkräftig erwies. Dasselbe gilt selbstverständlich auch für Leoncavallos *Bajazzo*, der es in diesem Jahr auf 189 Vorstellungen brachte. Weitet man diese statistische „Zwischenbilanz" auf die übrigen Jungitaliener, wie Giordano, Mascheroni, Spinelli etc., oder auf andere Werke der schon genannten Puccini, Mascagni und Leoncavallo aus[67], so erweist sich diese allerdings nach wie vor als äußerst „mager", was in einem Rückblick auf das Jahr 1902 zu der Bemerkung veranlaßte, daß für die Italiener *„die Zeit schlecht, spottschlecht"*[68] sei.

---

67 In diesem Zusammenhang gilt es auch noch auf eine ital. stagione im Theater an der Wien (15. 2. bis 11. 3.) unter der Leitung von Alfredo Donizetti hinzuweisen, in der neben Werken wie *Rigoletto, Liebestrank, Barbier von Sevilla, Marta* (in ital. Fassung!) etc. auch *Fedora, Freund Fritz* und *Cavalleria rusticana* mustergültig zur Aufführung kamen. Damals feierten vor allem Gesangsstars wie Amedeo Bassi, Maria Barientos oder Alessandro Bonci Triumphe „alle stelle".

68 *SmW* 60 (1902), 35.

(Puccini am Wendepunkt – Alltagsgewand auf der Opernbühne – Der Roland von Berlin: „. . . eine Schmach für das deutsche Volk")

Das Jahr 1903 – auf deutscher Seite geprägt durch die Uraufführung von Eugen d'Alberts *Tiefland*, der bedeutendsten und einzig „überlebenden" Oper des sog. deutschen Verismus (s. unten) – brachte für Jungitalien zwar einige deutsche Erstaufführungen neuer Werke, doch konnten diese allesamt sowohl bei der Presse als auch beim Publikum keinen nennenswerten Eindruck hinterlassen. Dies gilt selbst für Francesco Cileas *Adriana Lecouvreur*, deren erste deutsche Aufführung am 12. November in Hamburg (s. Abb. 25, S. 167) in aller Stille über die Bühne ging[1] und für die auch äußerst positive Berichte von der Mailänder Uraufführung[2] kaum Interesse erwecken konnten. So lassen sich z. B zu jener Oper, die heute nicht zuletzt aufgrund ihrer musikalischen Schönheiten zu den bedeutendsten veristischen Bühnenwerken zählt[3], in den wichtigen deutschen musikalischen Fachzeitschriften kaum eine Hand voll Besprechungen ausfindig machen, die auf das Werk näher eingehen bzw. ein ehrliches Bemühen dazu erkennen lassen. Entsprechend lapidar heißt es daher auch in einer von diesen[4], daß zwar die beiden letzten Akte „*als die That eines begabten Künstlers, dessen Talent sich besonders da zu erkennen gibt, wo es auf die Schilderung tragischer Situationen ankommt*", Anerkennung verdient hätten, die Oper jedoch „*von der Tagespresse ungünstig beurteilt*" worden sei, weil „*das Mießliche auch hier wieder am Text*" gelegen gewesen wäre . Und die daran anknüpfende Bemerkung, daß „*spezielle Neuheiten*" nicht geboten worden wären, daß aber „*statt der vollständigen Ablehnung ein Hinweis auf das geboten erscheinen dürfte, was man vermutlich später von dem Komponisten zu erwarten hat*", stellt zwar das Bemühen unter Beweis, Cilea nicht sofort und endgültig negativ abstempeln zu wollen, doch pflegte man mit (Höflichkeits-) Floskeln dieser Art letzlich immer jene Komponisten zu bedenken, deren Werk als „durchgefallen" und ohne Zu-

---

1 Die Übersetzung des Librettos von Arturo Colautti (nach Scribe und Legouvé) besorgte Fritz Werner.

2 6. Nov. 1902; s. dazu z. B. G. Pinardi, In: *SmW* 60 (1902), 1084.

3 Zusammenfassend dazu In: *Pipers Enzyklopädie des Musiktheaters. Oper. Operette. Musical. Ballett*. Hrsg. von Carl Dahlhaus und dem Forschungsinstitut für Musiktheater der Universität Bayreuth 1, München-Zürich 1986, 583 ff.

4 *SmW* 61 (1903), 1220.

Hamburger Stadt-Theater

(Direktion: Franz Bittong, Max Bachur.)

Donnerstag, den 12. November 1903.

70. Saison-Abonnements-Vorstellung.
11. Donnerstags-Vorstellung.

Zum 1. Male:

Adrienne Lecouvreur.

Oper in 4 Akten
nach L. Scribe und E. Legouvé von A. Colauti.
Deutsch von Fritz Werner.
Musik von Francesco Ciléa.
In Scene gesetzt von Herrn Felix Ehrl.
Dirigent: Herr Kapellmeister Carl Gille.

Moritz, Graf von Sachsen	Hr. Pennarini
Der Fürst von Bouillon	Hr. Lohfing
Die Fürstin von Bouillon	Fr. Beuer
Der Abbé von Chazeuil	Hr. Weidmann
Michonnet, Regisseur vom Théâtre-Français	Hr. Dawison
Quinault, } Mitglieder	Hr. vom Scheidt
Poisson, } des Théâtre-Français	Hr. Strätz
Adrienne Lecouvreur	Fr. Fränkel-Claus
FräuleinJouvenot, } Mitglieder des	Frl. von Artner
FräuleinDangeville, } Théâtre-Franç.	Frl. Salden
Athénaïs, Herzogin von Aumont . .	Frl. Altmann
Die Marquise	Fr. Breuer
Die Baronin	Frl. Schönfeld
Eine Kammerzofe	Frl. Kirsten

Damen, Herren, Statisten, Theaterdiener, Lakaien.
Paris im Monat März 1730.
Im 3. Akt: **Ballet-Scene,**
arrangirt von Herrn Balletmeister Alfred Oehlschläger.

Abb. 25: *Adrienne Lecouvreur*: Deutsche Erstaufführung – Stadt-Theater Hamburg
(Hamburger Theatersammlung: Zettelbuch des Hamburger Stadt-Theaters)

kunft betrachtet wurde. Dafür spricht auch mehr oder weniger deutlich die Tatsache, daß *Adriana Lecouvreur* in Hamburg über nicht mehr als drei(!) Vorstellungen hinauskam und vorläufig auch von keiner anderen dt. Opernbühne zur Aufführung angenommen wurde. Laut dt. Bühnenspielplan tauchte das Werk erst wieder im Jahre 1938, und zwar in Berlin auf.

Neu für die deutschsprachigen Opernbühnen waren neben Cileas Werk auch Crescenzo Buongiornos *Michelangelo und Rolla*, Edoardo Truccos *Hebe*, Cesare Rossis *Nadeja* und Alfonso Rendanos *Consuelo*, alle hier im Jahre 1903 ur- bzw. erstaufgeführt. Von den zwei erstgenannten, zwischen verismo und Romantik stehenden und mit quasi identischem Handlungskern in der Renaissance spielenden „lyrischen Dramen"[5], wurde jenes von Buongiorno am 29. Jänner in Kassel uraufgeführt[6], brachte es jedoch – wenngleich als *„neuitalienische Opernmusik unter deutschem Vorbilde"* relativ positiv beurteilt[7] – auf nicht mehr als sieben Vorstellungen. Noch weniger Erfolg war dem zweiten Werk, Truccos *Hebe*[8] beschieden, das am 3. Dezember in Bremen zur Aufführung gelangte[9] und (obwohl man ihm u. a. auch prophezeit hatte, es werde *„am schnellsten seinen Weg auf die übrigen deutschen Bühnen finden"*[10]) sogar nach nur einer Reprise wieder aus dem Spielplan genommen wurde. Beide Einakter kamen an keiner weiteren dt. Bühne nochmals zur Aufführung.

Ein ähnliches Schicksal erlitten die beiden anderen jungitalienischen Novitäten, Rossis *Nadeja* und Rendanos *Consuelo*. Erstere, am 5. Mai im deutschen Landestheater in Prag uraufgeführt[11] und nach fünf Vorstellungen wieder vom Repertoire dieses Hauses abgesetzt, bedarf angesichts Bemerkungen der Art, daß bei Rossi *„wie bei den Ausläufern aller Richtungen die Vorzüge des Stils in geringerem, die Fehler in höherem Maße"* hervortreten würden, oder, daß der Übersetzer gewagt hätte, *„was der armseligste Reporter eines obskuren Vereins-Wochenblättchens nicht ungestraft wagen dürfte"*[12], keines weiteren Kommentars. Letztere, Rendanos Oper, ging am 27. März in Stuttgart erstmals in Szene[13], wurde sowohl hier als auch wenig später in Mann-

---

5 So die originale Bezeichnung; es geht jeweils um einen Künstler, der einmal als Maler, einmal als Bildhauer die Züge einer geliebten Frau verewigt, dadurch die Eifersucht eines Nebenbuhlers erweckt und sich schließlich das Leben nimmt.
6 Übersetzung des Librettos von Ferdinando Stiatti durch Ludwig Hartmann.
7 *NMZ* 24 (1903), 121; vgl. auch *NZfM* 70 (1903), 117.
8 Als „*Ebe*" am 17. 1. 1903 in Genua uraufgeführt.
9 Übersetzung des Librettos von Luca d'Urbino durch Bernardino Schuster.
10 *Mk* 3 (1903/04), 59.
11 Die Handlung des von Illica verfaßten und von Richard Batka übersetzten Librettos spielt in Rußland und zeigt auffallende Parallelen zu jener von Giordanos *Siberia*, dessen Text vom selben Autor stammt.
12 Victor Joss, In: *NZfM* 71 (1903), 338f; vgl. auch *NMZ* 24 (1903), 191.

heim[14] von der musikalischen Presse überhaupt nicht beachtet und fand erst bei ihrer Wiederaufführung in Nürnberg im Jahre 1924 kritischen Widerhall.

Bei den laufenden Bühnenwerken der „führenden" Jungitaliener, fällt neben einem unerwarteten Aufschwung von Giordanos *Fedora* vor allem auf, daß Puccinis *Bohème* unter ständigem Ansteigen der Aufführungsziffern mit Herbst des Jahres 1903 beim Publikum sich wachsender Beliebtheit zu erfreuen begann, aber auch bei der Kritik positiver denn je ankam. Dies zeigt besonders deutlich die Erstaufführung des Werkes an der Wiener Hofoper am 25. November[15] (s. Abb. 26, S. 171), die ein außergewöhnlicher Erfolg wurde[16], bis Ende der laufenden Saison nicht weniger als 18 Vorstellungen[17] erbrachte und in gewissem Sinne einen Wendepunkt in der Rezeptionsgeschichte dieser Oper darstellt:

Die Ursache für den großen Anklang, den Puccinis *Bohème* nun in Zukunft auch allgemein finden sollte, dürfte darin zu suchen sein, daß aufgrund wiederholter Konfrontation mit modernen realistischen Bühnenwerken breitere Publikumskreise in ihrem Verhalten diesen gegenüber zunehmend einem Wandlungsprozeß unterworfen wurden, der sie Veränderungen der bestehenden Tradition auf der Opernbühne größere Aufgeschlossenheit entgegenbringen ließ. Was diesbezüglich im speziellen die *Bohème* an der Hofoper betrifft, so hat die Tatsache, daß zuvor in Wien nicht nur Giordanos *Fedora* sondern auch Charpentiers *Louise* erfolgreich über die Bühne gegangen waren[18], diesen Wandlungsprozeß sicherlich in besonderer Weise begünstigt und ließ Puccinis Oper besser ankommen als anderenorts zuvor. Denn beide Werke machten einerseits mit ihrem überwiegend rezitativisch-deklamatorischen Stil mit

---

13 Übersetzung des Librettos von Francesco Cimmino nach dem gleichnamigen Roman von George Sand durch A. Harlacher; die Uraufführung fand am 25. 5. 1902 in Turin statt.

14 Es kam jeweils zu zwei Aufführungen.

15 Wie erinnerlich, war *La Bohème* in Wien erstmals im Jahre 1897 im Theater an der Wien zur Aufführung gelangt. Mahler, damals gezwungen, Leoncavallos gleichnamige Oper und nicht die (von ihm zwar keineswegs geschätzte, aber jener vorgezogene) Puccinis an der Hofoper zu dirigieren, übertrug die musikalische Leitung an Francesco Spetrino, womit er einmal mehr seine geringe Neigung dem verismo gegenüber unter Beweis stellte. Letztere hat ja vermutlich auch verhindert, daß die von ihm als „großes Meistermachwerk" bezeichnete *Tosca* (s. Alma Mahler, *G. Mahler, Erinnerungen und Briefe*, Amsterdam 1949, 287) während seiner Direktion im Haus am Ring Aufnahme fand.

16 Siehe insbesondere in *WKM* (2/1903/04, 240 f.), wo eine Zusammenfassung der Pressestimmen aufscheint.

17 Dieser Zahl ist gegenüber jenen 22 unmittelbar hintereinander gespielten Aufführungen der Wiener *Bohème* des Jahres 1897 insofern größere Bedeutung beizumessen, als die Hofoper einen Repertoirebetrieb führte, also bestimmte Werke nicht (wie im Theater an der Wien) en suite spielen konnte, sondern auf den unterschiedlichen Publikumsgeschmack Rücksicht zu nehmen hatte.

18 Zur Wiener *Fedora* s. S. 154 vorliegender Arbeit; *Louise* erlebte ihre Erstaufführung an der Wiener Hofoper am 24. 3. 1903.

einer Musiksprache bekannt, die auch (wenngleich nicht so ausgeprägt) für Puccini kennzeichnend war, andererseits wirkten sie vorbereitend im Hinblick auf das Milieu der Handlung. Für Puccini erwies sich dabei sicherlich noch von Vorteil, daß er (vor allem im Gegensatz zu Charpentiers *Louise*) seine *Bohème* von jeglichen sozialkritischen Tendenzen freizuhalten wußte. Und was sich nicht nur für die Wiener *Bohème*, sondern für die Rezeption dieser Oper allgemein gleichfalls günstig ausgewirkt haben dürfte, ist der Umstand, daß durch die Kenntnis genannter Opern, zu denen z. B. auch noch Alfred Bruneaus *Messidor*[19] zu zählen wäre, das Agieren von Sängern in Straßenkleidung nicht mehr völlig neu war. Denn letzteres, das Tragen eines Alltagsgewandes auf der Opernbühne, war damals ja noch keineswegs eine Selbstverständlichkeit[20], sondern kam noch weitgehend dem Bruch eines Sakrileges gleich. Im übrigen beschäftigte man sich schon damals („aus aktuellem Anlaß") sehr eingehend mit diesem Problem, d. h. mit der Frage des Einflusses von Bekleidung bzw. Kostüm der Darsteller auf das Rezeptionsverhalten des Opernpublikums, wie u. a. ein Beitrag in der Zeitschrift *Die Musikwoche*[21] vor Augen führt:

Der mit „Lg" [?] signierte Autor dieses, auch in Hinblick auf moderne Stoffwahl äußerst kenntnisreichen Esseys weist darauf hin, daß zwar mit Verdis *La Traviata* oder Strauß' *Fledermaus* bereits der Versuch unternommen worden sei, die handelnden Personen im „Tagesgewand" spielen bzw. singen zu lassen, sich jedoch gezeigt habe, daß *„dieses einfache und zudem völlig berechtigte Hilfsmittel der Regie keine Gnade vor denen fand, die über das Schicksal einer modern gekleideten Dame sich nicht richtig ausweinen können und deren Mitgefühl nur durch mittelalterliche Kostüme in die richtige Schwingung gebracht wird"*. Dies hätte sich auch erwiesen, *„als kürzlich Sardous ‚Fedora' als Oper in Berlin über die Bühne ging*[22] und von verschiedenen Seiten der Vorwurf ertönte, es sei ‚Raffinement', den Inhalt dieses Dramas zu einem Opernstoff umzuformen, worauf kein Mensch gekommen wäre, wenn sich die Handlung im Kostüm abgespielt hätte".

Der fraglos richtigen Erkenntnis von der Wichtigkeit des Kostüms für das Publikum, welches sich durch das Fehlen der Verkleidung gerade um jene gewollte und im Theater stets gesuchte Distanz zur Wirklichkeit betrogen sah, kommt als gewissermaßen „zeitgenössische" Aussage besondere Bedeutung zu: einerseits erleichtert sie das Verständnis für das damalige, aus heutiger Sicht nur allzuschnell und pauschal mit dem Schlagwort „konservativ" abgestempelte Verhalten des Publikums gegenüber der modernen Oper, andererseits trägt sie auch zur Klärung der Frage bei, warum bei Opern wie den oben genannten von der Kritik immer wieder besonderes Augenmerk auf exakten Aufbau und logischen Ablauf der Handlung gerichtet wurde. Mit dem Schwinden des Illusionistischen auf der Opernbühne wurde nämlich die damit verknüpfte

---

19 Die deutsche Erstaufführung dieser Oper fand in München am 15. 1. 1903 statt; zu Bruneau als Opernkomponist s. Raymond James Bishop, *The Operas of Alfred Bruneau (1857-1934)*, Phil Diss. 1987 (University of North Carolina at Chapel Hill).

20 Korngold (*Romanische Oper*, 125) nannte in seiner Besprechung von Charpentiers *Louise* das Tragen von moderner Kleidung auf der Bühne noch einen *„frappierenden Versuch, das Stoffgebiet zu erweitern"*.

21 3 (1903), 323 ff.; es handelt sich dabei um einen Abdruck eines Fueilletons aus der Berliner Nationalzeitung 56 (1903), Nr. 442 vom 13. 8. 1903.

22 Vgl. dazu die Besprechung dieser Aufführung In: *Mk* 3 (1903/04), 393.

K. k. Hof- 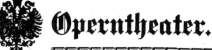 Operntheater.

Mittwoch den 25. November 1903.

222. Vorstellung im Jahres-Abonnement.

Bei erhöhten Parquet- und Parterrepreisen.

Zum erstenmale:

Die Bohême.

Scenen aus Henry Murgers „Vie de Bohême" in 4 Bildern von G. Giacosa und L. Illica.

Deutsch von Ludwig Hartmann.

Musik von Giacomo Puccini.

Rudolf, Poët	=	=	=	Hr. Schrödter.
Schaunard, Musiker	=	=	=	Hr. Moser.
Marcel, Maler	=	=	=	Hr. Stehmann.
Collin, Philosoph	=	=	=	Hr. Mayr.
Bernard, der Hausherr	=	=	=	Hr. Marian.
Mimi	=	=	=	Frl. Kurz.
Musette	=	=	=	Fr. Gutheil-Schoder.
Alcindor	=	=	=	Hr. Ritter.
Parpignol	=	=	=	Hr. Paul.
Sergeant bei der Zollwache	=	=	=	Hr. Görner.
Ein Zollwächter	=	=	=	Hr. Wagner.

Studenten, Nätherinnen, Hutmacherinnen, Bürger, Verkäufer in Läden und Hausierer, Soldaten, Kellner, Buben und Mädchen 2c.

Die Handlung spielt in Paris. 1. und 4. Bild: Im Atelier Marcel's. 2. Bild: Weihnachts-Heiliger-Abend im Quartier Latin. 3. Bild: Die Barrière d'Enfer.

Das Textbuch ist an der Kassa für 1 Krone 20 Heller zu haben.

Der freie Eintritt ist heute ohne Ausnahme aufgehoben.

Der Beginn der Vorstellung sowie jedes Aktes wird durch ein Glockenzeichen bekanntgegeben.

Abendkassen-Eröffnung vor halb 7 Uhr. Anfang 7 Uhr. Ende gegen ¼,10 Uhr.

Donnerstag den 26. Pique-Dame.	Sonntag den 29. Der fliegende Holländer.
Freitag den 27. Die Bohême.	Montag den 30. Die Bohême
Samstag den 28. Rienzi.	

Falls eine angekündigte Vorstellung abgeändert werden sollte, gilt die für diesen Tag gelöste Karte auch für die Ersatzvorstellung.

Eine Rückerstattung des Geldes kann nur dann stattfinden, wenn eine Vorstellung, welche zu erhöhten Preisen angekündigt war, durch eine Vorstellung zu gewöhnlichen Preisen ersetzt wird. War die Erhöhung der Preise nur für einzelne Sitzkategorien angekündigt, so bleibt auch auf diese eine eventuelle Rückerstattung beschränkt.

In solchen Fällen muß die Rückerstattung spätestens am Tage der Vorstellung und zwar von halb 9 Uhr Früh bis 1 Uhr Mittags und von 3 Uhr Nachmittags bis 5 Uhr Abends an der Tageskasse und von halb 7 Uhr Abends bis vor Beginn der Vorstellung an der Abendkasse verlangt werden, widrigens der Anspruch auf Rückerstattung des Geldes verloren geht.

Zu jeder im Repertoire angekündigten Vorstellung erfolgt der Verkauf von Logen und Sitzen von halb 9 Uhr Früh bis 1 Uhr Mittags und von 3 Uhr Nachmittags bis 5 Uhr Abends an der Tageskasse. Die Vorkaufsgebühr beträgt für Parquet- und Parterresitze zwei Kronen, für sämmtliche Galeriesitze eine Krone. — Am Tage der Vorstellung ist eine Vorkaufsgebühr nicht zu entrichten.

Zum Dienstgebrauche.

K. k. Hoftheater-Druckerei, IX., Berggasse 7.

Abb. 26: *Die Bohême* (Puccini): Erstaufführung an der Hofoper Wien
(Wiener Stadt- und Landesbibliothek C 71.115)

Forderung nach Logik und Plausibilität im vertonten Drama zu einer kompromiß-losen Notwendigkeit –, einer Notwendigkeit, die in älteren, in fernen fremden Län-dern spielenden Opern, aber auch bei den Werken des bäuerlichen verismo noch keineswegs gegeben war. Hier konnten „Ungereimtheiten" ja ohne Schwierigkeiten mit der „Exotik" des Milieus oder mit der Fremdheit anderer ethnischer Gegeben-heiten entschuldigt werden und nicht zuletzt als in der Buntheit und Mannigfaltig-keit prächtiger Kostüme oder in einem besonderen Melodienreichtum „verloren ge-gangen" gelten.

Im Gegensatz zu Puccini[23] ging es für Leoncavallos *Bohème* weiterhin nur noch bergab. Er mußte sich nämlich 1903 mit einigen wenigen Reprisen be-gnügen und brachte es zu keiner einzigen Neuaufnahme dieses Werkes. Ähn-liches gilt für Mascagni, der nach wie vor auf der Suche nach einem neuen Opernstoff war, ja darüber hinaus auch seiner Stellung als Direktor des Ros-sini-Konservatoriums in Pesaro entgültig enthoben wurde, was auf deutscher Seite keine Zweifel daran ließ, ob ihm damit recht geschehen sei oder nicht[24]. Von Mascagni wurde damals im Rahmen einer *„Plauderei über Neue italieni-sche Opern"*[25] im übrigen auch kolportiert, daß er sich als Komponist von der Öffentlichkeit vollkommen zurückziehen wolle, was aber kaum sehr ernst ge-nommen worden sein dürfte. Sehr wohl ernst genommen hat man hingegen – und dies zweifellos mit einiger Besorgnis –, daß an gleicher Stelle verlautete, Sonzogno hätte sich *„abermals anlegen lassen"*, durch Ausschreiben eines Preises von frs. 50.000 für die beste einaktige Oper junge Musiker zu einer internationalen Konkurrenz einzuladen. Grund dafür: es sei mit Ausnahme von Puccinis *Bohème* keiner anderen italienischen Oper gelungen, einen Sie-geszug wie *Cavalleria* oder *Bajazzo* anzutreten. Um diesem *„Mißstand"*, des-sen Ursache *„dem Mangel einer eigenartigen und starken Individualisie-rungskunst"* der Jungitaliener zugeschrieben wurde, Abhilfe zu schaffen, soll-ten aus 237 eingesandten Partituren von einem Preisrichterkollegium unter dem Vorsitz von Massenet[26] drei Einakter in die engere Wahl gezogen und davon schließlich eine „Preisoper" ausgewählt werden, von der sich Son-zogno ein neues Zugstück à la *Cavalleria* versprechen würde.

Das Ergebnis dieses Wettbewerbs entsprach keineswegs den Erwartun-gen[27], denn sowohl der erste Preis, Gabriel Duponts *La Cabrera*, als auch

---

23 Für Puccini brachte das Jahr 1903 auch noch ein sehr erfolgreiches Gastspiel des Mailänder *Teatro lirico* am Münchner Gärtnerplatztheater, das nach langer Zeit auch wieder *Manon Lescaut* auf einer dt. Bühne zu Ehren kommen ließ; s. *NZfM* 70 (1903), 422 f.
24 Siehe *MWo* 3 (1903), 422.
25 So der Titel eines Fueilletons von Max Rikoff, In: *NZfM* 71 (1904), 241 f.
26 Unter den Juroren befanden sich Komponisten wie Blockx, Cilea und Humperdinck.
27 Ein diesbezüglicher deutscher Kommentar findet sich in: *NmP* 13 (1904), 226.

der zweite, Lorenzo Filiasis *Manuel Mendez*, die beide im Mailänder *Teatro lirico* am 15. bzw. 16. Mai 1904 ihre Uraufführungen erlebt hatten[28], brachten weder in Italien noch im Ausland auch nur annähernd den gewünschten Erfolg. Dies trifft auch für deutschsprachigen Bühnen zu, zumal diese zwei, in Zürich am 30. November als eine Art neues „*Cavalleria-Bajazzo*-Gespann" erstmals und gleichzeitig in Szene gegangenen veristischen „Spätlinge"[29] keinerlei Interesse erwecken konnten, wenngleich es die „Reklametrommel" des Albert Ahne-Verlages Köln, bei dem die Opern verlegt worden waren, zustandegebracht hatte, insgesamt noch weitere fünf dt. Bühnen zu einer Annahme zu bewegen.

Die dritte und letzte Oper eines Jungitalieners, die noch eine dt. Erstaufführung erlebte, war des Bologneser Ricordi-Preisträgers Emilio Pizzi *Rosalba*[30]. Sie kam am 21. Oktober 1904 in Kassel zur Aufführung[31] und wurde, obwohl ihr von der Londoner Coventgarden Oper ein denkbar schlechter Ruf vorausgeeilt war[32], überraschend positiv beurteilt, ja in Hinblick auf gezeigte „*Gemüthstiefe*" sogar als „*deutschem Wesen nahekommend*"[33] charakterisiert. Allerdings läßt die Zahl von nur vier Vorstellungen an einem dort erzielten „*durchschlagenden Erfolg*"[34] Zweifel aufkommen-, Zweifel, die sich angesichts der vernichtenden Kritiken der *Rosalba* bei den späteren Erstaufführungen in Berlin und Mainz (s. unten) nur noch verstärken.

Daß Puccinis *Bohème* sich auch weiterhin wachsender Beliebtheit erfreute und das positive Abschneiden dieser Oper im Vorjahr keine vorübergehende Erscheinung war, davon legen sowohl das weitere Ansteigen der Aufführungsziffern als auch in besonderer Weise die Dresdener Erstaufführung am 8. März 1904 (s. Abb. 27, S. 175) Zeugnis ab. Denn auch hier – wie zuvor in Wien – war dem Werk ein außerordentlicher Publikumserfolg mit nicht weniger als 30 Vorhängen beschieden, und auch hier wurde dieser von der musikalischen Fachpresse weitgehend bestätigt. Bezeichnend diesbezüglich, eine Rezension von Friedrich Brandes[35], die sich darüber hinaus auch für den damals bei der Kritik mehr und mehr zu beobachtenden „Gesinnungswandel" gegenüber Puccinis *Bohème* als charakteristisch erweist:

---

28 Der dritte Preis fiel auf Franco Venezias *Domino azzurro*.
29 Übersetzungen von H. Cain bzw. G. Droescher.
30 Uraufführung in Turin, am 31. 5. 1899.
31 Übersetzung des Libretto von Luigi Illica durch Ludwig Hartmann.
32 Hier wurde die Oper zuvor schon gespielt; s. *NMZ* 23 (1902), 567 sowie *SmW* 62 (1904), 174.
33 *NZfM* 71 (1904), 804.
34 Ebenda; s. auch *Mk* 4 (1904/05), 284.
35 In: *SmW* 62 (1904), 377 f.

Brandes bekennt hier, nach der *„ziemlich unfertigen"* Berliner *Bohème* des Jahres 1897 *„an ein längeres Bühnenleben"* der Oper nicht geglaubt zu haben, nunmehr aber durch die mustergültige Dresdener Aufführung *„umgestimmt"* worden zu sein. Aber nicht die Mustergültigkeit der Darstellung allein, die nach Brandes' Meinung dem besonderen italienischen Einfühlungsvermögen Ernst Schuchs zu verdanken gewesen sei, wird hier für den Erfolg „verantwortlich" gemacht –, es sei vielmehr die Oper selbst gewesen bzw. die Wirkung, die sie aus eigener Kraft hervorzubringen vermocht hätte. Da ist nun auch keine Rede mehr von einem unmoralischen, verabscheuungswürdigen Sujet, einem mißachteten Verbot paralleler Quinten oder von einer immer wieder kritisierten Verdoppelung der Gesangsstimme durch das Orchester etc. Im Gegenteil, ersteres wird nunmehr als *„interessant und eigenartig"* empfunden, letzteres, die Stimmverdoppelung, als eines der besonderen Typica der Italiener gepriesen, ohne die *„die schwärmerische Sinnlichkeit und Verve der italienischen Kantilene nicht denkbar wäre"*. Im Ganzen eine Besprechung, wie sie in ihrer so ausschließlich positiven Ausrichtung Puccini bei dieser Oper auf einer deutschsprachigen Bühne bisher vermutlich noch nicht zuteil geworden war, wie ja überhaupt die ganze Dresdener Produktion der *Bohème* mit ihren bis Jahresschluß nicht weniger als 14 Vorstellungen ohne Zweifel einen weiteren Markstein in der deutschen Rezeption dieses Werkes darstellte. Brandes hatte schließlich auch nicht Unrecht mit seiner Prophezeiung, *„daß von hieraus der Oper ein neuer Weg des Erfolges beschieden sein dürfte"*.

Der „Fall Dresden" ist auch insofern noch von Interesse, als die in dieser Stadt (wie erinnerlich) zur dt. Erstaufführung gekommene und nach wenigen Vorstellungen wieder aus dem Spielplan genommene *Tosca* vom Erfolg der Dresdner *Bohème* in keiner Weise „in Mitleidenschaft" gezogen wurde und vom Repertoire dieses Hauses weiter ausgeschlossen blieb. Daß dies kein Einzelfall war, sondern Puccinis Erfolg tatsächlich auf deutschsprachigen Bühnen vorerst nur auf seine *Bohème* beschränkt war, dies zeigen die Erstaufführungen der *Tosca* des Jahres 1904 in Städten wie Düsseldorf, Prag oder Graz, wo *La Bohème* jeweils mit Erfolg gespielt wurde, Puccinis „Mord- und Todschlag-Oper" jedoch auf heftige Ablehnung stieß. Zwar zollte man dabei der Musik überwiegend Anerkennung und bescheinigte Puccini, daß er der führende Jungitaliener sei, doch scheint hier einem Erfolg der *Tosca* nach wie vor in erster Linie das Libretto im Wege gestanden zu sein. Denn wie schon zuvor in Dresden wurde neuerlich bekräftigt, daß die Oper *„so ziemlich das Gräßlichste wäre, was an blutigen Vorgängen auf der Bühne zu finden ist"*[36], daß sie *„nicht bloß Schrecken und Entsetzen, sondern Abscheu und Ekel"* erregen würde[37], und daß Musik *„in einer solchen Welt von Eifersucht, Verleumdung, Willkür, Feigheit, Gemeinheit, Lüsternheit und Grausamkeit"* nichts zu suchen hätte[38]. Dem ungünstigen Eindruck, den Puc-

---

36 *NMZ* 25 (1904), 136 (Düsseldorf).
37 *NmP* 13 (1904), 19 (Prag).
38 Wilhelm Kienzl, *Betrachtungen und Erinnerungen*, 245 (Graz).

Königliches Opernhaus.

60ste Vorstellung.

Dienstag, den 8. März 1904.

Anfang 7 Uhr.

Zum ersten Male:

Die Bohème.

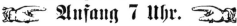

Szenen aus Henry Murgers „Vie de Bohème" in vier Bildern
von G. Giacosa und L. Illica.

Deutsch von Ludwig Hartmann.

Musik von Giacomo Puccini.

Regie: Herr Moris.

Personen:

Rudolf, Dichter	—	Herr Burrian.
Schaunard, Musiker	—	Herr Plaichte.
Marcell, Maler	—	Herr Scheidemantel.
Collin, Philosoph	—	Herr Rains.
Bernard, der Hauswirt	—	Herr Nebuschka.
Mimi	—	Fräul. Nast.
Musette	—	Fräul. v. d. Osten.
Parpignol, Spielwarenverkäufer	—	Herr Kruis.
Alcindor	—	Herr Erl.
Sergeant der Zollwache	—	Herr Gutzschbach.
Ein Zollwächter	—	Herr Liebeskind.

Studenten, Bürger und Bürgerinnen, Verkäufer, Hausierer, Soldaten, Musiker, Kellner, Kinder, Mädchen usw. — Handlung um 1830 in Paris.

1. und 4. Bild: In einer Mansarde.
2. Bild: Im Quartier Latin am „Café Momus".
3. Bild: An der Barrière d'Enfer.

Sämtliche Dekorationen sind neu von Herrn Hoftheatermaler Rieck gemalt, die Kostüme nach Entwürfen des Herrn Hoftheater-Kostümmalers Fanto von Herrn Garderobeninspektor Metzger angefertigt.

Maschinelle Einrichtung: Herr Maschinenmeister Fischer.

Nach dem 1. Bild 12 Minuten, nach dem 2. Bild 10 Minuten Pause.

Textbücher sind an der Kasse das Exemplar für 1 Mark zu haben.

Beurlaubt: Frau Wedekind.

Der freie Eintritt ist ohne jede Ausnahme aufgehoben.

Eintritts-Preise.

	Mark	Pf.		Mark	Pf.
in die Logen des I. Ranges	8	—	in die Seitengalerie, Seitenlogen und Stehplätze des IV. Ranges	1 Mark	50 Pf.
Fremdenlogen des II. Ranges	6	—	Mittelgalerie des V. Ranges	1	50
Mittellogen des II. Ranges	5	50	Sitz- u. Stehgalerie, Proszeniumlogen des V. Ranges	1	—
Seitenlogen des II. Ranges	5	—	Parterrelogen	6	—
Proszeniumlogen des III. Ranges	4	—	das Parkett 1. bis 14. Reihe	6	—
Mittellogen des III. Ranges	4	—	Parkett 15. bis 19. Reihe	5	—
Seitenlogen des III. Ranges	3	50	Stehparkett	2	—
den Balkon des IV. Ranges	3	50			
die Mittelgalerie und Proszeniumlogen des IV. Ranges	2	50			

Gekaufte Billets werden nur bei Änderung der Vorstellung zurückgenommen.

Abb. 27: *Die Bohème* (Puccini): Dresdener Erstaufführung – Hoftheater
(Sächsische Landesbibliothek Dresden)

cinis *Tosca* an diesen Bühnen hinterließ, entsprechen auch die Aufführungsziffern[39].

Jenes Ereignis, auf das man (zumindest) in preußischen Hofkreisen rund
10 Jahre gewartet hatte und das in der deutschen Musikwelt des Jahres 1904
die Sensation schlechthin zu werden versprach, war Leoncavallos *Der Roland von Berlin*, uraufgeführt am 13. Dezember in der königl. Hofoper Berlin
(s. Abb. 28, S. 177). Als Sensation sollte sich diese Auftragskomposition für
Kaiser Wilhelm allerdings nur insoferne erweisen, als sie – vorwegnehmend
gesagt – nicht nur als Bühnenwerk eine der ärgsten Enttäuschungen bereitete, sondern aufgrund der musikalischen Realisierung des dramatischen
Vorwurfs durch einen Italiener auch einen „harten Schlag" für das nationale
Bewußtsein deutscher Musikkreise darstellte, oder – wie es Pfitzner formulierte –, als *„eine Schmach für das deutsche Volk"* anzusehen war[40]:

Wie erinnerlich, hatte Kaiser Wilhelm unmittelbar nach der dt. Erstaufführung von Leoncavallos *I Medici* am 17. 2. 1894 in Berlin diesem Komponisten den Auftrag erteilt,
Willibald Alexis Roman *Der Roland von Berlin* zu vertonen[41]. Der deutsche Monarch
wollte mit der Figur dieses Nationalhelden einerseits die Schaffung einer deutschen Nationaloper in die Wege leiten, andererseits aber nicht zuletzt sich selbst bzw. seinen Ahnen ein Denkmal setzen. Begreiflicherweise hat dieser Entschluß des Kaisers[42], der offensichtlich der Meinung war, daß nur ein Künstler vom Range eines Leoncavallo befä-
higt wäre, das Haus Hohenzollern musikalisch zu verherrlichen, allgemeines Befremden
hervorgerufen und die Frage aufgeworfen, ob dazu deutsche Komponisten nicht eher in
der Lage gewesen wären[43]. Und dies umso mehr, als Leoncavallo nicht nur die deutsche
Wesensart bzw. jene der Mark Brandenburg fremd sein müsse, sondern auch kein Wort
deutsch verstünde, ja dieser Stoff sich für eine Vertonung überhaupt nicht eignen
würde[44]. Leoncavallo, der sich diesbezüglichen Angriffen natürlich selbst gleichfalls ausgesetzt sah und von diesem ehrenvollen Auftrag nicht zurücktreten wollte[45], appellierte
an diejenigen, die ihm in Deutschland „den Krieg" erklärten, daß die Kunst keine na-

---

39 Düsseldorf und Prag je 6 mal, Graz 2 mal.
40 Hans Pfitzner, *Reden, Schriften, Briefe*, hrsg. von W. Abendroth, Berlin 1955, 264.
41 Über das Zustandekommen des Kompositionsauftrages s. *DMDZ* 10 (1902), 114 f., *RMTZ* 3
    (1902), 18 f., sowie *AMz* 29 (1902), 43.
42 Entgegen allgemein vorherrschender Meinung geht aus *NMZ* (26/1905), 147) hervor,
    „. . . *daß die Initiative des Kaisers erst dadurch greifbare Formen angenommen hat, daß Le-
    oncavallo selbst dem Monarchen den Gedanken nahe legte, eine deutsche Oper zu komponie-
    ren"*.
43 Eine Frage, die man sich auch im benachbarten Österreich stellte; s. Heuberger, *Musikali-
    sche Skizzen*, 37.
44 Siehe *AMz* 21 (1894), 441 f.
45 Dazu Helmut Schmidt-Garre (*Oper. Eine Kulturgeschichte*, Köln 1963, 294): *„Er scheiterte
    an einem Beginnen, das sein Ehrgeiz ihn nicht hatte ausschlagen lassen, vor dem aber sein
    künstlerisches Gewissen ihn hätte bewahren sollen."*

Königliche Schauspiele.

Anfang 7½

Opernhaus.

Dienstag, den 13. Dezember 1904.

Auf Allerhöchsten Befehl:

Théâtre paré.

Bei aufgehobenen Abonnements-, Dienst- und Freiplätzen.
Billet-Reservesatz 1 a.

Zum ersten Mal:

Der

Roland von Berlin.

Oper in vier Akten.

Dichtung und Musik, unter Benutzung des gleichnamigen Romans von Willibald Alexis
von R. Leoncavallo. Deutsch von Georg Droescher.

Dirigent: Herr Dr. Muck. Regie: Herr Droescher.

Kurfürst Friedrich, Markgraf von Brandenburg	Herr Knüpfer.	Matthäus Blankenfelde, Bürgermeister von Cölln	Herr Nebe.
Johannes Rathenow, Bürgermeister von Berlin	Herr Hoffmann.	Nakenspruup, ein alter Handelsmann	Herr Krasa.
Elsbeth, seine Tochter	Fräulein Destinn.	Joel Baruch, ein Jude	Herr Lieban.
Gertrud, seine ältere Schwester	Frau Pohl.	Konrad von Knipprode	Herr Bachmann.
Henning Mollner, Sohn eines Tuchwirkers	Herr Grüning.	Hans Ferbirt, Bader	Herr Nebe.
Thomas Winz, Ratsherr von Berlin	Herr Berger.	Der Ausrufer des Rates	Herr Franz.
Bartholomäus Schumm, Ratsherr von Cölln	Herr Wittekopf.	Matthäus, alter Diener Rathenows	Herr Grün.
Eva	Fräulein Parbs.	Der Hanswurst, eine Maske aus dem Volke	Herr Philipp.
Melchior	seine Kinder	Herr Jörn.	Begleiter des Kurfürsten. Hauptmann der Bewaffneten.
Ryke, Ratsherr von Berlin	Herr Nöblinger.	Ratsherren, Patrizier und Patrizierfrauen von Berlin und Cölln. Frauen und Mädchen. Salome, ein jüdisches
Berghols, Ratsherr von Cölln	Herr Alma.	Mädchen. Der Henker. Der Thürsteher des Rates. Masken. Bewaffnete. Soldaten.

Ort der Handlung: Berlin. Zeit: 1442.

Im III. Akt Reigen: arrangiert von E. Graeb, getanzt von Fräulein Urbanska, Kierschner, Lucia, Grüttner, Herren
Müller, Quaritsch, Zorn, Deleuil und Corps de Ballet.

Dekorative Einrichtung: Ober-Inspektor Brandt. Kostümliche Einrichtung: Ober-Inspektor Raupp und Maler Heil.
Die neuen Dekorationen von Gebrüder Kautsky und Rottonara, Königliche Hoftheatermaler.
Möbel und Requisiten nach Entwürfen des Königlichen Dekorationsmalers Luaglio.

Nach dem zweiten Akt findet eine größere Pause statt.

Textbuch 50 Pf.

Die Billets für den I. Rang, das Parquet und die Proceniumslogen des II. Ranges
werden nur unter der ausdrücklichen Bedingung verkauft, daß die Besucher im Gesellschafts-
Anzug (Damen in ausgeschnittenen Kleidern, Herren in kleiner Uniform bezw. Frack und
weißer Binde) erscheinen. Die Logenschließer sind strengstens angewiesen, Herrschaften in
anderem Anzuge den Eintritt nicht zu gestatten.

Gewöhnliche Preise.

Fremden-Loge	12 Mark — Pf.	Zweiter Rang	6 Mark — Pf.
Orchester-Loge	10 —	Dritter Rang	4 —
Erster Rang	8 —	Vierter Rang Sitzplatz	2 50
Parquet	8 —	Vierter Rang Stehplatz	1 50

Der Vorverkauf findet am Schalter I statt.

Der Vorverkauf beginnt an jedem Sonntag für alle im Spielplan angekündigten Vorstellungen. Die Eintrittskarten gelangen täglich von ½ 11 bis 1 Uhr vormittags gegen Zahlung eines Aufgeldes von 50 Pf.
für jeden Sitzplatz zur Ausgabe.

Anfang 7½

(Seitentext links:) Während der Ouvertüre bleiben die Eingangsthüren zum Zuschauerraum geschlossen.

(Seitentext rechts:) Während der Ouvertüre bleiben die Eingangsthüren zum Zuschauerraum geschlossen.

Abb. 28: *Der Roland von Berlin*: Uraufführung – Hofoper Berlin
(Archiv der Deutschen Staatsoper Berlin)

tionalen Grenzen kennen dürfe[46], und warnte vor der Gefahr einer *„schutzzöllneri-
schen Politik in der Kunst"*[47]. Wenige Jahre später soll er unter dem Druck der andau-
ernd gegen ihn erhobenen Vorwürfe und nicht zuletzt aufgrund der Schwierigkeiten,
die ihm als Italiener die Erstellung des Librettos bereitete, auch bereit gewesen sein,
*„von der Ausführung dieses Auftrages abzustehen, wenn ihn die Intendanz der Berliner
Hofoper nicht besonders mahnen werde"*[48]. Letzteres war jedoch nicht der Fall, denn
der Komponist wurde laufend mit Anfragen und Ermahnungen von dieser Seite
„bombardiert" und fühlte sich daher mehr und mehr in die Enge getrieben. Und auch
Kaiser Wilhelm selbst ließ Leoncavallo nur allzu deutlich seinen Unmut über die
lange Verzögerung in der Erfüllung des Kompositionsauftrages spüren und lehnte sogar ein Ansuchen um eine Audienz ab, bei der sich der Italiener mit Schwierigkeiten
bei der Beschaffung historischen Quellenmaterials, Übersetzungsproblemen etc., aber
nicht zuletzt auch dafür rechtfertigen wollte, daß er inzwischen zwei andere Opern,
La Bohème und *Zazà*, geschrieben hatte[49].

Als nach langer und wechselvoller Entstehungsgeschichte[50] im Jahre 1903 aus Italien
endlich verlautete, daß der *Roland* vor der Vollendung stehe, begann – wie in den al-
lerbesten Zeiten Mascagnis – nun auch für Leoncavallo das kräftige Rühren der „Werbetrommel", wurden verschiedenste Spekulationen über den Erfolg der Oper ange-
stellt, die Handlung mit allen ihren Änderungen gegenüber der Originalvorlage diskutiert[51] und der Komponist schließlich ausgiebigst interviewt[52]. Am 23. Mai 1904 über-
reichte Leoncavallo mit der Versicherung, *„sein Bestes gegeben zu haben"*[53], in Potsdam die fertige Partitur dem Kaiser, der daraufhin den Auftrag zur Vorbereitung der
Premiere gab. Diese fand schließlich (wie erwähnt) am 13. Dezember unter der Leitung von Carl Muck und in einer Übersetzung von Georg Dröscher statt.

Wie schon angedeutet, reagierte die musikalische Fachpresse nahezu einhellig negativ, wobei kein Zweifel darüber besteht, daß auch gekränkter Nationalstolz einer objektiven Beurteilung der Oper im Wege stand. Zwar steht

---

46 Die Forderung bzw. Bitte, den *Roland* bei seiner Berliner Aufführung „ohne Chauvinismus"
    zu beurteilen, hat Leoncavallo (der davor offensichtlich Angst hatte) Ende 1899 in Berlin
    wiederholt, als er Generalintendant Graf Hochberg das fertige Textbuch der Oper vorlegte
    (s. *AMz* 27/1900, 11 f.).
47 *AMz* 21 (1894), 535.
48 *NMZ* 18 (1897), 166.
49 Siehe *DMDZ* 10 (1902), 115.
50 Eine zusammenfassende Darstellung bietet Wilhelm Tappert, In: *RMTZ* 5 (1904), 591; Tap-
    pert hat im übrigen für Leoncavallo historische Tänze übertragen und diesem 1898 insge-
    samt 21 Melodien zur Auswahl gesandt (s. W. Tappert, *Die Gavotta im Roland von Berlin*,
    In: *Mk* 4/1904/05, Nr. 7, 43 f.).
51 Siehe *MWo* 3 (1903), 149 sowie *AMz* 30 (1903), 229 f.
52 Dem dabei unternommenen Versuch der gewaltsamen Heroisierung von Leoncavallos Per-
    son haftet eine geradezu peinliche Komik an, wenn man angesichts des im Gegensatz zu
    Mascagni geradezu bekannt „unglücklichen" Äußeren dieses Komponisten Folgendes lesen
    kann: *„Auf einem massiven, verhältnismäßig nicht hohen Körper ruht ein gigantischer Kopf,
    von üppigem Haar umrahmt, die Augen blitzen Feuer, die Stirne ist herrlich gewölbt, das
    Ganze atmet Kraft, Genialität und Entschlossenheit."*
53 *AMz* 31 (1904), 411.

außer Frage, daß Leoncavallo mit seinem Roland von Berlin kein Meisterwerk gelungen war, doch wäre vergleichsweise ein deutscher Komponist bei
ähnlicher Leistung nicht halb so negativ und gehässig beurteilt worden, noch
hätte er sich sagen lassen müssen, daß „. . . *nach langjährigem Hangen und
Harren der kreissende Berg nicht einmal eine Maus, eine Kröte gebar*"[54].
Die Handlung dieser vieraktigen Oper betreffend, galt allgemein die Ansicht, daß ein Italiener einfach nicht in der Lage sein könne, sich in das
„märkische" Wesen hineinzuversetzen[55], was insbesondere auf den Vorwurf
hinauslief, Leoncavallo habe die Idee des *Roland* überhaupt nicht begriffen,
sondern „*als Gestaltung dieses historischen Stoffes eine Liebesgeschichte mit
billiger Musik geliefert*"[56] –, eine Liebesgeschichte, die in Anlehnung an Gou-
nods *Margarethe* vielmehr den Namen der Protagonistin *Alda*, und nicht
Roland verdient hätte[57]. Auch der „versehentliche" Tod Hennings, der
männlichen Hauptfigur, mit der (der Verist) Leoncavallo der Handlung entgegen dem Original einen tragischen Ausgang geben zu müssen glaubte, war
besonderer Stein des Anstoßes. Er trug letztlich entscheidend dazu bei, daß
der „*Opern-Roland*" als eine „*Farce auf den Originalroman, als Zerrbild von
jenem Werk, das . . . als das mustergültige Vorbild des märkischen Heimatro-
mans für alle Zeiten gelten wird*"[58], betrachtet wurde.
Und die Musik? Sie wurde einerseits als „*kosmopolitische Art mit etwas italienischem Beiwerk*" charakterisiert[59] sowie mit „*ihrer Unfähigkeit, dem eigenartigen Stoff des ‚Roland' beizukommen*", als Beweis dafür angesehen, daß
die Sprache der Musik im allgemeinen „*doch nur bis zu einer gewissen
Grenze*" international sein könne[60], andererseits gaben bei ihr „*althergebrach-
tes Duettgeklingel*"[61], das Fehlen großer Steigerungen, ja das Fehlen eines
einzigen Momentes überhaupt, „*der wirklich zu fesseln und anzuregen ver-
möchte*"[62], Anlaß zu heftigster Kritik. Dazu kommt noch, daß der „*banale
Anstrich*" der Musik als kaum erträglich empfunden wurde und von einem
„*veritalienisierten Neßler*"[63] oder von „*an das Gebet der Jungfrau anklingen-
den Melodien*"[64] sprechen ließ.

---

54 *Die Nation* 22 (1904), Nr. 11/12, 187.
55 Siehe Carl von Schimmelspfennig, *Aus der Mappe eines Musikfreundes*, In: *AMz* 32 (1905),
   67 f.
56 *Kw* 18 (1904/05), 522.
57 Siehe *Mk* 4 (1904/05), Nr. 7, 46.
58 *BW* 7 (1904), 300.
59 *NmP* 13 (1904), 382.
60 *SmW* 62 (1904), 1283; s. auch *NMZ* 26 (1905), 147.
61 Siehe Anm. 58.
62 *NZfM* 71 (1904), 942.
63 *DMz* 35 (1904), 300.
64 Siehe Anm. 56.

Einer der wenigen, der sich diesem Mangelkatalog nicht anschließen konnte, war jener Kritiker, der Leoncavallo die *Gavotta* für seine neue Oper „besorgt" hatte[65]: Willhelm Tappert. Sein Kommentar gestaltete sich (erwartungsgemäß und wohl auch singular dastehend) als einzige Lobeshymne auf des Kaisers Günstling und gipfelte in der provokanten Frage: „*Welcher deutsche Komponist wäre imstande, Leoncavallo das nachzumachen?*"[66]

Dem Publikum der Uraufführung – erschienen waren neben dem Kaiser, alles was Rang und Namen hatte – soll der *Roland* gefallen und sogar „*Beifallsstürme*" abverlangt haben, was auf kritischer Seite von dessen „*vorwiegend genügsamer Natur*"[67] sprechen und bedauern ließ, daß „*dieses Ergebnis als große Kunst mit einem Pomp gefeiert wurde und die gesellschaftlich vornehmste Zuhörerschaft . . . sich davon befriedigt und erfreut zeigte*"[68].

Was die weitere Verbreitung des *Roland von Berlin* auf deutschsprachigen Bühnen betrifft, hat sich die Vorhersage bewahrheitet, daß „*die Oper in Berlin und an den meisten Bühnen – schon aus Rücksicht auf den hohen Auftragsgeber – eine größere oder geringere Anzahl von Aufführungen erleben und dann von der Bildfläche verschwinden wird*"[69]. Denn in Berlin wurde der *Roland* mit 27 Vorstellungen in der Saison 1904/05 tatsächlich relativ oft gespielt, um dann jedoch in der folgenden auf 6 und in der übernächsten (1907/08) auf eine einzige Aufführung zurückzufallen. Außerhalb Berlins wurde das Werk 1905 noch viermal in Kassel und 1906 zweimal in Stettin gespielt[70].

Für die deutsche Opernwelt brachte (wie erwähnt) die in diesem Kapitel abgehandelte Zeit mit dem Jahre 1903 ein Werk, wie man es sich zehn Jahre zuvor sehnlichst herbeigewünscht hatte, das nunmehr aber (vor allem von seiten der Kritik) weder erwartet noch gewollt war: Eugen d'Alberts *Tiefland*[71]. Das Werk entstand auch gerade zu einem Zeitpunkt, da die „adaptierte" Modererscheinung des verismo in der deutschen Opernproduktion bereits (zurecht) weitgehend als überwunden gelten durfte, nachdem sich hier unzählige pseudoveristische Ein- und Mehrakter „totgelaufen" hatten.

---

65 Die Gavotte, die Leoncavallo aus Tapperts Melodie-Vorschlägen (s. Anm. 50) für den *Roland* ausgewählt hatte, wird in Tabulatur und in Übertragung wiedergegeben In: *Mk* 4 (1904/05), Nr. 7, 79.

66 In: *RMTZ* 5, 592.

67 Siehe Anm. 60.

68 Siehe Anm. 56; Schmidt-Garre (*Oper im Jahre 1900*, 7) dazu treffend: „*In den gleichen Tagen der Prunkaufführung des ‚Roland' wird mit bescheidenen Mitteln an dem kleinen Stadttheater zu Brünn das Werk eines völlig unbekannten Komponisten aufgeführt: ‚Jenufa' von Leos Janáček. An der offiziellen Kunstbörse gab es damals noch kein schlaues Füchslein, welches registriert hätte, daß hier die eigentliche Sensation des Jahres stattfand.*"

69 Kurt Mey, *Der Kaiser und die Musik*, In: *Wartburgstimmen* 1903, Nr. 17, 25.

70 Die erste (und einzige?) Aufführung in Italien fand in Neapel im teatro San Carlo am 10. 1. 1905 statt.

71 Zur Entstehungsgeschichte der Oper s. Charlotte Pangels, *Eugen d'Albert. Wunderpianist und Komponist. Eine Biographie*, Zürich 1981, 211 ff.

Und tatsächlich sah es auch angesichts der „Startschwierigkeiten" von *Tiefland* bei der Prager Uraufführung am 15. Nov. 1903 ganz so aus, als sollte sich auch diese Oper in die große Zahl dt. veristischer „Eintagsfliegen" einreihen und ebenso schnell in Vergessenheit geraten, ehe daraus nach einer Umarbeitung ein Welterfolg wurde. Was sich für d'Albert damals gewiß von Vorteil erwies, war die Tatsache, daß er nicht nur als Opernkomponist sondern auch als phänomenaler Klavierspieler bereits einen ausgezeichneten Ruf hatte und daher – trotz Verspätung in „Sachen Verismus" – mit besonderem Interesse der musikalischen Fachpresse rechnen konnte. Genau so verhielt es sich auch, zumal die Zahl der Stellungnahmen wirklich außerordentlich groß war, was letztlich nicht nur d'Alberts Entschluß zu einer Umarbeitung beeinflußt, sondern auch verhindert haben dürfte, daß *Tiefland* in Prag „sitzenblieb". Denn, diese Rezensionen waren nicht nur außerordentlich zahlreich, sondern in auffallender Weise auch überwiegend außerordentlich negativ, was den deutschen Bühnen besonderen Anreiz bieten mußte, sich über das Werk ein eigenes Urteil zu bilden und eine Aufführung ins Auge zu fassen. Letzteres erwies sich für die Zukunft von *Tiefland* dann wohl auch als entscheidend, da diese „außerordentlich negativen Eindrücke" zu einem erheblichen Teil nicht zuletzt dadurch zustande kamen, daß prominente Kritiker, wie z. B. Victor Joss oder Rudolf Batka sich d'Alberts Oper gegenüber ganz besonders ablehnend verhielten und in den großen deutschen musikalischen Fachzeitschriften jeweils mehrfach durch Beiträge gleichen Inhalts, ja z. T. sogar gleichen Wortlautes vertreten waren, wodurch sich zwangsläufig eine Verzerrung des *Tiefland*-Bildes ergeben mußte[72].

Daß man bei der Uraufführung offensichtlich grundsätzlich nicht bereit war, ein insgesamt positives Urteil abzugeben, läßt sich ganz deutlich aus der einmütig und offen zur Schau getragenen Enttäuschung darüber ablesen, daß sich der Komponist mit „Haut und Haar" dem verismo jetzt und überhaupt verschrieben hatte, was man d'Albert, aber auch seinem Librettisten Rudolf Lothar[73], auf eine geradezu agressive Art und Weise zur Kenntnis brachte und in Kommentaren, wie jenem Victor Lederers gipfeln ließ, der sich schon knapp an der Grenze zur Geschmacklosigkeit und Unseriosität bewegt:

„Zunächst vermissen wir Charaktere, und als einzigen dramatischen Gegensatz in den drei Acten sehen wir Schlechtigkeit gegen Dummheit und Dummheit gegen Schlechtigkeit gestellt ... Was aber ergibt sich vollends für einen dramaturgischen Maßstab, den anzulegen wir bei einem „Musikdrama" doch berechtigt sind? Zunächst eine ungeschickte Anbringung der Vorfabel; des Weiteren: als Peripetie – ein Schrecken ohne Ende, als Katastrophe – ein Ende mit Schrecken. An die Stelle des Mitleids tritt Ekel, anstelle der sympathischen Furcht der Nervenschock. Gewiß hat auch das mißbräuchlicherweise „realistisch" genannte Kotdrama, jene dramatisierte chronique scandaleuse des Volkselends, als ein Menetekel an die oberen Zehntausend, welchen jenes Elend fremd ist, eine Geist und Herz bildende Bedeutung und daher künstlerische Existenzberechtigung."[74]

---

72 Siehe V. Joss, In: *AMz* 30 (1903), 821 und (mit gleichem Wortlaut) In *NmP* 12 (1903), 423, sowie R. Batka, In: *Mk* 3 (1903/04), Nr. 6, 460, *MWb* 34 (1903) 689, *NZfM* 70 (1903), 616 und ders., *Aus der Opernwelt*, 160.

73 Zu Lothar als Librettist im allgemeinen sowie im speziellen als Textdichter von *Tiefland* s. Erich A. Dworak, *Das deutschsprachige Opernlibretto in der 1. Hälfte des 20. Jahrhunderts*, Diss. mschr. Wien 1966, 510 ff.

74 Victor Lederer, In: *SmW* 61 (1903), 1146.

Was die Reaktion des Prager Publikums im Deutschen Landestheater betrifft, so fiel diese denkbar enthusiastisch aus, wobei bei dem gewiß mehr als nur einen Achtungserfolg darstellenden Ereignis der Uraufführung Ensemble, Dirigent und Komponist nicht weniger als 42mal vor den Vorhang gerufen worden sein sollen[75]. Weiterreichende Folgen resultierten daraus allerdings nicht, denn *Tiefland* kam über vier Vorstellungen insgesamt in Prag nicht hinaus. Die erste Aufführung auf einer Opernbühne in Deutschland erfolgte in Leipzig, am 17. Februar 1904, gleichermaßen mit geringem Erfolg, was auch für die nachfolgenden wichtigsten dt. Stationen, wie Magdeburg, Köln, Frankfurt, Stuttgart, Zürich, Darmstadt etc. gilt, ehe nach einer dreijährigen „Durststrecke" mit der Hamburger Erstaufführung vom 6. Februar 1907 der endgültige Durchbruch zum Welterfolg eingeleitet wurde[76]. (Im übrigen eine Rezeptionsgeschichte, die in auffallender Weise jener der *Bohème* von Puccini, d'Alberts großem musikalischen Vorbild, gleicht.)

---

75 Zu d'Alberts eigener Darstellung des Uraufführungserfolges s. Pangels, *d'Albert*, 218.
76 Siehe dazu z. B. Robert Müller-Hartmann, In: *AMz* 34 (1907), 139 f.

(La Cabrera & Manuel Mendez: „tragische Scherze übelster Sorte"
– Leoncavallos *Bohème*: „. . . dem Ende entgegen" – *Amica*:
„verklingendes Zauberwort Mascagni" – *Siberia*: Giordano redivivus
– *Zazà* und der „Reiz des Verbotenen")

Im Jahr der Uraufführung von Richard Strauss' *Salome*, die das Selbstver-
trauen der deutschen Musikwelt in Hinblick auf ihre musikdramatische
schöpferische Eigenkraft entscheidend zu heben vermochte und sehr bald
(mit einiger Überheblichkeit) verkünden ließ, daß bis zum Erscheinen dieser
Oper eigentlich alle Veristen an der „*vérité vraie*" vorbeikomponiert hätten[1],
kamen nach dem Berliner Großereignis des Vorjahres wieder einige „kleinere" Vertreter Jungitaliens bzw. Ausländer, die sich deren Stil angeeignet
hatten, auf deutschen Bühnen zu Wort. Erwartungsgemäß war ihnen allen
weder Erfolg beim Publikum beschieden, noch konnten sie die Zustimmung
der Kritik erlangen. So der Fall auch bei der schon im Dezember des Vorjahrs in Zürich sehr negativ aufgenommenen *La Cabrera* Gabriel Duponts,
die mit „*ihrem Rückfall in den klotzigen Mascagni-Stil*"[2] sowohl in Frankfurt
als auch in Breslau[3] – hier wiederum in der schon gewohnten Koppelung mit
Lorenzo Filiasis *Manuel Mendez*[4] – auf nur wenig Gegenliebe stoßen konnte.
Letzterenorts veranlaßte das französich-italienische „Einaktergespann" sogar
zur Frage, „*ob es wohl Italienern und Franzosen einfallen würde, zwei so tragische Scherze übelster Sorte aufzuführen*", zumal Duponts Werk ja noch
„*immerhin als ein Bühnenwerk*" zu bezeichnen sei, in Filiasis Einakter jedoch
„*die groteske Albernheit des Textes mit der dumpfen Öde der Notenbegleitung
einen harten Kampf um den Rekord der Unmöglichkeit*"[5] auszutragen hätte.
Etwas positiver war die Reaktion auf diese beiden, wieder zusammen an
einem Abend gespielten Opern im deutschen Landestheater in Prag[6], wenngleich man dort großteils mit Richard Batka der Meinung gewesen sein
dürfte, „*daß gar kein Grund vorlag, sie über die Alpen zu schleppen*"[7]. Ähnli-

1 Paul Marsop, *Italien und der Fall Salome*, In: *Mk* 6 (1906/07), Nr. 9, 151.
2 *Mk* 4 (1904/05), Nr. 10, 281.
3 Die Aufführungen fanden am 14. Febr. bzw. am 31. März statt.
4 Siehe *NmP* 14 (1905), 91.
5 *SmW* 63 (1905), 682; vgl. auch *NZfM* 72 (1905), 382.
6 11. November 1906; s. *SmW* 63 (1905), 1203.
7 Richard Batka, *Aus der Opernwelt. Prager Kritiken und Skizzen*, München 1907, 153 f.

ches ist auch Besprechungen zu weiteren Einzelaufführungen von *La Cabrera* in Elberfeld[8] und Stuttgart[9], mit jeweils einigen wenigen Vorstellungen, zu entnehmen. Im Folgejahr wurde Duponts Oper noch ein einziges Mal in München – gekoppelt mit Strauss' *Feuersnot* – gespielt, verschwand dann jedoch – wie Filiasis *Manuel Mendez* – für immer aus dem dt. Bühnenspielplan.

Die dritte jungitalienische Novität war die in musikalischer Hinsicht gleichfalls ganz im „Fahrwasser" von Mascagnis *Cavalleria* schwimmende *Messaline* des Engländers Isidor de Lara[10], aufgeführt am 2. Dezember in Köln[11]. Das vieraktige Werk, das Episoden aus dem Leben der gleichnamigen römischen Kaiserin und Hätere zum Inhalt hat, konnte sich zumindest bis 1910 auf dieser Bühne halten und ging auch noch in Städten wie Leipzig (1907) und Magdeburg (1909) in Szene, wobei jedoch nur die Aufführung in letzterer ein etwas größeres, überregionales Presseecho hervorrief. De Lara glaubte man bei dieser Gelegenheit allerdings *„keine schöpferische, eigenartige Potenz, höchstens ein durch die mannigfachen Theaterpraktiken großgezogenes Theatertalent"* zusprechen zu können[12].

Schließlich kam im Jahre 1905 auch noch der „präveristische" *Ratcliff* Emilio Pizzis am 18. März in Elberfeld zur dt. Erstaufführung, womit es diesem Komponisten gelungen war, neben seiner *Rosalba* des Vorjahres nunmehr auch sein dramatisches Erstlingswerk in Deutschland an den Mann zu bringen[13]. Wie vorhersehbar, löste auch dieser „romantische Nachzügler" keine Begeisterung aus[14], hatte man doch schon Jahre zuvor Mascagnis gleichnamiger und in musikalischer Hinsicht fraglos unvergleichlich besseren Oper nur wenig Sympathie entgegenbringen können.

Ausgesprochen gut kam hingegen Leoncavallos *Bohème* in Berlin an, wo dieses Werk am 26. November 1905 an der komischen Oper erstmals in Szene ging und sich dort mit einer Serie von 33 Aufführungen als Zugstück ersten Ranges erwies, wenngleich es das letztemal sein sollte, daß dieser Oper auf einer deutschsprachigen Bühne ein eindeutiger Erfolg beschieden war[15]. Wenig später wurde sie von Puccinis gleichnamiger Oper endgültig aus

---

8 *RMTZ* 6 (1905), 116.
9 *MWb* 36 (1905), 376.
10 De Lara (Pseudonym für Cohen) lebte längere Zeit in Italien; zu seiner Person s. *MGG* 8 (1960), Sp. 219.
11 Übersetzung des Librettos von Armand Silvestre durch Otto Rupertus.
12 *NZfM* 74 (1907), 885.
13 Ratcliff entstand 1889; 1906 gelang es Pizzi auch noch seine *Vendetta* an einer dt. Bühne aufzuführen (s. S. 189).
14 Siehe *SmW* 63 (1905), 562.
15 Siehe *BW* 8 (1905), 302.

dem dt. Bühnenspielplan verdrängt, womit Leoncavallo dort vorübergehend wieder einmal nur mit seinem berühmten Einakter vertreten war.

Das Los, mit nur einer einzigen Oper auf dt. Bühnen vertreten zu sein, traf Mascagni mit seiner *Cavalleria* zwar schon seit längerem, doch sah sich der Meister aus Livorno (wie im übrigen kurz darauf auch Leoncavallo) nach sieben Jahren nunmehr endlich wieder in der Lage, dem deutschen Opernpublikum eine neue Oper zu präsentieren. Allerdings war für seine vorzustellende zweiaktige *Amica* die Ausgangsposition äußerst ungünstig, weil man zum einen in ein neues Werk von Mascagni von vornherein keine Hoffnungen mehr setzte[16], zum anderen der unter Erfolgszwang stehende Komponist damit rechnen mußte, mit seinem bisher überall abschlägig beurteilten Werk auch in Deutschland auf Ablehnung zu stoßen. Dort war man ja über die einzelnen Mißerfolge der *Amica* bereits bestens informiert und wußte sowohl über das Ergebnis der in Monte Carlo am 16. März 1905 stattgefundenen Uraufführung[17] als auch über jenes der ersten italienischen Aufführung am 13. Mai desselben Jahres im römischen Costanzi-Theater Bescheid, von dem verlautete, *„daß aller guter Wille nur wieder . . . einen Erfolg brachte, welcher jenem der ‚Iris‘ verzweifelt ähnlich war“*[18]. Es verwundert daher nicht, daß Mascagni, dem auch die folgenden Aufführungen in Livorno, Neapel etc. keineswegs auch nur annähernd jene Zustimmung brachten, die er sich mit diesem verzweifelten Rückgriff auf das einst beim Publikum so gut angekommene bäuerlich-veristische Genre der *Cavalleria*[19] sehnlichst erwünscht hatte, unter diesen Umständen große Anstrengung unternahm, seiner neuen Oper zumindest in Deutschland zu Anerkennung zu verhelfen. Aus diesem Grunde leitete er nicht nur persönlich die deutsche Erstaufführung in Köln, sondern verband damit auch noch (in bewährter Manier) ein Dirigat seiner *Cavalleria*.

Der 20. Mai 1906, der Tag der Premiere, war zweifellos ein großer Erfolg für die Person des Komponisten, dessen bloßes Erscheinen vor dem Publikum noch immer genügte, um umjubelt zu werden –, nicht aber für das Werk selbst. Denn, schon anläßlich der Uraufführung Zweifel an der logischen Gestaltung und poetischen Originalität des Stoffes hegend[20], sah sich die Kritik nunmehr diesbezüglich nicht nur bestätigt, sondern auch veranlaßt festzustel-

---

16 Wilhelm Kleefeld, *Der italienische Verismus (Oper der Lebenden* 5), In: *BW* 9 (1906), 180.

17 Siehe *NZfM* 72 (1905), 278; von italienischer Seite wurde das Zustandekommen der Uraufführung im „ausländischen“ Monte Carlo als Provokation Mascagnis gegenüber seinem Heimatland empfunden.

18 *WKM* 3 (1905), 142.

19 Vgl. auch Morini, *Mascagni* 1, 30 f.

20 Siehe *SmW* 63 (1905), 175.

len, daß es Mascagni nicht gelungen sei, die Schwächen des Librettos[21] durch die Musik zu mildern. Einige Nummern lobte man zwar, doch lief die Beurteilung im Ganzen übereinstimmend auf jene, von Paul Hiller[22] stammende Formulierung hinaus, derzufolge die Oper *„keineswegs ein Gewinn für das hiesige Repertoire, noch weniger aber für die internationale Opernliteratur bedeute, die ja eigentlich das erst so kurze Zeit bestehende Werk schon vergessen hatte, ehe die Kölner Theaterleitung es als Novität wählte"*. Und auch die daran anknüpfende Voraussage, daß *„Vergessenheit trotz des einst so vielsagend-kraftvoll hallenden, jetzt mehr und mehr verklingenden Zauberwortes ‚Mascagni' ihr* [Amicas] *Schicksal sein werde"*, sollte sich bewahrheiten, zumal die Oper in Köln nicht über zwei Vorstellungen hinauskam und nur noch (im selben Jahr) eine einzige Aufführung in Stettin erlebte. Damit belief sich Mascagnis gesamte, mit diesem Werk auf dt. Bühnen gemachte „Ausbeute" auf ganze 3(!) Vorstellungen.

Ein weiterer „prominenter" Jungitaliener, der in Deutschland gleichfalls zuletzt vor sieben Jahren mit einer neuen Oper aufgewartet hatte, war Giordano. Ihm war mit seiner dreiaktigen, in Russland spielenden *Siberia* auf deutschsprachigen Bühnen etwas mehr Glück beschieden als Mascagnis *Amica*, da sich die Oper mit kurzen Unterbrechungen (wenngleich mit nur wenigen Aufführungen) zumindest bis zum Jahre 1913 im Spielplan halten und immerhin an Bühnen so großer Städte wie Wien, München und Berlin über die Bretter gehen konnte. Der Erfolg in Stuttgart, wo die Oper am 4. November 1906 erstmals zur Aufführung kam[23] erwies sich jedoch vorerst – gemessen an der *„fast übergroßen Begeisterung"*, mit der Giordanos dreiaktiges Werk bei der franz. Erstaufführung im Vorjahr in Paris aufgenommen worden war[24] – noch eher als mäßig, wobei für die Haltung der Kritik die Bemerkung kennzeichnend war, daß man sich *„im deutschen Sinne"* ein musikalisches Drama ganz anders vorstellen würde[25]. Daß die Oper hier bereits nach fünf Vorstellungen wieder aus dem Spielplan genommen wurde, läßt zwar darauf schließen, daß auch das Interesse des Publikums nicht allzu groß war, doch mag – wie schon in vielen ähnlichen Fällen zuvor – dahingestellt bleiben, inwiefern nicht auch mangelhafte künstlerische Darstellung, schlechte Inszenierung etc. dazu beigetragen haben, daß der Oper hier eine

---

21 Die dt. Übersetzung des französischen Originallibrettos Paul Collins nach dem dramatischen Gedicht von Paul Bèrel besorgte Otto Neitzel.
22 In: *NZfM* 73 (1906), 539.
23 Die Übersetzung von Luigi Illicas Libretto besorgte Otto Neitzel.
24 Siehe Gustav Samazeuilh, *Die italienische Saison in Paris*, In: *SMW* 63 (1905), 749.
25 *MWb* 37 (1906), 832.

nur so kurze Lebensdauer beschieden war. Denn Giordanos *Siberia* stieß
(wie schon angedeutet) keineswegs generell auf dt. Bühnen auf Ablehnung,
wovon spätere Aufführungen in anderen dt. Städten zeugen und worauf noch
einzugehen sein wird.

Auch der nicht nur über die schlechten Kritiken sondern auch über die geringe Verbreitung seines *Roland von Berlin* enttäuschte Leoncavallo konnte
noch mit einer neuen Oper in Deutschland zum Zuge kommen, und zwar mit
seiner vieraktigen *Zazà*, jenem Werk, das er selbst für sein bestes hielt[26], und
mit dem er wieder an das Milieu der *Bohème* anknüpfen wollte. Leoncavallo
hatte – und dies sollte sich sehr bald herausstellen – mit diesem, das Schicksal einer französischen Varieté-Künstlerin behandelnden Stoff[27], keine
schlechte Wahl getroffen, denn *Zazà* fand nach ihrer Mailänder Uraufführung[28] nicht nur in Italien sondern auch international an Bühnen wie Ant-
werpen, Haag, San Francisco, Buenos Aires, Moskau etc. bemerkenswerte
Anerkennung. Und auch die dt. Erstaufführung[29], die in der Übersetzung von
Fritz Werner am 22. April 1906 in Kassel erfolgte[30], wurde sowohl vom Publikum als auch von der Fachpresse äußerst günstig aufgenommen, beeilte
sich doch letztere sogar, von der *„besten Partitur"* des Komponisten nach
dem *Bajazzo* und von einer *„sich immer spannender gestaltenden Verhalten-
stragödie"*[31] zu sprechen. Vor allem Leoncavallos *„Kunst des Ensembles"*, der
„Reichtum an melodiöser Erfindung" sowie das *„sichere Treffen des rechten
dramatischen Ausdrucks"*[32] konnten eindeutig überzeugen, wie sich überhaupt insgesamt ein auffälliges Bemühen erkennen ließ, die Oper nicht nur
nach „deutschen Kriterien" zu messen.

---

26 Siehe Klein, *Leoncavallo*, 232.
27 Nach dem gleichnamigen Schauspiel von P. Berton und Ch. Simon.
28 10. Nov.1900; kurz nach der Uraufführung soll Leoncavallo, wenn man der Mitteilung in
MWo (3/1903, 450) Glauben schenken darf, die Herausgeber von *La Sera* (Mailand) und
L'Arpa (Bologna) geklagt haben, da sie behaupteten, er hätte mindestens vier seiner Operntexte (darunter auch *Zazà*) nicht selbst gedichtet, sondern *„wirklichen Dichtern"* abgekauft.
Leoncavallo, dem man hier auch vorwarf, bei der „Entlehnung" seiner Texte grundsätzlich
„ganz skrupellos" zu Werke gegangen zu sein, soll aber die Klage wieder zurückgezogen haben, was ebenda dahingehend kommentiert wurde, daß man *„ferner noch immer nicht weiß,
wer Leoncavallos Operntexte geschrieben hat"*.
29 Ihr war (wie zuvor bei *Amica*) die französische Erstaufführung in Paris vorausgegangen; s.
SmW 63 (1905), 748.
30 Daß *Zazà* erst sechs Jahre nach ihrer Uraufführung nach Deutschland kam, liegt nicht
daran, daß man in der deutschen Musikwelt die Mitteilung in *SmW* (60/1902, 99), es sei die
Oper *„das schwächste Werk, das Leoncavallo veröffentlicht hat"*, wirklich ernst genommen
und daraus die Konsequenzen gezogen hätte –, dies ist vielmehr in der Tatsache begründet,
daß der Komponist vor der Fertigstellung des *Roland* in Rücksicht auf den deutschen Kaiser
von einer Aufführung absehen mußte.
31 *SmW* 64 (1906), 587.
32 *Mk* 5 (1905/06), Nr. 18, 414.

Der Grund dafür, daß auch Leoncavallos *Zazà* – wie schon zuvor die beiden *Bohèms* und *Fedora* – besonderen Anklang fand, lag neben den musikalischen Qualitäten des Werkes wiederum in erster Linie am Sujet, das mit seinem „leicht anrüchigen" und „prickelnden" Handlungsmilieu einem (gut bürgerlichen) Publikum neuerlich eine Welt eröffnete, in die es sonst (zumindest offiziell) keinen Einblick hatte, und das gewissermaßen mit dem „Reiz des Verbotenen" behaftet war. Es bot darüber hinaus (soweit es der Moral-Kodex jedes einzelnen zuließ) auch einmal mehr die Möglichkeit einer Identifikation mit wirklichkeitsbezogen agierenden, einer sozial ähnlichen Schicht entstammenden Personen der Handlung und entsprach damit einer der Hauptforderungen, die mit der Vorstellung von einer modernen bürgerlichen Oper zu verbinden war. Daß diese Vorstellung in der deutschen Musikwelt bereits konkrete Formen angenommen hatte und der Wunsch nach einem gegenwartsbezogenen bürgerlichen Musikdrama deutscher Provenienz stärker denn je war, verdeutlicht sehr eindringlich die zeitgenössische Diskussion über dieses Thema. Beispiel dafür, ein Beitrag eines mit J. L. [?] signierten Autors[33], in dem bittere Klage gerade über jene Vergeblichkeit des bisherigen Wartens auf eine Oper geführt wird, wie sie die modernen Italiener, aber auch ausländische Komponisten wie Charpentier mit seiner (wenngleich zu sozialkritisch empfundenen) *Louise* geschaffen hätten. Allerdings wird hier auch unmißverständlich darauf hingewiesen, daß eine moderne deutsche bürgerliche Oper sich eines *„gehobeneren Milieus"* bedienen müßte. Es verwundert daher auch nicht, daß Mascagni, dem ebenda einerseits das Verdienst zugesprochen wird, durch seine *Cavalleria* mit einem Schlag den Inhalt des Musikdramas aus der Welt des Unfaßbaren auf den realen Boden verlegt zu haben, andererseits jedoch der Vorwurf trifft, *„dem gebildeten Publikum aber doch nur Menschen aus der geistigen Zone von Bauern vorgeführt zu haben"*, im Gegensatz zu Leoncavallos *Zazà* nur mehr so wenig Interesse mit *Amica* im Vorjahr erwecken konnte. Leoncavallo hat mit seiner Oper somit das deutsche Opernpublikum an einer „verwundbaren" Stelle getroffen-, eine Stelle, an der im folgenden Jahr ja auch *Madame Butterfly* mit Erfolg rühren sollte[34].

Auf eine breitere Anerkennung seiner Oper mußte Leoncavallo trotz des Kasseler Erfolges vorerst allerdings noch verzichten, da die Prophezeiung, *Zazà* werde *„gewiss ihren Weg nach anderen großen Bühnen finden"*[35], erst einige Jahre später in Erfüllung gehen sollte (s. S. 202). Er konnte somit weiterhin nur zusehen, wie seine *Bohème* mehr und mehr aus dem Blickfeld des Interesses schwand und unaufhaltsam ihrem Ende entgegen ging, während es Puccini zur gleichen Zeit gelang, für sein gleichnamiges Werk immer mehr Bühnen zu interessieren. Die Entscheidung im Kampf der beiden *„Bohèms"* um die Gunst von Publikum und Kritik war damit endgültig zugunsten des Meisters von Lucca gefallen[36].

---

33 J. L., *Bürgerliche Oper*, In: *Norddeutsche Allgemeine Zeitung* 45 (1906), Nr. 103 (4. Mai), Unterhaltungsbeilage.
34 Dazu Klein (*Leoncavallo*, 236): „. . . *Zazà, based on a typical French comedy very successfully adapted by Belasco, did in a sense pave the way of Madame Butterfly."*
35 *Mk* 5 (1905/06), Nr. 18, 414.
36 Vgl. dazu die Besprechung der Darmstädter Erstaufführung der *Bohème* durch O. Sonne, In: *NmP* 15 (1906), 144.

Neben den neuen sowie den bereits laufenden Werken der vier genannten „Großmeister" teilten sich den „Rest" des jungitalienischen Repertoirs im dt. Bühnenspielplan Komponisten wie Spinelli mit *A basso porto,* de Lara mit *Messaline* sowie Spiros de Samaras und Emilio Pizzi, teils mit einer Erst-, teils mit einer Uraufführung vertreten.

Von ersterem der beiden letztgenannten ging am 1. April in Gotha die dreiaktige Oper *La Biondinetta* in Szene[37] und kam hier – obwohl aufgrund ihres (zuerkannten) Melodienreichtums sowie des als sehr positiv empfundenen Fehlens von Deklamatorik gelobt[38] – über drei Vorstellungen (eine davon in Coburg) nicht hinaus. Der einaktigen *Vendetta* des damals in London beheimateten Pizzi, einer von korsischer Blutrache handelnden (bäuerlich-) veristische Oper reinsten Wassers[39], erging es nicht anders. In Köln am 1. Dezember uraufgeführt, wurde zwar auch ihr als ein *„theatralisch wirkungssicheres Werk von gefälligen Reizen"*[40] einige Anerkennung zuteil, doch ließ sie das mangelnde Interesse an dem bereits „verbrauchten" Genre gleichfalls nicht über mehr als insgesamt drei Vorstellungen hinauskommen.

Auf dem deutschen Opernmarkt hatte man auf dem veristischen Sektor mittlerweile auch mit sog. „Volksopern" zu „handeln" begonnen –, Volksopern allerdings, denen sowohl in musikalischer Hinsicht als auch mehr noch in bezug auf stoffliche Aspekte ein starker italienischer, d. h. veristischer Einfluß zugesprochen wurde. So auch bei Alfred Kaisers *Die schwarze Nina,* die einer größeren Gruppe von Werken dieser Art angehört, zu deren Autoren u. a. auch so bekannte Komponisten wie Julius Bittner mit *Die rote Gred* oder Karl Weis mit *Der polnische Jude* zählen[41].

Alfred Kaisers dreiaktiges Werk, das hier beispielhaft herausgegriffen sei, und bei dem man glaubte, in Hinblick auf das Vorbild sogar noch weiter als auf den verismo, nämlich auf dessen stoffliche „Ahnherin", die Figur der *Carmen,* zurückgreifen zu können, wurde am 24. Jänner 1905 in Elberfeld uraufgeführt. Bei der von Kaiser selbst erfundenen Handlung, die in einer deutschen Kleinstadt spielt, ließ die Titelheldin als ein *„italienisches Weib unter deutschen Männern . . . mit carmenmäßigen Instincten, aber der Leidenschaft einer Santuzza"*[42] keinen Zweifel darüber, daß der Komponist *„so etwas wie eine veristische Oper schreiben wollte"*[43]. Und dies nicht zu-

---

37 Übersetzung des Librettos von R. Galli nach Paul Milliets Drama *Histoire d'amour* von Ludwig Hartmann.

38 Siehe *MWb* 37 (1906), 278; vgl. auch *NZfM* 73 (1906), 315 sowie *SmW* 64 (1906), 505.

39 Libretto von Alfred Kaiser, dem Komponisten der Oper *Die schwarze Nina* (s. oben).

40 *MWb* 37 (1906), 942; vgl. auch *SmW* 64 (1906), 1315 f. sowie *Mk* 6 (1906/07), Nr. 7, 64.

41 Zu Bittner vgl. z. B. *NZfM* 74 (1907) 908, *WZfM* 1 (1908), 87 oder R. Specht, *Julius Bittner,* München 1921, 92; zu Weis s. K. Thiessen, *Karl Weis' Volksoper „Der polnische Jude" und die Kritik,* In: *NZfM* 68 (1901), 573.

42 F. Schemensky, In: *Mk* 4 (1904/05), Nr. 10, 281; vgl. auch *RMTz* 6 (1905), 65.

43 *SmW* 64 (1906); Die Titelheldin stirbt auch ganz nach verist. Manier, indem sie sich zwischen zwei um sie kämpfende Männer wirft und einen (nicht ihr bestimmten) tödlichen Dolchstoß empfängt.

letzt auch deshalb, weil er sich bei der als *„nicht diskussionsfähig"* erachteten Musik neben Paul Lincke und Meyerbeer auch einiges von Leoncavallo *„zusammengebettelt"* habe[44], welches musikalische „Markenzeichen" im übrigen auch noch für Kaisers zweite, etwas erfolgreichere Auseinandersetzung mit dem verismo, für seine *Stella maris*, charakteristisch sein sollte (s. S. 211).

---

44 Willi Pastor, In: *Mk* 5 (1905/06), Nr. 16, 272.

(Gerechtigkeit für Puccini – *Madame Butterfly***: „. . . wohl der Clou alles Abstoßenden und Widerwertigen" – Das Opernpublikum: „eine Bestie, die stets Blut lecken muß, damit sie rast" – Alfanos** *Resurrezione***: „ein verwässerter Puccini" – Das Problem der schlechten Opernübersetzungen)**

Greift man aus der sich beim Publikum wachsender Beliebtheit erfreuenden und ein sprunghaftes Ansteigen der Aufführungsziffern mit sich bringenden *Tosca* Puccinis einige Erstaufführungen an Bühnen so großer Städte wie Berlin[1], Wien[2] (s. Abb. 29, S. 193) oder Köln[3] heraus, fällt auf, daß auch ein überwiegender Teil der anfangs dieser Oper gegenüber so ablehnend eingestellten musikalischen Fachpresse nunmehr bemüht war, Puccini mehr Gerechtigkeit widerfahren zu lassen. Besonders auffällig tritt dies anläßlich der Erstaufführung von Puccinis Werk in Berlin (mit nicht weniger als 48 Reprisen) zutage, wo u. a. sogar betont wurde, daß man dem Komponisten *„Unrecht täte, würde man vergessen das Erdreich zu betrachten, aus dem die Kunst jenseits der Alpen hervorgewachsen ist"*, da nur auf diese Weise möglich wäre *„den richtigen Standpunkt für die Beurteilung abzuleiten"*[4]. Aber auch die kritischen Reaktionen auf die Kölner und Wiener *Tosca* sind durchwegs von einer bisher weitgehend vermißten, von übertriebenem Chauvinismus freien „Fairness" geprägt, lassen bei der Oper von *„ausgesprochener Bühnenwirksamkeit"* sprechen[5] und sehen in Puccini einen *eminenten Theatermusiker . . . mit größerem Geschmack als irgend einer seiner italienischen Kollegen"*[6].

Einen Schritt weiter – über das Bemühen hinaus, die Kritik an Puccinis Oper von nationalen Vorurteilen freizuhalten – geht der Dirigent und Theaterpraktiker Georg Göhler[7]. Er spricht – umgekehrt – deutschen Komponisten sogar die Fähigkeit ab, eine *„trotz ihrer Härten so bühnenmäßig stimmungsvolle, so lebendige, mit blühender, sangbarer Musik gemachte Oper"* wie *Tosca* zu schreiben und betrachtet es als *„unmöglich, sich den Stoff von einem Durchschnittsdeutschen behandelt vorzustellen"*.

---

1 Komische Oper, 23. Jänner.
2 Volksoper, 20. Februar.
3 Stadttheater, 4. März.
4 Paul Bekker, In: *AMz* 34 (1907), 83.
5 *RMTz* 8 (1907), 118.
6 Korngold, *Die romanische Oper*, 607.
7 G. G., *G. Puccini*, In: *Kw* 21 (1907/08), 155 f.

Und sieht Göhler die Grundlage sowie das Erfolgsrezept nicht nur dieser, sondern aller Opern Puccinis darin, „ein Stück Leben möglichst klar und wahrscheinlich, möglichst natürlich und echt . . ., ein Stück Leben ohne typische Allgemeinbedeutung . . ., ohne alle Tendenz, ohne alle deutsche Gedankentiefe aber lebendig und anschaulich" auf der Bühne darzustellen, so nennt er damit alle jene, den Deutschen für eine publikumswirksame „bürgerliche" Oper damals offensichtlich fehlenden „Ingredienzien" beim Namen.

Noch deutlicher wird dieser Autor, wenn er bemerkt: *„Was hilft alles Reden von deutscher Kunst, aller Appell an die nationalen Gefühle, der noch dazu meist von Geschäftsinteresse beeinflußt ist? Wir haben, abgesehen von den alten Meistern, noch Wagner und ein paar kleinere Geister, können aber ohne Italiener auf der Opernbühne einfach nicht auskommen. Die Statistik der Verdi-Aufführungen, der ‚Bauernehre' und ‚Bajazzo', der von Werken Puccinis bekundet Tatsachen. Und nur mit Tatsachen können Theater rechnen. Kein Direktor hielte alle diese Werke im Spielplan, wenn sie sich nicht selbst hielten."* Und dem mit dem plötzlichen Ansteigen der Aufführungsziffern Puccini'scher Opern neuerlich laut werdenden Vorwurf, daß deutsche Komponisten zu kurz kämen und nicht aufgeführt werden würden, begegnet Göhler mit dem Aufruf: *„Schafft Werke die sich halten, wie die Wagners, wie ‚Hänsel und Gretel', wie die der neueren Italiener, schafft solche Bühnenwerke, ihr Deutschen, dann werdet ihr auch aufgeführt. Theater sind keine Festspielhäuser, Theater können nur bestehen, wenn sie neben Taten des künstlerischen Idealismus auch, ohne sich künstlerisch allzuviel zu vergeben, dem großen Publikum, das vor der Schaubühne seine Schaulust befriedigen will, entsprechende Kost bieten dürfen."*

Daß es bei aller „Fortschrittlichkeit" des Denkens, wie sie diese nüchtern-realistische, ja geradezu mutige Feststellung Göhlers darstellt, nach wie vor auch an extremen Gegenbeispielen nicht mangelte, dafür legt u. a. eine Studie über *Die italienische Oper in Deutschland* des Brünner Musikers und Musikschriftstellers Bruno Weigl Zeugnis ab[8]. Er sieht in Puccini *„gegenwärtig den gefährlichsten von allen Italienern, der unter der Maske eines ernsten musikalischen Gebahrens schon an vielen deutschen Kunststätten Erfolge (?) gefeiert hat"*, und bedauert – zumal ihm *„die Erkenntnis des zweifelhaften musikalischen Wertes der Schöpfungen Mascagnis und Leoncavallos unter Zukunftsmusikern . . . bereits ungeteilt"* erscheint –, daß nur noch wenige Meinungen anzutreffen wären, *„die sich rückhaltlos auch gegen Puccini's Opernprodukte aussprechen"* würden. Denn, so fährt Weigl hier fort, niemand, der sich der Mühe einer eingehenden Überprüfung der Partituren Puccinis unterworfen hätte, könne *„aus vollster Überzeugung behaupten, daß diese Schöpfungen über den musikalischen Durchschnitt dessen, was heutzutage deutsche Künstler zu leisten imstande sind, hervorragen"*. Man müsse nur einmal *Tosca* mit ihrer *„blutleeren, seichten Musik, mit ihrem Gedankengut"* zur Hand nehmen und bedenken, *„in bereits wie vielen Fällen wirklich grundgute deutsche Opern, die vielleicht äußerlich keine so sehr in die Augen springende, derbe Theatralik aufweisen konnten, einem solchen Werke zuliebe zurückgestellt werden mußten"*. Außer Wagner und Strauss würde ja kaum ein zeitgenössisches deutsches Werk für wert befunden werden, *„auf irgendeiner der italienischen Bühnen aufgeführt zu werden, trotzdem sich die Italiener innerlich der Überlegenheit der deutschen Musik wohlbewußt sind"*.

---

8 In: *Mk* 7 (1907/08), Nr. 23, 297 f.; vgl. dazu auch Felix Draeseke, *Die Konfusion in der Musik*, In: *NMZ* 28 (1907), 1 ff. sowie 98 ff.

Kaiserjubiläums-Stadttheater
Volksoper
Direktion   Rainer Simons

Teleph. Nr. 13247 a.   Teleph. Nr. 13247 a.

Mittwoch den 20. Februar 1907.

Antheilscheine: 6. Achtel (violett).

Anfang um 7 Uhr.   **Anfang um 7 Uhr.**

(Bei erhöhten Preisen)

Zum 1. Male:

TOSCA

Musikdrama in drei Akten von V. Sardou, L. Illica und G. Giacosa.
Deutsch von Max Kalbeck. Musik von **G. Puccini.**

In Szene gesetzt von Rainer Simons   Musikalische Leitung: Alexander Zemlinsky.

Personen (Umbesetzungen vorbehalten):

Floria Tosca, berühmte Sängerin	Frl. Oberländer.	Spoletta, Agent der Polizei	Hr. Bara.
Mario Cavaradossi, Maler	Hr. Waschmann.	Sciarrone, Gendarm . . .	Hr. Markowsky.
Baron Scarpia, Chef der Polizei	Hr. Hofbauer.	Ein Schließer	Hr. Kracher.
Cesare Angelotti . . .	Hr. Ludikar.	Der Staatsprokurator . .	Hr. Gerstner.
Der Meßner	Hr. Lordmann.	Ein Schreiber	Hr. Koch.
		Roberti	Hr. Kalmar.
		Der Gerichtsbüttel . . .	Hr. Röll.

Soldaten, Sbirren, Damen, Herren, Bürger, Volk 2c.

Rom. — Juni 1800.

Die neuen Dekorationen sind aus dem Atelier H. Burghart & Co. (Janny, Petrides und Rothaug.)

Die neuen Kostüme wurden von dem „Oesterreichischen Kostüm-Atelier" (Alexander Blaschke & Co.), Wien, angefertigt.

Nach dem 2. Fallen des eisernen Vorhanges ist eine größere Pause.

Textbücher sind an den Tageskassen und abends bei den Billetteuren zu haben.

Während der Ouverture bleiben die Saaltüren geschlossen.

Kassen-Eröffnung halb 7 Uhr. Anfang 7 Uhr. Ende voraussichtlich ¼ 10 Uhr.

Donnerstag	den 21. Februar. (Anfang halb 8 Uhr.)	Tannhäuser. 7. A. d. A. (orange).
Freitag	den 22. Februar. (Anfang halb 8 Uhr.)	Tosca. 8. A. d. A. (grün).
Samstag	den 23. Februar. Nachmittags halb 3 Uhr bei halben Preisen:	Schön-Ederot.
	Abends halb 8 Uhr:	Die Zauberflöte. 1. A. d. A. (rosa).
Sonntag	den 24. Februar. Nachmittags halb 3 Uhr bei halben Preisen:	Schneewittchen.
	Abends halb 8 Uhr:	Tosca. 2. A. d. A. (brau).
Montag	den 25. Februar. (Anfang halb 8 Uhr.)	Tannhäuser. 3. A. d. A. (grau).
Dienstag	den 26. Februar. (Anfang halb 8 Uhr.)	Die Fledermaus. 4. A. d. A. (dunkelroth.)
Mittwoch	den 27. Februar. (Anfang halb 8 Uhr.)	Gesamtgastspiel des Deutschen Volkstheaters.
	Ihr Korporal. 5. A. d. A. (gelb).	

K. k. Hoftheater-Druckerei, I., Weihzeile 17.

Abb. 29: *Tosca*: Wiener Erstaufführung – Volksoper
(Österreichisches Theatermuseum Wien)

Daß Meinungen wie jene Weigls jedoch keineswegs mehr repräsentativ für den Stand der damaligen Aufnahme von Puccinis Werken durch die deutsche musikalische Fachpresse waren, sondern sich bei dieser bereits überwiegend eine Haltung breit gemacht hatte, derzufolge keine grundsätzlichen Bedenken mehr an der musikdramatischen Begabung dieses Komponisten gehegt wurden, dies stellen die Reaktionen auf Puccinis nächste Oper, *Madame Butterfly*, unter Beweis.

Das denkwürdige Ereignis der deutschen Erstaufführung von *Madama Butterfly*, wie der originale Titel lautet, fand am 27. September 1907 in der Berliner Hofoper (s. Abb. 30, S. 195) unter der Leitung von Leo Blech statt. Es war dies ein Ereignis, in das die gesamte deutsche bzw. deutschsprachige Musikwelt große Erwartungen gesetzt hatte, zumal die Oper zuvor schon mit größtem Erfolg nicht nur über zahlreiche Bühnen Italiens sondern auch über jene von Washington, Buenos Aires, New York, Paris, Kairo, London etc. gegangen war. Daß *Madame Butterfly* um die halbe Welt ging, ehe sie drei Jahre nach der Mailänder Uraufführung[9] auf einer deutschen Bühne zur Aufführung kam, hat vermutlich seine Ursache im sensationellen „Fiasko" dieser Uraufführung[10], da man sich auf deutscher Seite zu einer Annahme der Oper offensichtlich erst entschließen konnte, nachdem nicht nur aus Italien sondern auch aus dem übrigen Ausland übereinstimmende Erfolgsmeldungen eingetroffen waren. Ausschlaggebend dürften dabei letzlich die begeisterten Berichte über die Erstaufführungen in Budapest[11] sowie in Paris[12] gewesen sein, die schließlich Berlin als dritte europäische Hauptstadt nach Puccinis Oper greifen ließen.

Und auch in der deutschen Kaiserstadt sollte dem Komponisten der Erfolg treu bleiben, denn *Madame Butterfly* fand hier nicht nur beim Publikum eine äußerst beifällige Aufnahme, sondern wurde auch von der Kritik insgesamt positiv beurteilt, wenngleich bei dieser (erwartungsgemäß) Sujet und dt. Übersetzung auf Ablehnung stießen[13].

---

9 17. Februar 1904.
10 Bekanntlich hatte Puccini nach dem Mißerfolg an der Mailänder Scala seine *Butterfly* (bei der er sich des Erfolges so sicher war wie nie zuvor) zurückgezogen, umgearbeitet und erst nach der „zweiten Uraufführung" in Brescia, am 28. Mai 1904, wieder freigegeben, ab welchem Zeitpunkt es kein (zuvor so lautstark verkündetes) „Fiasko Puccini" mehr gab. Ausführlich dazu bei Fracciaroli, *Puccini*, 160 ff. sowie Carner, *Puccini*, 131 ff.
11 12. Mai 1906; s. Andor Cserna, In: *NZfM* 73 (1906), 510.
12 28. Dezember 1906; s. Arthur Neißer, In: *AMz* 34 (1907), 26 f.
13 Der dt. Klavierauszug erschien unter dem Titel: *Die kleine Frau Schmetterling (Madame Butterfly) Tragödie einer Japanerin* (nach J. L. Long und D. Belasco von L. Illica und G. Giacosa), deutsch von Alfred Brüggemann. Klavierauszug von C. Carignani. Mailand/Leipzig-Ricordi 1907. Auf Brüggemann geht auch die Namensänderung von *Pinkerton* in *Linkerton* zurück (s. Carner, *Puccini*, 365).

Königliche Schauspiele.

Opernhaus.

Anfang 7½ **Anfang 7½**

Freitag, den 27. September 1907.

189. Abonnements-Vorstellung.

Dienst- und Freiplätze sind aufgehoben.

Zum 1. Male:

Madama Butterfly.

Japanische Tragödie in 3 Akten. Nach J. L. Long u. D. Belasco von L. Illica u. G. Giacosa, deutsch von A. Brüggemann.
Musik von Giacomo Puccini.
Musikalische Leitung: Herr Kapellmeister Blech. Regie: Herr Ober-Regisseur Droescher.

Reine Ouvertüre.   *Reine Ouvertüre.*

Butterfly	Fräulein Farrar.	Der Fürst Yamadori	Herr Philipp.
B. F. Pinkerton, Offizier in der Marine der Vereinigten Staaten von Amerika	Herr Maclennan.	Der Bonze	Herr Griswold.
		Die Mutter Butterflys	Frau v. Scheele-Müller.
Sharpleß, Konsul der Vereinigten Staaten in Nagasaki	Herr Hoffmann.	Der Onkel	Herr Krasa.
		Die Tante	Fräulein Ober.
Goro, Nakodo	Herr Lieban.	Die Base	Fräulein Darch.
Suzuki, Butterflys Dienerin	Fräulein Rothauser.	Der Kaiserliche Kommissar	Herr Rebe.
Kate Pinkerton	Fräulein Parbs.	Der Standesbeamte	Herr Alma.
		Das Kind	Hildegard Müller.

Verwandte, Freunde und Freundinnen Butterflys. Diener.
Ort der Handlung: Nagasaki. Zeit: Gegenwart.

Szenisch-dekorative Einrichtung: Herr Maschinerie-Direktor Brandt.
Dekorationen entworfen und ausgeführt von den Herren Gebrüder Kautsky, Königl. Hoftheatermaler.
Kostümliche Einrichtung: Herr Maler Heil.
Möbel und Requisiten nach Zeichnungen des Königl. Dekorationsmalers Herrn Quaglio.

Nach dem ersten Akt findet eine längere Pause statt.

Textbuch 1 Mk.

Textbuch-Verlauf: Vormittags 9—1 Uhr beim Portier am Haupteingang.
Abends im Theater, bei den Billet-Einnehmern und Garderobefrauen.

Fremden-Loge	12 Mk. — Pf.		Zweiter Rang		6 Mk. — Pf.	
Orchester-Loge	10	—	Dritter Rang		4	—
Erster Rang	8	—	Vierter Rang Sitzplatz		2	50
Parkett	8	—	Vierter Rang Stehplatz		1	50

Der Vorverkauf findet am Schalter 1 statt.

Der Vorverkauf beginnt an jedem Sonntag für alle im Spielplan angekündigten Vorstellungen. Die Eintrittskarten gelangen täglich von ¼11 bis 1 Uhr vormittags gegen Zahlung eines Aufgeldes von 50 Pf. für jeden Sitzplatz zur Ausgabe.

Sonnabend, den 28. September: 190. Abonnements-Vorstellung. Die Entführung aus dem Serail. (Gew. Pr.)
Sonntag, 29. 191. Madama Butterfly. (Gewöhnliche Preise. Dienst-
und Freiplätze sind aufgehoben.)
Montag, 30. Mittags 12 Uhr: Symphonie-Matinee. Abends 7½ Uhr: I. Symphonie-Konzert der
Königlichen Kapelle.

Das Caruso-Gastspiel im Königlichen Opernhause findet im Oktober wie folgt statt: Am 23. „Rigoletto", am 25. „Aida", am 27. „Lucia von Lammermoor", am 29. „Aida". Das Abonnement, die ständigen Reservate, sowie die Dienst- und Freiplätze sind aufgehoben. Preise der Plätze wie im vorigen Jahre. Den Abonnenten und den Inhabern der Reservate werden jedoch ihre Plätze zum Kassenpreise gegen Vorzeigung des Abonnements-Vertrages bezw. der Legitimation für Reservate, am 7. Oktober an der Kasse des Königlichen Opernhauses in der Zeit von 2—4 Uhr nachmittags ausgehändigt. Preise: Fremden-Loge 40 Mk. Orchester-Loge 30 Mk. Erster Rang Balkon oder Loge 25 Mk. Parkett 25 Mk., zweiter Rang 17 Mk. Dritter Rang 10 Mk. Vierter Rang Sitzplatz 6 Mk. Vierter Rang Stehplatz 3 Mk.

Die Ausgabe der Abonnements-Billets für den Monat Oktober er., zu 24 Opern- und 30 Schauspiel-Vorstellungen findet am 28. und 30. September er., von 10¹, bis 1 Uhr vormittags in der Königl. Theater-Hauptkasse im Königl. Schauspielhause, Eingang Jägerstraße, gegen Vorlegung des Abonnements-Vertrages statt, und zwar werden am 28. September er. nur die Billets zum Parkett und I. Rang und am 30. September er. diejenigen zum 2. Rang bezw. 3. Rang ausgegeben. Balkon und 3. Rang verabfolgt. Gleichzeitig wird ersucht, den Geldbetrag abgezählt bereit zu halten.

Abb. 30: *Madama Butterfly*: Deutsche Erstaufführung – Hofoper Berlin
(Archiv der Deutschen Staatsoper Berlin)

Was die Handlung der Oper betrifft, war man sich allgemein darüber einig, daß die Textdichter Illica und Giacosa mit ihrer *„japanischen Tragödie"* Puccini *„keinen glücklichen Stoff"*[14] geboten hatten, wobei diesbezüglich nicht nur von *„einer der langweiligsten und unerquicklichsten Erzeugnisse der neuen Operndichtung"*[15] die Rede war, sondern darüber hinaus auch das aus Belascos und Longs einaktigem Schauspiel in drei Akte umgearbeitete Libretto als *„ganz ungebührlich in die Länge gezogen"*[16] charakterisiert wurde. Sehr zum Nachteil für die Beurteilung des Librettos erwies sich auch mangelndes Verständnis für die Handlungsweise der beiden Protagonisten, welches das bewußt theatralische Aufzeigen eines aus dem Zusammentreffen zweier verschiedenartiger Kulturwelten resultierenden tragischen Konflikts nur aus der Sicht des Europäers begreifen ließ.

Falsche Vorstellungen andersgearteter ethnologischer Gegebenheiten führten demnach auch zwangsläufig dazu, *Cho Cho Sans* Liebe zu dem amerikanischen Marineoffizier als *„unglaubwürdig"*, als etwas, *„was sonst nicht gerade der Japanerin Gewohnheit sein soll"*[17], zu betrachten sowie *Pinkertons* Bruch des Ehevertrages als *„unnötig brutal"* und *„menschlich unverständlich"* anzusehen[18]. Dieser Einstellung, die sich offensichtlich an der Klischeevorstellung von der puppenhaften, zu echter Gefühlstiefe unfähigen Geisha eines Sullivan'schen *Mikado* zu orientieren schien, aber auch Betroffenheit über die Widerspiegelung erotischer Gewohnheiten des Mannes aus der westlichen Welt zum Ausdruck brachte, mangelte es selbstverständlich auch an Verständnis für den Selbstmord der *Butterfly*. Denn gerade jene Szene, in der *Cho Cho San* hinter einem Wandschirm Harakiri verübt, während ihr kleines Söhnchen mit verbundenen Augen auf dem Boden sitzt (so die in Berlin noch zur Darstellung gekommene Originalversion dieser Szene), wurde als *„das Roheste was auf der Bühne überhaupt geschehen kann und in ihrer unsagbar niedrigen Spekulation auf Zirkussensation, wohl der Clou alles Abstoßenden und Widerwärtigen"*[19], bezeichnet.

Einer Kritik dieser Art am Libretto stand eine Beurteilung der Musik gegenüber, in der – trotz mancher Einwände im Detail – Puccinis musikdramatisches Genie nahezu einhellig außer Frage gestellt wurde. So kam vereinzelt sogar neuerlich zum Ausdruck, daß sich dieser Komponist gegenüber deutschen Musikdramatikern in vieler Hinsicht als überlegen erweise, ja daß es

---

14 *Mk* 7 (1907/08), Nr. 2, 124.
15 *AMz* 34 (1907), 649.
16 *SmW* 65 (1907), 1002.
17 Ebenda.
18 Siehe Anm. 14.
19 *BW* 10 (1907), 76.

„gar nicht übel wäre, wenn deutsche Komponisten von der leichten Hand, mit der Puccini charakterisiert, etwas lernen wollten, da dieser elegante, geschickte Italiener Einfälle hat, wo der Deutsche sich abmüht, seine Themen kunstvoll zu entwickeln"[20]. Die mit letzterem als außergewöhnlich hervorgehobene melodische Einfallskraft des Komponisten veranlaßte des weiteren auch mit Nachdruck darauf hinzuweisen, daß es Puccini *„noch nicht unter seiner Würde hält, seine handelnden Personen wirklich singen zu lassen und sich trotzdem auf die moderne Attitüde verstehe"*[21], wie in gleicher Weise seine als *„fein und geschmackvoll"*[22] empfundene Instrumentierungskunst Bewunderung hervorrief. Moniert wurde hingegen u. a., daß es Puccini nicht gelungen sei, sich von *„Maniriertheit"*[23] oder von *„Seitensprüngen auf das Gebiet der Operette"*[24] frei zu halten, und die Schablonenhaftigkeit bestimmter melodischer und harmonischer Wendungen so ausgeprägt wäre, daß der *Butterfly* unbeschadet einige Arien entnommen und durch solche aus anderen Werken dieses Komponisten ersetzt werden könnten.

Das Publikum reagierte auf Puccinis neuestes Werk – wie bereits angedeutet – mit Begeisterung und zeigte sich in der Folge (wie schon so oft zuvor in ähnlichen Fällen) auch unbeeindruckt davon, daß die Fachkritik diese Begeisterung *„doch nicht in allen Teilen billigen und gutheißen"*[25] zu können glaubte, denn *Madame Butterfly* brachte es in Berlin bis zum Ende der laufenden Saison noch auf 28 Reprisen. Und daß dieser eindeutige Publikumserfolg sich auch keineswegs nur in Berlin sondern auch anderenorts in gleich spontaner Weise einstellte, davon legen die nachfolgenden Aufführungen der *Butterfly* an weiteren deutschsprachigen Bühnen Zeugnis ab.

Die nächsten größeren Bühnen, die nach der Berliner Hofoper Puccinis Werk mit Erfolg herausbrachten, waren das Deutsche Landestheater in Prag[26] sowie die Wiener Hofoper, wobei in letzterer bei der Premiere am 31. Oktober 1907 (s. Abb. 31, S. 199) Puccini sogar persönlich anwesend war und enthusiastisch gefeiert wurde[27]. Was speziell die damalige Reaktion der musi-

---

20 Siehe Anm. 16.
21 *RMTz* 8 (1907), 314.
22 Siehe Anm. 15.
23 Siehe Anm. 14.
24 Siehe Anm. 15.
25 Siehe Anm. 19.
26 Siehe Victor Joss, In: *NmP* 16 (1907), 153 f.
27 Mahler, der für die Annahme der Oper damals noch verantwortlich zeichnete, hatte auch diesmal die musikalische Leitung einem anderen Dirigenten übertragen und befand sich zum Zeitpunkt der Premiere auf Konzertreise in Petersburg, was ihm von seiten der Wiener Presse übel genommen und als neuerlicher Beweis für seine Aversion gegen Puccini ausgelegt wurde (s. Korngold, In: *Neue Freie Presse* vom 1. 11. 1907, 12).

kalischen Fachpresse in der österr. Kaiserstadt betrifft, ist von Interesse, daß diese im Vergleich zu Berlin um einiges kritischer bzw. schärfer reagierte, und dies weniger im Hinblick auf das Sujet[28], sondern auf die Musik. Zwar fanden auch hier Puccinis melodische Einfälle, seine Instrumentation, oder seine musikalische Charakterisierungskunst lobende Anerkennung, doch überwogen schon bei der Berliner *Butterfly* gefallene, hier aber wesentlich „massiver" auftretenden Vorwürfe der Art, daß Puccini *„für die Mansardenstimmung der ‚Bohème', die Foltern der ‚Tosca', den japanischen Blumen- und Liebesrausch der ‚Butterfly' dieselben Töne"* verwenden würde[29], daß er des öfteren nicht davor zurückschrecke, *„einen mehr leichtfertig tändelnden, der vulgären Operette zugeneigten Ton"* anzuschlagen[30], oder, daß sich die Musik *„nur aus lauter Melodiefloskeln"*[31] zusammensetze. Nicht zuletzt war man auch überzeugt, Puccini habe es in seinen „musikalischen Exotismen" an konsequenter Durchführung mangeln lassen[32], da er vielmehr *„international-buntscheckig"*[33] geschrieben hätte, und daß dieses permanent versuchte „Japanisieren" zusammen mit einer *„beharrlich festgehaltenen tränenreichen, trostlosen Stimmung"* letzlich für die vorherrschende „Monotonie" verantwortlich zu machen sei[34].

Kam Puccini somit bei den Wiener Kritikern um einiges schlechter davon, so wurde ihm dennoch auch hier wiederum die grundsätzliche Anerkennung als Musikdramatiker nicht verweigert, zumal selbst dem verismo abgeneigte Kritiker wie Korngold eingestanden, daß man *„Opernmusik wie der Puccinis unrecht täte, sie zu unterschätzen, da sie eminente Theatermusik, lebendig, geistreich, gesanglich und an ihren besten Stellen durchgefühlt"*[35] sei. Die damit verbundene Feststellung, daß *Madame Butterfly* für eine dauernde Verbindung vielleicht nicht geschaffen sei, man sich aber *„eine recht lange Ehe auf Zeit ... sehr gut vorstellen"* könne, sollte sich allerdings ebensowenig bewahrheiten wie jene, allen Ernstes gemachte Prophezeiung, derzufolge Leo

---

28 In Wien hatte man die „Harakiri-Szene" dahingehend „gemildert", daß das Kind der *Butterfly* schon vor deren Selbstmord die Bühne verließ.

29 Richard Specht, In: *Mk* 7 (1907/08), Nr. 5, 310.

30 *NZfM* 74 (1907), 931.

31 *SmW* 65 (1907), 1149.

32 Gaston Knosp (*Musik und Milieu. Exotische Studie*, In: *Mk* 6 (1906/07), Nr. 21, 170) sah (zwar nicht unmittelbar auf die Wiener Aufführung bezogen) in Puccinis „Japanisieren" sogar eine „kulturhistorische Verfälschung".

33 Zur Verarbeitung des japanischen Elements in *Madame Butterfly* s. Powils-Okano, *Puccinis „Madama Butterfly"* (= Orpheus-Schriftenreihe zu Grundfragen der Musik 44), Bonn 1986, 44 ff. bzw. 390 ff.

34 Korngold, *Romanische Oper*, 71.

K. K. Hof- Operntheater

Donnerstag den 31. Oktober 1907

Im Jahres-Abonnement 1. Viertel   Bei aufgehobenem Saison-Abonnement

Zum erstenmale:

Madame Butterfly

Tragödie einer Japanerin nach John L. Long und David Belasco von L. Illica und G. Giacosa

Deutsch von Alfred Brüggemann. Drei Akte

Musik von Giacomo Puccini

Cho-cho-san, genannt Butterfly	Frl. Kurz.
Suzuki, Cho-cho-sans Dienerin	Frl. Kittel.
Kate Linkerton	Frl. Paalen.
F. B. Linkerton, Leutnant in der Marine U. S. A.	Hr. Maikl.
Sharpleß, Konsul der Vereinigten Staaten in Nagasaki	Hr. Weidemann.
Goro, Nakobo	Hr. Preuß.
Der Fürst Yamadori	Hr. Breuer.
Onkel Bonze	Hr. Moser.
Yakusidé	Hr. Felix.
Der kaiserliche Kommissär	Hr. Reich.
Der Standesbeamte	Hr. Marian.
Die Mutter Cho-cho-sans	Fr. Pohlner.
Die Base	Fr. Kiurina.
Die Tante	Frl. Litschla.

Verwandte, Freunde und Freundinnen von Cho-cho-san. Diener

Nagasaki. — 1850

Textbücher für 1 Krone 20 Heller an der Kasse

Zwischen dem 1. und dem 2. Akt findet eine längere Pause statt

Der freie Eintritt ist heute ohne Ausnahme aufgehoben.

Der Beginn der Vorstellung sowie jedes Aktes wird durch ein Glockenzeichen bekanntgegeben.

Abendkassen-Eröffnung vor halb 7 Uhr. Anfang 7 Uhr. Ende nach ¹/₂10 Uhr.

Freitag	den	1. November. Aida.
Samstag	den	2. Die Zauberflöte.
Sonntag	den	3. Nachmittags 2 Uhr: Wiener Walzer. Hierauf: Die Puppenfee. Zum Schluß: Sonne und Erde. Bei aufgehobenem Jahres- und Saison-Abonnement und zu ermäßigten Preisen.
		Abends 7 Uhr: Cavalleria Rusticana. Hierauf: Der Bajazzo. Zum Schluß: Atelier Brüder Japonet.
Montag	den	4. Madame Butterfly.

Preise der Plätze:

Eine Loge im Parterre oder ersten Stock	K 60.—		Ein Sitz 3. Galerie 2. Reihe	K	6.—
Eine Loge im zweiten Stock	K 40.—		Ein Sitz 3. Galerie 3. und 4. Reihe	K	3.50
Eine Loge im dritten Stock	K 30.—		Ein Sitz 3. Galerie 5. und 6. Reihe	K	3.—
Ein Logensitz im Parterre	K 14.—		Ein numerierter Sitz 3. Galerie	K	2.—
Ein Logensitz im ersten Stock	K 14.—		Ein Sitz 4. Galerie 1. Reihe, Mitte	K	5.50
Ein Logensitz im zweiten Stock	K 10.—		Ein Sitz 4. Galerie 1. Reihe, Seite	K	4.—
Ein Logensitz im dritten Stock	K 8.—		Ein Sitz 4. Galerie 2. bis 4. Reihe	K	4.—
Ein Parkettsitz 1. Reihe	K 15.—		Ein Sitz 4. Galerie 5. und 6. Reihe, Mitte	K	3.50
Ein Parkettsitz 2. bis 5. Reihe	K 12.—		Ein Sitz 4. Galerie 5. und 6. Reihe, Seite	K	3.—
Ein Parkettsitz 6. bis 9. Reihe	K 10.—		Ein numerierter Sitz 4. Galerie	K	2.—
Ein Parkettsitz 10. bis 13. Reihe	K 9.—		Stehplatz in das Parterre (nur Herren gestattet)	K	2.—
Ein Sitz im Parterre 1. Reihe	K 9.—		Stehplatz 3. Galerie	K	1.60
Ein Sitz im Parterre 2. und 3. Reihe	K 8.—		Stehplatz 4. Galerie	K	1.20
Ein Sitz 3. Galerie 1. Reihe	K 7.—				

K. k. Hoftheater-Druckerei, IX., Berggasse 7

Abb. 31: *Madame Butterfly*: Wiener Erstaufführung – Hofoper
(Wiener Stadt- und Landesbibliothek C 71.115)

Falls *Dollarprinzessin* – zur selben Zeit im Theater an der Wien uraufgeführt – *„ein besseres Schicksal"* zuteil werden würde[36].

Daß auch in Wien das Publikum nicht nur an der Premiere großen Gefallen fand, daran lassen 33 Vorstellungen[37] der *Butterfly* bis zum Ende der Saison 1907/08 kaum Zweifel aufkommen.

Versucht man anhand der Berliner sowie der Wiener *Butterfly* eine nähere „Standortbestimmung" von Publikum und Kritik vorzunehmen, ergibt sich folgendes Bild: Auf der einen Seite steht eine Fachpresse, die sich nicht in der Lage sieht, die überschwängliche Begeisterung der breiten Masse des Publikums zu teilen, jedoch trotz zahlreicher Einwände nicht umhin kann, Puccini Gespür für Bühnenwirksamkeit und theatralische Effekte sowie perfekte Beherrschung des (wenngleich italienischen) musikalischen Handwerks zuzusprechen –, ihr gegenüber auf der anderen ein enthusiasmiertes Publikum, das sich ohne großes „Reflektieren" von Musik und Handlung angesprochen fühlt.

Es war dies eine Situation, wie sie ähnlich schon vor Jahren *Cavalleria* und *Bajazzo* mit sich brachten, mit dem Unterschied jedoch, daß nunmehr auslösendes Moment für die überaus positive Publikumsreaktion der Einbezug einer „Sprache" in Puccinis Oper war, die bisher von den Jungitalienern, ja auch von Verdi in dieser Weise nicht gesprochen wurde: die Sprache des Mitleids.

Madame Butterfly, Endpunkt einer großen Zahl „exotisierender" Opern des 19. Jahrhunderts, war jene Oper, *„in der erstmals mit dem Anbruch der Ära des vollen Imperialismus das Exogamiemotiv in jenes vom verlassenen Mägdlein zurückgebildet wurde"*[38], wodurch dieses Genre eine bisher noch nicht dagewesene „Vermenschlichung" erfahren hat. Aber nicht nur die *Butterfly* als Opfer des Imperialismus, als Opfer jenes *„Leutnants aus Amerika, des typischen Vertreters des modernen Amerikanismus . . ., der mit seinem brutalen Egoismus alle wahre Herzenspoesie, die in der Geisha verkörpert ist, gewaltsam unterdrücken will"*[39], war es, die das Publikum zu Tränen rührte, es war die Tragödie der verlassenen Frau schlechthin, mit der Puccini ausdrückte, was Millionen fühlten und wo das früher so interessant und aufregend empfundene exotische Milieu, zu pittoresker „Staffage" degradiert, hinter der Allgemeinbedeutung menschlichen Schicksals zurücktreten mußte. Verstärkt wurde die Publikumswirkung dieser für das Schicksal zahlloser betrogener und an enttäuschter Liebe zerbrochener Frauen stellvertretende *„Tragödie einer Japanerin"* zweifellos noch durch den Miteinbezug eines Kindes in die Handlung, wodurch gerade jene Frauen nicht nur ihr eigenes persönliches Schicksal widergespiegelt sahen, sondern darüber hinaus noch an einer ihrer empfindsamsten Stellen, jener des mütterlichen Instinkts

---

35 Ders., ebenda.

36 Siehe Anm. 31.

37 Busoni soll bei einer dieser Aufführungen *Madame Butterfly* so „unanständig" gefunden haben, daß er vorzeitig die Hofoper verließ. Später hat er allerdings seine schlechte Meinung über Puccini geändert und vor allem *Gianni Schichi* und *Il Tabarro* als Meisterwerke gelobt; vgl. Edward Dent, *Ferruccio Busoni*, London 1933, 198 sowie Albrecht Riethmüller, *Busonis Arlecchino und Puccinis Gianni Schichi*, In: *AfMw* 42 (1985), 278 ff.

38 Th. W. Adorno, *Klangfiguren. Musikalische Schriften* 1, Berlin-Frankfurt 1959, 45.

39 So Arthur Neißer in seiner Besprechung der Pariser Erstaufführung der *Butterfly*, In: *AMz* 34 (1907), 27.

getroffen wurden. Ein deutscher Komponist bzw. Librettist hätte vermutlich diese „reizverstärkende" Szene, in der die bedauernswerte Geisha hinter ihrem ahnungslos spielenden Kind sich das Leben nimmt, und die Puccini verschiedentlich den Vorwurf der „niederen Spekulation" einbrachte, von vornherein eliminiert[40]. Nicht so Puccini, der sich – hier mehr denn je seine außergewöhnliche Fähigkeit zur Kalkulation der Publikumsreaktion unter Beweis stellend – der fraglos brutalen Wirkung dieser Szene sicher gewesen sein muß-, eine Wirkung, vor der später auch Alban Berg mit seinem am Ende des *Wozzeck* Steckenpferd hüpfenden, vom Tod seiner Eltern nichts ahnenden Kindes nicht zurückschreckte[41].

Auf die Berliner, Prager und Wiener Erstaufführung von *Madame Butterfly* folgten bis zum Ende der laufenden Saison noch sieben weitere dt. Bühnen, womit diese Oper „auf Anhieb" mit 149 Vorstellungen die höchste Aufführungsziffer erzielte, die Puccini mit einem seiner musikdramatischen Werke auf dt. Bühnen bisher jemals erreichen konnte. Ja, in der nachfolgenden Saison 1908/09 sollte sich dieses Anzahl sogar noch mehr als verdoppeln, welch enormer Zuwachs (um damit zwei völlig konträre Meinungen innerhalb der dt. Puccini-Kritik aufzuzeigen) einerseits mit der Kritik-Unfähigkeit des Publikums[42], andererseits mit der *„keineswegs um jeden Preis abzulehnenden weichen Süßlichkeit"* der Kantilenen Puccinis, die diesen *„beim großen Publikum, insbesondere aber bei den Damen"*[43] beliebt gemacht hätten, begründet wurde.

Interessant ist dabei zweifellos, daß die große Publikumsbeliebtheit von *Madame Butterfly* nunmehr – entgegen diesbezüglich weiter zurückliegender, in ähnlichen Situationen gemachter Erfahrungen – auch *La Bohème* sowie *Tosca* in Form gesteigerter Nachfrage zugute kam, ja selbst nach der bereits in Vergessenheit geratenen und in Breslau vor 10 Jahren zuletzt aufgeführten *Manon Lescaut* greifen ließ, wie die Beispiele Wien und Berlin zeigen, wo an der Volksoper[44] bzw. an der Komischen Oper[45] dieses Werk jeweils erstmals in Szene ging. In Wien – hier stand *Manon Lescaut* immerhin 14 mal auf dem Spielplan – avancierte die Oper sogar zum *„wertvollsten Werk Puccinis"*[46], unbeschadet der Meinung, daß die *„auf Text und Musik la-*

---

40 Dazu Georg Göhler (*Puccini*, 157): *„Einen sehr bedauerlichen Nachteil hat die Oper. Ein zwei- bis dreijähriges Kind hat sehr lange auf der Bühne zu sein und ziemlich viel Anteil an der Handlung. Sind schon die bekannten beiden Kinder in ‚Norma' gefährlich, so ist's dieses noch mehr. Es grenzt an Goethes Pudel und ist schlimmer als Grane, das Roß, ein Kind dieses Alters zum unumgänglich nötigen Requisit langer Szenen zu machen."*
41 Über den Einfluß Puccinis auf Alban Berg s. René Leibowitz, *Histoire de l'opéra*, Paris 1957, 350.
42 Bruno Weigel, In: *NZfM* 75 (1908), 287.
43 Wilhelm Kienzl, *Betrachtungen und Erinnerungen*, 255.
44 22. Jänner.
45 28. Oktober.
46 *WZfM* 1 (1908), 39.

stende tödliche Monotonie wohl am ehesten einer andauernden Zugkraft der Puccinischen Quasi-Novität im Wege stehen" werde[47]. Und auch in Berlin sprach man sich bei dieser fünfzehn Jahre alten, *„hervorragenden Talentprobe"*[48] eindeutig für Puccini aus, dem der Umstand, *„daß ihn ... Mascagni und Leoncavallo vorübergehend in den Hintergrund drängen konnten ... nicht geschadet"* hätte, und der *„als der bei weitem größere Könner ... ganz von selbst an den ihm gebührenden Platz gerückt"* sei[49].

Vergleicht man damit den Stand des „Erfolgsbarometers" der übrigen bekannten Jungitaliener, ergibt sich daraus eine eindeutige Führungsposition Puccinis, da von diesen lediglich zu vermerken ist, daß Giordanos *Fedora* am 1. Jänner 1907 ihre erste Wiener deutschsprachige Aufführung an der Volksoper erlebte, *Siberia* relativ viel beachtet[50] am 17. April in Leipzig erstmals über die Bühne ging, daß es ferner im selben Jahr für Mascagni am 15. November in Lemberg noch eine Erstaufführung des schon jahrelang an deutschsprachigen Bühnen nicht mehr gespielten *Freund Fritz* gab[51] und daß schließlich Leoncavallo mit der Berliner Erstaufführung seiner seit gut zwei Jahren nicht mehr gespielten *Zazà* kurzfristig die Aufmerksamkeit auf sich lenken konnte. Die Aufführung letzterer, die unter Anwesenheit des Komponisten am 4. Dezember 1908 an der Komischen Oper erfolgte, erweist sich im übrigen insoferne von Interesse, als sie sich als eindeutiger Publikumserfolg mit nicht weniger als 54(!) Reprisen entpuppte, wofür die „gestrenge Kritik" allerdings nur wenig Verständnis aufbringen konnte, da sie die beifällige Aufnahme durch das Publikum nicht Leoncavallos musikalischer Realisierung des dramatischen Vorwurfs zuschrieb, sondern vielmehr der *„Frivolität"* des Berton'schen Sujets[52] bzw. dem boshaft dahingehend kommentierten Umstand, daß *„die Oper das Publikum an-*zog, weil sich Zazà auf der Bühne *aus-*zog"[53].

Zieht man schließlich ein Resümee aus der damaligen „jungitalienische Szene" auf deutschsprachigen Opernbühnen in ihrer Gesamtheit – also auch unter Miteinbezug der hier gespielten neuen Werke der „veristi minori" –, ergibt sich ein scheinbar getreues Abbild von der gleichzeitigen Situation auf

---

47 *NZfM* 75 (1908), 178.
48 Paul Bekker, In: *Mk* 8 (1908/09), Nr. 3, 179.
49 *SmW* 66 (1908), 133.
50 Siehe z. B. *NZfM* 74 (1907), 393 sowie *SmW* 65 (1907), 525.
51 Siehe *AMz* 34 (1908), 27.
52 *SmW* 66 (1908), 1542.
53 Paul Bekker, In: *Mk* 8 (1908/09), Nr. 6, 369.

dem Opernsektor Italiens. Auch hier stand nämlich Puccini an der Spitze der
Jungitaliener – gefolgt mit großem Abstand von Mascagni und Leoncavallo[54]
–, und auch hier gab es „Neues" nur auf dem Gebiet des bäuerlichen verismo, da sich in Italien, wie es damals hieß, *der Cavalleria-Geschmack noch
immer nicht ausgelebt hat* [und] *nach dem Vorbilde dieser erfolgreichsten aller Messerstechertragödien geschriebenen Vorstadtstücke nach wie vor zur
Aufführung gelangen*[55]. Nur „scheinbar getreu" war dieses Abbild deshalb,
weil in Italien auch neue Produktionen à la *Cavalleria* nach wie vor einem
Publikumsbedürfnis entsprangen und auch oftmals gespielt wurden, während
im Gegensatz dazu auf seiten des deutschen Opernpublikums (dies zeigen
die Aufführungsziffern) dafür überhaupt kein Interesse mehr vorhanden war.
Diesbezügliches Interesse war hier vielmehr nur noch bei einigen „unbelehr-
baren" dt. Theaterleitungen gegeben, die (abgesehen von *Cavalleria* und *Bajazzo*) nicht nur mit Reprisen bereits bekannter Werke, wie *A basso porto,
Messaline* oder *Rosalba*, sondern auch mit Novitäten dieser Art nach wie vor
auf Erfolg bzw. auf volle Kassen spekulierten.

Mit dem Wunsch nach gewinnträchtigen Einspielergebnissen hatte man
sich in diesem Jahr besonders arg in der 5aktigen *La Habanera* des französischen Rom-Preisträgers Raoul Laparra getäuscht. Denn, in Paris als sensa-
tioneller Uraufführungserfolg[56] gefeiert und 50 Reprisen erzielend, fiel dieses
sogar mit Gespensterromantik und Gräberspuk „garnierte" Werk 1908 sowohl bei seiner dt. Erstaufführung in Frankfurt[57] als auch kurz darauf an der
Berliner Komischen Oper[58] kläglich durch und erbrachte angesichts von drei
bzw. einer Vorstellung wohl nicht ganz die erhofften großen pekuniären Vorteile.

Etwas besseren Eindruck hinterließ die zweite Novität, Anton Smareglias
Nozze Istriane[59], deren dt. Erstaufführung an der Wiener Volksoper[60] zwar
auch kein länger anhaltendes Interesse erwecken konnte, dessen Premiere
sich jedoch als großes lokales Opernereignis erwies, dem auch in der überregionalen Fachpresse relativ viel Aufmerksamkeit geschenkt wurde. Smareglia,
in Istrien geboren, doch überwiegend in Italien beheimatet, schrieb diese
Oper bereits vor 13 Jahren[61], doch hatte er mit ihr weder in Italien noch in

---

54 Vgl. Paul Marsop, *Opernbrief aus Italien*, In: *Mk* 7 (1907/08), Nr. 8, 92.
55 Ders., ebenda.
56 26. Februar.
57 29. November; dt. Übersetzung von Georg Dröscher; s. *FMTz* 3 (1908), Nr. 24, 4.
58 Am 2. Dezember; s. *SmW* 66 (1908), 157 f.
59 Deutsch von Felix Falzari unter dem Titel *Istrianische Hochzeit*.
60 Am 1. Jänner.
61 Am 28. März 1895 fand in Triest die Uraufführung statt.

Wien, wo er sich zuletzt aufhielt und sein Werk herausbringen wollte, viel Glück. War es dort seine Fehde mit Verleger Ricordi, die ihm mit wenigen Ausnahmen die Tore aller großen Opernhäuser verschloß[62], so war es hier vor allem Mahler, der des erblindeten Komponisten sehnlichst erhofften Einzug in die Wiener Hofoper zu verhindern wußte, und unter dessen *„Diktatur"* Smareglia *„förmlich geächtet"* gewesen sein soll, wie Max Dietz[63] und andere Rezensenten zu berichten wissen. Dietz war es im übrigen auch, der auf seiten der Kritik als einziger, in beinahe auffälliger Weise Smareglias Oper lobte, als *„Meisterwerk"* bezeichnete und *„die Pflege seiner Schöpfungen . . . als Ehrenpflicht, der sich keine Bühne, die sich selbst achtet und sich höheren Idealen als der Befriedigung des Tagesgeschmacks weiht, entziehen kann"*[64], betrachtete. In den übrigen Stellungnahmen wurden zwar überwiegend die *„solide Arbeit und noble Tonsprache"*[65] sowie *„die von deutscher, namentlich Wagnerscher Musik*[66] *erborgten Züge"*[67] in Smareglias Werk gewürdigt, doch konnte dieses dreiaktige Musikdrama insgesamt – nicht zuletzt auch aufgrund der starken Anlehnung an den bereits längst überwunden betrachteten verismo eines Mascagni und Leoncavallo – keineswegs überzeugen.

Die Jahre 1909 und 1910 brachten dem Repertoire deutschsprachiger Opernbühnen von seiten Jungitaliens außer Franco Alfanos *Auferstehung* keine neuen musikdramatischen Werke, sondern lediglich Reprisen und weitere lokale Erstaufführungen bereits im Spielplan befindlicher Opern. Dabei konnte Puccini seine Führungsposition weiter behaupten und auch ausbauen, ja mit *Madame Butterfly* in der Saison 1909/1910 sogar den Höchststand von 460(!) Aufführungen erreichen, was im Verein mit *La Bohème* und *Tosca* schließlich dazu führte, daß dieser Komponist nunmehr auch in der statistischen Bilanz der letzten 10 Jahre mit insgesamt 2981 Aufführungen (vor Mascagni und Leoncavallo) dominierte[68].

Was Puccini in Hinblick auf die oben genannten lokalen Erstaufführungen betrifft, gilt es vor allem die erste *Tosca* an der Wiener Hofoper hervorzuheben, die am 26. Jänner 1910 über die Bühne ging (s. Abb. 32, S. 205). Und

---

62 Siehe Zoran Juranić, *O životu i djelu Antonija Smareglie*, In: *Arti musices* 8 (1977), Hft. 2, 138.
63 In: *NMZ* 29 (1908), 243.
64 Ebenda.
65 Korngold, *Romanische Oper*, 221.
66 Zu Smareglias Wagnerrezeption s. Edoardo Perpich, *Il teatro musicale di Antonio Smareglia*, mschr. Diss., Triest 1960, 85 f.
67 *NZfM* 75 (1908), 79.
68 Siehe Wolfgang Poensgen, *Der Deutsche Bühnenspielplan im Weltkriege* (Schriften der Gesellschaft für Theatergeschichte 45), Berlin 1934, 24.

K. K. Hof-Operntheater

Mittwoch den 26. Jänner 1910

Im Jahres-Abonnement 2. Viertel   Bei aufgehobenem Saison-Abonnement

Für das Pensions-Institut dieses Hoftheaters
Zum erstenmale:

TOSCA

Musikdrama in 3 Akten von V. Sardou, L. Illica, G. Giacosa.
Deutsch von Max Kalbeck.
Musik von **G. Puccini.**

Regie: Hr. v. Wymétal.   Dirigent: Hr. v. Weingartner.

Floria Tosca, berühmte Sängerin	Frl. Marcel
Mario Cavaradossi, Maler	Hr. Schmedes
Baron Scarpia, Chef der Polizei	Hr. Demuth
Cesare Angelotti	Hr. Brand
Der Meßner	Hr. Betetto
Spoletta, Agent der Polizei	Hr. Marian
Sciarrone, Gendarm	Hr. Fuchs
Ein Schließer	Hr. Madin
Ein Hirt	Knabenstimme

Ein Kardinal, der Staatsprokurator, Roberti, Gerichtsbüttel, ein Schreiber, ein Offizier, ein Sergeant.
Soldaten, Sbirren, Damen, Herren, Bürger, Volk usw.
Rom, Juni 1800.
Das Textbuch ist an der Kasse für 1 Krone 20 Heller erhältlich.

Der freie Eintritt ist heute ohne Ausnahme aufgehoben

Der Beginn der Vorstellung sowie jedes Aktes wird durch ein Glockenzeichen bekanntgegeben.

Abendkassen-Eröffnung vor halb 7 Uhr. Anfang 7 Uhr. Ende um ¹/₂10 Uhr.

Der Kartenverkauf findet heute statt für obige Vorstellung und für:
Donnerstag den 27. Don Juan.
Freitag   den 28. Der Evangelimann. Hierauf: Aschenbrödel.
Weiterer Spielplan:
Samstag   den 29. Der Barbier von Bagdad. Hierauf: Versiegelt.
Sonntag   den 30. Tosca.

Preise der Plätze:

Eine Loge im Parterre oder ersten Stock	K 60.—	Ein Sitz 3. Galerie 2. Reihe	K 6.—
Eine Loge im zweiten Stock	K 40.—	Ein Sitz 3. und 4. Reihe	K 3.50
Eine Loge im dritten Stock	K 30.—	Ein Sitz 3. Galerie 5. und 6. Reihe	K 3.—
Ein Logensitz im Parterre	K 14.—	Ein numerierter Sitz 3. Galerie	K 2.—
Ein Logensitz im ersten Stock	K 14.—	Ein Sitz 4. Galerie 1. Reihe, Mitte	K 5.50
Ein Logensitz im zweiten Stock	K 10.—	Ein Sitz 4. Galerie 1. Reihe, Seite	K 4.—
Ein Logensitz im dritten Stock	K 8.—	Ein Sitz 4. Galerie 2.—4. Reihe	K 4.—
Ein Parkettsitz 1. Reihe	K 15.—	Ein Sitz 4. Galerie 5. und 6. Reihe, Mitte	K 3.50
Ein Parkettsitz 2.—5. Reihe	K 12.—	Ein Sitz 4. Galerie 5. und 6. Reihe, Seite	K 3.—
Ein Parkettsitz 6.—9. Reihe	K 10.—	Ein numerierter Sitz 4. Galerie	K 2.—
Ein Parkettsitz 10.—13. Reihe	K 9.—	Steh'platz im Parterre (nur Herren	
Ein Sitz im Parterre 1. Reihe	K 9.—	gestattet)	K 2.—
Ein Sitz im Parterre 2. und 3. Reihe	K 8.—	Stehplatz 3. Galerie	K 1.60
Ein Sitz 3. Galerie 1. Reihe	K 7.—	Stehplatz 4. Galerie	K 1.20

Abb. 32: *Tosca*: Erstaufführung an der Hofoper Wien
(Österreichisches Theatermuseum Wien)

dies deshalb, weil das Werk – trotz einer schon drei Jahre währenden, erfolgreichen Laufzeit an der Wiener Volksoper[69] – zwar neuerlich einen außergewöhnlich starken Publikumszustrom bewirken konnte[70], Puccini sich aber auch sagen lassen mußte, daß man ein Sujet dieser Art in der Hofoper für *„unangebracht"* halte: so zu lesen bei Richard Specht[71], dem darüber hinaus *„unverständlich"* erschien, daß Hausherr Felix Weingartner das Werk selbst dirigierte, und *„daß es ein künstlerisch empfindender Mensch ohne äußeren Zwang ertragen kann, die auf blutrünstigem Cinematographenniveau stehende Tragödie zu Ende zu dirigieren; daß er nicht mitten im zweiten Akt vor Wut und Abscheu den Taktstock hinwirft und ... einem der Bedauernswerten die Leitung des Werkes überläßt, die er durch Vertragsparagraphen dazu nötigen kann"*. Das an gleicher Stelle zum Ausdruck gebrachte Bedauern, der Erfolg sei nicht nur am ersten Abend sondern auch bei allen nachfolgenden, ausverkauften Vorstellungen sehr groß gewesen, entspricht auch ganz der Überzeugung, daß (auch hier wiederum) das der Sensationslust des Publikums als *„Bestie, die stets Blut lecken muß, damit sie rast"*[72] entgegenkommende Sujet zum großen Erfolg entscheidend beigetragen habe.

Gleichfalls an der Wiener Volksoper (s. Abb. 33, S. 208), aber auch am Grazer Stadttheater – und damit sei nach Puccini das Interesse auch noch auf einige erwähnenswerte Erstaufführungen der übrigen Jungitaliener gelenkt – kam Leoncavallos *Zazà* heraus[73] –, hier als *„Kameliendame des Brettls"* sowie (in Anspielung auf die 55 Vorstellungen des Vorjahres der komischen Oper Berlin) als *„Theaterfutter"* abgetan[74], dort in Hinblick auf das verwandte Milieu mit *Bajazzo* als Werk eines *„Meisters auf dem Theater"*[75] gepriesen. Und wiederum an der Volksoper, am 12. Jänner 1909, erlebte auch noch Giordanos *Andrea Chenier*[76] seine Wiener Erstaufführung (s. Abb. 34, S. 209), allerdings mit dem Ertrag von nur vier Vorstellungen, worin Specht[77] einen Beweis dafür erblicken zu können glaubte, daß die *„heroisch-sentimentalen Verlogenheiten des Textes, die Tiraden der Liebenden ... einer unwah-*

---

69 Erstaufführung am 20. 2. 1907.
70 Siehe dazu auch Korngold, In: *Neue Freie Presse* vom 27. 1. 1910, 15.
71 In: *Mkr* 1 (1909/10), 392.
72 *RMTz* 10 (1909), 705.
73 Am 5. April bzw. 15. Mai 1909.
74 Korngold, *Romanische Oper*, 105.
75 Kienzl, *Betrachtungen und Erinnerungen*, 242.
76 Diese Oper hatte mittlerweile in Ferdinand Le Bornes, am 24. 3. 1905 in Lyon uraufgeführten *Les Girondins* ein französisches Gegenstück erhalten. In Deutschland kam dieses Werk erstmals am 15. Dezember in Köln zur Aufführung (s. *RMTz* 11/1910, 34).
77 In: *Mk* 8 (1908/09), Nr. 10, 251.

ren Opernwelt angehören, die man längst überwunden glaubte ... wohl auch überwunden ist."

Mascagnis Beitrag zum Repertoire des dt. Bühnenspielplans beschränkte sich damals ausschließlich auf seine *Cavalleria* und sollte erst 1913 mit *Mona Isabeau* durch ein neues Werk Erweiterung finden bzw. Interesse erwecken. Gänzlich uninteressiert war man an seiner Person damals in deutschen Musikkreisen aber dennoch nicht, denn Mascagni war als Dirigent an das „deutsche Heiligtum" Wagner herangetreten und hatte sich *„angemaßt"*, am römischen *Costanzi*-Theater die stagione mit *Tristan und Isolde* zu eröffnen, was nur allzu gerne zum Anlaß genommen wurde, dem Schöpfer der *Cavalleria* als Wagner-Interpret generell *„Kenntnis, Stilgefühl, Geschmack und Bildung"*[78] abzuerkennen.

Die einzige deutsche Erstaufführung in dem hier behandelten Zeitraum brachte – wie bereits erwähnt – die vieraktige Oper *Auferstehung* des (damaligen) „Halbveristen" und späteren *Turandot*-Vollenders Franco Alfano, die am 5. Oktober 1909 an der Berliner Komischen Oper in Szene ging. Dieses, unter dem ital. Originaltitel *Resurrezione*[79] am 30. November 1904 in Turin uraufgeführte Werk – ein russisches Gegenstück zu Giordanos *Fedora* –, war nicht die erste Oper des Komponisten, die ihren Weg auf eine deutsche Bühne fand, denn schon 1898 wurde in Breslau *La fonte d'Enschir* auf- bzw. uraufgeführt-, ein Werk allerdings, das sich hier nicht sehr lange halten konnte. Zwar gelang es Alfano auch diesmal nicht, sich einen dauernden Platz im dt. Bühnenspielplan zu sichern, doch war *Auferstehung* zumindest ein großer lokaler Publikumserfolg mit nicht weniger als 26 Aufführungen. Das *„Befremden"*, das die an keiner anderen deutschen Bühne sonst noch aufgeführte Oper jedoch auf kritischer Seite hervorrief, wurde einerseits damit begründet, daß es Alfano gerade bei diesem dramatischen Stoff versäumt habe[80], *„sich der derben Farben zu bedienen, die seine Landsleute Mascagni und der hohle* [sic!] *Leoncavallo auf der Palette haben"*[81], andererseits mit dem Hinweis darauf, daß der Komponist allzusehr im Stile Puccinis schreibe, oder anders ausgedrückt, *„die Musik ... etwa auf der Linie eines verwässerten Puccini"* stehe[82]. Auf letzteres war ja bereits anläßlich der Erstaufführung

78 *Römische Evolutionsversuche*, In: *SmW* 68 (1910), 35.
79 Libretto von Cesare Hanau nach Tolstois Roman *Auferstehung*.
80 Der Stoff war in Hinblick auf die äußeren Geschehnisse der Handlung zweifellos als veristisch anzusprechen, nicht jedoch in bezug auf die psychologische Entwicklung, die die beiden Protagonisten, insbesondere Fürst Nechludow durchzumachen haben, und die für den verismo geradezu atypisch sind; zum Anteil des verismo in Alfanos Oper s. Guido M. Gatti, *Musicisti moderni d'Italia e di fuori*, Bologna 1920, 5 f.
81 *SmW* 67 (1909), 1427.
82 Paul Bekker, In: *AMz* 36 (1909), 791.

Abb. 33: *Zazà*: Wiener Erstaufführung – Volksoper
(Österreichisches Theatermuseum Wien)

Abb. 34: *André Chénier*: Wiener Erstaufführung – Volksoper
(Österreichisches Theatermuseum Wien)

im Brüsseler Monnai-Theater im Jahre 1906 verwiesen worden[83], doch glaubte man darin keinesfalls einen Nachteil, sondern vielmehr einen Versuch Alfanos sehen zu können, unter Übernahme von Puccinis Hang zum „musikalischen Internationalismus" mitzuhelfen, *in eleganter Weise das Problem der Zukunft des italienischen Musiktheaters zu lösen, indem er dieses beseitigt"*.

Ein zu lösendes Problem (allerdings ganz anderer Natur und auch nicht das italienische, sondern das deutsche Musiktheater betreffend), das sich aufgrund der in den letzten Jahren ständig wachsenden Aufführungsziffern ausländischer Opern im dt. Bühnenspielplan als „akuter" denn je erwies, war jenes der schlechten deutschen Übersetzungen fremdsprachiger Opernwerke. Und es waren auch gerade die letzten Jahre dieses ersten Dezenniums, in denen in deutschen musikalischen Fachkreisen der Versuch unternommen wurde, durch eine Diskussion auf breiterer Basis dieses Problem in den Griff zu bekommen. Zeugnis davon legt u. a. eine von Georg Caspary unter dem Titel *Die Sprache der Operntexte*[84] an alle Fachkollegen gerichtete Aufforderung ab, zur Frage der Aufführung fremdländischer Opern in der Originalsprache, in Übersetzung, aber auch zum damals weitverbreiteten Unwesen „gemischtsprachiger" Opernabende Stellung zu nehmen. Diese Aufforderung löste in den verschiedensten musikalischen Fachzeitschriften zahlreiche Reaktionen aus, mit dem Ergebnis, daß zwar ziemlich einhellig die Vorzüge der Originalsprache nicht geleugnet wurden, man jedoch ernsthafte Bedenken gegen Aussprache und Kenntnis von Fremdsprachen deutscher Sänger hegte und daher vielmehr bessere Übersetzungen – auch auf Kosten der notwendigen Veränderungen des Originals – forderte[85]. Diese Forderung betraf in erster Linie selbstverständlich die romanische, und hier wieder speziell die alte und neue italienische Oper, die (wie erwähnt) unter den „Ausländern" im dt. Bühnenspielplan den größten Anteil hatte. Von deren Übersetzungen (angefangen von Rossini und Verdi bis Puccini) klagte man damals ja zurecht, daß es *„fast auf jeder Seite von falschen Betonungen, undeutschen Wendungen, verdrehten Konstruktionen, für Sänger unmöglichen Wortverbindungen, schlecht gewählten Vokalen und von Sätzen wimmelt, die mit dem musikalischen Ausdruck oder Rhythmus im Widerstreit liegen"*[86]. Was die Werke der Jungitaliener im besonderen betrifft, wurde

---

83 Ernst Clossin, In: *SmW* 64 (1906), 586.
84 Siehe *SmW* 67 (1909), 81.
85 Vgl. z. B. Richard Batka, *Opernitalienisch und Operndeutsch*, In: *Mkr* 1 (1909/1910), 101 ff.
86 Leopold Schmidt, *Zum besseren Verständnis fremdsprachlicher Opern*, In: *SmW* 67 (1909), 167.

diesbezüglich noch als erschwerend empfunden, daß die Sprache von deren Libretti *„zwischen einem taumeligen Pathos und krassem Naturalismus wechselt, aber die meisten bühnenläufigen Übersetzungen über die ganze Breite des Buches ihr geliebtes Operndeutsch wie eine Sauce gießen, sodaß die Farben des Originals darunter verschwinden"*[87].

Bei solchen und ähnlichen, nur allzu richtigen Feststellungen zum Thema „Übersetzung" blieb es allerdings, und dem damals lautstark an Sänger, Dirigenten, Regisseure und Theaterdirektoren ergangenen Ruf, sich Verbesserungsversuchen nicht zu verschließen, d. h. die Mühe des Umlernens nicht zu scheuen, folgten keine „Taten". Die Lösung dieses Problems wurde bekanntlich erst im Rahmen des in den 60er und 70er Jahren unseres Jahrhunderts einsetzenden „Trends" zu Neuausgaben in größerem Umfang in Angriff genommen, und damit groteskerweise zu einem Zeitpunkt, da es bereits ohnehin durchwegs üblich geworden war, grundsätzlich (zumindest bei franz. und ital. Opern) in der Originalsprache zu singen[88].

Auf dem Sektor des deutschen Opernverismus bzw. diesbezügliche Neuigkeiten im Repertoire der letzten vier Jahre betreffend, erweist sich neben Alfred Kaisers *Stella maris*, einem weiteren, bei der Kritik erwartungsgemäß Verärgerung hervorrufenden, jedoch recht publikumswirksamen Nachzügler des „verismo der ersten Stunde"[89] vor allem Franz Neumanns Oper *Liebelei* von besonderem Interesse. Bei dieser weitgehend wortwörtlichen Vertonung von Arthur Schnitzlers gleichnamigen Schauspiel handelt es sich um eine der ersten Literaturopern, die – wie in späterer Folge auch Erwin Lendvais *Elga* (nach G. Hauptmann)[90] oder Ignaz Waghalters *Jugend* (nach Max Halbe)[91] – nicht nur wegen der ausgeprägten Realistik der modernen zeitgenössisch-literarischen Vorlage, sondern auch aufgrund der starken Anlehnung an die musikalische Sprache der Jungitaliener, im speziellen an Puccini, als „veristisch" eingestuft wurde. Das am 1. Dez. 1910 in Frankfurt uraufgeführte Werk, von dem man damals u. a. sagte, daß der Komponist damit versucht hätte, *„das Ziel eines deutschen Opern-Konversationsstils . . . mit Hilfe der leichten Grazie von Puccinis Bohème als Nachahmungsmöglichkeit"* zu verwirklichen[92], fand allerdings kaum Zustimmung.

87 R. Batka, *Operndeutsch*, In: *Kw* 22 (1908/09), 167.
88 Vgl. Götz Friedrich, *La Bohème – original?*, In: *Die Komische Oper Berlin*, Berlin (DDR) 1966, 22 sowie *Italienisch oder Deutsch*, In: *Westfälischer Besucherring* Jg. 1971/72, Hft. 3, 14.
89 Uraufführung am 25. Nov. 1910 in Düsseldorf. Die Oper konnte sich 9 Jahre auf dem dt. Bühnenspielplan mit insgesamt 281 Vorstellungen halten; s. Erich Freund, In: *Mk* 12 (1912/13), Nr. 8, 109, Georg Kaiser, In: *SmW* 71 (1913), 1197, Hermann Starke, In: *AMz* 39 (1912), 376 sowie *SmW* 71 (1913), 124, *NZfM* 77 (1910), 418 und *RMTz* 11 (19109, 794.
90 Uraufführung am 5. Dez. 1916 in Mannheim; s. *NMZ* 38 (1917), 111 und *RMTz* 18 (1917), 32 sowie H. Gappenach, *E. Lendvai. Leben, Wirken und Schaffen*, In: *Der Chor* 4 (1952), 82 ff. und Franz Dubitzky, *Moderne Dramen als Opern*, In: *BW* 23 (1920), 190.
91 Uraufführung am 17. Febr. 1917 in Berlin Charlottenburg; s. *AMz* 44 (1917), 135.
92 *SmW* 69 (1911) 132.

Denn, zum einen betrachtete man die Musik zu Schnitzlers Prosa-Stück überhaupt als *„überflüssig"*[93] und als *„verlorengegangen in der Realistik der Lebensbezeichnung und der Sprache"*[94], zum anderen wurde nicht nur der *„frische Plauderton"* nach dem Vorbild Puccinis, sondern auch generell das *„typisch italienisierende Pathos"* als dem Wiener Milieu völlig ungemäß empfunden[95].

Allerdings heißt es hier gleichzeitig auch, daß nur *„Puccini selbst, oder eigentlich ein österreichischer, ein Wiener Puccini"*, es bei dieser *„Illustrationsmusik"* zusammengebracht hätte, *„alle Ritzen des Dialogs mit Melodie zu füllen"*[96], und dies zeigt sehr deutlich, welch' große Wertschätzung Puccini damals hierzulande schon genoß.

---

93 Carl Droste, In: *RMTz* 11 (19109, 628.
94 Richard Batka, In: *Kw* 24 (1910/11) 276; in diesem Sinne auch Josef Schneider (*Die literarische Oper*, In: *SmW* 68 /1910, 1468): *„Wenn dann Worte wie ,Pfropfenzieher' oder ,Konversationslexikon' oder ,Moccacremetorte' mit Gefühl und Würde gesungen werden, so gibt das dem ästhetischen Empfinden einen Stoß, der nicht so schnell überwunden wird."*
95 Arthur Neisser, In: *NZfM* 78 (1911), 48.
96 Korngold, *Die Romanische Oper*, 302.

(*Maia & I Zingari*: Leoncavallos unverdienter Abschied – *Mona Isabeau*: „. . . zu schlecht, um nicht baldigst auf deutschen Bühnen zu erscheinen" – *La fanciulla del West*: „Nick Carter-Kien-top-Handlung" und Verlust des Melos)

In den letzten Jahren vor Kriegsbeginn, der für die deutsche Aufnahme des nahezu gesamten italienischen Musiktheaters eine einschneidende Zäsur brachte, gelang es mit Ausnahme von Giordano allen anderen bedeutenden Jungitalienern, auf deutschsprachigen Bühnen nochmals mit einem neuen Werk in Erscheinung zu zu treten: Puccini mit *La fanciulla del West* (1913), Mascagni mit *Mona Isabeau* (1913) und Leoncavallo sogar mit zwei Opern: *Maia* (1911) und *I Zingari* (1914), letztere somit am Anfang und Ende des hier abgesteckten Zeitraums von vier Jahren stehend und nicht zuletzt deshalb an den Beginn nachfolgender Ausführungen gestellt.

Für Leoncavallo, den seine chronische Erfolglosigkeit mittlerweile zum Operettenschreiber hatte werden lassen und der sich bereits dazu hergab, im Londoner Hippodrome täglich zweimal eine 30 Minuten dauernde Kurzfassung seines *Bajazzo* zu dirigieren[1], stellten oben genannte Werke den letzten Versuch dar, nochmals auf dt. Bühnen Fuß zu fassen-, ein Versuch allerdings, mit dem der Komponist kläglich scheiterte. Denn beide Opern fielen bei ihren dt. Erstaufführungen durch, was zwar vorauszusehen war, worauf man es aber – offensichtlich in Rücksicht auf Leoncavallos Verhältnis zum dt. Kaiser – ankommen lassen mußte. In besonderem Maße gilt dies für *Maia*, von der man genau wußte, daß ihre römische Uraufführung[2] für den Komponisten „*eine der schlimmsten Enttäuschungen bedeutete, die im Theaterleben vorkommen können*"[3], die man aber trotzdem an der königlichen Berliner Hofoper zur Aufführung annahm –, und dies selbst angesichts der „*bösen Schlappe, welche die danebengelungene Hohenzollern-Huldigung des stehengebliebensten und dabei strebsamsten unter den jungitalienischen Bühnenkomponisten eingebracht hat*"[4]. Der Mißerfolg der unter der Leitung von Leo Blech am 18. März erfolgten Premiere[5]

---

1 Siehe *Londoner Spaziergänge*, In: *NZfM* 78 (1911), 602 f.
2 15. Jänner 1910.
3 *Römischer Brief*, In: *NMZ* 31 (1910), 235; vgl. auch *Drei halbe Ehrenmänner*, In: *NMZ* 36 (1915), 29.
4 „Loge", *Der Deutsche Opernspielplan*, In: *Vorwärts* Jg. 1912, 183.
5 Die dt. Übersetzung des Librettos von Paul de Choudens besorgte der Berliner Intendant Georg Dröscher.

(s. Abb. 35, S. 215) war wohl einer der größten, den dieser Komponist auf deutschsprachigen Bühnen je erlebte, und selten war man sich bei der musikalischen Fachpresse so einig darüber, daß der persönlich anwesende, *„von des Königs von Preußen Gnadensonne Beschienene, mit heuchlerischem Enthusiasmus beklatschte Leoncavallo"*[6] nach dem Rezept seines *Bajazzo* ein *„geradezu unglaublich naives Werk"*[7] geschrieben habe. Als *„einzigen Vorteil"* dieser Oper ließ man gelten, *„daß dem Publikum in Text und Musik nichts zugemutet* [werde], *das es nicht ganz ähnlich schon gehört . . . und* [daß] *die Eindrücke . . . so etwas angenehm Vorübergehendes und hoffentlich nimmer Wiederkommendes"* gehabt hätten, aus welchem Grunde auch *„die Zuhausegebliebenen gewiß keine Schwierigkeiten finden würden, für etwaige Wiederholungen Billets zu bekommen"*[8]. Die mit letzterem boshaft avisierte günstige Gelegenheit zum Kartenerwerb blieb aber (offensichtlich) ungenutzt, denn das Publikum quittierte den *„von der Intendanz verschuldeten Reinfall"*[9] in den restlichen 6 Vorstellungen mit leerem Haus. Bereits in der nächsten Saison verschwand *Maia* vom Spielplan der Berliner Oper, um dann nur in der Saison 1911/12 in Gotha mit 4 Aufführungen nochmals aufzutauchen.

Das Los, von dt. Bühnen für immer verschwinden zu müssen, war Leoncavallos *Zingari*[10] bereits nach nur drei Vorstellungen beschieden. Im Londoner Hippodrome am 16. September 1912 uraufgeführt, wurde dieser Zweiakter am 6. März 1914 in Mainz unter Anwesenheit des Komponisten wohl reichlich beklatscht, doch nahmen Publikum wie Fachpresse dem Italiener zweifellos übel, daß sich dieser *„seit Jahren selbst treu geblieben"*[11], *und sich seit dem ‚Bajazzo' nicht von seinem Weg abbringen hat lassen, unbekümmert darum, welche Richtung die Musik inzwischen in Deutschland und Frankreich eingeschlagen hat"*[12]. Daher auch nichts als Teilnahmslosigkeit gegenüber einem Stil, mit dem der Komponist vor rund 20 Jahren Begeisterung und Jubel ausgelöst hatte. Aber nicht nur Leoncavallos „abgenützter" Stil war es, der einem Erfolg im Wege stand, es war auch – wie man einhellig der Meinung war – das schlechte Libretto bzw. die dilettantische, das Puschkin'sche Original verzerrende und seiner Dramatik beraubende Umarbeitung[13],

---

6 *AMz* 38 (1911), 337.
7 Arthur Neisser, In: *BW* 13 (1911), 38; vgl. auch *NMZ* 32 (1911), 301.
8 *SmW* 69 (1911), 467.
9 Siehe Anm. 4.
10 *Die Zigeuner*; die dt. Übersetzung des Librettos von E. Cavacchioli u. G. Emanuel nach Puschkins gleichnamigen Roman stammt von Emil Thieben.
11 Wie aus *NMK* (33/1912, 426) hervorgeht, soll Leoncavallo die Rückkehr mit dieser Oper zu seinem *Bajazzo*-Stil selbst zugegeben haben.
12 *RMTz* 15 (1914), 182.
13 Vgl. Schuller, *Verismo opera*, 38 f. sowie Ernst Stöckl, *Puschkin und die Musik*, Leipzig 1974, 89 f.

Königliche Schauspiele.

Opernhaus.

Anfang 7½   **Anfang 7½**

Sonnabend, den 18. März 1911.

74. Abonnements-Vorstellung.

Dienst- und Freiplätze sind aufgehoben.

Zum 1. Male:

Lyrisches Drama in drei Akten von Paul de Choudens.
Deutsch von Georg Droescher. Musik von R. Leoncavallo.
Musikalische Leitung: Herr Kapellmeister Blech. Regie: Herr Ober-Regisseur Droescher.

Renaud	Herr Maclennan.
Germain, dessen Vater	Herr Griswold.
Maïa	Frau Kurt.
Torias	Herr Bischoff.
Louison ⎫ Freundinnen Maïas	Fräulein Gates.
Zimette ⎭	Fräulein Pacholski.
Die Braut Renauds	Fräulein Lindemann.
Ein alter Schäfer	Herr von Schwind.

Schäfer. Holzknechte. Hirten. Männer aus dem Volke.

Verkäufer. Tänzer. Musikanten. Kinder.

Schauplatz der Handlung: Die Camargue (Rhône-Delta). Zeit: 1809.

Szenisch-dekorative Einrichtung von Herrn Maschinerie-Direktor Brandt.
Kostümliche Einrichtung unter Leitung des Herrn Hofrat Raupp und nach Figurinen des Herrn Maler Heil.

Nach dem ersten Akt findet eine längere Pause statt.

Textbuch 50 Pf.
Textbuch-Verkauf: **Vormittags** 9–1 Uhr beim Portier am Haupteingang des Kgl. Opernhauses.
Abends im Theater bei den Billet-Einnehmern und Garderobefrauen.

Preise der Plätze:

Fremden-Loge	12 Mk. — Pf.	Zweiter Rang	6 Mk. — Pf.
Orchester-Loge	10 — —	Dritter Rang	4 — —
Erster Rang	8 — —	Vierter Rang Sitzplatz	2 — 50
Parkett	8 — —	Vierter Rang Stehplatz	1 — 50

Der Vorverkauf findet am **Schalter I** statt. – Auch im **Invalidendank** – Unter den Linden 24, I – sind zwischen 9 und 6 Uhr **Billets zu den Königlichen Theatern** zu haben.

Der Vorverkauf beginnt an jedem Sonntag für alle im Spielplan angekündigten Vorstellungen. Die Eintrittskarten gelangen täglich von ½11 bis 1 Uhr vormittags gegen Zahlung eines Aufgeldes von 50 Pf. für jeden Sitzplatz zur Ausgabe.

Wochen-Spielplan.

Sonntag	den 19. März.	75. Abonnements-Vorstellung.	**Figaro's Hochzeit.**	(Gew. Pr.) Dienst- und Freiplätze sind aufgehoben.
Montag	20.	76.	**Die Zauberflöte.**	(Gew. Pr.) Dienst u. Freipl. sind aufgehoben.

Kein Vorspiel.   *Kein Vorspiel.*

Abb. 35: *Maia*: Deutsche Erstaufführung – Hofoper Berlin
(Archiv der Deutschen Staatsoper Berlin)

die nach Mainz weitere dt. Bühnen davon abhielt, sich von der Richtigkeit jener, wohl singulär dastehenden Meinung zu überzeugen, derzufolge die *„Zingari zwar nicht die Kraft des ‚Bajazzo'"* hätten, aber für dt. Opernbühnen *„dennoch eine dankbare Aufgabe"* darstellten.

Leoncavallo, von dessen übrigen Bühnenwerken auch die einzige, in letzter Zeit einigen Erfolg erzielende *Zazà* mit Ende der Saison 1910/11 auslief, war mit der dritten Vorstellung der *Zingari* in Mainz auch praktisch am Ende seiner „deutschen Karriere" angelangt-, ein Ende, das sich der einst gefeierte Komponist vermutlich anders vorgestellt hatte, und das – vor allem im Hinblick auf Hohn und Spott, die er in Zusammenhang mit seiner *Maia* einstecken mußte – sicherlich unverdient war.

Mascagni, im Jahre 1912 gleichfalls am Londoner Hippodrome engagiert, um dort zweimal täglich seine *Cavalleria* zu dirigieren, und deshalb von dt. Seite des *„Kunstmaterialismus"*[14] bezichtigt, erging es nicht besser als seinem alten Rivalen Leoncavallo. Auch er brachte es mit seiner neuen Oper, *Mona Isabeau*, auf nur drei Vorstellungen auf einer einzigen dt. Bühne. Die am 2. Juni 1911 in Buenos Aires erfolgreich uraufgeführte dreiaktige *Dramatische Legende*[15], zu der Paul Marsop aus Anlaß der italienischen Doppel-Erstaufführung[16] vermerkte, daß es *„dreiste Entstellung der Wahrheit"* wäre, wenn sich dt. Wochenblätter aus Mailand und Venedig telegraphieren ließen, Mascagnis *Isabeau* sei dort mit *„jubelndem Beifall"* aufgenommen worden[17], erlebte am 28. Februar 1913 an der Wiener Volksoper ihre erste und (wie erwähnt) einzige Aufführung (s. Abb. 36, S. 217). Mit ihr erfüllte sich dort nicht nur Marsops Vorhersage, *Mona Isabeau* wäre *„zu schlecht, um nicht baldigst auf dt. Bühnen zu erscheinen"*, sondern Publikum und Presse brachten auch mehr als deutlich zum Ausdruck, daß sie in keiner Weise geneigt waren, in der Oper gleichermaßen *una figlia di una mente geniale*[18] zu sehen, wie dies in Italien geschehen war. Davon zeugen etliche Kommentare, angefangen von Korngolds *„schwächlicher Operndame Isabeau"*[19], über Richard Spechts *„sich noch nackter als die Titelheldin"* gebenden Mascagni'schen Melodien[20],

---

14 *NZfM* 79 (1912), 207.
15 Libretto von L. Illica nach Alfred Tennysons Gedicht von der schönen Königstochter Godiva, die von ihrem Vater gezwungen wird, nackt durch die Stadt zu reiten.
16 *Mona Isabeau* wurde am 20. 1. 1912 in Mailand und Venedig gleichzeitig uraufgeführt, in ersterer Stadt dirigiert von Tullio Serafin, in letzterer von Mascagni selbst. Zum Prioritätenstreit der beiden Städte um das Recht der ital. Erstaufführung s. *SmW* 70 (1912), 160 f.
17 In: *NMZ* 33 (1912), 211 f.
18 Giorgio Barini, *Isabeau di P. Mascagni*, In: *Nuova Antologia di lettere . . .* 146 (1912), 557.
19 In: *Die Romanische Oper*, 116 ff.
20 *Mk* 12 (1912/13), Nr. 13, 50.

Abb. 36: *Isabeau*: Deutsche Erstaufführung – Volksoper Wien
(Stadt- und Landesbibliothek Wien C 71.119)

bis zu den *„abgebrauchten Phrasen statt echter origineller Melodien"* eines
Theodor Helm. Letzterer darüber hinaus mit dem ausdrücklichen Bedauern,
daß der Ritt der keusch-nackten Königstochter *Isabeau* hinter die Szene verlegt worden sei, *„da dann zumindest eine Szene Interesse an den handelnden
Personen hervorzurufen im Stande gewesen wäre"*[21].

Die drei Vorstellungen der *Mona Isabeau* in Wien sowie ein in Breslau am
27. Dezember 1913 „aufgewärmter" (und nur einmal wiederholter) *Zanetto*,
bei dem es dem Publikum nicht schwer gefallen sein soll, sich Beifallskund-
gebungen zu enthalten, da *„Glieder und Sinne von langer Weile gelähmt waren"*[22], stellten Mascagnis einzige „Ausbeute" auf deutschen Bühnen vor dem
Beginn des Krieges dar[23].

Puccini, der in den Jahren 1911 bis 1914 mit *Bohème, Tosca* und *Madame
Butterfly* einen kontinuierlichen Rückgang der Aufführungsziffern hinneh-
men mußte[24] und nur bei *Manon Lescaut* ein Ansteigen der Spielfrequenz
verzeichnen konnte[25], brachte 1913 seine neueste, am 10. Dezember 1910 in
New York uraufgeführte Oper *Das Mädchen aus dem goldenen Westen (La
fanciulla del West)* nach Deutschland, wo das mit großer Spannung erwartete
Werk am 28. März über die neue Bühne von Berlin-Charlottenburg ging.

Was die der Aufführung vorangegangenen Reklameberichte betrifft, wurde – mehr als
bei jeder anderen Oper Puccinis zuvor – der Werdegang und das bisherige Schicksal
des Werkes mit außerordentlichem Interesse verfolgt –, angefangen von des Komponisten erster Kontaktaufnahme mit David Belasco[26], über die ersten Uraufführungsan-
zeigen als *Tochter des Westens*[27], oder das Erscheinen des Ricordi'schen Klavierauszu-
ges[28], bis zu den ersten italienischen und außeritalienischen Aufführungen. Und man
war diesmal offensichtlich sogar bemüht, es in der Information des interessierten Le-
sers nicht bei Halbheiten, wie z. B. bei der überall kolportierten Meldung vom New
Yorker Sensationserfolg des *„Mädchens"*, bewenden zu lassen, sondern anhand auszugsweise wiedergegebener Kritiken aus der Stätte der Uraufführung[29] die Möglichkeit zu eigener Meinungsbildung zu geben. Die dabei angeführten (zahlreichen) Rezensionen zeigten auch tatsächlich, daß die als *das* Ereignis der New Yorker Met-
Saison 1910/11 lautstark propagierte, unter der Leitung von Arturo Toscanini er-

---

21 *NZfM* 80 (1913), 154 f.
22 *AMz* 41 (1914), 96.
23 Die 1913 in Mailand uraufgeführte *Parisina* fand nicht den Weg über die Alpen.
24 Bei *Madame Butterfly* waren es sogar 50%.
25 Dank einer vielgespielten, mit 10. Dezember 1913 am Deutschen Opernhaus Berlin-Charlottenburg (dem neuerbauten Konkurrenztheater der Hofoper) anlaufenden Produktion; vgl.
   dazu eine äußerst positive Besprechung Otto Lessmanns, In: *AMz* 40 (1913), 1580 f.
26 Siehe *SmW* 65 (1907), 1037 f.
27 *RMTz* 10 (1909), 546.
28 Mit diesem, so meinte man in *SmW* (69/1911, 289) könne *„nun jeder, der die frühen Opern
   des Maestro kennt, eine Nachprüfung des amerikanischen Erfolges veranstalten"*.
29 In: *SmW* 69 (1911), 7 ff.

folgte Uraufführung der Oper Puccinis weit weniger sensationell verlaufen war, das
Publikum zwar positiv reagierte, die Kritik jedoch zum überwiegenden Teil den Komponisten äußerst scharf angriff und mit Vorwürfen wie jenen vom Verlust der Melodie, des Stilwechsels in Richtung Impressionismus sowie des Fehlens von wirklich-
keitsnaher amerikanischer bzw. kalifornischer Milieuschilderung bereits einen Großteil dessen vorwegnahm, was Puccini von seiten der dt. musikalischen Fachpresse an
Kritik an seiner neuen Oper erwarten sollte. Der einerseits damit angestrebte und
auch erzielte Effekt objektiver Berichterstattung bewirkte andererseits jedoch gerade
insofernen das Gegenteil, als eine negative amerikanische Kritik (wie ja grundsätzlich
jede vorgegebene Meinung) den Puccini gegenüber um Sachlichkeit bemühten Vertretern der Fachpresse in der freien Meinungsbildung hinderlich sein mußte, den Gegnern des Komponisten aber nur willkommen und das „Rückgrat" zu stärken in der
Lage war. Wie letztere die Gelegenheit benutzten, den bisher nur aus Rezensionen
ausländischer Aufführungen gewonnenen negativen Eindruck von Puccinis Werk
noch vor dessen dt. Erstaufführung zu verstärken, dies läßt sich an dem aus Anlaß der
ersten ital. Aufführung der *Fanciulla*[30] höchst unsachlichen Korrespondentenbericht
Arthur Neissers ersehen, der Puccini und im besonderen dessen *Tosca* mit geradezu
fanatischer Ablehnung gegenüberstand. Dieser Bericht erschien nämlich in kaum veränderter Form gleichzeitig in nicht weniger als drei der bekanntesten dt. Musikfachzeitschriften[31], womit ein großer Personenkreis nicht nur mit ein und derselben, sondern auch mit einer ausschließlich ablehnenden Beurteilung konfrontiert wurde. Die
in dieser offensichtlich gezielten „Meinungsmanipulation" u. a. in Umlauf gebrachten
Schlagwörter vom *„Puccini, der für die bösen perversen Instinkte der Premierentiger
arbeitet"*[32], nur *„eine Schablone der ‚Tosca' im Auge gehabt hat"*[33], oder vom Puccini
als dem Repräsentanten des *„kinematographischen Theaters"*[34], waren es auch, die
nach der Berliner Premiere nahezu wörtlich wiederauftauchten und – nicht zuletzt un-
terstützt durch das bei Puccinis deutschen Gegnern auf fruchtbaren Boden gefallene,
gegen den Meister aus Lucca gerichtete Pamphlet Fausto Torrefrancas[35] – dazu bei-
trugen, daß ein Teil der dt. Kritik Puccinis *Mädchen aus dem goldenen Westen* als
„musikalisches Freiwild" betrachtete.

Puccini, bereits bei den Proben in Berlin anwesend und voll des Lobes über
den Einsatz aller an den Premierenvorbereitungen Beteiligten[36], wäre damals
vermutlich – hätte er die schlechte dt. Kritik an seiner Oper voraussehen können – mit seinen überschwänglichen Äußerungen über deutsches Land,
Leute und Kultur etwas zurückhaltender gewesen. Und er hätte darüber hinaus auch sicher nicht mit jener, in einem Interview für die *Deutsche Musiker-
zeitung*[37] an den Tag gelegten Offenheit von Deutschland als der für

---

30 Rom, 12. 6. 1911.
31 *AMz* 38 (1911), 693 f., *NZfM* 78 (1911), 411 f. sowie *Mk* 10 (1910/11), Nr. 20, 124 f.
32 Siehe Anm. 31 *(AMz)*.
33 Siehe Anm. 31 *(NZfM)*.
34 Siehe Anm. 31 *(Mk)*.
35 Fausto Torrefranca, *Puccini e l'opera internazionale*, Turin 1912.
36 Die musikal. Leitung hatte Ignaz Waghalter inne.
37 44 (1913), 311.

seine Werke und seine Kunst „*zweiten Heimat*" gesprochen, obwohl er sich in Anspielung auf den „Durchfall" seiner *Bohème* vor 10 Jahren ohnehin nicht den Seitenhieb versagen konnte, daß „*der Prophet anfänglich in diesem zweiten Vaterlande so wenig gegolten* [habe]... *wie in seinem ersten*". Auf diese Weise jedoch, gab der Italiener Puccini nicht nur unumwunden zu, daß er „*die Brücke von Italien nach Deutschland nicht so leicht gefunden hätte, wenn* ... [seine] *Musik nicht Elemente enthielte, die dem deutschen Wesen verwandt sind*..."[38], sondern er pries auch Deutschland als „*das Land der tieffühlenden Herzen, des großen Gemüts*". Und nicht zuletzt aus diesem Grunde schreibe er die „*große Wirkung*" seiner Opern auf das dt. Publikum dem Umstand zu, daß er bei seinem Schaffen „*immer davon ausgegangen* [sei]..., *aus dem vollen Herzen heraus, aus der Tiefe des Gemüts zu musizieren*"[39].

Versucht man diese Äußerung mit dem Ergebnis der dt. Erstaufführung[40] des „*Mädchens*" in Einklang zu bringen, stellt sich heraus, daß jene „*große Wirkung*", von der Puccini sprach, wiederum (anfänglich) nur beim Publikum erzielt wurde, wobei der außerordentliche Premierenerfolg (mit 30 Vorhängen) zu einem großen Teil wohl auch durch Puccinis Anwesenheit hervorgerufen worden sein dürfte. Die Kritik jedoch war – wie bereits angedeutet – alles andere als der Meinung, Puccini hätte „*aus vollem Herzen, aus der Tiefe des Gemüts*" seine Oper geschrieben, denn gerade diesen, *La Bohème* so einhellig zugebilligten (melodischen) Vorzug des Komponisten, glaubte man hier völlig vermissen zu müssen. Deshalb überwog letztlich ganz eindeutig der Vorwurf vom Verlust des Melodischen, wobei man es auch keineswegs dabei beließ, dem Komponisten nur seine seit der *Tosca* zu beobachtende kontinuierliche melodische „Abwärtsbewegung" vorzuhalten[41]. Denn ganz böse Zungen gingen gleich einen Schritt weiter und behaupteten, Puccini hätte „*eigentlich sein ganzes kompositorisches Leben nichts anderes getan, als abwärtszusteigen*"[42]. Und da letzteres und die damit verbundene Bemerkung, daß „*nur ein ganz naiver, ein Urteilsloser sich ... über den Mangel an melodischer Erfindungskraft hinwegtäuschen lassen könne*"[43], in erster Linie auf die beiden äußeren Akte (insbesondere auf den letzten) bezogen

---

38 Vgl. dazu auch: *Puccini und die deutsche Musik*, In: *NZfM* 79 (1912) 329; neben Wagner wird hier auch auf Puccinis Verhältnis zu Strauss und Debussy kurz eingegangen.
39 Siehe Anm. 37.
40 Dt. Klavierauszug unter dem Titel: *Das Mädchen aus dem goldenen Westen*. Oper in 3 Aufzügen (nach dem Drama David Belascos) von Guelfo Civinini und Carlo Zingarini. Deutsch von Alfons Brüggemann. Klav.-Auszug von C. Carignani. Mailand-Leipzig Ricordi 1912.
41 H. W. Draber, In: *NZfM* 80 (1913), 197.
42 Hugo Rasch, In: *AMz* 40 (1913), 452.
43 Ebenda.

waren, hieß es dann diesbezüglich auch, daß man mit dem sentimentalen „Heimwehlied" der Goldgräber bzw. mit *Johnsons* „Abschiedslied" wohl noch recht deutlich an das altgewohnte Puccini'sche Melos erinnert worden sei, jedoch im übrigen das *„Artistische"* von Puccinis musikalischer Sprache sowie die Hinwendung zum Impressionismus dominierend gewesen wären[44]. Schwierigkeiten bereitete schließlich auch noch Puccinis musikalische Charakterisierung des Handlungsmilieus, der man hier in Berlin (wo damals wohl noch kaum viel Vorstellung von der Echtheit des „Kalifornischen" vorgeherrscht haben dürfte) wesentlich skeptischer begegnete als dies bei der diesbezüglich fraglos kompetenteren (und auch konzilianteren) amerikanischen bzw. New Yorker Kritik der Fall gewesen war, und die als *„mißlungener Versuch, in grotesker Weise . . . musikalisch-amerikanische Lichter aufzusetzen"*[45], nur wenig Zustimmung fand. Insgesamt somit, sieht man von einer durchwegs gelobten Instrumentation ab, in musikalischer Hinsicht für Puccinis Oper ein wenig schmeichelhaftes Urteil von seiten der dt. Kritik, die damit nicht zu letzt den Eindruck erweckte, weitgehend der Meinung zu sein, daß Puccini selbst *„die Möglichkeiten seiner Kunst erschöpft sah"*[46].

Und das Libretto? Dieses war um nichts weniger Zielscheibe heftiger Angriffe als die Musik, nur mit dem Unterschied gegenüber früheren Opern, daß Puccini diesmal nicht als dessen „Opfer" betrachtet wurde und (wie es vor allem bei *La Bohème* der Fall gewesen war) in gewissem Sinne „mildernde Umstände" zugebilligt bekam. Die Verwendung von Belascos Schauspiel als Libretto-Vorlage wurde nämlich als zielbewußter Griff nach einem *„kinematographischen Drama"*[47], nach einer *„Nick-Carter-Kien-top-Handlung"*[48], oder wie sonst auch immer man das Sujet abfällig bezeichnete, angesehen –, als ein Griff, mit dem auf jenen Sensationserfolg spekuliert worden wäre, den der amerikanische Dichter mit seinem Goldgräberstück als gesprochenes Drama erlangt hatte. Daß letzteres ohne Musik unvergleichlich besser wirken müßte, schloß man aus dem Umstand, daß Belascos *The girl of the golden west* ja der (auf Anraten Puccinis von seinen Librettisten größtenteils neu hinzugedichtete) dritte Akt, mit seiner *„katastrophalen Antisteigerung und unverfälschtem Kitsch"*[49] sowie seinem *„so naiv anmutenden Ende"*[50] fehle.

Entsprechend der sich in Hinblick auf das Libretto „ernüchtert" zeigenden

---

44 Adolf Weißmann, In: *Mk* 12 (1912/13), Nr. 13, 108.
45 *SmW* 71 (1913), 510.
46 Siehe Anm. 45.
47 Wilhelm Aron, *Moderne Operntexte*, In: *NMZ* 34 (1913), 105.
48 *AMz* 40 (1913), 452.
49 Siehe Anm. 46.
50 *DMz* 44 (1913), 123.

Kritik, fiel auch deren Reaktion auf die (wie erwähnt) positive Aufnahme des Werkes durch das Publikum aus, wofür beispielhaft eine höchst sarkastische Charakterisierung der sich von Akt zu Akt steigernden *„recht traurigen Beifallswut"*[51] des Premierenpublikums stehen möge: *„Ein erster Akt, der sich aus Milieuschilderung schwer zum Tatsächlichen erhebt und darum langweilig, auch im Publikumssinne. Aber Puccini ist Italiener ... Der zweite Akt, in dem Liebe und Eifersucht und Revolver ihre großen Coups bringen, erhitzt das Publikum: Wir hatten doch recht. Die Stimmung ist entschieden. Der dritte, für den denkenden Menschen groteske Akt, in dem ein beinahe Gehängter dem Leben an der Seite seiner Minnie wieder geschenkt wird, läßt den Beifall orkanartig anwachsen. Hier entdeckte ich zum ersten Male die erziehliche Absicht des Deutschen Opernhauses. Dieser Räuberhauptmann wird ein besserer Mensch. Das Gute hat gesiegt!"*[52]

Ähnliches Verhalten von Publikum und Kritik zeigte die Wiener Erstaufführung von Puccinis neuer Oper, die am 24. Oktober desselben Jahres (1913) über die Bühne der Hofoper ging (s. Abb. 37, S. 223). Auch hier wurde unter Anwesenheit des Komponisten[53] der Premiere, zu der sich Direktor Gregor lange nicht hatte entschließen können[54], außergewöhnlicher Beifall gezollt, der Umschwung des Publikums erfolgte gleichfalls nach dem zweiten Akt, und wie in Berlin verfehlte die von Versöhnung und Verzeihung bestimmte Schlußszene ihre Wirkung nicht. Aber auch hier erwies sich die Haltung der Kritik als überwiegend ablehnend –, angefangen bei dem damals noch erbitterten Puccini-Gegner Richard Specht[55] bis zum nicht viel weniger kritischen, aber weitaus sachlicheren Julius Korngold, dessen Ausführungen sogar einen kurzen Exkurs lohnenswert erscheinen lassen, da hier mit bisher noch nicht zur Sprache gekommenen, die Diskussion weiterführenden Argumenten für und wider Puccini aufgewartet wird[56]:

Korngold versucht hier u. a. den Verlust des in Puccinis früheren Opern *„gegebenen großen Vorzugs ...*, *inmitten realistischer Stoffe ... gesangsmelodische Musik schreiben zu können"*, mit der *„übermäßigen Stofflichkeit der Handlung"* d. h. mit der *„drängenden Hast der Vorgänge, die der Musik zu wenig Ausbreitung gestatten"*, zu begründen und untermauert seine Ansicht mit dem nicht von der Hand zu weisenden Argument von der gegenüber dem *„Mädchen"* geradezu *„ruhigen Butterfly"*, die

---

51 Siehe Anm. 42.

52 Adolf Weißmann, In: *Mk* 12 (1912/13), Nr. 13, 109.

53 Ausführlich zu Puccinis damaligem Wiener Aufenthalt bei Ludwig Karpath, *Begegnungen mit dem Genius*, Leipzig 2/1934, 383 f.

54 Laut Peter Schuster (*Die Inszenierungen der Opern G. Puccinis an der Wiener Oper*, Diss. masch., Wien 1971, 109) soll Gregor der Meinung gewesen sein, Puccini sei *„gar nichts oder doch blutwenig eingefallen"*.

55 Siehe *Wiener Extrablatt* vom 25. 10. 1913, 15.

56 Korngold, *Die Romanische Oper*, 83 f.

K. K. Hof‑ Operntheater

Freitag den 24. Oktober 1913

Im Jahres‑Abonnement 4. Viertel   Bei aufgehobenem Saison‑Abonnement

Für das Pensions‑Institut dieses Hoftheaters

Zum erstenmale:

Das Mädchen aus dem goldenen Westen

Oper in drei Aufzügen (nach dem Drama David Belascos) von Guelfo Civinini und
Carlo Zangarini

Regie: Hr. Gregor	Musik von **Giacomo Puccini**	Dirigent: Hr. Reichwein

Minnie	Fr. Jeritza
Jack Rance, Sheriff	Hr. Hofbauer
Dick Johnson (Ramerrez)	Hr. Piccaver
Nick, Kellner der Schenke „zur Polka"	Hr. Breuer
Ashby, Agent der Transportgesellschaft Wells Fargo	Hr. Haydter
Sonora.	Hr. Melms
Trin	Hr. Stoll*
Sid	Hr. Madin
Bello — Goldgräber	Hr. Rittmann
Harry	Hr. Preuß
Joe	Hr. Leuer
Happy	Hr. Stehmann
Larkens	Hr. Betetto
Billy Jackrabbit, Rothaut	Hr. Mantler
Wowkle, Billis Indianerweib	Fr. Kittel
Jake Wallace, Bänkelsänger, Minstrel	Hr. Goddard
José Castro, Mestize, aus Ramerrez Räuberbande	Hr. Markhoff
Ein Postillon	Hr. Paul

Männer aus dem Lager

Ort der Handlung: Am Fuß der Wolkenberge (Cloudy Mountains) in Kalifornien. Ein Gold‑
gräberlager in der Zeit des Goldfiebers 1849—1850

* Ehrenmitglied   Das Textbuch ist an der Kasse für 1 Krone 20 Heller erhältlich

Nach dem zweiten Aufzug eine größere Pause

Der Beginn der Vorstellung sowie jedes Aktes wird durch ein Glockenzeichen bekanntgegeben

Abendkassen‑Eröffnung vor ½7 Uhr   Anfang 7 Uhr   Ende nach 10 Uhr

Der Kartenverkauf findet heute statt für obige Vorstellung und für:

Samstag   den 25. Die Entführung aus dem Serail (Anfang halb 8 Uhr)
Sonntag   den 26. Die Königin von Saba (Anfang 7 Uhr)

Weiterer Spielplan:

Montag   den 27. Das Mädchen aus dem goldenen Westen (Anfang halb 8 Uhr)
Dienstag   den 28. Das Rheingold (Anfang halb 8 Uhr)

Der Verkauf der Logen und Sitze findet statt: An der Tageskassa, I. Bräunerstraße 14, täglich von 9 Uhr früh bis 5 Uhr nachmittags, an der Filialkassa im Hof‑Operntheatergebäude (Eingang Kärntnerstraße, unter den Arkaden), täglich von 9 Uhr früh bis 3 Uhr nachmittags.

Im Falle einer Abänderung der angekündigten Vorstellung gilt das Billet auch für die Ersatz‑Vorstellung, oder es kann der hiefür entrichtete Betrag zurückverlangt werden. Die Rückzahlung dieses Betrages erfolgt jedoch nur bis spätestens am Tage der Vorstellung, und zwar an der Tageskassa, I. Bräunerstraße 14, von 9 Uhr früh bis 5 Uhr nachmittags, an der Filialkassa im k. k. Hof‑Opern‑Gebäude von 9 Uhr früh bis 8 Uhr nachmittags, ferner an der Abendkassa des k. k. Hof‑Operntheaters bis eine Viertelstunde vor Beginn der Vorstellung. Eine Änderung in der Rollenbesetzung gilt nicht als Abänderung im obigen Sinne.

K. k. Hoftheater‑Druckerei „Elbemühl", Wien IX.

Abb. 37: *Das Mädchen aus dem goldenen Westen*: Wiener Erstaufführung – Hofoper
(Österreichisches Theatermuseum Wien)

„soviel Zeit hat und warten kann" und damit mehr Gelegenheit zu melodischer Entfaltung bietet. Aber nicht nur in dieser Hinsicht, auch in Hinblick auf die „Exotik" der Oper verdienen Korngolds Ausführungen besondere Aufmerksamkeit. Denn hier wird die Schilderung des Milieus nicht von vornherein als mißlungener Versuch des Exotisierens abgetan und Puccini als musikalisches Unvermögen ausgelegt, sondern unter Hinweis auf die *„ethnologisch überzeugendere"* Zeichnung der *Butterfly*, auf die im Gegensatz zu dieser wesentlich geringeren Möglichkeiten echten musikalischen Exotisierens aufmerksam gemacht. Und tatsächlich wird auch, wie man heute der Meinung ist[57], bei Puccinis *„Mädchen"* im Unterschied zur *Butterfly* die Absicht des Exotisierens (das mit den hier konsequent angewandten Stilmitteln des Impressionismus nichts zu tun hat) kaum spürbar und es bestätigt sich vielmehr, daß Puccini (wie er selbst sagte) lediglich um *„etwas amerikanische Atmosphäre"* bemüht war.

Sowohl mit der Frage des „Exotismus" als auch jener des Stilwandels in Puccinis Oper gab Korngold ein für damals äußerst seltenes Beispiel einer Kritik an des Komponisten Werk ab –, eine Kritik, die Puccini zumindest nicht das „Recht" auf eine „Kursänderung" absprach und nicht versuchte, diesen in der Beurteilung bis an sein Lebensende in eine *Bohème*- oder *Butterfly*-Schablone pressen zu wollen. Er reihte sich damit auch nicht in jene mit dem *Mädchen aus dem goldenen Westen* einsetzende und nach dem Krieg auch auf die dt. Puccini-Literatur übergreifende pauschale Verurteilung von Puccinis Hinwendung zum musikalischen Internationalismus ein, die 1912 mit der schon genannten „Puccini-Schmähschrift" Torrefrancas ihren Anfang nahm und nach der dt. Erstaufführung dieser Oper auf deutscher Seite fortgesetzt wurde, wenngleich unter etwas anderen Aspekten. Denn: während für Torrefranca der Fall Puccini eine nationale Angelegenheit bedeutete und dieser den Komponisten wegen seines musikalischen Internationalismus als *„manipolatore per eccellenza dell'melodrámma internazionale"*[58] und als *„Beschmutzer der künstlerischen Ehre Italiens"*[59] bezeichnete, war der Verlust des Nationalen in Puccinis Musik für die deutsche Musikwelt selbstverständlich keine Sache musikalischen „Landesverrats". Zwar bedauerte man hier gleichfalls, daß Puccini im Stile von *Bohème* und *Butterfly* nicht weitergeschrieben hatte, doch empfand man diesbezüglich gleichzeitig Genugtuung, da man glaubte, auch die Vorherrschaft der ital. Oper als „gebrochen" betrachten zu können. Allerdings muß zur „Ehrenrettung" der dt. Kritik hinzugefügt werden, daß sich diese von persönlichen Angriffen Puccinis weitgehend freizuhalten wußte und von Torrefrancas beleidigenden, weit über das Maß guten Anstandes hinausgehenden Diffamierungen des ital. Meisters distanzierte[60].

Die weitere Verbreitung des *Mädchens aus dem goldenen Westen* auf deutschsprachigen Bühnen hat nach anfänglich relativ hohen Aufführungsziffern[61] sehr bald und unerwartet nachgelassen. Vermutlich hat sich auf Dauer auch das Publikum mit dem weitgehenden Verlust des Melodischen in Pucci-

---

57 Vgl. Christen, *Puccini*, 292 f.
58 Torrefranca, *Puccini e l'opera internazionale*, 124.
59 Zit. nach Wolfgang Seifert, *G. Puccini* (Musikbücherei für jedermann 14), Leipzig 1957, 9.
60 Siehe dazu Ernst Neufeldts Besprechung von Torrefrancas Buch, In: *Mk* 13 (1913/14), Nr. 1, 119.
61 Die Saison 1913/14 brachte 112 Vorstellungen an 18 Bühnen.

nis Werk nicht so recht anfreunden können, sodaß dieser Oper in weiterer
Folge nur ein „Außenseiterdasein" im Repertoire beschieden war. Und auch
heute zählt sie bekanntlich – im Unterschied zu *Bohème* und *Butterfly*, aber
auch zu *Tosca* – nicht gerade zu den „Zugpferden" Puccini'scher Bühnenwerke.

Keineswegs unerwartet, ja gleichsam schon „vorprogrammiert" war hingegen das „Außenseiterdasein" jener neuen musikdramatischen Werke, die aus
der Feder von jungitalienischen „Kleinmeistern", wie Vittorio Gnecchi, Marziano Perosi, Silvio Lazarri, oder Gabriella Ferrari stammten. Von ersterem,
einem Schüler Coronaros, ging am 29. März 1911 an der Wiener Volksoper
die Oper *Cassandra*[62] in Szene (s. Abb. 38, S. 226) und wurde von der Kritik
u. a. als das Werk eines Komponisten charakterisiert, *„das Fühlung hat zur
deutschen Moderne, zur neuzeitlichen Stimmungs- und Nervenmusik"*[63]. Der
am 5. Dezember 1905 in Bologna uraufgeführte Dreiakter erregte damals wegen seiner auffälligen „Übereinstimmungen" mit Strauss' *Elektra* einiges
Aufsehen[64], welcher Umstand auf dt. Seite zweifellos Neugierde erweckt und
vermutlich auch die Annahme des Werkes in Wien begünstigt hat. Offensichtlich ist diese Neugierde aber nach Anhören der Oper sehr rasch wieder
verblaßt und schlug in Interesselosigkeit um, denn *Cassandra* kam über insgesamt 3 Vorstellungen nicht hinaus und wurde auch an keiner anderen dt.
Bühne mehr gespielt.

Gleichfalls noch an der Wiener Volksoper fand am 4. April 1912 die Uraufführung der Oper *Gli ultimi giorni di Pompei*[65] des damals in Wien als
Kapellmeister tätigen Italieners Marziano Perosi (der Bruder von Lorenzo
P.) statt. Laut Angabe eines „anonymen Opernführers"[66] war der komposito-
rische Stil dieses Komponisten *„auf den Fundamenten eines Bach aufgebaut,
der alle modernen Mittel in sich einschließt und die leichte Arbeit seiner Kollegen verschmäht"*, wobei allerdings damals die *„leichte Arbeit"* eines Mascagni und Leoncavallo *„tausendmal dramatischer und bühnenwirksamer"*[67]
empfunden wurde als die Oper Perosis, von der es auch hieß, daß nach Wien
*„schwerlich jemand anderswo Lust haben dürfte, sie aus dem grauen Aschen-
regen der Perosischen Musik wieder auszugraben"*[68].

62 Libretto von Illica und Gnecchi nach der Agamemnonsage.
63 Korngold, *Romanische Oper*, 108; vgl. dazu auch *NMZ* 35 (1914), 125 f.
64 Siehe Giovanni Tebaldini, *Telepatia musicale; a proposito dell'Elettra di R. Strauss*, In: *RMI*
     16 (1909), 400 ff.
65 Libretto von K. Schreder und E. Prosel nach Bulwers Roman.
66 Siehe *Mkr* 3 (1911/12), 314.
67 Ebenda.
68 R. Batka, In: *AMz* 39 (1912), 445; in Wien wurde die Oper sechsmal gespielt, Aufführungen
     an anderen dt. Bühnen lassen sich nicht nachweisen..

Volksoper

Kaiserjubiläums-Stadttheater

DIRECTION: RAINER SIMONS.

Teleph. Nr. 13247 a   Teleph. Nr. 13247 a

Mittwoch den 29. März 1911

Im Abonnement   Anteilscheine: 3. Achtel (grau)

Anfang um 7 Uhr   **Anfang um 7 Uhr**

Zum 1. Male:

Kassandra

Melodramatische Tragödie in einem Akt mit dem Vorspiel „Die Eumeniden". Dichtung von Luigi Illica und Vittorio Gnecchi Musik von Vittorio Gnecchi

Bühnenleitung: Hr. Gerboth   Musikalische Leitung: Hr. Großkopf

Der Prolog	Hr. Wyß
Agamemnon	Hr. Ritter
Klytämnestra	Frl. Jeritza
Kassandra	Fr. Drill-Orridge
Aegisthos	Hr. Kriener
Elektra	Kl. Martini
Orest	Kl. Grüner
Der Hafenwächter	Hr. Ludwig
Der Schiffsführer	Hr. Kracher

Eumeniden, Frauen und Männer aus dem Volke, Kinder, Flötenbläser, Krieger, Sklaven, Gefangene, königliche Wachen 2c.

Nach dem 1. Fallen des eisernen Vorhanges ist eine längere Pause.

Textbücher sind an den Tageskassen und während der Vorstellung bei den Billetteuren zu haben.

Buffets im 1. und 2. Rang.

Kassen-Eröffnung ½7 Uhr   **Anfang 7 Uhr**   **Ende nach 9 Uhr**

Donnerstag den 30. März. (Anfang halb 8 Uhr.) Im Abonnement. La Traviata. 4. A. d. A. (dunkelrot).
Freitag den 31. März. (Anfang halb 8 Uhr.) Im Abonnement. Mignon. 5. A. d. A. (gelb).
Samstag den 1. April. Nachmittags halb 3 Uhr Märchenvorstellung bei halben Preisen. Außer Abonnement. Dornröschen.
Abends halb 8 Uhr: Außer Abonn. Zar und Zimmermann. 6. A. d. A. (violett).
Sonntag den 2. April. Nachmittags halb 3 Uhr bei Abendpreisen: Der Mikado.
Abends halb 8 Uhr. Außer Abonnement. Kassandra. 7. A. d. A. (orange).
Montag den 3. April. (Anfang halb 8 Uhr.) Im Abonnem. Die lustigen Weiber von Windsor. 8. A. d. A. (grün).
Dienstag den 4. April. (Anfang halb 8 Uhr.) Im Abonnement. Quo vadis? 1. A. d. A. (rosa).

Die Tageskassen im Theatergebäude und I. Rotenturmstraße 16 (Bazar) sind täglich von 9–1 und 2–5 Uhr geöffnet und werden Karten von Montag (falls dieser ein Feiertag, am darauffolgenden Wochentage) 9 Uhr früh ab für alle im Repertoire angekündigten Vorstellungen ohne Vorverkaufsgebühr abgegeben.

Abonnements zu bedeutend ermäßigten Preisen in der Kanzlei erhältlich.

Abb. 38: *Kassandra*: Deutsche Erstaufführung – Volksoper Wien
(Österreichisches Theatermuseum Wien)

Abb. 39: *Sibirien*: Wiener Erstaufführung – Volksoper
(Österreichisches Theatermuseum Wien)

Wie Perosi erging es schließlich auch noch Silvio Lazarri in Mainz und Gabriella Ferrari in Kassel –, ersterer mit seiner Oper *Die Ausgestoßene*[69], die am 26. Februar 1913 zur Aufführung kam[70], letztere, eine Schülerin von Paolo Serrao[71], mit *Le Cobzar*[72], am 24. November 1913 in Szene gegangen[73]. Auch diese beiden Werke kamen über jeweils insgesamt 4 Vorstellungen nicht hinaus.

Giordano schließlich, der (wie erwähnt) als einziger der vier großen Veristen vor dem Kriege nicht mehr mit einem neuen Werk auf der deutschen Opernszene in Erscheinung trat und aus diesem Grunde hier auch an das Ende gestellt sei, konnte lediglich lokale Erstaufführungen seiner *Siberia* in Berlin (Kom. Oper) und Wien (s. Abb. 39, S. 227) – beide mit 15 bzw. 18 Vorstellungen in das Jahr 1911 fallend – sowie 1912 in Münster mit 3 Aufführungen für sich verbuchen, während *Andrea Chenier* in den Jahren 1911 bis 1914 kein einziges Mal im dt. Bühnenspielplan vertreten war. Die überlokale musikalische Berichterstattung beschränkte sich dabei auch weitgehend lediglich auf „Vollzugsmeldungen" und machte den betreffenden Theaterleitungen zum Vorwurf, Werke dieser Art überhaupt noch herauszubringen.

Für den deutschen Opernverismus brachte das Jahr 1911 nach *Tiefland* einen weiteren, gleichfalls nicht mehr erwarteten späten Höhepunkt: Ermano Wolf-Ferraris *Der Schmuck der Madonna*, uraufgeführt am 23. Dezember in der neu eröffneten Berliner Kurfürstenoper. Diese Oper konnte damals einen ganz außergewöhnlichen Publikumserfolg erzielen und stellte mit ihrer (bei dem Deutsch-Italiener Wolf-Ferrari natürlich vorhandenen) „italianità" in der Musik und dem für den frühen verismo so typischen Antagonismus von Eros und Religion in der Dichtung das von allen dt. Nachahmungen dieser Kunstrichtung vielleicht gelungenste und „eigenständigste Abbild" von Stimmung und Milieu der *Cavalleria* Mascagnis dar. Die zeitgenössische Musikkritik sah darin aber alles eher als einen besonderen Glücksfall, wobei die überwiegend negativen Reaktionen fast auf ein Haar jenen auf d'Alberts *Tiefland* glichen. Auch diesmal zeigte man sich nämlich wiederum nicht nur über die Tatsache des nochmaligen Spekulierens eines deutschen Komponisten mit dem verismo, sondern über das Werk selbst höchst verärgert[74], und auch hier fragte man sich immer wieder, welche Gründe den Komponisten zu diesem Schritt bewogen haben könnten, wo er doch mit den vielversprechenden *Neugierigen Frauen*, den *Vier Grobianen*, oder mit *Susannes Geheimnis* berechtigte Hoffnungen erweckt hatte, der erste Buffo-Kompo-

---

69 In Paris am 7. 12. 1912 als *La Lepreuse* (Text von Henry Bataille) mit großem Erfolg uraufgeführt.

70 Siehe *Mk* 12 (1912/13), Nr. 13, 49.

71 Bei ihm hatten auch Giordano, Leoncavallo und Cilea studiert.

72 Uraufführung am 13. 2. 1909 in Monte Carlo.

73 Siehe *Mk* 13 (1913/14), Nr. 8, 107.

74 Siehe z. B. Paul Schwers, In: *AMz* 39 (1912), 10, *RMTz* 13 (1912), 6 f., Georg Schünemann, In: *Mk* 11 (1911/12), Nr. 8, 112, *NMZ* 32 (1911), 206, *NZfM* 79 (1912), 5, oder Wilhelm Aron, *Moderne Operntexte*, In: *NMZ* 34 (1913), 105 f.

nist der modernen dt. Opernbühne zu werden. Und Wolf-Ferrari selbst? Er rechtfertigte sich damit, daß ihn nur künstlerisches Interesse hier geleitet hätte und ihm jede Spekulation auf einen Sensationserfolg fremd gewesen sei[75], worin man ihm allerdings nicht gewillt war, Glauben zu schenken[76]. Und ein Sensationserfolg war *Der Schmuck der Madonna* zweifellos, denn in Berlin erbrachte die laufende Saison 1911/12 nicht weniger als 70(!) Reprisen und in der folgenden Spielzeit, in der auch die Wiener Erstaufführung erfolgte[77], stand das Werk mit 165 Vorstellungen an insgesamt 33 Bühnen bereits an der Spitze des dt. Bühnenspielplans.

Auch eine andere Oper, gleichfalls an der Volksoper Wien zur Uraufführung gelangt und Affinität zum verismo aufweisend, sollte es im Jahre 1911 noch zu einem Sensationserfolg bringen: Wilhelm Kienzls *Der Kuhreigen*. Bei diesem Werk – und dies gilt z. B. auch für d'Alberts spätere *Revolutionshochzeit* – mag vielleicht auf den ersten Blick eine Zuordnung zum dt. Verismus verwundern, zumal sich als unmittelbares Vorbild praktisch nur eine einzige Oper, nämlich Giordanos *Andrea Chenier* anbietet[78], darüber hinaus die sog. „Revolutionsoper" auch nicht einmal eine Schöpfung des verismo darstellt, sondern älteren, französischen Ursprungs ist. Was dennoch zu einer veristischen „Etikettierung" berechtigt, ist die Tatsache, daß nur Giordanos Werk (und nicht etwa Massenets *Therese* oder Le Bornes *Les Girondins* etc.) ein hinreichendes, für eine „vorbildliche" Wirkung notwendiges Ausmaß an Verbreitung und Bekanntheit erreicht hat, wobei streng genommen der Einfluß ohnehin mehr oder weniger auf Handlungsablauf und Revolutionsmilieu beschränkt blieb. Bei Kienzls „musikalischem Schauspiel" war es das von Richard Batka nach Hans Bartsch„ Novelle *„Die kleine Blanchefleur"* verfaßte, vor dem Hintergrund der franz. Revolution spielende Libretto, das sofort Giordanos Oper ins Gedächtnis rief und nicht nur zu Feststellungen allgemeiner Art, wie jener veranlaßte, daß das Publikum *„nunmehr zum zweitenmal seit Andrea Chenier die von schillernden, wilden Gesängen angestachelten Schrecken der Revolution umtobten"*[79], sondern auch ganz konkrete „Übereinstimmungen" aufzeigen ließ[80]. Die Wiener Aufführung vom 23. November war zwar noch kein Sensationserfolg, doch kündigte sich damals bereits an, daß der Oper eine große Zukunft beschieden sein würde. Der eigentliche Durchbruch gelang mit der Berliner Erstaufführung am 16. Sept. 1913 in der Kurfürstenoper, wo der *Kuhreigen* die unglaubliche Serie von 150 Aufführungen in der Saison 1913/14 erlebte[81].

75 Siehe Wilhelm Pfannkuch, *Das Opernschaffen E. Wolf-Ferraris*, Diss. Kiel 1952, 61.
76 Einer der wenigen, der sich diesbezüglich auf die Seite des Komponisten stellte, war August Spanuth; s. ders., In: *SmW* 69 (1911), 1845.
77 2. Okt. 1912 an der Volksoper; eine Aufführung an der Hofoper fand erst am 19. 3. 1937 statt, nachdem das Werk 1933 in textlicher Hinsicht umgearbeitet worden war; s. R. Specht, In: *Mkr* 3 (1911/12), Nr. 4, 784 und J. Korngold, *Romanische Oper*, 49 ff.
78 Mascagnis *Piccolo Marat*, die zweite bedeutende, im Rahmen des verismo hervorgebrachte Revolutionsoper, wurde erst 1921 uraufgeführt.
79 Korngold, *Deutsches Opernschaffen der Gegenwart*, 259; vgl. auch *SmW* 69 (1911), 1722.
80 Siehe z. B. August Spanuth, In: *SmW* 71 (1913), 1149.
81 Vgl. *SmW* 71 (1913), 1191.

III.

Kriegs- und
Nachkriegsjahre

1914–1918

(„. . . die Schöpfungen jener Komponisten zu verbannen, die es gewagt haben, deutsche Kultur zu schmähen" – Das *King Albert's Book* – Der angeblich deutschfreundliche Puccini – *Cavalleria & Bajazzo* redivivae)

Der Ausbruch des ersten Weltkrieges stellte die deutschsprachigen Opernbühnen (ausgenommen jene der neutralen Schweiz) nicht nur vor die Frage, ob und in welchem Umfang ein Opernbetrieb aufrecht zu erhalten sei, sondern auch vor die schwierige, das „nationale Gewissen" belastende Entscheidung der Ablehnung oder Nichtablehnung von Bühnenwerken ausländischer, zu den Feindesmächten zählender Komponisten, was somit neben französischen, englischen etc. auch italienische Opern betraf. Der vom Deutschen Bühnenverein im Dezember 1914 gefaßte Beschluß, *„die Werke der Komponisten, die ihrer Staatszugehörigkeit nach den kriegsführenden Mächten angehören, nicht vom Spielplan auszuschließen, falls die Opern zu den klassischen Meisterwerken zu rechnen . . . die Komponisten verstorben* [seien]*, oder Tantiemenansprüche nicht mehr erhoben werden können"*[1], fand zwar größtenteils in theoretischer Hinsicht Zustimmung, doch erwies sich in der Praxis der Verzicht auf die bereits im Repertoire des dt. Bühnenspielplans stehenden Werke ausländischer Komponisten sehr bald als unrealistisch, wie eine 1915 ins Leben gerufene diesbezügliche Umfrage an die Direktionen zahlreicher dt. Opernhäuser zeigt[2]. Die bei dieser Gelegenheit befragten Intendanten bzw. Spielleiter waren nämlich überwiegend der Meinung, daß der totale Ausschluß moderner Auslandskomponisten nicht nur aus künstlerischen – *„Kunst soll frei von Politik sein"* – sondern auch aus finanziellen Gründen nicht tragbar sei und daß vor allem auf repertoirestützende Opern, wie jene der bekannten Jungitaliener, nicht verzichtet werden könne. Aus diesem Grunde wurde auch sogar Richard Strauss', durch bedeutende Dirigenten wie Arthur Nikisch oder Leo Blech unterstütztem Aufruf, *„die Schöpfungen jener Komponisten zu verbannen, die es gewagt haben, deutsche Kultur zu schmähen"*[3], kaum ernsthaft Folge geleistet. Dies zeigt u. a. auch das

---

1 Zit. nach Poengsen, *Der Deutsche Bühnenspielplan*, 51.
2 August Spanuth, *Der Opernspielplan im Kriege. Eine Umfrage bei den deutschen Opernbühnen*, In: *SmW* 73 (1915), 261ff.
3 Karl Storck, *Ausländische Musik in Deutschland*, In: *NMZ* 36 (1915), 29.

Beispiel Leoncavallo, dessen Teilnahme an der Protestaktion ausländischer Künstler gegen die deutsche Beschießung der Kathedrale von Reims keine wirklichen Folgen hatte. Denn: als unmittelbare Antwort darauf setzte man zwar *Bajazzo* vom Spielplan der Kölner Oper ab, doch ersetzte man diesen durch die *Cavalleria* des sich im Kriege um nichts weniger deutschfeindlich erweisenden Mascagni, welche *„Groteske"* in München noch dadurch überboten wurde, daß die Hofintendanz „... *nachdem die Tathandlung des geschäftstüchtigen Neapolitaners aller Welt bekannt geworden war . . ., ihre getreuen Abonnenten wieder mit den seit ganzen drei Monaten schmerzlich vermißten ‚Pagliacci' ergötzte"*[4].

Wie ersichtlich, blieb somit nicht nur *Bajazzo* sondern auch *Cavalleria* von einem generellen dt. Aufführungsverbot verschont, obwohl auch Mascagni (wie bereits angedeutet) öffentlich gegen die deutschen Kriegsaktivitäten Stellung genommen und sich im sog. *King Albert's Book*, einem von Künstlern und berühmten Persönlichkeiten gegen den Überfall Deutschlands auf das neutrale Belgien unterzeichneten Manifest, eingetragen hatte.

Waren die beiden Einakter Mascagnis und Leoncavallos allerdings die einzigen Werke dieser Komponisten, die (den Kriegsverhältnissen entsprechend, unter stark reduzierter Spielfrequenz) an dt. Bühnen zur Aufführung gelangten, war Puccini dort während des Krieges (mit Ausnahme des *Mädchens aus dem goldenen Westen*) mit allen seinen Bühnenwerken vertreten. Die Ursache dafür ist nicht nur darin zu suchen, daß dessen Werke in künstlerischer Hinsicht damals schon längst für ungleich wertvoller gehalten wurden als die der beiden oben genannten (und schon deswegen weniger Gefahr liefen, vom Spielplan abgesetzt zu werden), sondern auch – und dies vielleicht sogar primär – in der Tatsache, daß sich Puccini in den Kriegsjahren ausgesprochen „deutschfreundlich" verhalten haben soll, was ihm im übrigen besonders von französischer Seite massive Vorwürfe einbrachte. Zwar wurde kolportiert, daß auch er sich in das *King Albert's Book* eingetragen habe, doch dementierte der Komponist diesbezüglich mit der Bemerkung, daß er dazu niemals aufgefordert worden sei, niemals deutschfeindlich reagiert habe und im übrigen zu allen, die seine Werke aufführten, ein freundschaftliches Verhältnis unterhalte[5].

---

4 Paul Marsop, *Drei halbe Ehrenmänner*, In: *NMZ* 36 (1915), 29.
5 Vgl. Carner, *Puccini*, 194 f.; Giuseppe Adami (*Puccini*, Milano 1938, 93) weiß allerdings zu berichten, daß Puccini wie Debussy und Saint Saëns sehr wohl eine Komposition, und zwar einen Trauermarsch für das *King Albert's Book* zu liefern gedachte, wozu es jedoch offensichtlich nicht gekommen war; das Stück soll als Monolog des Michele im Einakter *Der Mantel* Eingang gefunden haben. Vgl. dazu auch Dieter Schickling, *G. Puccini*, Stuttgart 1989, 262 ff.

War somit bei Puccini erst recht keinerlei Anlaß gegeben, auf dessen Werke verzichten zu müssen, so kamen diese dennoch gleichfalls nur auf jeweils einige wenige Aufführungen pro Jahr, mußten hinter den „klassischen Meisterwerken" Verdis, Rossinis oder Donizettis etc. zurückstehen und fanden auch ebensowenig in den Reichshauptstädten Berlin und Wien Aufnahme in das Repertoire der jeweiligen Hofopern.

Jene deutschen „Kunstpatrioten", die die vollkommene Verdrängung der Werke lebender Ausländer aus dem dt. Bühnenspielplan erhofft hatten und die Gunst der Stunde dazu nützen wollten, ein *„Nationaltheater der Deutschen als Ausdruck ihres sozialen und kulturellen Lebens"*[6] zu schaffen, wurden mit dieser „halben Lösung" allerdings sehr enttäuscht. Und ihre Enttäuschung galt nicht allein der unfreiwilligen Einsicht von der Unmöglichkeit einer in nationaler Hinsicht „keimfreien" deutschen Opernszene, sondern auch dem Umstand, daß sich auch die Hoffnung auf (zumindest) ein Beibehalten der während des Krieges zwangsläufig erfolgten Einschränkung des deutschen Hanges zur „Fremdländerei" als äußerst trügerisch erwies. Kaum war nämlich der Krieg vorbei, waren die Ausländer, allen voran die Jungitaliener, mit *Cavalleria* an der Spitze[7], in Kürze wie eh und je auf deutschsprachigen Bühnen vertreten, wobei Mascagnis Oper zusammen mit Leoncavallos *Bajazzo* auch wieder Einzug in Wien und Berlin hielt. Daß dies nicht mit einhelliger Zustimmung erfolgen würde, lag auf der Hand, weshalb die Berliner „Cavalleria rediviva" zwar einerseits zu bedenken Anlaß gab, *„daß es zum wenigsten ein berechtigter Wunsch ... ist, die Kunst ein für allemal von Politik freizuhalten und daß ferner Mascagnis Cavalleria kein freches blödes Machwerk sondern ehrlich empfundene und schöne Musik ist"*[8], andererseits aber auch die Ansicht vertreten ließ, daß man nun viereinhalb Jahre ohne den *„abgegriffenen Schlager"* ausgekommen sei und es *„wohl auch noch bis zu dem Zeitpunkt gegangen wäre, wo man sich mit gutem Gewissen und ohne Vorbehalt den zeitgenössischen Werken der heutigen Bedrücker hätte zuwenden können"*[9]. Und *Bajazzo*? Wie geteilter Meinung man auch über seine Wiederaufnahme war, gibt ein anläßlich der ersten Berliner Nachkriegsaufführung von Paul Bekker fingiertes „Gespräch" mit dem bezeichnenden Titel *Der Heimweg*[10] wieder. Hier heißt es nämlich u. a., daß nach Jahren der „Ab-

---

6 So der Titel einer 1917 in Hildesheim erschienenen Broschüre von C. (?) Gerst.
7 Die erste Saison nach Kriegsende (1918/19) erbrachte schon 190 Aufführungen gegenüber 28 in der vorangegangenen.
8 *SmW* 77 (1919), 367.
9 *AMz* 46 (1919), 117.
10 In: Paul Bekker, *Klang und Eros*, Stuttgart-Berlin 1922, 172f.

stinenz" Opern wie der *Bajazzo* teils *„mit dem Reiz der Neuheit"* gewirkt, teils zur Frage herausgefordert hätten, *„was das damals* [1892] *für Menschen waren, die im Theater saßen und applaudierten"*, wie Leoncavallo in diesem Zusammenhang überhaupt äußerst schlecht davonkam. Schlecht kam dieser Komponist im übrigen auch in den wenigen, auf sein Ableben[11] von dt. Seite erfolgten Nekrologen davon, in denen sein Werk kaum eine Würdigung erfuhr, dafür aber umso mehr sein unglückliches Verhältnis zum dt. Kaiser sowie sein deutschfeindliches Verhalten während des Krieges Zielscheibe für posthume Angriffe abgaben[12].

Auch Puccinis Opern wurden unmittelbar nach dem Krieg von der Kritik alles eher als begeistert aufgenommen, ja vereinzelt führten sie sogar zu einer als längst überwunden geglaubten Einstellung diesem Komponisten gegenüber: so z. B. mit der Frage, ob bei *La Bohème* eine *„ästhetische Notwendigkeit zur Wiederaufführung"*[13] vorliege und ob das Wiedererklingen von Puccinis, *„zu internationalem Kaffeehaus-Schmarren gewordenen Melodien als schier unvermeidbar"*[14] hingenommen werden müsse, ferner mit der Klage über die allzu oft *„dünn, säuselnd und schwindsüchtig"*[15] klingende *Butterfly* , oder schließlich mit der Parole: *„Laßt's genug sein mit dem süßen Giacomo, vor allem, ein für allemal ,Hände weg!' von der widerlichen ,Tosca'"*[16].

Insgesamt zweifellos auch für Puccinis Werke kein allzu herzlicher „Willkommensgruß", wobei hier selbstverständlich noch nicht aus dem Weg geräumte Resentiments gegenüber dem Feind bzw. Kriegsgewinner Italien mit eine Rolle gespielt haben. Darauf weist auch u. a. die damals sicherlich nicht nur vereinzelt vertretene Meinung hin, daß die nunmehr einen kulturellen Austausch zwischen Deutschland und Italien eröffnenden, *„über die Alpen wehenden, freundlicheren Winde . . . dennoch die Schmerzen um deutsches Land jenseits des Brenners nicht zu lindern vermögen"*[17].

Für die deutsche Eigenproduktion brachten die Kriegsjahre Uraufführungen einiger bedeutender Werke aus dem Bereich der sog. „Renaissance-Oper", wie Max Schillings *Mona Lisa* (1915), Erich Wolfgang Korngolds *Violanta* (1916), Alexander Zemlinskys *Eine Florentinische Tragödie* (1917), oder Franz Schrekers *Die Gezeichneten* (1918). Auch hier mag auf den ersten Blick verwundern, daß dt. Musikdramen dieser Art mit dem verismo in Zusammenhang gebracht wurden, zumal für die Entstehung dieses Genres zweifellos nicht primär die veristische Bewegung, sondern vielmehr der

---

11 Leoncavallo starb am 9. August 1819 in Montecatini.
12 Siehe z. B. *AMz* 46 (1919), 463, *NZfM* 86 (1919), 219 sowie *NMZ* 40 (1919), 290.
13 *SmW* 78 (1920), 875.
14 *AMz* 47 (1920), 557.
15 *SmW* 78 (1920), 32.
16 Ebenda.
17 Siehe Anm. 14.

„Renaissancismus", das schon vor der Mitte des 19. Jahrhunderts einsetzende und durch Jacob Burckhardts bahnbrechende Forschungen zu voller Entfaltung gelangte gesamteuropäische Interesse für die Renaissance in Wissenschaft und Kunst auslösendes Moment war[18]. Auch haben ja die von jungitalienischen Komponisten geschaffenen „Renaissance-Opern"[19] nur mit wenig Erfolg und minimaler Verbreitung auf dt. Bühnen Eingang gefunden und können somit dt. Musikdramatikern kaum einmal als Vorbild gedient haben. Daß dennoch genannter Zusammenhang besteht, läßt sich einerseits daraus erklären, daß Opern dieser Art ausnahmslos in Italien spielen und daher zur Zeichnung eines entsprechenden Lokalkolorits bei den deutschen Komponisten Anlehnungen an den musikalischen Stil der Jungitaliener nicht nur zu erwarten waren[20], sondern geradezu der Forderung einer getreuen Milieu-Schilderung entsprachen, andererseits mit der Tatsache, daß die den literarisch-realistischen Renaissance-Stoffen allgemein eigene, starke Betonung des Antagonismus von Eros und Religion, des Mannes Kampf um das Weib (und umgekehrt) sowie Brutalität und Realistik des Bühnengeschehens[21] letztlich weitgehend jenen handlungsmäßigen Stilkriterien entsprachen, die in gleicher Weise ja auch für die in dt. musikal. Fachkreisen bestens bekannten italienischen Opern des verismo kennzeichnend waren. Daß somit (auch ohne das Vorhandensein eines unmittelbarenn Vorbilds) die musikalische oder stoffliche Affinität zwischen deutscher und italienischer „Renaissance-Oper" vor allem den Kritikern, also den „Experten", ins Augen springen würde, lag auf der Hand, und es wundert daher nicht, daß z. B. bei *Mona Lisa* von einem *„Hinneigen zum fremden Muster welschen Opernverismus"*[22] die Rede war, *Violanta* von einem *„blutigen veristischen Kinodrama"*[23] sprechen ließ, die *Florentinische Tragödie* mit Puccini in Zusammenhang gebrachte wurde[24], oder, *Die Gezeichneten* eindeutig *„unterirdische Zuflüsse aus Jungfrankreich und Italien"*[25] zuerkannt bekamen. In ähnlicher Weise wurden zu-

---

18 Zum „Renaissancismus" der Jahrhundertwende vgl. Jens Malte Fischer, *Renaissancismus und Neuklassik*, In: *Deutsche Literatur zwischen Jahrhundertwende und 1. Weltkrieg* (= Neues Handbuch der Literaturwissenschaft 19), Wiesbaden, 235 ff.

19 Leoncavallos *I Medici* (1894), Mascagnis *Zanetto* (1896), Truccos *Hebe* (1903), Buongiornos *Michelangelo und Rolla* (1903), sowie Montemezzis *L'amore dei tre re* (1920); Sem Benellis *La cena delle beffe* in der Vertonung von Giordano (1924) wurde auf dt. Opernbühnen nicht gespielt, wohl aber (sehr erfolgreich) als Schauspiel aufgeführt.

20 Selbstverständlich nur unter der ausschließlichen Zweckbestimmung der Schaffung eines Lokalkolorits, denn zahlreiche dt. Komponisten bedienten sich nach 1900 bereits mit einer gewissen Selbstverständlichkeit bestimmter stilistischer Mittel der Jungitaliener, was in besonderem Maße für Puccini gilt, von dem J. Korngold (*Dt. Opernschaffen der Gegenwart*, 363) nicht zu Unrecht sagte: *„Freilich, wenn heute ein dt. Komponist Theatermusik machen will, blinzelt er ein klein bischen nach Puccini"*.

21 Ausgenommen höchstens der für Renaissance-Stoffe typische „Intellektualismus" der handelnden Personen.

22 „-ek", in: *NZfM* 83 (1916), 44; s. auch Paul Schwers, In: *Amz* 42 (1915), 494, *SmW* 73 (1915), 526, *NZfM* 82 (1915) 399, *AMz* 43 (1916), 3 f., Willibald Nagel, In: *NMZ* 27 (1916), 24, *DMz* 46 (1915), 367, *AMz* 46 (1919), 448 f. sowie Felix Lepel, *Max von Schillings und seine Oper Mona Lisa*, Berlin 1954, 10.

23 *AMz* 44 (1917), 707; s. auch E. Schwarz, In: *NMZ* 27 (1916), 213, Theodor Helm, In: *NZfM* 83 (1916), 150, Richard Specht, In: *Mkr* 7 (1916/17), 297.

24 Richard Specht, In: *Mkr* 8 (1917/18), 345; s. auch *NMZ* 38 (1917), 157, *AMz* 44 (1917), 82

25 Karl Holl, In: *AMz* 45 (1918), 209; s. auch *Mkr* 10 (1919/20), 266.

vor ja schon Leo Blechs *Cherubina* (1894) und Max Oberleithners *Ghitana* (1901) sowie in späterer Folge Erich Anders *Venetia* (1917) oder Marco Francs *Das Bildnis der
Madonna* (1925) „etikettiert", um noch einige weitere Werke dieser Art zu nennen.

(L'amore dei tre re & Francesca da Rimini:
verspätete „jungitalienische Friedensneuheiten" – *Il piccolo Marat:*
„. . . nichts als Blut" – *La Rondine:* „eine Wiener Abart der
Rauchschwalbe" – *Il trittico:* „Leichenschändung, sanfte Monotonie
und Hexenmeister der guten Laune" – *Turandot:* „. . . dem teuren
Toten Abbitte zu leisten")

Die erste deutsche Nachkriegsaufführung einer neuen Oper eines lebenden
italienischen Musikdramatikers war jene von Italo Montemezzis *Die Liebe
dreier Könige,* die am 20. September 1919 am Deutschen Opernhaus Berlin
Charlottenburg in Szene ging. Das unter dem Originaltitel *L'amore dei tre
re*[1] schon am 10. April 1913 in Mailand mit großem Erfolg uraufgeführte Re-
naissance-Drama[2] hatte vor allem 1914 an der New Yorker Metropolitain
Opera sensationell „eingeschlagen" und ließ dort amerikanische Kritiker
Montemezzi sogar zum *„eindeutig größten lebenden Komponisten Italiens"*
hochjubeln. In Deutschland, wo der Krieg eine bereits im Herbst 1914 in
Berlin geplante Aufführung verhindert hatte, war man allerdings anderer Ansicht und maß dem Werk nur wenig künstlerischen Wert bei. Und dies nicht
nur von seiten jener Vertreter der Fachpresse, die Operndirektor Hartmanns
Absicht, *„mit der Friedensneuheit jungitalienisch zu kommen",* als Mangel an
Nationalitätsbewußtsein verurteilten[3], sondern auch von solchen, die diese
erste Einstudierung einer jungitalienischen Novität nach dem Krieg zwar als
versöhnliche Geste gegenüber Italien begrüßten, jedoch (auch ohne Geltend-
machen nationaler Vorurteile) verlauten ließen, daß sie Montemezzis Oper
für ein *„wenig bedeutendes Stück"*[4] hielten. Die vorgebrachten Einwände gal-
ten dabei in erster Linie dem u. a. als *„Kinodrama schlimmster Art"*[5] verwor-
fenen Libretto, wohingegen der Musik zwar wenig Eigenständigkeit zugebilligt, aber zumindest zugute gehalten wurde, daß sie (als *„Gemisch von neu-
französischer Technik und Wagnerschem Geiste"*[6]) nicht bestrebt sei, *„blind-*

---

1 Die dt. Übersetzung des Librettos von Sem Benelli besorgte Alfred Brüggemann.
2 Siehe *AMz* 40 (1913), 192 f.
3 Paul Schwers, In: *AMz* 46 (1919), 507 f.
4 *NMZ* 41 (1920), 13.
5 *Mkr* 10 (1919), 688.
6 Dies betrifft vor allem Montemezzis starke *Tristan*-Rezeption.

lings der Sphäre Puccinis nachzuwandeln"[7]. Allerdings – wird gleichzeitig versichert – wäre Montemezzi dennoch zu empfehlen, Puccini *„ein wenig in die Karten zu sehen"*, wenngleich sich am *„gewinnbringendsten"* erweisen würde, *„den Deutschen* [!] *abzulauschen, wie man zum wahrhaften Dramatiker wird"*[8]. Daß der Musik des Komponisten dennoch (zumindest) *„Anziehendes im Detail"* zuerkannt sowie deren Freisein von *„veristischer Exzentrizität"* begrüßt wurde, rundet eine Beurteilung von Montemezzis Klangsprache ab, die insgesamt weitgehend mit jener von heute übereinstimmt: als eine, *„den rohen verismo veredelnde, impressionistische Züge ins Spiel bringende Musik"*[9]. Übereinstimmung von gestern und heute zeigt sich auch in der Publikumswirksamkeit, da die Oper nicht nur damals in Berlin über eine Hand voll Vorstellungen nicht hinauskam und nur noch einmal an der Wiener Volksoper in Szene[10] ging, sondern auch in unserer Zeit kaum noch gespielt wird. Von den übrigen Bühnenwerken Montemezzis gelangte in dem hier behandelten Zeitraum kein weiteres mehr an deutschsprachigen Bühnen zur Aufführung.

Ein anderer bekannter Vertreter Jungitaliens, der gleichfalls nur mit einer einzigen Oper auf deutschsprachigen Bühnen vertreten sein sollte und dort sogar noch später, erst Mitte der Zwanzigerjahre, erstmals in Erscheinung trat, war Riccardo Zandonai. In der Heimat Italien seit der Uraufführung seiner *Conchita* (1911) anerkannt und bereits etwas voreilig als Erbe Puccinis sowie als Führer eines neuen realistischen italienischen Musiktheaters gepriesen[11], hatte dieser Komponist den Sprung über die Alpen wohl aufgrund des Krieges erst so spät geschafft. Denn, jene handlungsmäßig stark an Bizets *Carmen* angelehnte *Conchita* löste bei ihrer äußerst erfolgreichen franz. Erstaufführung in Nizza (1914) bei deutschen Auslandskorrespondenten ein außerordentlich positives Echo aus und ließ sogar bedauern, daß sich noch keine dt. Bühne dieser Oper angenommen habe[12]. Da dieses Versäumnis nicht nachgeholt wurde, war es somit Zandonais dramatisches Meisterwerk, *Francesca da Rimini*[13], das die deutsche Musikwelt erstmals mit diesem Komponisten bekannt machte. Im Landestheater von Altenburg, wo am 19. März 1925 die dt. Erstaufführung über die Bühne ging[14], erzielte das Werk

---

7 Siehe Anm. 3.
 8 Ebenda.
 9 John W. Klein, Art. *„Montemezzi"*, In: *MGG* 9 (1961), Sp. 508.
10 Am 16. Februar 1922 mit insgesamt 8 Vorstellungen.
11 Siehe Carner, *Puccini*, 245.
12 Siehe *AMz* 41 (1914), 432.
13 Uraufführung am 19. Februar 1914 in Turin.
14 Übersetzung des Librettos von Tito Ricordi (nach d'Annunzios gleichnamiger Verstragödie) von Alfred Brüggemann.

sowohl beim Publikum als auch bei der Kritik einen überraschend großen Erfolg, was zumindest in Hinblick auf letztere verwundert. Und dies insoferne, als der heute nicht zuletzt aufgrund ihrer starken Impressionismen und Modernitäten zurecht zum Neoverismo zählenden Oper[15] zwar übereinstimmend jede *„typisch romanische Prägung"* abgesprochen[16] wurde, das Fehlen der italianità (im Gegensatz zu Puccinis musikalisch verwandtem *Mädchen aus dem goldenen Westen*) aber keineswegs Anlaß zu Kritik gab. Im Gegenteil, man maß der *Francesca* in dieser Form sogar *„außerordentlichen künstlerischen Wert"*[17] bei und fand ihre Aufnahme in das dt. Bühnenrepertoire weitgehend gerechtfertigt, ungeachtet dessen, daß auch noch damals (also sieben Jahre nach Kriegsende) Stimmen laut wurden, die Zweifel an der Richtigkeit hegten, die Oper eines der ehemaligen Feind-Nation Italien angehörenden Komponisten aufzuführen[18].

Die dritte und letzte Novität eines bisher auf dt. Bühnen noch unbekannten Jungitalieners innerhalb des hier vorgegebenen Zeitrahmens, die vermutlich nur deswegen Neugier erweckte, weil ihr Komponist vor Jahren versucht hatte, Mascagnis *Cavalleria* mit einer gleichnamigen Oper „auszustechen"[19], war Domenico Monleones *Il Mistero*. Zu seiner ersten und einzigen Aufführung kam dieses 1921 in Venedig uraufgeführte „Passionsspiel"[20] am 16. April 1924 in Erfurt, wobei erwartungsgemäß Gefallen daran weder das Publikum noch die Kritik fanden, die sich beide offensichtlich mit einer *„gefälligen, jedoch eklektischen Musik"* und einem *„abgestandenen Cavalleria-Milieu"* Mascagnis nicht anfreunden konnten[21].

Und Mascagni selbst? Für ihn gab es nach dem Krieg noch drei deutsche Erstaufführungen: die Idylle *Lodoletta,* die Operette *Si* und die zum verismo zurückkehrende Oper *Il piccolo Marat.* Es waren dies die letzten musikdramatischen Werke des Komponisten, denen der Sprung über die Alpen noch gelang. *Lodoletta* kam am 9. April 1920 an der Wiener Volksoper heraus[22], mit wenig Erfolg beim Publikum und noch weniger bei der Kritik, wobei das äu-

---

15 Siehe Gianandrea Gavazzeni, *Dal Diario di un musicista,* In: *Revista mensile di vita musicale* 3 (1957), 421.
16 *SmW* 83 (1925), 59; vgl. auch *NZfM* 92 (1925), 303.
17 *AMz* 52 (1925), 302.
18 Siehe *NMZ* 46 (1925), 359.
19 Siehe Einleitung S. 25 f.
20 Die dt. Übersetzung des Librettos nach der gleichnamigen Novelle Vergas besorgte H. Jülg.
21 Siehe *Mk* 16/2 (1924), Nr. 7, 518 sowie *NZfM* 91 (1924), 144 f.
22 Uraufführung am 30. April 1917 in Rom; Übersetzung des Librettos von Giovacchino Forzano durch Richard Batka.

ßerst negative Urteil letzterer in der provokanten Frage gipfelte, warum Mascagni *„nicht wie Rossini, der mit 24 Jahren seine Cavalleria in der Tasche hatte, mit dem Komponieren Schluß machte und zufrieden war, noch etliche dreißig Jahre lang Rebhühner zu essen"*[23]. Doch nicht genug damit, denn angesichts der Tatsache, daß der maestro mit *Lodoletta* (wie schon einmal) eine „Idylle" vorgelegt hatte, hieß es auch sofort erneut, er scheue sich, *„je wieder mit messerzückendem Temperament und bäurischer Brutalität ungelegen zu kommen"*[24].

Allerdings sollte sich letzteres sehr bald als Irrtum erweisen, da die Not der Erfolglosigkeit Mascagni bekanntlich nochmals nach dem Rezept von „Mord und Totschlag" greifen ließ, um mit *Il Piccolo Marat* seine vielleicht „veristischste" Oper überhaupt zu schreiben, ja damit zumindest in Italien, wo in Rom am 2. Mai 1921 die Uraufführung stattfand, auch Erfolg zu erzielen[25]. Nicht so jedoch außerhalb der Grenzen seiner Heimat: Denn hier – und dies gilt auch für deutschsprachigen Bühnen – konnte man wenig Verständnis dafür aufbringen, daß Mascagni (wie er selbst sagte) diese Oper *„mit geballten Fäusten"* geschrieben hatte und dem Zuhörer riet, nicht nach *„Kultur und Melodie"* zu suchen, da *„nichts außer Blut"*[26] in dem Werk wäre. In Dresden z. B., wo Mascagnis Oper am 11. März 1922 zur deutschen Erstaufführung kam[27] (s. Abb. 40, S. 243), zeigte man sich nämlich davon wenig beeindruckt und beschränkte sich auf den lapidaren Hinweis, daß *„das Gräßliche und Sensationelle . . . zu erzählen nicht einmal lohnenswert"*[28] sei. Und im übrigen wäre auch – wie es hier weiter heißt – die für die *Cavalleria* so typische *„musikalische Knappheit und Schärfe des Ausdrucks"* zu vermissen gewesen, was nur als weiteres Indiz für den *„Verlust eines guten Teils seiner [Mascagnis] Eigenart"* hätte verstanden werden können[29]. Der Premierenabend, vor ausverkauftem Haus und unter Anwesenheit zahlreicher Journalisten sowie auswärtiger Theaterleiter, verlief zwar äußerst erfolgreich und stellte ein großes lokales Opernereignis dar, doch konnte sich die Oper mit 4 Vorstellungen nur ganz kurze Zeit im Repertoire halten. Schon in der nächsten Saison (1922/23) fehlte sie im Spielplan der Dresdener Oper.

In Dresden, diesmal im Albertstheater, ging am 22. August 1925 auch Mascagnis allerletztes, auf dt. Bühnen zur Aufführung gelangtes Werk, die

---

23 *NMZ* 41 (1920), 255.
24 Ebenda.
25 Siehe *RMTz* 22 (1921), 277; vgl. auch Morini, *Mascagni* 2, 39 f.
26 Zit. nach Klein, *Mascagni and his operas*, 627.
27 Die dt. Übersetzung des Librettos von Giovacchino Forzano besorgte Karl Scheidemantel.
28 *SmW* 79 (1922), 112.
29 *RMTz* 23 (1922), 136; vgl. auch *NMZ* 43 (1922), 227.

OPERNHAUS

Sonnabend, am 11. März 1922, Anfang 7 Uhr

Zum ersten Mal (deutsche Uraufführung):

Der kleine Marat

Oper in drei Aufzügen von Giovacchino Forzano

Deutsch von Karl Scheidemantel

Musik von Pietro Mascagni

Musikalische Leitung: Hermann Kutzschbach   In Szene gesetzt von Georg Toller

Personen:

Der Oger, Präsident des Komitees .	Friedrich Plaschke
Mariella, seine Nichte	Elisabeth Rethberg
Der kleine Marat	Curt Taucher
Die Mutter	Elfriede Haberkorn
Der Offizier	Erik Wildhagen
Der Spion	Ludwig Ermold
Der Dieb	Robert Büssel
Der Tiger	Julius Puttlitz
Der Zimmermann	Waldemar Staegemann
Der Hauptmann der „Marats"	Rudolf Schmalnauer
Die Ordonnanz	Hans Schneider
Der Bischof	Friedrich Ernst

Die „Marats". Die amerikanischen Husaren. Die Gefangenen.

Die verhungerte Menge

Zeit: Schreckensherrschaft der französischen Revolution 1793.   Ort: Nantes

Einstudierung der Chöre: Karl Pembaur

Bühnenbilder: Max Hasait und Arthur Pältz.   Trachten: Leonhard Fanto

Nach dem ersten Akt 15 Minuten Pause

Textbücher sind für 24 Mk. an der Kasse und bei den Türschließern zu haben

Der freie Eintritt ist aufgehoben

Krank: Helena Forti, Edith Sajitz, Richard Tauber

Gekaufte Karten werden nur bei Aenderung der Vorstellung zurückgenommen

Ende gegen 10 Uhr

Abb. 40: *Der kleine Marat*: Deutsche Erstaufführung – Opernhaus Dresden
(Sächsische Landesbibliothek Dresden)

Operette *Si*, unter dem dt. Titel „*Ja*" in Szene[30]. Der von Mascagni selbst dirigierte Pariser Scheidungsschwank erzielte auch einen beachtlichen Augenblickserfolg und kam wie *Il Piccolo Marat* auch nach Wien, wo er am 24. Jänner 1925 am Bürgertheater gespielt wurde, doch war auch ihm in der Folge keine weitere Verbreitung auf dt. Bühnen beschieden.

Si bedeutete somit das Ende von Mascagnis Bühnenkarriere im dt. Sprachraum, wo man – längst bar aller Hoffnungen auf ein neuerliches Erfolgswerk im Stile der *Cavalleria* – schon vor dem endgültigen „Aus" das *„merkwürdige Schicksal des noch im besten Mannesalter stehenden Komponisten, der Welt einen neuen Stil zu zeigen und kaum wieder von ihr empfangen zu werden"*[31], mit jenem des bereits verstorbenen Leoncavallo verglich. Von nun an sollte Mascagni dort nur mehr als Dirigent in Erscheinung treten –, dies allerdings mit wachsendem Erfolg[32] gegenüber seinen früheren, vorwiegend der Leitung eigener Werke geltenden Auftritten.

Giordano konnte in den Nachkriegsjahren in der dt. Musikszene mit überhaupt keiner Novität mehr in Erscheinung treten. Er mußte sich weiterhin mit nur einigen wenigen Reprisen bzw. lokalen Erstaufführungen bereits im Repertoire stehender Werke begnügen, und selbstverständlich blieben auch ihm nachkriegsbedingte nationale Vorbehalte nicht erspart. So geschehen bei der ersten Neuaufnahme einer Oper Giordanos nach Kriegsende, der am 31. März 1925 erfolgten Dresdener Erstaufführung des *Andrea Chenier,* die auf deutscher Seite nicht nur deswegen Unbehagen auslöste, weil man der Meinung war, es sollte sich bei einer Auswahl aus dem *„internationalen Markt"* zumindest um *„anerkannte oder neuartig-bedeutende Schöpfungen"*[33] handeln, sondern auch aufgrund der Ansicht, daß *„in jenen Zeiten"* eine Revolutionsoper aus politischen Gründen auf einer dt. Bühne fehl am Platze wäre, ja sogar als *„abstoßend"*[34] empfunden werde müsse. Davon abgesehen sprach die Kritik auch von einem *„veralteten und papieren ... jeden dramatischen Nervs"* entbehrenden Werk[35], welche Meinung aber – wie schon so oft bei dieser Oper – wohl kaum auch vom Publikum geteilt worden sein dürfte. Denn angesichts zahlreicher Reprisen scheint sich dieses nicht nur bei der Premiere sondern auch in der Folge schwer getan zu haben, *„der süßen eindringlichen italienischen Kantilene zu widerstehen"*[36]. Ähnliche Reaktionen löste auch die Erstaufführung des *Andrea Chenier* an der Wiener Hofoper, am 28. Jänner 1926, aus[37]. Auch hier in Wien verlautete u. a., daß künstleri-

---

30 Uraufführung in Rom, am 13. Dezember 1919; Librettoübersetzung v. J. Schubert.
31 Oscar Bie, *Die Oper*, Berlin 1923, 491.
32 Nach dem Abgang Toscaninis wurde Mascagni bekanntlich auch Direktor und ständiger Dirigent der Mailänder Scala.

sche Gründe für die Aufnahme dieser Oper ins Repertoire nicht maßgeblich gewesen sein könnten und Revolutionsopern nach einem *„noch immer in allen Gliedern zu spürenden richtigen Umsturz . . . geradezu läppisch"* anmuteten[38], aber auch hier erzielte das Werk einen eindeutigen, nachhaltigen Publikumserfolg und wußte *„trotz ,Tosca' und Puccini alle naiven Gemüter unfehlbar in die rechte opernmäßige Rührung und Spannung zu versetzen"*[39].

Von Puccini, mit dem diese Abhandlung beschlossen werden soll, haben noch sämtliche, während des Krieges und nach diesem geschriebenen dramatischen Werke, einschließlich der Operette *La Rondine*, Zugang zu deutschsprachigen Bühnen gefunden. Ehe jedoch darauf näher eingegangen werden soll, gilt es abschließend in einem kurzen Exkurs nochmals einen Blick auf den deutschen „Opernmarkt" bzw. auf „veristisch Etikettiertes" im musikdramatischen Angebot der Nachkriegsjahre zu werfen:

Nach 1918 gab es für den bereits auslaufenden und kaum noch Interesse erweckenden deutschen Opernverismus zwar keine Sensationserfolge mehr, wie *Tiefland, Der Schmuck der Madonna* oder *Mona Lisa*, doch brachte es dennoch die eine oder andere Oper zu einem Achtungserfolg und verdient hier kurz angesprochen zu werden, wie es ja auch noch der veristischen Rolle d'Alberts nach *Tiefland* zu gedenken gilt. Was ersteres betrifft, sei hier neben dem bei seiner Uraufführung[40] nicht sehr schmeichelhaft als *„schillernde Schierlingspflanze der sumpfigen Niederung des längst überwunden geglaubten Verismo"* begrüßten *Herbststurm* von Franz Neumann[41] vor allem die dreiaktige Oper *Graziella* des Draeseke-Schülers Albert Mattausch genannt[42]. Und dies deshalb, weil dieses Werk ein anschauliches Beispiel dafür abgibt, daß dt. Komponisten (wenngleich vereinzelt) nicht nur die *Cavalleria*, sondern auch *Tiefland* „wortwörtlich" kopiert haben, also auch d'Alberts Oper „Schule" gemacht hat. Denn in der einer Idee von E. H. Bethgen nachgezeichneten Handlung geht es gleichfalls um eine verheiratete Frau, die von ihrem früheren Geliebten gezwungen wird, ihr weiter anzugehören, und auch hier wird dieser Konflikt durch dessen Ermordung gelöst. Begrüßt wurde diese Affinität zu *Tiefland* freilich nicht[43], weshalb auch kaum verwundern wird, daß nicht nur wiederum Klage darüber geführt wurde, *„daß der Verismus in Deutschland leider noch immer nicht das letzte Wort gesprochen habe"*[44], sondern auch (wie einst bei d'Albert und seinem Textdichter Lothar) Kom-

---

33 *NMZ* 46 (1925), 287.
34 Ebenda.
35 *NZfM* 92 (1925), 173.
36 Eugen Schmitz, In: *Mk* 17/1 (1925), Nr. 6, 464.
37 Unter der Leitung von Franz Schalk und den Protagonisten L. Lehmann und A. Piccaver
38 Emil Petschnig, In: *NZfM* 93 (1926), 157.
39 Heinrich Kralik, In: *AMz* 53 (1926), 56.
40 29. Dez. 1919 in Berlin.
41 Siehe *AMz* 46 (1919), 200 oder *SmW* 77 (1919, 289.
42 Uraufführung am 14. Dez. 1919 in Magdeburg.
43 Siehe *NMz* 41 (1920), 127.
44 *AMz* 48 (1921), 302; anläßlich der Kieler Erstaufführung im Jahre 1921.

ponist und Librettist der Vorwurf traf, *„tief hinab in menschliche Verirrungen"* gestiegen zu sein[45].

Die Tatsache, daß d'Alberts Ruf als "deutscher Verist" (bekanntlich) nicht allein auf *Tiefland* oder der bereits angesprochenen *Revolutionshochzeit* beruht, macht es (wie erwähnt) erforderlich, das Augenmerk auch noch auf Werke wie *Die toten Augen, Der Stier von Oliviera* oder *Scirocco* zu werfen –, alles publikumswirksame, von der Kritik aber wenig freundlich aufgenommene Opern, mit mehr oder weniger stark ausgeprägten „veristischen Aspekten", teils stofflicher, teils musikalischer Natur, oder auch beides. Letzteres z. B. besonders ausgeprägt der Fall bei dem schon 1916 uraufgeführten Einakter *Die toten Augen*[46], mit einer z. T. so „krassen" Handlung, daß sich d'Albert zu einer Umarbeitung gezwungen sah[47], und mit einer Musik, bei der die Kritik von Puccini bis Leoncavallo alles, nur nicht d'Albert selbst finden zu können glaubte[48]. Ähnlich auch bei dem am 10. März 1918 in Leipzig aus der Taufe gehobenen 3aktigen *Stier von Oliviera*, dessen *„etwas Carmen, Tosca und Tiefland zu einer aufputschenden Theaterhandlung vermischendes Libretto"*[49] als *„stärkste Zumutung"* gegenüber dem Publikum charakterisiert wurde[50], und der hinsichtlich der Musik beklagen ließ, daß bei dieser *„in ihrer veristischen Art auf dauernde Ausprägung des melodischen Elements"* verzichtet worden wäre[51]. Und schließlich reagierte die Kritik auch bei dem am 16. Mai 1921 in Darmstadt uraufgeführten *Scirocco* zumindest in Hinblick auf das Libretto in oben aufgezeigter Art und Weise und machte den Autoren zum Vorwurf, mit Hilfe des verismo *„das Tierisch-Instinktive in der Menschennatur hervorzukehren"*[52] beabsichtigt zu haben, während es bei der Musik diesmal zwar an konkreten Hinweisen auf allfällige „Puccinismen" oder Affinität zu anderen Jungitalienern fehlte, dafür aber *Scirocco* (was genauso wenig auf Begeisterung stieß) als im musikalischen „Fahrwasser" von *Tiefland* und den *Toten Augen* sich bewegend charakterisiert wurde[53].

La Rondine[54], und damit sei auch wieder zu Puccini, dem großen Vorbild des oben zitierten, mit seiner Oper *Tiefland* den Inbegriff des dt. Opernverismus darstellenden Eugen d'Albert zurückgekehrt, erlebte 1920 an jenem Theater ihre dt. Erstaufführung, an dem ursprünglich die durch den Krieg „geplatzte" Uraufführung stattfinden hätte sollen: an der Volksoper Wien. Ehe jedoch Puccinis *Schwalbe* nach Wien „heimkehrte", hatte sie bereits ein wechselhaftes Schicksal hinter sich, das in kurzen Umrissen nachzuzeichnen angebracht erscheint[55]:

45 Ebenda.
46 Dresden, 5. März.
47 Siehe *Eine Unterredung mit Eugen d'Albert*, In: *SmW* 74 (1916), 745 ff.; s. auch Heinrich Platzbecker, In: *NMZ* 37 (1916), 197.
48 Siehe *Smw* 74 (1916), 65, *AMz* 43 (1916), 609 oder *SmW* 74 (1916), 576.
49 Walter Niemann, *Die Musik der Gegenwart*, Berlin 1922, 100.
50 *SmW* 77 (1919), 756; s. auch *RMTz* 19 (1918), 68 und *NZfM* 85 (1918), 65.
51 Siehe *AMz* 64 (1919), 661.
52 *AMz* 48 (1921), 362 f.; s. auch *NMZ* 42 (1921), 286 f., *ZfM* 88 (1921), 320.
53 Siehe *RMTz* 22 (1921), 170.
54 Uraufführung in Monte Carlo am 23. März 1917.
55 Ausführlich dazu Carner, *Puccini*, 189 ff.

Als Puccini 1913 anläßlich der Premiere seines *Mädchens aus dem goldenen Westen* in Wien weilte, wurde ihm von Otto Eibenschütz und Heinrich Bertè, den beiden Direktoren des Wiener Carl-Theaters der Vorschlag unterbreitet, gegen ein außerordentlich hohes Honorar einige Nummern zu einer Operette zu schreiben. Puccini zeigte sich nicht uninteressiert, fühlte sich jedoch zu sehr an das Verlagshaus Ricordi gebunden, um eine Zusage erteilen zu können. Erst als dieser „Hemmschuh" durch das kurz darauf erfolgte Zerwürfnis mit Tito Ricordi wegfiel, sagte der Komponist in Wien zu. Es kam zu einem Vertrag, nach dem der Lehár-Librettist und Vertreter des Wiener Musikverlages dieses Komponisten, Arthur M. Willner, das Libretto schreiben sollte. Nach Schwierigkeiten mit letzterem, die das Hinzuziehen Heinz Reicherts als Co-Librettisten zur Folge hatten[56], akzeptierte Puccini den Text, ließ diesen von Adami übersetzen und komponierte einige Nummern. Keine rechte Freude an der Sache, wollte Puccini nach dem Kriegseintritt Italiens vom Vertrag mit Wien überhaupt zurücktreten, doch blieb man dort hart. Als auch Puccinis Versöhnungsversuch mit Ricordi fehlschlug und dieser von einer Verlegung der Operette nichts wissen wollte[57], erbot sich Sonzogno das Werk anzunehmen, was unter Einwilligung von seiten Wiens schließlich auch geschah. Gemeinsam mit diesem kam Puccini auch überein, die Uraufführung im neutralen Monte Carlo über die Bühne gehen zu lassen, was dem Komponisten nicht nur in Italien sondern auch in Frankreich sehr übel genommen wurde[58]. Dabei war es aber nicht einmal so sehr der Ort der Uraufführung, der die Gemüter erhitzte, sondern vielmehr die Tatsache, daß man in *La Rondine* ein leidenschaftliches Bekenntnis Puccinis zu seiner „germanophilen" Neigung und im speziellen zu seiner Vorliebe für die (Feind-)Stadt Wien sehen zu müssen glaubte, da er in der in Paris spielenden Handlung aus der „demi-monde" auf wienerische Weise, oder – wie sich Sartori ausdrückte[59] –, „. . . *con l'occhio di un austriaco del'epoca lieta di prima della guerra, ascoltandola esprimersi solamente sull'onda d'un ritmo di Valzer*" singen und spielen ließ.

Die somit durch „Wiener Brillen" gesehene Operette hatte bei ihrer Uraufführung großen Erfolg, der sich kurz darauf auch in Bologna, Mailand, Rom, Neapel und sogar in Südamerika wiederholen sollte. Dennoch war Puccini mit der Verbreitung seines Werkes nicht zufrieden, welchem Umstand er mit einer 1919 vorgenommenen Umarbeitung Abhilfe schaffen wollte. In dieser Form erreichte *La Rondine* auch die Wiener Volksoper, wo sie am 9. Oktober 1920 über die Bühne ging[60]. Puccinis Hoffnung, durch diese Umarbei-

56 Puccini schrieb damals an den in Wien vermittelnden Baron Eisler, daß er eigentlich gar keine Operette schreiben wolle, sondern höchstens eine komische Oper wie der Rosenkavalier, „. . .*ma più divertente e più organica*" (laut Pinzauti, *Puccini*, 131), was Puccini möglicherweise auch dazu veranlaßte, den Poeten Pruniere in *La Rondine* nicht aus dieser Oper Strauss', sondern aus *Salome* zitieren zu lassen; zum Verhältnis Strauss-Puccini, das als gespannt galt, Carner (*Puccini*, 316): „*I have it on reliable authority that R. Strauss envied Puccini the success of La Bohème and for time contemplated an opera of a similar character*".
57 Laut Carner (192) nannte Ricordi das Werk einen „*schlechten Lehár*"; vgl. dazu auch Jürgen Leukel, Puccini und Lehár, In: *Schweizerische Musikzeitung* 122 (1982), 70.
58 Vgl. dazu Puccinis öffentl. Erwiderung auf einen Artikel Leon Daudets in der *Action française*, abgedruckt In: Fracciaroli, *Puccini*, 201.
59 Claudio Sartori, *Rondine o l'evasione dalla guerra*, In: *Musica d'oggi* 1 (1958), 488.
60 Titel des Klavierauszugs: *Die Schwalbe. La Rondine. Lyrische Komödie in drei Akten von*

tung seiner *Schwalbe* in Wien zu einem neuen „Höhenflug" zu verhelfen, erfüllte sich in den insgesamt acht Vorstellungen allerdings nicht. Zwar stieß
man sich dort (verständlicherweise) weniger an der Allianz Wien-Paris (obwohl man die französische Ausgabe der Fledermaus'schen *Adele* alias *Lisette*
keineswegs sehr einfallsreich fand), doch sah man in dieser „*Wiener Abart der
Rauchschwalbe*", wie Rudolf St. Hoffmann *La Rondine* nannte[61], einen scha-
len Abklatsch der Puccini-Murger'schen *Bohème*-Welt, in der aus *Musette*
eine *Lisette*, aus *Rodolfo* ein *Roger*, aus *Marcel* ein *Pruniere*, oder aus dem
Café Momus das Tanzlokal *Chez Bullier* geworden sei. Jener Hoffmann, der
den italienischen Text (s. oben) wieder ins Deutsche (zurück) übertrug, war
es auch, der von „*absolut szenischer Hilflosigkeit und Naivität zweier routi-
nierter Librettisten*" (Willner & Reichert) sprach, aber noch „*viel unglaubli-
cher*" fand, daß Puccini dazu die Musik geschrieben hatte. Und was Hoffmann in der Musik der *Schwalbe* noch als „*ein wenig zur Manier geworden*"
bezeichnete, nannte Wilhelm von Wymetal[62] unverblümt beim Namen, indem er in bezug auf Melodie und „*Harmonieerfindung*" von einer „*übersü-
ßten Süße*" sowie von einem „*erschreckenden Erlebnis beim Studium dieser
Partitur*" sprach –, einer Partitur, in der sich „*bloß Reminiszenzen, Auto-
plagierungen, An-, Nach-, Fort- und Wiederklänge ohne jeden eigenen Ton*"
gefunden hätten. Ähnlich dazu auch Ferdinand Scherber[63], der aber zumindest noch zu bewundern wußte, wie Puccini „*die Stilfrage des Werkes, das
doch eine moderne Operette geworden ist*", gelöst hat. Ob der Beifall, der
dem anwesenden Komponisten gespendet wurde, dem Schöpfer der
Schwalbe oder mehr jenem der *Bohème, Tosca* oder *Butterfly* gegolten habe,
wurde hier vorsichtigerweise der Entscheidung der Zukunft überlassen, einer
Zukunft allerdings, die es für dieses Werk Puccinis (zumindst) auf deutschsprachigen Bühnen nicht mehr geben sollte: *La Rondine* kam zwar 1927
nochmals in Kiel mit einigen wenigen Vorstellungen heraus, verschwand
hierauf jedoch so gut wie für immer aus dem dt. Bühnenrepertoire[64].

Puccinis *Lyrische Komödie* wird heute vereinzelt noch in Italien gespielt
und dort sogar gelegentlich als „*la più bella, la più raffinata, mirabile parti-*

A. M. Willner, Heinz Reichert, Guiseppe Adami. Rückübertragung aus dem italienischen
von Rudolf Stephan Hoffmann. Mailand Sonzogno 1917.
61 In: *NMZ* 42 (1921), 45.
62 In: *AMz* 47 (1920), 649.
63 In: *SmW* 78 (1920), 1055.
64 Die Ursache dafür, daß *La Rondine* kein Erfolg beschieden war, liegt vermutlich darin, daß
jene „Reize" in Puccinis Musik, die – wie sich Swarowsky (*Wahrung der Gestalt*, 217) ausdrückte – bei seinen tragischen Opern „*zur Verwechslung mit der Operette geführt haben*",
nicht nur besonders stark ausgeprägt waren, sondern in ihrer Verbindung mit einem operettenhaften, dramatischer Kontraste entbehrenden Sujet das dem Komponisten von jeher an-
gelastete Triviale und Sentimentale seiner Melodik übertrieben zum Vorschein treten ließen.

tura di Puccini"[65] verehrt, doch hat sich auch jenseits der Alpen jene mehr von „väterlicher" Sorge als von echter Überzeugung getragene Äußerung Puccinis nicht bewahrheitet, *„che la Rondine è bella e non è meno degna di successo di tutte le altre mie opere"*[66].

Nur elf Tage nach der Wiener Premiere der *Schwalbe* fand an der Wiener Staatsoper die dt. Erstaufführung von Puccinis, am 14. Dezember 1918 in New York uraufgeführtem *Trittico* unter der musikalischen Leitung von Franz Schalk und in Anwesenheit des Komponisten[67] statt. Die Aufnahme dieser drei Einakter[68] erfolgte (deren Anlage und Thematik entsprechend) unterschiedlich, doch insgesamt sowohl von seiten des Publikums als auch von jener der Kritik überwiegend positiv, wobei letztere allerdings dem ungewöhnlichen Ereignis des gleichzeitigen Erscheinens von immerhin drei neuen Puccini-Opern erstaunlich wenig Aufmerksamkeit zuteil werden ließ[69]. Der damals wie heute in der Reihenfolge der einzelnen Teile des *Triptychons* an erster Stelle stehende *Mantel (Il tabarro)* wurde dabei überwiegend – wie es Korngold formulierte[70]– als *„Rückkehr zur ersten Liebe des Verismus . . . zu Ehebruch und Eifersuchtsverbrechen in niederer Volksschicht"* beschrieben, woraus sich auch erklären läßt, daß *Marcel* mit *Alfio* bzw. *Canio, Giorgette* mit *Nedda*, oder *Henri* mit *Silvio* in Beziehung gebracht wurden[71]. Diese sehr oberflächliche Klassifizierung des *Mantels*, die zeigt, daß der in dieser Pariser Hafentragödie[72] bewußt dargestellten sozialen Bedrängnis der Akteure so gut wie keine Beachtung geschenkt wurde, fand ihren Ausdruck darüber hinaus auch in Kommentaren wie jenen von der Zugehörigkeit des Werkes *„zur Gattung krimineller Oper"*[73], oder von der *„Spekulation auf die niedrigen Theater-Instinkte eines sensationslüsternen Unterdurchschnittspublikums"*[74] etc. Letzteres besonders eindringlich verdeutlicht durch *Marcels*, lediglich als Ausdruck übersteigerter Brutalität und als *„reißerisch"* empfundener *„Verwendung"* der Leiche seines Nebenbuhlers als *„corpus delicti"*, was sogar allen Ernstes von *„Leichenschändung"*[75] sprechen ließ.

---

65 Alfredo Mandelli, *La Rondine a Roma*, In: *Oggi illustrato* Jg. 1972, 77.
66 Zit. nach Paladini, *Puccini*, 77.
67 Näheres dazu bei Richard Specht, *Puccini*, Berlin 1931, 19 ff.
68 Die dt. Übersetzung der Libretti von Adami und Forzano besorgte A. Brüggemann.
69 *NZfM* (27/1920, 400) ließ es z. B. nur bei einer kurzen Vorankündigung bewenden, ignorierte die Aufführung selbst jedoch gänzlich.
70 In: *Romanische Oper*, 89.
71 Siehe *SmW* 78 (1920), 1056.
72 Nach Didier Golds Pariser Hafentragödie *La Houppelande*.
73 Siehe Anm. 71.
74 *NMZ* 42 (1921), 76.
75 Ebenda; Der zweifellos publikumswirksame Schauereffekt der getarnten Leiche taucht zuvor schon in Franco Leonis *L'oracolo* auf. Dieser in London 1905 uraufgeführte, Puccini zwei-

Weniger „brutal" wurde die Musik des *Mantel* empfunden. In ihr feierte man nämlich den Komponisten als *„grandiosen Stimmungsmaler"*[76] und sah im Überwiegen von Idylle und naturalistischer Milieuschilderung auch die Hauptstärke der Partitur[77]. Erwartungsgemäß zum Vorwurf erhoben wurde hingegen (wie bei jeder neuen Puccini-Oper gegenüber der vorhergehenden), daß die melodische Stimmführung *„nicht mehr so zärtlich bestrickend, so leidenschaftlich berauschend, wie einst im Mai die Liebeslieder von Rodolphe und Mimi, die sehnsuchtsvollen Monologe der Madame Butterfly und die hymnischen Liebesjauchzer der Tosca klangen"*[78], gearbeitet war.

Der zweite Einakter, *Schwester Angelica (Suor Angelica)*, konnte zwar trotz (oder gerade wegen ?) seines *„mehr rührsamen als rührenden Schlusses"*[79] seine Wirkung beim Publikum nicht verfehlen, doch war er jener Teil des *Trittico*, der bei der Kritik weitaus am schlechtesten ankam[80]. Der Hauptvorwurf galt dabei dem Libretto, und zwar die mangelnde Dramatik, das Überwiegen des rein Deskriptiven sowie nicht zuletzt die ausschließliche *„feminilità"* der Oper betreffend, was insgesamt bewirkt hätte, daß diese aus einer *„sanften Monotonie"*[81] niemals herausgekommen sei. Die Musik, mit der Puccini Leiden, religiöse Verzückung und Wunder[82] in klösterlicher Abgeschiedenheit realisierte, wurde dem Komponisten als pseudoreligiös und unecht nicht ganz „abgenommen", da ihre *„Figuren und Schlußfälle . . . den Rosenkranz der Mehrstimmigkeit, das Weihwasser glaubenssinniger Melodik"* vermissen hätten lassen[83].

Den größten Erfolg erzielte Puccini – und dies in jeder Hinsicht – mit *Gianni Schicchi*, womit er sich erstmals in größerem Ausmaß auch von der heiteren bzw. komischen Seite vorstellte[84]. Mit Befriedigung stellte man damals

---

fellos bekannte und besonders in Amerika oftmals gespielte veristische Einakter, kam auf deutschen Bühnen allerdings nicht zur Aufführung. Der Stoff der Oper, Chester Bailey Fernalds *The Cat and the Cherub*, wurde erstmals von einem deutschen Komponisten vertont, und zwar von Viktor Holländer unter dem Titel *San Lin*, uraufgeführt am 28. Jänner 1899 in Breslau. Auch dieses Werk, ebenfalls ein Einakter, entstand unter dem Einfluß des verismo.

76 *RMTz* 22 (1921), 34.

77 Ebenda; vgl. diesbezüglich auch Adolf Weißmann, *Puccini*, München 1922, 74.

78 *AMz* 47 (1920), 680.

79 *SmW* 78 (1920), 1057.

80 Puccini selbst soll *Suor Angelica* für das beste Werk aus seinem *Trittico* gehalten haben.

81 Siehe Anm. 79.

82 Das Marienwunder weckte selbstverständlich Assoziationen zu Massenets *Gaukler unserer lieben Frau*, wo bekanntlich einen Sünder der Weg zur Sühne in ein Kloster führt und die Handlung gleichfalls durch das Wunder einer Marienerscheinung ihren Abschluß findet; s. *AMz* 47 (1920), 680.

83 Korngold, *Romanische Oper*, 93.

84 Dabei soll es Puccini gar nicht recht gewesen sein, daß seine Oper als „komischer Einakter" bezeichnet wurde, da er sie so ernst gemeint habe, wie er selbst ernst genommen werden wollte (s. Weißmann, In: *Mk* 17 /2 (1926), 679).

fest, daß der Komponist nicht nur *„die humoristischen Ansätze der Bohème hier zu einem echten und rechten Buffo-Operchen entfaltet und . . .[sich] als Hexenmeister guter Laune"* erwiesen[85], sondern auch neue Wege eingeschlagen und *„die Manier diesmal überwunden"* habe[86]. Ja, selbst *„etwas vom Geiste des unsterblichen Verdi-Falstaff"* sprach man *Gianni Schicchi* zu, wenngleich im selben Moment bedauert wurde, daß sogar hier *„die sadistische Vorliebe für den geschundenen Lavaradossi* [sic!], *die aufgeschlitzte ‚Butterfly' den halb gehängten Liebhaber des ‚Mädchens aus dem goldenen Westen'* . . . *bemerkbar wird, nämlich in dem Lied von dem Armstummel, mit dem ein wegen Fälschung zum Verlust der Hand und zur Verbannung Verurteilter seine Vaterstadt zum Abschied zu grüßen pflegt"*[87]. Die Frage, ob unter den drei Einaktern zu wählen sei, verneinte man überwiegend mit der Begründung, daß sie *„vereint den abwechslungsreichsten Theaterabend"*[88] geben würden, womit man aber weniger von einer Differenzierung bzw. Qualifizierung Abstand nehmen wollte, sondern die drei Opern offensichtlich (noch!) als jene Einheit zu empfinden schien, die Puccini – inspiriert durch die Pariser Theatermode des *Grand Guignol* – in der unmittelbaren Aufeinanderfolge eines dramatischen, lyrischen und burlesken Stückes vor Augen gehabt hatte[89]. In Wien lief im übrigen mit dem *Trittico* gleichzeitig *La Rondine*, was selbstverständlich zu einem Vergleich herausforderte. Die Meinung, *„daß die Musik zu diesen drei Einaktern so hoch über ‚Rondine' wie unter Puccinis besten Eingebungen"*[90] stehe, dürfte dabei aber wohl eher Zustimmung gefunden haben als die Ansicht, daß *„unter den Novitäten des ital. maestro, die durch den Krieg zurückgehalten wurden, ‚La Rondine' ohne Bedenken der Vorzug"*[91] zu geben sei. Das *Triptychon* brachte es in Wien im Jahre 1920 auf insgesamt 10 Aufführungen, sank im nächsten Jahre bereits auf drei Vorstellungen zurück und *„zerfiel"* in der Folge in separate Aufführungen der einzelnen Einakter, in welchem Verlauf *Gianni Schicchi* die beiden anderen Opern in der Spielfrequenz weit übertraf.

Als nächste bedeutende Opernbühne brachte am 30. Jänner 1921 das Prager Nationaltheater[92] Puccinis drei Einakter, und zwar in deutscher Sprache, heraus[93]. Und auch hier war es im besonderen *Gianni Schicchi*, der als ein Werk *„voll echt italienischer köstlicher Heiterkeit . . ., unzweifelhaft eines der*

---

85 *AMz* 47 (1920), 681.
86 Weißmann, *Puccini*, 86.
87 *NMZ* 42 (1921), 76.
88 Korngold, *Romanische Oper*, 96.
89 Vgl. Riccardo Allorto, *Suor Angelica nella unità del Trittico*, In: *Musica d'oggi* 2 (1959), 198.
90 Siehe Anm. 74.
91 Siehe Anm. 79.
92 Das Deutsche Landestheater soll zu dieser Zeit wegen interner Schwierigkeiten nicht spielfähig gewesen sein.

besten und dauerhaftesten Puccinis"[94], den stärksten Eindruck hinterließ. Die auch insgesamt positive Aufnahme, welche Puccinis *Triptychon* in Prag erfuhr, wiederholte sich am 2. Februar 1921 in abgeschwächter Form anläßlich der „reichsdeutschen" Erstaufführung in Hamburg (s. Abb. 41, S. 251), auf die (der damals gerade einen Wandel in seiner Einstellung zu Puccini vollziehende) Richard Specht in einem vielbeachteten Vortrag *„in höchst geistvoller, übrigens durchaus nicht einseitig für Puccini Partei nehmender ... Weise"* vorbereitet haben soll[95]. Das Interesse und die Aufmerksamkeit, die man diesem Ereignis von seiten der Fachpresse entgegenbrachte, war allerdings noch geringer als zuvor in Wien, und es tauchte sogar die diesbezüglich bezeichnende Frage auf, ob es sich überhaupt noch lohnen würde, *„über die vielbesprochenen* [!] *Einakter, über die man mit gewissem Recht jenes bekannte ,parturiunt montes, nascetur ridiculus mus' setzen könnte, einige Worte zu verlieren"*[96]. Das mit letzterem ausgesprochene „Kompliment" läßt allerdings angesichts eines sich keineswegs als Sensationserfolg erweisenden Wiener *Triptychons* nicht sonderlich erstaunen, war doch (wie zu sehen war) das unmittelbar weitere Schicksal eines neuen Werkes Puccinis (oder eines anderen Jungitalieners) ja stets weitgehend von der ersten dt. Aufführung abhängig gewesen –, d. h., daß deren Verlauf bei der „Nachfolge-Kritik" nicht nur hinsichtlich des Inhalts sondern auch hinsichtlich der Quantität der abgegebenen Stellungnahmen seinen Niederschlag fand. Erstaunen löst hingegen vielmehr die Tatsache aus, daß in Hamburg der *Mantel* wesentlich schlechter beurteilt wurde als *Schwester Angelica* und gerade bei diesem Werk verlautete, Puccini hätte sich hier von der *„langweiligsten Seite"* gezeigt, eine Partitur geliefert, *„die auf weite Strecken energischen Aufschwung"* vermissen lasse[97].

Schwester Angelica selbst, bei der zwar (im Gegensatz zu Wien) *„die Gefahr des Eintönigen ... durch farbenreiche Instrumentation als geschickt vermieden"* angesehen wurde, deren positive Aufnahme man aber dennoch nur der überzeugenden Darstellung der Rolle der Titelheldin, *„dem einzigen menschlichen Wesen in einer sonst blutleeren Gesellschaft"*[98], zusprechen zu können glaubte, war freilich auch in Hamburg weit davon entfernt, dem Erfolg des *Gianni Schicchi* auch nur annähernd gleichzukommen. Denn auch

---

93 Die musikalische Leitung hatte Alexander Zemlinsky inne.
94 *NZfM* 88 (1921), 169.
95 *SmW* 79 (1921), 99.
96 *RMTz* 22 (1921), 65.
97 Siehe Anm. 96.

HAMBURGER STADT-THEATER

Mittwoch, den 2. Februar 1921

Anfang 7 Uhr   Aufgehobenes Abonnement   Ende 10 Uhr

|||||||||||||| UR-AUFFÜHRUNG IN DEUTSCHLAND ||||||||||||||

Drei Einakter von

Giacomo Puccini

In Szene gesetzt von Dr. Loewenfeld
Musikalische Leitung: Herr Kapellmeister Gotthardt

DER MANTEL

(nach ›La Houppelande‹ von Didier Gold)
Text von Giuseppe Adami.

Marcel, Herr des Schleppkahns	Hr. Schützendorf
Henri, Löscher	Hr. Günther
Der ›Stockfisch‹, Löscher	Hr. Kreuder
Der ›Maulwurf‹, Löscher	Hr. Marowski
Georgette, Marcels Frau	Fr. Montes
Das ›Frettchen‹, die Frau des ›Maulwurfs‹	Fr. Kalter
Ein Liederverkäufer	Hr. Diehl
Ein Liebespärchen	Frl. Trummer
	Hr. Christophor

Löscher — Midinetten — Ein Drehorgelmann

Schwester Angelica

Text von Giovacchino Forzano.
Alfred Brüggemann

Schwester Angelica	Frl. Ader
Die Fürstin, Schwester Angelicas Muhme	Frl. Olszewska
Die Aebtistin	Frl. Urbaczek
Die Schwester Eifrerin	Fr. Winternitz
Die Lehrmeisterin der Novizen	Fr. Kalter
Schwester Genoveva	Frl. Falk
Schwester Osmina	Frl. Homann
Schwester Dolcina	Fr. Montes
Almosensucherinnen	Frl. v. Issendorf
	Fr. Vogl
Eine Novize	Fr. Singler
Laienschwestern	Frl. Trummer
	Frl. Käufer

In einem Kloster gegen Ende des 17. Jahrhunderts

Gianni Schicchi

Text von Giovacchino Forzano.

Gianni Schicchi	Hr. Groenen
Lauretta, seine Tochter	Frl. Falk
Zita, genannt ›Die Alte‹, Base des Buoso	Frl. Olszewska
Rinuccio, Neffe der Zita	Hr. Nasta
Gherardo, Neffe des Buoso	Hr. Schwarz
Nella, seine Frau	Fr. Singler
Gherardino, beider Sohn	Frl. Görlich
Betto von Signa, Buosos Schwager	Hr. Marowski
Simon, Buosos Vetter	Hr. Schützendorf
Marco, sein Sohn	Hr. Felgitsch
Ciesca, Marcos Frau	Frl. Homann
Magister Spinelloccio, Arzt	Hr. Degler
Ser Amantio di Nicolao, Notar	Hr. Kreuder
Pinellino, ein Schuster	Hr. Horand
Guccio, ein Barbier,	Hr. van Weeren

Ort der Handlung: Florenz. Zeit 1299.

Ins Deutsche übertragen von Alfred Brüggemann

Abb. 41: *Il trittico*: Hamburger Erstaufführung – Stadt-Theater
(Hamburger Theatersammlung: Zettelbuch des Hamburger Stadt-Theaters)

hier wurde letzterer, als *„recht kurzweilig, unterhaltsam und musikalisch so frisch und zielbewußt"*[99] beschrieben, von allen drei Einaktern am besten aufgenommen und gab schließlich den Ausschlag, daß das *Triptychon* insgesamt auf die Kritik erheblichen Eindruck machte.

Daß es hier in Hamburg zu nicht mehr als drei Reprisen kam und auch die in derselben Saison (1920/21) nachfolgenden Erstaufführungen in Brünn, Graz, Köln und Leipzig gleichfalls jeweils über einige wenige Vorstellungen nicht hinausgekommen sind, läßt vermuten, daß damals große dt. Opernbühnen an der Publikumswirksamkeit des *Triptychon* als geschlossene Einheit ernsthaft zweifelten und aus diesem Grunde zum Entschluß kamen, sich vorerst auf erfolgversprechende (hohe Kosten und großen Aufwand von Aufführungen der Trias als Ganzes vermeidende) Einzelaufführungen zu beschränken.

Dabei sollte *Schwester Angelica* in der Folge weitgehend ausgeschlossen bleiben, wie u. a. das Beispiel Berlin zeigt, wo das *Triptychon* erstmals am 28. März 1928 geschlossen herauskam (s. Abb. 42, S. 256), als Einzelproduktionen zuvor jedoch nur *Gianni Schicchi* und der *Mantel* über die Bühne der Reichshauptstadt gingen: ersterer am 25. April 1923 (s. Abb. 43, S. 257), letzterer am 15. April 1924, beide im übrigen unter annähernd gleicher Bewertung wie ehemals im Verband mit den jeweils anderen beiden Einaktern des *Triptychons* in Hamburg oder Wien. Für *Gianni Schicchi*[100] bedeutete dies, daß auch in Berlin sowohl ein *„mit ganz außerordentlichem Geschick und Witz geschriebener Text"*[101] als auch eine Musik, bei der zum Vorteil der Oper das Lyrische durch eine *„auf die eigene Formel Puccinis gebrachte Heiterkeit"* ersetzt worden sei[102], großen Anklang fanden und darüber hinaus nicht zuletzt aus diesem Grunde bedauert wurde, daß dem Berliner Publikum die beiden vorausgehenden Opern bisher vorenthalten worden seien, ja mehr noch, daß die Loslösung aus seinem Kontext[103] das *„Capriccio ‚Gianni Schicchi'. . . als ein Scherzo-Finale einer Opernsymphonie . . ., welches die Befreiung vom Alpdruck lastender Eindrücke schwerer Geschicke herbeiführen soll"*, eigentlich gar nicht vollständig zur Wirkung hätte kommen lassen[104]. Freilich ließ man auch hier keinen Zweifel daran, daß dieses „Capriccio", *„an der geliebten ‚Bohème' gemessen"*, in der *„Erfindung"* zurück-

---

98 *NMZ* 42 (1921), 192.
99 *SmW* 79 (1921), 99.
100 Gekoppelt mit Leo Blechs Einakter *Versiegelt*.
101 *SmW* 81 (1923), 673.
102 Adolf Weißmann, In: *Mk* 15/2 (1923), Nr. 9, 694.
103 Zur thematischen Einheit des *Triptychons* als drei verschiedene Varianten des Todes s. Mario Morini, *Momento del Gianni Schicchi*, In: *Musica d'oggi* 2 (1959), 98 ff.
104 Siehe Anm. 102.

stehen müsse[105], was einmal mehr unter Beweis stellt, wie sehr man damals letztere bereits als Meisterwerk betrachtet und ins Herz geschlossen hatte. Der Erfolg von *Gianni Schicchi* bei Kritik und Publikum – es kam in Berlin zu insgesamt 12 Vorstellungen – blieb Puccini in zahlreichen Einzelaufführungen[106] auch in den Folgejahren treu, wie dies u. a. die nach wie vor mit Interesse verfolgten und äußerst positive Reaktionen auslösenden Erstaufführungen in Städten wie Kassel, Karlsruhe, München oder Nürnberg zeigen[107]. Und der *Mantel*? Für ihn besagte die Berliner Aufführung, daß er im umgekehrten Sinne genauso wenig wie zuvor in Hamburg und Wien auf die Zustimmung von Publikum und Kritik stoßen konnte. Letztere machte Puccini den völligen Verlust des Melodischen zum Vorwurf, fand *„nur noch Raffinement, keinen einzigen glücklichen, tragenden Gedanken"*[108] in der Musik und fragte schließlich, ob seinem Schaffen *„nicht doch ein neuer Quell zu erschließen sein würde, wenn er einmal auf einem völlig andersartigen Libretto aus einer neuen Richtung käme"*[109].

Auch in weiterer Folge des hier behandelten Zeitraums mußte der *Mantel* weitgehend auf die Anerkennung der Kritik verzichten, ja er blieb auch in Hinblick auf die Zahl der Aufführungen weit hinter *Gianni Schicchi* zurück, der sich somit von allen drei Teilen des *Triptychons* als der zugkräftigste und an deutschsprachigen Bühnen am weitesten verbreitete erwies.

Puccini selbst, der in den letzten Jahren seine offizielle Reisetätigkeit bereits stark eingeschränkt hatte, trat in deutschen Landen letztmals 1923 in Wien, für das er stets eine besondere Vorliebe hegte, öffentlich in Erscheinung. Es war dies anläßlich der Erstaufführung seiner *Manon Lescaut* an der Wiener Staatsoper am 15. Oktober desselben Jahres, der er die Ehre seiner persönlichen Anwesenheit verlieh[110]. Fast genau ein Jahr darauf starb er bekanntlich am 29. September 1924 in Brüssel.

Puccinis Tod hat in der deutschen musikalischen Welt nicht nur ein unerwartet großes Echo hervorgerufen, sondern auch den ersten Versuch größeren Ausmaßes der Rehabilitierung bzw. der Richtigstellung eines jahrzehntelangen Irrtums der dt. Musikkritik gegenüber Werk und Person dieses Komponisten mit sich gebracht. Denn, wie Richard Specht keineswegs übertrieben feststellte, daß *„Puccini auch von den ‚wirklichen Kritikern' in Deutschland nach allen Regeln abgekanzelt worden ist und die Zeitungen ihn nach jeder Premiere wie einen Verbrecher abgestraft haben...",* man auch

---

105 *NZfM* 90 (1923), 260.
106 Als äußerst beliebt erwies sich dabei die Koppelung mit Strawinskys *Petruschka*.
107 Siehe z. B. *Mk* 18/1 (1926), Nr. 4, 302, Nr. 6, 468 sowie *NMZ* 47 (1926) 263.
108 *NMZ* 45 (1924), 120.
109 *SmW* 82 (1924), 429.
110 Es war dies ein Pendant zu der im Februar desselben Jahres von Toscanini geleiteten Festaufführung anläßlich des 30jährigen „Bühnenjubiläums" dieser Oper an der Mailänder Scala.

Staats- Theater
Staatsoper
am Platz der Republik.

Anfang 19½ (7½ Uhr)

Berlin, Mittwoch, den 28. März 1928.
29. Abonnements-Vorstellung.

Anfang 19½ (7½ Uhr)

Triptychon
von Giacomo Puccini.

Erstaufführung:
Der Mantel
Oper in 1 Akt (nach „La Houppelande" von Didier Gold). Text von Giuseppe Adami. Deutsche Uebertragung von A. Brüggemann.
Musikalische Leitung: Alexander von Zemlinsky. Inszenierung: Hanns Schulz-Dornburg.

Marcel, Herr des Schleppkahns	Fritz Krenn	Georgette, Marcels Frau	Rose Pauly
Henri, Löscher	José Niarez	Das „Frettchen", die Frau des Maulwurfs	Else Ruziczka
Der „Stockfisch", Löscher	Albert Peters	Ein Liederverkäufer	Caspar Koch
Der „Maulwurf" Löscher	Otto Freund	Löscher, Midinetten, ein Drehorgelmann, ein Liebespärchen.	

Ort der Handlung: Paris.

Erstaufführung:
Schwester Angelica
Oper in 1 Akt. Text nach Giovacchino Forzano. Deutsche Uebertragung von A. Brüggemann.
Musikalische Leitung: Alexander von Zemlinsky. Inszenierung: Hanns Schulz-Dornburg.

Schwester Angelica	Käte Heidersbach	Schwester Genoveva	Irene Eisinger
Die Fürstin, Schwester Angelicas Muhme	Charlotte Müller	Schwester Osmina	Ilse Pfuhl
Die Aebtissin	Erna Andreae	Schwester Dolcina	Dolly Lorenz
Die Schwester Eifererin	Eva Goldbach	Novize	Nelly Bischof
Die Lehrmeisterin der Novizen	Else Ruziczka	Laienschwestern	Anni v. Lebedur, Marga Reuter

Ort der Handlung: Ein Kloster. — Zeit: Gegen Ende des 17. Jahrhunderts.

Neueinstudierung:
Gianni Schicchi
Oper in 1 Akt. Text von Giovacchino Forzano. Deutsche Uebertragung von A. Brüggemann.
Musikalische Leitung: Alexander von Zemlinsky. Inszenierung: Hanns Schulz-Dornburg.

Gianni Schicchi	Fritz Krenn	Simon, Vetter des Buoso	Otto Freund
Lauretta, seine Tochter	Irene Eisinger	Marco, sein Sohn	Leonhard Kern
Zita, Base des Buoso	Else Ruziczka	Ciesca, Frau des Marco	Erna Andreae
Rinuccio, Neffe der Zita	Heinrich Kurpinner	Magister Spinelloccio, Arzt	Emil Lüde
Gherardo, Neffe des Buoso	Albert Peters	Herr Amantio di Nicolao, Notar	Eduard Habich
Nella, seine Frau	Ellen Burger	Pinellino, ein Schuster	Walter Beck
Gherardino, deren Sohn	Ruth Iris Witting	Guccio, ein Färber	Karl Ziegler
Betto von Signa, Schwager d. Buoso	Oscar Gehran		

Ort der Handlung: Florenz. Zeit: um 1300.

Größere Pause nach dem ersten und zweiten Teil.

Den Besuchern der heutigen Vorstellung wird das neu erschienene Heft der „Blätter der Staatsoper" unentgeltlich verabfolgt.

Abb. 42: *Triptychon*: Erste geschlossene Aufführung in Berlin – Staatsoper
(Archiv der Deutschen Staatsoper Berlin)

Staats-Theater

Opernhaus.
Unter den Linden

Anfang 7½   **Anfang 7½**

Berlin, **Mittwoch**, den 25. April 1923.
46. Karten-Reservesatz. Außer Abonnement

Zum 1. Male:

Gianni Schicchi
(Hans Stift)

Oper in einem Akt von **Giacomo Puccini**. Text von Giovacchino Forzano
Musikalische Leitung: Dr. Fritz Stiedry. In Szene gesetzt von Karl Holy.

Gianni Schicchi	Theodor Scheidl
Lauretta seine Tochter	Elfriede Marherr-Wagner
Zita genannt „Die Alte", Base des Buoso	Grete Manske
Rinuccio Neffe der Zita	Alexander Kirchner
Gherardo Neffe des Buoso	Marcel Noé
Nella seine Frau	Ethel Hansa
Gherardino, deren Sohn	Gerda Stelzig
Betto von Signa, Buosos Schwager	Herbert Stock
Simon, Buosos Vetter	Heinrich Schulz
Marco, sein Sohn	Herbert Janssen
Liesoa, Marcos Frau	Genia Guszalewicz
Magister Spinelloccio, Arzt	Werner Kius
Ser Amantio di Nicolao Notar	Eduard Habich
Pinellino, ein Schuster	Rudolf Krasa
Guccio, ein Färber	Theodor Hieber

Die Verwandte des Buoso Donati

Ort der Handlung: Florenz.

Gesamt-Ausstattung: Emil Pirchan.
Bühnentechnische Einrichtung und Leitung: Georg Linnebach.
Die Dekorationen und Kostüme sind in den Werkstätten der Staats-Theater hergestellt.

Vorher   Unter Leitung des Komponisten:

Versiegelt.

Komische Oper in 1 Akt nach Raupach von Richard Batka und Pordes-Milo. Musik von **Leo Blech**.
Spielleitung: Karl Holy.

Braun, Bürgermeister	Julius vom Scheidt a. G.	Bertel ihr Sohn Ratsschreiber	Waldemar Henke
Else, seine Tochter	Else Knepel	Lampe, Ratsdiener	Herbert Stock
Frau Gertrud, eine junge Witwe	Lola Artôt de Padilla	Nachbar Knote	Ernst Grün
Frau Willmers im selben Hause		Der Schützenkönig	Rudolf Krasa
wohnend	Ida v. Scheele-Müller	Ein Nachtwächter	

Ehrenjungfrauen. Schützen. Bürger. Bürgersfrauen. — Ort der Handlung: Eine Kleinstadt. Zeit: 1830.

Zwischen beiden Werken findet eine längere Pause statt.

Donnerstag den 26. April:	98.	Abo-Vorst.	7½	Uhr:	Cavalleria rusticana.	Josephs-Legende.
Freitag,	27.	99.	„	6	„	Der Schatzgräber
Sonnabend,	28.	100.	„	7	„	Don Giovanni
Sonntag,	29.	101.	„	6½	„	Aida
Montag,	30.	102.	„	7½	„	Ein Maskenball

Durchbruch in **Cavalleria**, am 26. April
... in **Don Giovanni**, am 28. April

Richard Tauber.

Abb. 43: *Gianni Schicchi*: Berliner Erstaufführung – Staatsoper
(Archiv der Deutschen Staatsoper Berlin)

vom ‚Salonmusiker' Puccini . . . seinen Fadaisen, seiner Hotelhofmusik gesprochen hat"[111], wurde nunmehr weitgehend als zu Unrecht erfolgt erkannt, und der Versuch unternommen, eine (wie Specht seine eigene Bekehrung zu Puccini charakterisierte) *„allzu ‚deutsche' Anschauung vom modernen Opernspiel zu modifizieren und eine Revision mancher angeblich feststehender Begriffe vorzunehmen . . ., das Phänomen ‚Puccini' anders . . ., gerechter zu betrachten und zu werten"*[112]. So kehrte sich z. B. in diesem, trotz wachsender Anerkennung des Komponisten in den letzten Jahren dennoch überraschenden Meinungsumschwung[113] jene früher konstant negative Bewertung von Puccinis musikalischem Internationalismus gerade ins Gegenteil, wobei dieser nun – bezüglich der Auswirkung auf die moderne Oper als von entscheidender Bedeutung betrachtet – bereits von einem *„Puccinismus . . ., um den einmal auch die Musikgeschichte nicht herumkommen wird"*[114], sprechen ließ. *Bohème, Tosca* und *Butterfly*, ehemals vehementest abgelehnt, wurden nunmehr als *„Grundpfeiler"* von Puccinis weltweitem Erfolg angesehen und ließen zur Einsicht gelangen, daß man seinerzeit *„übers Ziel geschossen"* habe, der Komponist von Opern solchen Formats *„wohl mit etwas mehr Achtung zu behandeln gewesen wäre"* und daß schließlich auch die Tatsache der nach wie vor gegebenen starken Präsenz der Werke dieses Komponisten im dt. Opernspielplan zeige, *„wie weit Zukunftskritik und öffentliches Urteil voneinander abweichen"*[115]. Und jene, zuvor so oft verworfene, nun aber zusammen mit *„etwas Biegsamen, Einlullenden, weiblich Schmiegsamen und Charakterlosen"* als eine der Hauptingredienzien eines Puccinismus von überregionaler Bedeutung definierte *„Weiblichkeit"* seiner Musik war es auch, um die man jetzt Puccini, zwar *„als nichts Großes, Kategorisches, die Welt durch Geist und Charakter Bezwingendes"*, dafür aber umso mehr als etwas *„alle Menschen Bezwingendes und in sie unbewußt Eindringendes"*[116] beneidete. Ja, es war nicht nur die Rede davon, daß seine *„charakteristischen Melodien"* deshalb ihre Aufgabe ganz erfüllten, weil sie *„Erdichtetes in gemäßigter Sinnlichkeit in die Wirklichkeit umzusetzen"* in der Lage wären[117], sondern man verwies auch darauf, daß man in Deutschland *„keinen Grund* [habe], *auf einen Sänger wie Puccini mit verächtlicher Herablassung herabzusehen"*, solange es dort keinen Tondichter gäbe, *„der, ebenso fern von musikalischer Sophistik wie von schwülster Erotik, die neue, auf eigenartiger Harmonie erwachsene deutsche Melodie"* gefunden habe[118].

Aber nicht darauf allein beschränkte sich die deutsche Selbstkritik! Sie ging sogar so weit – allen voran Adolf Weissmann, einer der damals wohl angesehendsten dt. Kritiker und ehemals, wie R. Specht oder A. Neisser, erbitterter Gegner Puccinis[119] –, dessen

---

111 R. Specht, *Puccini*, 18.
112 Ebenda.
113 Noch 1923 konnte man z. B. bei Oscar Bie (*Die Oper*, 492) lesen: *„Ein Dramatiker ist er nicht, ein Lyriker ist er auch nicht, ein Techniker ist er auch nicht, aber es klingt hübsch . . . Nimmt man ihn zu ernst, tut man ihm Unrecht. Hört man ihn zuviel, durchschaut man ihn schnell."* Vgl. auch Julius Kapp, *Das Opernbuch*, Leipzig 1922, 397.
114 *NZfM* 91 (1924), 716.
115 *SmW* 82 (1924), 1890.
116 Siehe Anm. 115.
117 *AMz* 52 (1925), 56.
118 Ebenda.
119 Zu Weissmanns anfänglicher Fehleinschätzung Puccinis s. H. H. Stuckenschmidt, *Prognosen und Irrtümer der Musikkritik*, In: *Beiträge zur Geschichte der Musikkritik* (Studien zur Musikgeschichte des 19. Jhs. 5), Regensburg 1965, 14 ff.

Opern als Werke zu charakterisieren, die *„Spannung"*, nicht *„Abspannung"* erzeugen, die das Leitmotiv entpsychologisiert haben, die als *„bewegende Kraft der Oper"* die Frau der Gegenwart anerkennen und die ins *„Irdische"* hinabsteigen, um als Volksopern einen notwendigen Ausgleich zum *„metaphysisch belasteten"* Pathos Wagners herzustellen[120]. Und schließlich war es auch derselbe Adolf Weissmann, der (noch 1922 äußerst unschlüssig in seinem Urteil über Puccini[121]) sich jetzt von jenen distanzierte, die den Komponisten *„als Führer des Verismo . . ., den er mit Mascagni, Leoncavallo und selbst Giordano weit hinter sich gelassen hat, verleumden"*, da dieser immer wieder dadurch *„versöhnt"* hätte, daß er am *„veristischen Knalleffekt"* gescheitert sei. Ob Puccini allerdings – wie es bei Weissmann an gleicher Stelle heißt – auch in Hinblick auf die dt. Musikkritik mit dem Gefühl aus der Welt schied, *„daß seine Meisterschaft anerkannt sei"*, mag, obwohl von dieser Seite in den Kriegs- und Nachkriegsjahren eine merkliche *„Entspannung"* spürbar wurde und selbst Komponisten wie Schönberg Puccini ihre Anerkennung nicht versagten[122], bezweifelt werden. Außer Zweifel steht jedoch, daß die verspätete Einsicht, Puccini habe *„in einer Zeit, wo der Glaube an die Oper erschüttert war und wo alle jungen Musiker Italiens mit verfeinertem Geist, aber geschwächter Sinnlichkeit . . . nach anderen Ufern strebten . . .*[123]*, das große Meisterstück vollbracht . . ., eine altersschwache Gattung für Jahrzehnte galvanisiert . . ., die Oper des Alltags"* geschaffen zu haben, auch für die Mitte der 30er Jahre einsetzende wissenschaftliche Auseinandersetzung mit Puccinis Werken von entscheidender Bedeutung war[124].

Daß die oben aufgezeigte Veränderung in der Einstellung gegenüber Person und Werk Puccinis nach dessen Ableben nicht nur ein wohlwollender Akt der Pietät war, sondern eine überwiegend echte (nicht zuletzt auf der Einsicht von einer zwar stark divergierenden, sich aber gegenseitig nicht ausschließenden Auffassung von italienischem und deutschem Musiktheater[125] beruhende) Anerkennung des musikalischen Lebenswerkes des Komponisten darstellte, zeigt die Aufnahme von Puccinis letzter, unvollendet gebliebener Oper: *Turandot*. Schon bei der Uraufführung dieses Werkes, die bekanntlich unter Toscaninis Leitung am 25. April 1926 an der Mailänder Scala stattfand, wurde wohl nicht zufällig auch von deutscher Seite betont, *„daß das Volk gekommen war, um der Taufe der letzten Oper beizuwohnen, die*

---

120 Adolf Weissmann, *Puccini †*, In: *Mk* 17/1 (1925), Nr. 4, 259 ff.
121 Ders., *Puccini*, 7-21.
122 Schönberg in einem Brief an Casella: *„La morte di Puccini mi ha recato un profondo dolore. Non avrei mai creduto di non dover più rivedere questo cosi grande uomo. E sono rimasto orgoglioso di aver suscitato il suo interesse."* (zit. nach Pinzauti, *Puccini*, 160.)
123 Weissmann bezieht sich hier auf die Auflehnung gegen das Opernwesen der letzten Jahrzehnte (inklusive Puccini) der sog. zweiten Generation der Jungitaliener, wie Pizzetti, Alfano, Malipiero, Respighi, Casella etc.; vgl. dazu Guido M. Gatti, *Die junge Musik Italiens*, In: *Mk* 15/2 (1923), Nr. 10, 713 ff., bes. 715.
124 Vgl. Seifert, *Puccini*, 11 f.
125 Vgl. Leo Schrade, *Über deutsche und italienische Musikalität*, In: *NMZ* 47 (1926), 288 ff.

Kritiker und Musiker jedoch gleichsam um dem teuren Toten Abbitte zu lei-
sten für das mannigfache Unrecht, das ihm ihr Unverstand und ihre Einsei-
tigkeit durch lange Jahre hindurch angetan hatten"[126]. Und aller Wahrscheinlichkeit nach war es auch kein Zufall, daß Deutschland in Mailand
von allen Nationen das größte Kontingent an Auslandskorrespondenten
stellte. Die Eindrücke, die das Werk bei den dort allerdings nicht sehr willkommenen dt. Kritikern[127] hervorrief, waren zwar freilich nicht durch jene
überschwängliche, von (übertriebenem) Nationalstolz getragene Begeisterung gekennzeichnet, wie sie die italienischen Fachkollegen an den Tag legten, doch sprach auch aus ihnen eindeutig die Bereitschaft, sowohl Anlaß
und Aufführungsablauf, als auch der Oper selbst außergewöhnliche Bedeutung zuzusprechen. Ja, z. T. ging man darüber sogar noch hinaus, wie die
diesbezüglichen Ausführungen des mittlerweile zum Puccini-Adepten gewordenen Adolf Weissmann[128] zeigen, der es nicht bei einer herkömmlichen
Rezension bewenden ließ, sondern anhand Puccinis letzter Oper ein Resümee des gesamten Schaffens zog. Die dabei u. a. zum Ausdruck gebrachte
Überzeugung, daß *Turandot* zwar gegen die Erinnerung an *Bohème, Tosca*
und *Butterfly* anzukämpfen habe und nicht deren *„unmittelbare Schlagkraft"*
erreichen würde, jedoch *„Puccinis letztes Wort noch immer aussichtsreich,*
wertvoll" bliebe, wäre für den Meister aus Lucca zweifellos eine späte Genugtuung gewesen.

Ähnlich auch die Reaktionen auf die in Dresden am 3. Juli 1926 als großes
gesellschaftliches und künstlerisches Ereignis[129] über die Bühne gegangene
dt. Erstaufführung der *Turandot*[130] (s. Abb. 44, S. 261), die einhellig Übereinstimmung darin erkennen ließen, daß Puccini mit seinem „opus summum"
auf dem Weg zur großen Oper gewesen sei bzw. sich dem genähert habe, was
damals (offensichtlich) noch immer als deren Idealbild galt: ein Musikdrama
mit großem Chor im Stile Meyerbeers[131]. Puccinis, wie man vermeinte, in
diesem Ausmaß noch in keiner Oper gezeigte Beherrschung der Chöre war
es demnach auch, die – mehr noch als seine Ensemble-Kunst[132] oder seine

---

126 „tz", In: *NZfM* 93 (1926), 364.
127 Laut *AMZ* (52/1925, 383) soll es dort u. a. auch geheißen haben: *„. . . die deutschen Kriti-*
       ker brauchen gar nicht zu kommen, denn die dt. Theater reissen sich ja sowieso um die
       Oper."
128 Weissmann, *Puccinis Oper „Turandot",* In: *Mk* 18/2 (1926), Nr. 9, 679 ff.
129 Die musikalische Leitung hatte Fritz Busch inne, anwesend war auch Puccinis Sohn Tonio.
130 Titel des Klavierauszugs: *Turandot. Lyrisches Drama in drei Akten und 5 Bildern v. G.*
       Adami und R. Simoni. Ins Deutsche übertragen von A. Brüggemann. Das letzte Duett und
       das Finale der Oper sind vervollständigt von Franco Alfano. Klav.-Auszg. v. G. Zuccoli. Mai-
       land Ricordi 1926.
131 Siehe z. B. Otto Schmid (*NZfM* 93/1926, 513), der die Oper *Robert der Teufel* ganz kon-
       kret als Vorbild nennt; .

Sächsische Staatstheater
Opernhaus

Sonnabend, am 3. Juli 1926

Geschlossen

Sonntag, am 4. Juli 1926

☛ Anfang 7 Uhr ☚

Außer Anrecht

Deutsche Uraufführung

Turandot

Lyrisches Drama in drei Akten und fünf Bildern
von G. Adami und R. Simoni
Ins Deutsche übertragen von A. Brüggemann
Musik von Giacomo Puccini

Das letzte Duett und das Finale der Oper sind vervollständigt worden von F. Alfano

Musikalische Leitung: **Fritz Busch**   In Szene gesetzt von **Issai Dobrowen**

Personen:

Turandot, eine chinesische Prinzessin · · · · · ·	Anne Roselle
Altoum, Kaiser von China · · · · · · · · ·	Waldemar Staegemann
Timur, entthronter König der Tartaren · · · · ·	Willy Bader
Der unbekannte Prinz (Kalaf), sein Sohn · · · ·	Richard Tauber
Liu, eine junge Sklavin · · · · · · · · · ·	Julia Röhler
Ping, Kanzler · · · · · · · · · · · ·	Paul Schöffler
Pang, Marschall · · · · · · · · · · ·	Heinrich Tessmer
Pong, Küchenmeister · · · · · · · · ·	Otto Sigmund
Ein Mandarin · · · · · · · · · · · ·	Ludwig Ermold
Der junge Prinz von Persien · · · · · · · ·	Gino Neppach

Die kaiserlichen Wachen. Der Scharfrichter. Die Gehilfen des Henkers. Knaben. Priester. Mandarine. Würdenträger. Die acht Weisen. Turandots Kammerfrauen. Diener. Soldaten. Bannerträger. Musikanten. Schatten der Verstorbenen. Geheimnisvolle Stimmen. Die Menge

Zu Peking — In vergangenen Zeiten

Einstudierung der Chöre: **Karl Pembaur**

Gestaltung der Bühnenbilder: **Leonhard Fanto** und **Max Bafalt**

Pause nach dem ersten Akt

Sämtliche Plätze müssen vor Beginn der Vorstellung eingenommen werden

---

Der freie Eintritt ist aufgehoben

Abb. 44: *Turandot*: Deutsche Erstaufführung – Opernhaus Dresden
(Sächsische Landesbibliothek Dresden)

musikalische Zeichnung des „orientalischen" Milieus – Bewunderung hervorrief, wenngleich man sich der Bermerkung nicht enthalten konnte, daß die
neue Vorliebe für „Chor-Massen" den Komponisten gleichzeitig für die
Schwächen des Librettos „blind" gemacht hätten[133]. Davon zeuge u. a. auch
des Komponisten „*Schlittern*" von Gozzis Märchen in die „*Metaphysik einer
überirdischen, alles besiegenden Liebe*", welcher Fehler schließlich dafür verantwortlich zu machen wäre, daß die Oper Fragment geblieben sei[134]. Mit
letzterem angesprochenen, dem zweifellos etwas überraschend und unglaubwürdig anmutenden, jedoch Puccinis ureigensten Einfall darstellenden Wandel *Turandots* von der grausamen zur liebenden Prinzessin, zeigte sich auch,
daß man Schwierigkeiten hatte, den Realisten Puccini mit seinem Wechsel in
eine höhere Handlungsebene ernst zu nehmen, oder gar als einen, „*der als
Wahrheitssucher neue Wege geht*"[135], anzuerkennen. Es ist daher auch bis zu
einem gewissen Grade einsichtig, daß das bis zum Lebensende des Komponisten während Ringen um einen befriedigenden und letztlich in seiner skiz-
ziert gebliebenen Form sicherlich keinesfalls eine Erfüllung der Intentionen
des Schöpfers darstellenden Schluß der Oper als Scheitern des Realisten
Puccini an einer für ihn als wesensfremd erachteten Materie betrachtet
wurde-, eine Ansicht, die auch noch durch eine als unbefriedigend empfundene Fertigstellung des Werkes durch einen anderen Komponisten Bekräfti-
gung fand[136] und umso mehr bedauern ließ, daß der Tod diesem „*genialen
Könner*"[137] bei *Lius* Tod die Feder aus der Hand genommen habe.

Das Publikum soll „getobt" haben, und wenn auch die Dresdener Erstaufführung mit ihren zahlreichen Reprisen nicht gerade (wie mit einiger Überheblichkeit behauptet wurde) „*dem Welterfolg der 'Turandot' den Weg geeb-
net hat*"[138], so gelang es mit dieser zumindest in Hinblick auf die Auffüh-
rungsqualität und den Glanz der Aufmachung Maßstäbe zu setzen[139].

---

132 Daß dabei die drei „Minister" besondere Anerkennung fanden, hängt vermutlich auch mit
deren deutlicher musikalischer und gestischer Anspielung auf die komischen Figuren in der
damals überaus beliebten und bereits zum Welterfolg gewordenen Operette *Der Mikado*
von A. Sullivan zusammen, die – wie Valente (*The verismo of Puccini*, 228) vermutet – Puccini als Vorbild dienten.

133 Siehe Eugen Schmitz, In: *AMz* 53 (1926), 610.

134 Ders., ebenda.

135 H. Platzbecker, In: *NMZ* 47 (1926), 460.

136 Bekanntlich hat laut Puccinis testamentarischer Verfügung die undankbare Aufgabe der
Fertigstellung der *Turandot* Franco Alfano übernommen, den somit von dt. Seite Kritik an
deren Ausführung von gemäßigter Art, wie „*pietätvoll . . . doch ohne überzeugende Wirkung*" (Anm. 134) bis zu Übertreibungen derart, daß der Höhepunkt des 3. Aktes, das Lie-
besduett, „*in aufgepulverter Kapellmeistermusik versandet*" (Anm. 135), traf.

137 *SmW* 84 (1926), 1014.

138 Siehe Anm. 134.

139 u. a. sang Richard Tauber den *Kalaf*; s. *Mk* 18/2 (1926), Nr. 12, 922.

In Wien, wo man an der Staatsoper als zweite deutschsprachige Opernbühne am 14. Oktober 1926 nach der *Turandot* griff, dürfte man alles in allem Dresden kaum nachgestanden sein, waren doch dort im Rahmen einer
Doppelpremiere (Lehmann/Slezak – Nemeth/Kiepura) Franz Schalk für
den musikalischen Ablauf und Alfred Roller für die szenische Ausstattung
verantwortlich, was seine Bestätigung nicht nur in überschwänglichen lokalen
Presseberichten[140], sondern auch in der Tatsache fand, daß die Begeisterung
des Wiener Publikums für diese Oper in der kurzen Zeit bis Jahresende nicht
weniger als 17 Reprisen zur Folge hatte. Für die überregionale „ausländische", d. h. dt. musikalische Fachpresse war das Ereignis der Wiener Erstaufführung der *Turandot* freilich kein Anlaß mehr, sich mit dem Werk nochmals
eingehend auseinanderzusetzen und man beschränkte sich daher auf die Betrachtung von Inszenierung, musikalischen Ablauf etc.[141] sowie auf platitü-
denhafte Äußerungen, wie jenen von Puccinis „*versiegtem Melodiequell*",
vom „*Schwanengesang an Reife und Wirkungsmacht*"[142], oder von der *Turandot*, die keinesfalls die Beliebtheit seiner früheren Opern erreichen werde.
Was die Publikumswirksamkeit dieser Oper im allgemeinen betrifft, hatte
es vorerst allerdings noch keineswegs den Anschein, daß nicht auch *Turandot*
sich zu einer Art „Volksoper" wie *Bohème, Tosca* und *Butterfly* entwickeln
würde, denn das Werk erzielte in weiterer Folge auf deutschsprachigen Bühnen nicht nur überraschend hohe Aufführungsziffern, sondern wurde auch
weiterhin von der Kritik äußerst positiv beurteilt. Dies stellen die Erstaufführungen an so bedeutenden Bühnen wie Berlin (1926)[143], Köln (1927)[144],
Nürnberg (1927)[145] oder Frankfurt (1927)[146] unter Beweis. Daß *Turandot*
schließlich dennoch – und dies nicht nur im dt. Sprachraum – zu keiner
„Oper des Alltags" wurde, dafür darf als Begründung wohl mit einiger Berechtigung und gleichsam an Stelle eines Schlußwortes auf des jungen
Th. W. Adorno zeitgenössisches Urteil über Puccinis Werk verwiesen werden. In ihm werden zwar angesichts der „*Zufälligkeit der Stoffwahl, der un-
reinen Vermengung von posthumer Zeremonialoper, halbbewußter Commedia
dell'arte und Rührkitsch*" die von Puccini mit voller Absicht an den Tag gelegten Insignien von „*Ernst und symbolischer Würde*" bestritten, doch wird
gleichzeitig der Überzeugung Ausdruck verliehen, daß dieser Komponist mit
Lius Martyrium und Liebestod „*doch noch seinen Parsifal*" geschaffen habe,

140 Vgl. Schuller, *Verismo opera*, 153.
141 Siehe z. B. *AMz* 53 (1926), 910 f.
142 Emil Petschnig, In: *NZfM* 93 (1926), 688 f.
143 Siehe *Mk* 19/1 (1927), Nr. 4, 285.
144 Ebenda, 290.
145 Siehe *NMZ* 48 (1927), 322.
146 Siehe Theodor Wiesengrund Adorno, In: *Mk* 19/2 (1927), Nr. 10, 757.

wenngleich dieser als „*Bühnenweihfestoperette*" genauso wenig wie der echte *Parsifal* Repertoirestück werden könne[147]. Ein Urteil, das trotz aller Polemik und allem Sarkasmus Puccini fraglos zu akzeptieren bereit gewesen wäre, war er doch überzeugt davon, nicht nur in musikalischer Hinsicht etwas Außergewöhnliches, das ihm alles bisher Geschriebene als „Scherz" erscheinen ließ und an dem er keinen Gefallen mehr finden konnte[148], geschaffen, sondern auch in Hinblick auf das Sujet eine „*vielleicht einzigartige Oper*"[149] hervorgebracht zu haben. Denn schließlich betrachtete er ja mit dem Betreten von (für ihn) neuen Pfaden seine schon lange zuvor angestrebte Loslösung vom bürgerlichen Drama als endgültig vollzogen.

*   *

*

---

147 Ebenda.
148 *G. Puccini. Briefe des Meisters*, hrsg. von G. Adami, Berlin 2/1944, 261.
149 Ebenda, 226.

Chronologische Übersicht[*]

1891

Cavalleria rusticana	Dt. EA	Hamburg	3. 1.	S.	30 ff.
Cavalleria rusticana	EA	Dresden	16. 1.	S.	32 f.
Cavalleria rusticana	EA	München	22. 1.	S.	33
Cavalleria rusticana	EA	Wien (HO)	20. 3.	S.	34 ff.
Cavalleria rusticana	EA	Prag (Dt. Lth.)	18. 4.	S.	39 f.
Cavalleria rusticana	EA	Berlin (Lessing-Th.)	13. 6.	S.	40 f.
Cavalleria rusticana	EA	Leipzig	26. 8.	S.	42
Cavalleria rusticana	EA	Berlin (HO)	21. 10.	S.	42 ff.
Cavalleria rusticana	EA	Bremen	30. 10.	S.	44

1892

Freund Fritz	Dt. EA	Frankfurt	12. 3.	S.	49 ff.
Freund Fritz	EA	Berlin (HO)	19. 3.	S.	50 ff.
Freund Fritz	EA	Wien (HO)	30. 3.	S.	53 f.
Freund Fritz	EA	Dresden	2. 6.	S.	54 ff.
Freund Fritz	EA	Wien (Ausst. Th.) in ital. Spr.	15. 9.	S.	59 f.
Cavalleria rusticana	EA	in ital. Spr.	19. 9.	S.	60
Pagliacci	Dt. EA	in ital. Spr.	17. 9.	S.	60 ff.
Il Birichino	Dt. EA	in ital. Spr.	19. 9.	S.	63
Tilda	Dt. EA	in ital. Spr.	24. 9.	S.	63
Mala vita	Dt. EA	in ital. Spr.	27. 9.	S.	64
Freund Fritz	EA	Leipzig	12. 10.	S.	66
A Santa Lucia	UA	Berlin (Kroll)	16. 11.	S.	66 f.
Le Villi	Dt. EA	Hamburg	29. 11.	S.	67 ff.
Bajazzo	EA	Berlin (HO) in dt. Spr.	5. 12.	S.	70 ff.
Mala vita	EA	Berlin (Kroll)	13. 12.	S.	74 f.

[*] Mit dieser chronologischen Übersicht sollen die wichtigsten, im Haupttext mehr oder weniger ausführlich besprochenen Aufführungen veristischer bzw. jungitalienischer Opern mit jeweiligem Seitenverweis nochmals zusammengefaßt werden, nicht zuletzt, um damit auch den rezeptionsgeschichtlichen Verlauf einzelner Werke gezielt verfolgen zu können. Fettdruck kennzeichnet die dt. Erstaufführung.

1893

Bajazzo	EA	Leipzig	6. 1.	S. 75 f.
I Rantzau	Dt. EA	Wien (HO)	7. 1.	S. 78 ff.
Bajazzo	EA	Dresden	22. 1.	S. 75 f.
Freund Fritz	EA	Hamburg	16. 1.	S. 82 f.
I Rantzau	EA	Berlin (HO)	25. 2.	S. 85 ff.
A Santa Lucia	EA	Prag (Dt. Lth.)	26. 3.	S. 88
I Rantzau	EA	Hamburg	19. 4.	S. 90
I Rantzau	EA	Prag (Dt. Lth.)	2. 5.	S. 90
I Rantzau	EA	Frankfurt	7. 5.	S. 90
I Rantzau	EA	Dresden	22. 5.	S. 90
Festa a marina	Dt. EA	Wien (Th. a. d. W.)	10. 6.	S. 92
Mala vita	EA	Wien (Th. a. d. W.)	17. 6.	S. 92 f.
Flora mirabilis	Dt. EA	Wien (Th. a. d. W.)	24. 6.	S. 93
Bajazzo	EA	Hamburg	7. 9.	S. 94
A Santa Lucia	EA	Wien (HO)	4. 10.	S. 94
Manon Lescaut	Dt. EA	Hamburg	7. 11.	S. 97 ff.
Bajazzo	EA	Wien (HO) in dt. Spr.	19. 11.	S. 94 ff.

1894

Manon Lescaut	EA	Leipzig	3. 2.	S. 104
I Medici	Dt. EA	Berlin (HO)	17. 2.	S. 105 ff.
A basso porto	UA	Köln	8. 4.	S. 110 f.
Manon Lescaut	EA	Köln	14. 10.	S. 104

1895

La Martire	Dt. EA	Berlin (Linden)	14. 9.	S. 115
Festa a marina	EA	Berlin (Linden)	3. 10.	S. 115
Silvano	Dt. EA	Berlin (Linden)	8. 10.	S. 115 f.
Guglielmo Ratcliff	Dt. EA	Stuttgart	27. 10.	S. 116 ff.

1896

La Festa della messe (Das Erntefest)	UA	Leipzig	24. 5.	S. 121
Zanetto	Dt. EA	Wien (Th. a. d. W.)	1. 9.	S. 121 f.
Maruzza	Dt. EA	Zürich	13. 11.	S. 122 f.

1897

Andrea Chenier	Dt. EA	Breslau	28. 1.	S. 126 f.
Andrea Chenier	EA	Hamburg	5. 2.	S. 127 f.
La Bohème (P)	Dt. EA	Berlin (HO)	22. 6.	S. 128 ff.
A basso porto	EA	Berlin (Th. d. W.)	2. 7.	S. 133
La Bohème (P)	EA	Leipzig	14. 9.	S. 133
La Bohème (L)	Dt. EA	Hamburg	24. 9.	S. 134 ff.
La Bohème (P)	EA	Wien (Th. a. d. W.)	5. 10.	S. 136 ff.

1898

La Bohème (L)	EA	Wien (HO)	23. 2.	S. 140 ff.
Andrea Chenier	EA	Berlin (Th. d. W.)	21. 12.	S. 143

1899

Fedora	Dt. EA	Mainz	10. 10.	S. 143 f.
Iris	Dt. EA	Frankfurt	26. 10.	S. 144 f.

1900

Fedora	EA	Hamburg	11. 1.	S. 152 f.
Fedora	EA	Wien (HO)		
		in ital. Spr.	16. 5.	S. 154
Natale	UA	München	29. 12.	S. 155

1901

Il cuor della fanciulla				
(Das Mädchenherz)	UA	Kassel	16. 2.	S. 158
Renata	Dt. EA	Berlin (Th. d. W.)	4. 1.	S. 159
Lorenza	Dt. EA	Köln	14. 11.	S. 159

1902

Tosca	Dt. EA	Dresden	21. 10.	S. 159 ff.

1903

Michelangelo und Rolla	UA	Kassel	29. 1.	S. 168
Consuelo	Dt. EA	Stuttgart	27. 3.	S. 168 f.

Nadeja	UA	Prag (Dt. Lth.)	5. 5.	S. 168
La Bohème (P)	EA	Wien (HO)	25. 11.	S. 169
Adriana Lecouvreur	Dt. EA	Hamburg	12. 11.	S. 166 f.
Hebe (Ebe)	Dt. EA	Bremen	3. 12.	S. 168

1904

La Bohème (P)	EA	Dresden	8. 3.	S. 173
Rosalba	Dt. EA	Kassel	21. 10.	S. 173
La Cabrera	Dt. EA	Zürich	30. 11.	S. 172 f.
Manuel Mendez	Dt. EA	Zürich	30. 11.	S. 172 f.
Der Roland von Berlin	UA	Berlin (HO)	13. 12.	S. 176 ff.

1905

Ratcliff (Pizzi)	Dt. EA	Elberfeld	18. 3.	S. 184
Manuel Mendez/				
Cabrera	EA	Breslau	31. 3.	S. 183
Manuel Mendez	EA	Prag (Dt. Lth.)	11. 11.	S. 183
La Bohème (L)	EA	Berlin (Kom. O.)	26. 11.	S. 184
Messaline	Dt. EA	Köln	2. 12.	S. 184

1906

La Biondinetta	Dt. EA	Gotha	1. 4.	S. 189
Zazà	Dt. EA	Kassel	22. 4.	S. 187 f.
Amica	Dt. EA	Köln	20. 5.	S. 185 f.
Siberia	Dt. EA	Stuttgart	4. 11.	S. 186 f.
Vendetta	UA	Köln	1. 12.	S. 189

1907

Tosca	EA	Berlin (Kom. O.)	23. 1.	S. 191
Tosca	EA	Wien (VO)	20. 2.	S. 191 f.
Tosca	EA	Köln	4. 3.	S. 191
Madama Butterfly	Dt. EA	Berlin (HO)	27. 9.	S. 194 ff.
Madama Butterfly	EA	Wien (HO)	31. 10.	S. 197 f.

1908

Nozze Istriane	Dt. EA	Wien (VO)	1. 1.	S. 203 f.
Manon Lescaut	EA	Wien (VO)	22. 1.	S. 201 f.

La Habanera	Dt. EA	Frankfurt	29. 11.	S. 203
Zazà	EA	Berlin (Kom. O.)	4. 12.	S. 202

1909/1910

Andrea Chenier	EA	Wien (VO)	12. 1. 1909	S. 206 f.
Zazà	EA	Wien (VO)	5. 4. 1909	S. 206
Zazà	EA	Graz	15. 5. 1909	S. 206
Resurrezione				
(Auferstehung)	Dt. EA	Berlin (Kom. O.)	5. 10. 1909	S. 207 f.
Tosca	EA	Wien (HO)	26. 1. 1910	S. 204 f.

1911–1914

Maia	Dt. EA	Berlin (HO)	18. 3. 1911	S. 213 f.
Cassandra	Dt. EA	Wien (VO)	29. 3. 1911	S. 225
Gli ultimi giorni di				
Pompei	UA	Wien (VO)	4. 4. 1912	S. 225
Die Ausgestoßene				
(La Lepreuse)	Dt. EA	Mainz	26. 2. 1913	S. 228
Mona Isabeau	Dt. EA	Wien (VO)	28. 2. 1913	S. 216 f.
La fanciulla del West	Dt. EA	Berlin (Charlb.)	28. 3. 1913	S. 218 ff.
La fanciulla del West	EA	Wien (HO)	24. 10. 1913	S. 222 ff.
Le Cobzar	Dt. EA	Kassel	24. 11. 1913	S. 228
Manon Lescaut	EA	Berlin (Charlb.)	10. 12. 1913	S. 218
I Zingari	Dt. EA	Mainz	6. 3. 1914	S. 214 f.

1914–1918

1919–1926

L'amore dei tre re	Dt. EA	Berlin (Charlb.)	20. 9. 1919	S. 239 f.
Lodoletta	Dt. EA	Wien (VO)	9. 4. 1920	S. 241
La Rondine	Dt. EA	Wien (VO)	9. 10. 1920	S. 246 ff.
Il Trittico	Dt. EA	Wien (ST.O.)	20. 10. 1920	S. 249 ff.
Il Trittico	EA	Prag (Nat. Th.)	30. 1. 1921	S. 251 f.
Il Trittico	EA	Hamburg	2. 2. 1921	S. 252 ff.
L'amore dei tre re	EA	Wien (VO)	16. 2. 1922	S. 240
Il piccolo Marat	Dt. EA	Dresden	11. 3. 1922	S. 242
Gianni Schicchi	EA	Berlin (ST.O.)	25. 4. 1923	S. 254 f.
Manon Lescaut	EA	Wien (St. O.)	15. 10. 1923	S. 255

Il tabarro	EA	Berlin (ST.O.)	15. 4. 1924	S. 255
Il mistero	Dt. EA	Erfurth	16. 4. 1924	S. 241
Francesca da Rimini	Dt. EA	Altenburg	19. 3. 1925	S. 240 f.
Andrea Chenier	EA	Dresden	21. 3. 1925	S. 244
Si	Dt. EA	Dresden	22. 8. 1925	S. 244
Andrea Chenier	EA	Wien (ST.O.)	28. 1. 1926	S. 244 f.
Turandot	Dt. EA	Dresden	4. 7. 1926	S. 259 ff.
Turandot	EA	Wien (St. O.)	14. 10. 1926	S. 263

Zusammenfassung

Vorliegende Abhandlung, deren Ziel es war, die Aufnahme der musikdramatischen Werke der Vertreter des verismo bzw. der sog. „Jungitaliener" durch
die deutsche musikalische Fachpresse zu untersuchen, stellt eine Auseinandersetzung mit der letzten Phase des alten, mit der Geburt des verismo nochmals entflammten Kampfes zwischen Italienern und Deutschen um die nationale Vormachtstellung auf dem Gebiet des Musiktheaters dar. Auf der
einen Seite von einem massiven, langjährigen „Bombardement" dt. Bühnen
durch jungitalienische Werke geprägt, wurde dieser Kampf auf der anderen
zwar „nur mit spitzer Feder" geführt, dafür aber umso heftiger und mit Mitteln, für deren Anwendung die zweifelhafte Berechtigung der Übertragung
von Prinzipien eines übertriebenen (politischen) Nationalismus auf das Gebiet der Kunst die Voraussetzungen schaffte. Zwar erwies sich dabei das Be-
streben, die musikalische Nation vor „Verfremdung" zu schützen und Wagners führende Stellung als Musikdramatiker zu bewahren, angesichts der vielfach äußerst positiven Publikumsreaktionen auf Mascagnis *Cavalleria rusticana* bereits zu Beginn der veristischen „Invasion" als kulturpolitische Spekulation, doch forderte gerade dieser Umstand die Kritik nur noch mehr
dazu heraus, das jungitalienische Musiktheater nicht nach künstlerischen,
sondern nach ideologischen Gesichtspunkten zu beurteilen. Im einzelnen bedeutete dies – vor allem in den ersten Jahren – eine weitgehende a priori-
Ablehnung alles Neuen, von Italien Kommenden, bei der bisweilen ein geradezu gehässiges Verhalten gegenüber den Komponisten der *scuola giovane*
an den Tag gelegt wurde. Ja, es läßt sich hier sogar ohne Übertreibung feststellen, daß deren Schaffen in dem Maße „deklassiert" wurde, wie die eigenen (deutschen) musikalischen Leistungen eine Überbewertung erfuhren.
Diesbezügliche Überheblichkeiten reichten von der grundsätzlichen Diskri-
mierung der italienischen Oper bis zur Ansicht, daß angesichts der auffällig
starken Wagner-Rezeption einiger Jungitaliener als deren eigentlicher „Vater" der Meister aus Bayreuth anzusehen, der verismo somit im Grunde genommen (ohnehin) eine deutscher Musik zugrundeliegende Erfindung sei.
Da aber selbstverständlich nicht der Eindruck erweckt werden durfte, den
Italienern wäre auf der Grundlage Wagners geglückt, was die Deutschen nur
allzu gerne für sich selbst in Anspruch genommen hätten – nämlich die
Schaffung einer gänzlich neuen Opernform nach Wagners Tod –, hob man

zwar die ital. Übernahme von Leitmotivtechnik, des deklamatorischen Stils oder bestimmter harmonischer Charakteristika Wagners als besonders lobenswert hervor, doch wurde das für die Italiener typische Überwiegen des Homophonen abgelehnt und gegenüber der polyphonen Wagner'schen Satzstruktur als primitiv und minderwertig hintangesetzt. Als jedoch den dt. Komponisten in ihrem eigenen angestrengten Bemühen, sich gleichfalls im veristischen Metier zu versuchen, nicht annähernd den Italienern Vergleichbares gelang, ging man daran, die Möglichkeit des Verismus im Musiktheater überhaupt zu leugnen. Und dies mit dem Argument, daß der Widerspruch zwischen Musik und konsequentem Realismus grundsätzlich nicht zu überbrücken sei, schon gar nicht durch die von den Veristen beibehaltene wirklichkeitsfremde Form der Arie, die für fortschrittsbewußte deutsche Komponisten nach Wagner nur einen Rückschritt bedeuten könne.

Wie inkonsequent und widersprüchlich aber gerade diesbezüglich argumentiert wurde, zeigt die Tatsache, daß zu jenem Zeitpunkt, da in den Opern des verismo tatsächlich *belcanto* und *cantabilità* stark zurücktraten, der Mangel an sangbarer Melodik in Werken wie *Iris, Das Mädchen aus dem goldenen Westen, Der Mantel* etc. besonders negativ beurteilt wurde, da dies nun wiederum nicht mehr der althergebrachten Vorstellung von italienischer (Nummern-) Oper entsprach.

Starres Festhalten an bestimmten Vorstellungen war weitgehend auch für die Beurteilung des harmonischen Bereichs in jungital. Werken durch die dt. Kritik kennzeichnend, die sich auch hier als schwerfällig und inflexibel erwies. So wurden diesbezügliche Neuerungen (so sehr sie gelegentlich auch wirklich nur um des Effektes Willen angebracht waren) nicht erst auf ihre dramaturgische Funktion hin überprüft, sondern von vornherein abgelehnt, was den Eindruck entstehen ließ, daß man damals allen Ernstes der Meinung war, der deutsche „harmonische Katechismus" bedürfe nach Wagner keiner Änderung mehr, schon gar nicht, wenn die Anregung dazu von „außen" kommt.

Zur Kritik an der Musik gesellte sich schließlich noch eine ausgewählte Vorliebe für die „Jagd nach Reminiszenzen", bei der es den dt. Rezensenten außergewöhnliche Befriedigung bereitete, den Italienern musikalische Unselbständigkeit oder (zweifellos auch zahlreich) getätigte „Anleihen" nachweisen zu können.

Ein weiterer Aspekt, bei dem der dt. musikalischen Fachpresse ganz besonders der Vorwurf gemacht werden muß, laufend Fehlurteile ausgesprochen zu haben, ist die Bewertung der Libretti. Auch hier zeigte sich ein vielfach völliges Fehlen der Bereitschaft, Neues, Andersgeartetes zu akzeptieren, wurde doch gerade bei den bewußt auf die Darstellung rein äußerlicher, unmittelbar faßbarer Vorgänge abgezielten, von Affekt und intensiver Leidenschaft, also von Liebe, Haß, Eifersucht und Mord bestimmten veristischen Handlungsabläufen vermißt, was gar nicht intendiert war: Erhabenheit des Stoffes, psychologische Durchdringung der Charaktere sowie ein nach dt. Vorstellungen für ernstes Musiktheater unerlässliches Vordringen in geistige Regionen. Man fragte also nicht nach dem Gelingen der theatralischen Verwirklichung bzw. nach der dramatischen Durchschlagskraft vorgegebener Handlungskomponenten, sondern veristische, vom Leben geschriebene Stoffe wurden als amoralisch, brutal und für die Darstellung auf der Bühne ungeeignet abgelehnt. Die sich auf diese Weise (ähnlich der Anfangsphase des dt. naturalistischen Sprechtheaters) mit erhobenem Zeigefinger als Sittenrichter und Moralapostel aufspielende Kritik zeigte nur mit ganz wenigen Ausnahmen Verständnis für die gänzlich andersgeartete italienische Auffassung von Operntheatralik, bei der das Bühnengeschehen – und sei es noch so grausam, unmoralisch, oder primär auf Befriedigung von Schau- und Hörlust ausgerichtet – lediglich Anlaß für eine passionierte und elementar empfundene Musikentfaltung sein will, nicht aber Spiegelbild eines gedachten Absoluten.

Eine Bestätigung dieser Haltung hat die dt. Musikkritik allerdings nur in den wenigsten Fällen erfahren, denn das Publikum – frei von der durch Sachkenntnis ausgelösten Reflexion, aber auch frei vom Zwange, eine „nationale Haltung" an den Tag legen zu müssen – reagierte auf das realistische italienische Musiktheater überwiegend mit reinem „Gefühlsverständnis", d. h.: spontane Identifikation mit dem tragischen, wirklichkeitsnahen Schicksal der handelnden Personen sowie Begeisterung für die zwar „einfachen", aber zum „Mitnachhausenehmen" geeigneten Melodien. Zustimmung und Beifall des Publikums, wenngleich nicht selten auch durch Sensationslust hervorgerufen und von Äußerlichkeiten abhängig, erweisen sich nachträglich auch als ein relativ sicheres Erfolgsbarometer, da gerade jene Werke, die bei ihrem erstmaligen Auftauchen auf deutschsprachigen Opernbühnen von der Kritik am meisten in Frage gestellt worden sind, heute jedoch als Welterfolge des verismo gelten, vom Publikum von Anfang an weitgehend bejaht wurden. Über sie haben die „Fachleute" somit wohl das erste, aber nicht das letzte Wort gesprochen, zumal sich jene Opern aus eigener Kraft, d. h. aufgrund ihrer Publikumswirksamkeit im Spielplan gehalten haben, und von allen Jungitalienern eine Rehabilitierung durch die Kritik ohnehin nur Puccini – und dies reichlich verspätet – zuteil wurde. Eine jahrzehntelange Kampagne gegen die junge italienische Oper, in der in regelmäßigen Abständen der verismo totgesagt wurde, hat demnach den Durchbruch wirklich bedeutender, heute noch gespielter Werke nicht verhindern können, jedoch fraglos erschwert und verzögert.

Und jene zahlreichen, auf deutschsprachigen Opernbühnen damals zur Aufführung gelangten Opern veristischer Kleinmeister, aber auch die heute in Vergessenheit geratenen übrigen musikdramatischen Werke eines Mascagni, Leoncavallo, Giordano etc.? Sie waren die eigentlichen Opfer dieser Kampagne, denn für sie bedeutete eine Kritik, voll von Vorurteilen und ohne die Basis einer gründlichen Analyse, vielfach bereits nach wenigen Vorstellungen das Ende, weil dadurch (in manchen Fällen sicher zurecht) für andere Bühnen kein Anreiz mehr für eine Aufnahme in das Repertoire gegeben war. Und dies bedeutete schließlich, daß weder die Chance einer Bewährung unter anderen Bedingungen gegeben war, noch breiteren Publikumskreisen Gelegenheit zu ihrer Diskussion geboten wurde.

Zur Ehrenrettung der dt. Musikkritik sei aber mit mit Nachdruck vermerkt, daß von Anbeginn an (wenngleich vereinzelt) auch immer wieder Stimmen laut wurden, die zur Besinnung riefen und versuchten, den Werken der Jungitaliener eine objektive und emotionslose Beurteilung zukommen zu lassen, und die sich nicht zuletzt auch von einer Überheblichkeit distanzierten, welche die positive Aufnahme eines Werkes nur der Kritikunfähigkeit des Publikums zuzuschreiben gewillt war. Auch muß in Betracht gezogen werden, daß denkbar schlechte, ja geradezu lächerliche und den Originaltext entstellende Übersetzungen (mit Ausnahme von ital. Stagione-Gastspielen wurden alle ital. Opern grundsätzlich in dt. Sprache gesungen) sowie ein damals für die modernen Stoffe der Italiener aufgrund des noch weitgehenden Fehlens von Sänger-Schauspielern völlig inadäquater Aufführungsstil in so manchen Fällen eine positivere Beurteilung verhinderte. Und schließlich hat nicht zuletzt auch der erste Weltkrieg und die Zeit unmittelbar danach – belastet durch Resentiments gegenüber dem Kriegsgegner Italien – Verbreitung und Rezeption der Werke der Jungitaliener beeinträchtigt.

Da die Ausführungen zum Rezeptionsverhalten der dt. musikalischen Fachpresse in vorliegender Arbeit weitgehend dem chronologischen Ablauf der Ereignisse folgen, erscheint es angebracht, im Folgenden die vier Großmeister des verismo auch einzeln, sowie die übrigen jungitalienischen Komponisten pauschal einer zusammenfassenden, ihr Schicksal auf deutschsprachigen Opernbühnen kurz resümierenden Betrachtung zu unterziehen.

Wie wohl kaum einer seiner italienischen Komponistenkollegen hat der vielfach als „Vater" des verismo apostrophierte Mascagni alle jene Höhen und Tiefen von Zustimmung und Ablehnung auf dem Theater durchmessen, die Publikum und Kritik damals zu vergeben hatten. Mit seiner *Cavalleria rusticana* von ersterem unvoreingenommen und mit enthusiastischer Begeisterung begrüßt, sah sich dieser Komponist bei letzterer nach einer anfänglichen kurzen Phase der Zustimmung und Bewunderung zunehmend harten Anfeindungen ausgesetzt, die in der Folge einer sachlichen Beurteilung auch seines übrigen musikdramatischen Schaffens im Wege standen. Vor allem die bedingungslosen Wagnerbefürworter waren es, die sich entschieden von der Begeisterung des Publikums für die *Cavalleria* und von dem mit Mascagni betriebenen (bisweilen zweifellos grotesk anmutenden) Personenkult distanzierten. Und je schneller diese „Preisoper" dt. Bühnen eroberte und die damit befürchtete Gefahr einer „Verwelschung" des Spielplans wuchs, desto mehr wurde der Komponist von der dt. Kritik zum „Freiwild" erklärt und als Urheber jener Bedrängnis verantwortlich gemacht, in die die Vertreter des verismo die deutsche Oper vermeintlich gebracht hatten. Mit einiger Befriedigung konstatierte man demnach beim nachfolgenden *Freund Fritz*, daß sich dieser alles eher als ein neuerlicher Sensationserfolg erwiesen hatte, und sah auch sofort den Beweis dafür erbracht, daß Mascagnis Fähigkeiten für ein anderes, als das veristische Genre grundsätzlich ungeeignet seien. Konnte diesem Werk aber zumindest noch in einigen Details Positives abgewonnen werden, so ließ man bei Mascagnis nächste Oper, *I Rantzau*, keinen Zweifel daran, daß der Komponist bereits als „musikalisch abgewirtschaftet" zu betrachten sei. Noch weniger Glück war dem Meister aus Livorno mit *Silvano* beschieden, der überhaupt nur mehr an zwei Bühnen zur Aufführung kam und bei dem die Kritik überzeugt war, daß der Italiener einen absoluten „Tiefpunkt" in seiner schöpferischen Leistungsfähigkeit erreicht habe. Eine diesbezügliche Meinungsänderung konnte Mascagni auch mit seinem, in Italien sehr erfolgreichen und von Verdi ausdrücklich gelobten *Guglielmo Ratcliff* nicht bewirken, zumal die Oper als unzeitgemäße romantische Schauergeschichte abgetan und einer ernsthaften Auseinandersetzung kaum noch für lohnenswert erachtet wurde. Allerdings hinderte diese Erkenntnis sowie die Tatsache, daß der *Ratcliff* gleichfalls nur eine minimale Spielfrequenz erzielte, nicht daran, auch nach Mascagnis nächstem Bühnenwerk zu greifen, da einige dt. Theaterdirektoren die Hoffnung auf einen neuerlichen Sensationserfolg bei Mascagni einfach nicht aufgegeben wollten. So kam es, daß auch der bereits in Italien auf Ablehnung gestoßene *Zanetto* den Sprung über die Alpen schaffte und für kurze Zeit Fuß fassen konnte.

Auf Ablehnung, wie sie in diesem Ausmaß zuvor noch keiner Oper Mascagnis auf dt. Bühnen zuteil geworden war, stieß in der Folge die allgemein als Vorläufer von Puccinis *Madame Butterfly* geltende *Iris*. Bei ihr trat auch in ganz besonderer Weise die mangelnde Aufgeschlossenheit der dt. Kritik gegenüber musikalischen Neuerungen zu Tage, zumal in des Komponisten Hinwendung zum Impressionismus alles andere als ein begrüßenswerter musikalischer Fortschritt gesehen wurde. Aber auch das Publikum scheint damals mit diesem, voll von Symbolismen steckenden und sich in der Melodik sehr „karg" gebenden Musikdrama nicht viel anzufangen gewußt zu haben, denn *Iris* kam über einige wenige Vorstellungen nicht hinaus und erbrachte die bisher schlechteste Bilanz hinsichtlich der Aufführungsziffern eines Mascagni'schen Werkes. In den nächsten sechs Jahren sollte Mascagni überhaupt nur noch als Dirigent in deutschsprachigen Ländern in Erscheinung treten, da man dort angesichts des Debakels der in Italien an sechs Bühnen gleichzeitig zur Uraufführung gelangten *Maschere*, also aus einem in der eigenen Heimat erzielten Mißerfolg Mascagnis, erstmals Konsequenzen zog und von einer Annahme des Werkes zur Aufführung an dt. Bühnen absah.

Daß Mascagni einige Enttäuschungen erspart geblieben wären, wenn man auf dt. Seite diese Haltung auch in Zukunft beibehalten hätte, diese Ansicht rechtfertigen die bei Publikum und Fachpresse hervorgerufenen Reaktionen auf seine weiteren Bühnenschöpfungen: *Amica* wurde als verzweifelter Versuch des Komponisten angesehen, mit dem Rückgriff auf bäuerlich-veristisches Milieu den Erfolg der *Cavalleria* zu wiederholen, und kam wie die dramatische Legende *Mona Isabeau* nicht einmal über eine Hand voll Aufführungen hinaus-, *Lodoletta, Il piccolo Marat* sowie der Operette *Si*, alle nach dem Krieg auf dt. Bühnen in Szene gegangenen, erging es nicht besser. Auch sie verschwanden – als italienische „Ausschußware" von der Kritik kaum noch ernsthaft diskutiert – nach nur wenigen Aufführungen für immer aus dem dt. Bühnenspielplan. *Si* bedeutete auch das Ende von Mascagnis deutscher Bühnenkarriere, der damit, unbedankt seiner zumindest im Hinblick auf die damals nach wie vor vielgespielte *Cavalleria rusticana* für das dt. Musikleben unbestrittenen Verdienste, sehr schnell gänzlich aus dem Blickfeld des musikalischen Interesses der dt. Musikkritik verschwand. Als Mascagni 1945 starb, reichte es auf dt. Seite weder zu einem Nachruf, noch zu einer Würdigung seines Gesamtschaffens, welches Versäumnis angesichts der damaligen Nachkriegswirren zwar verständlich und entschuldbar erscheint, jedoch bis zum heutigen Tage nicht ernsthaft nachgeholt wurde.

Ein ähnliches Schicksal wie Mascagni erlitt Leoncavallo. Auch seine dt. Bühnenlaufbahn startete als spektakulärer Erfolg, aber auch er hatte auf deutschem Boden mit seinen nachfolgenden Opern wenig Glück. Allerdings wurde er von der musikalischen Fachwelt mit seinem Erstlingswerk wesentlich positiver beurteilt als Mascagni, da er aufgrund der im *Bajazzo* übernommenen bzw. verwirklichten Wagner'schen Kompositionsprinzipien als gelehriger Schüler des Bayreuther Meisters, in gewissem Sinne als „Aus-

landswagnerianer" gelten konnte. Freilich war auch bei Leoncavallo, dessen
Einakter gleichfalls in Kürze alle großen deutschsprachigen Bühnen eroberte, dafür gesorgt, das Lob in örtlichen und zeitlichen Grenzen zu halten,
denn als er daranging, ein „crepuscolo" zu schreiben und mit dessen erstem
Teil, *I Medici*, in Berlin aufwartete, mußte er sich sofort sagen lassen, daß er
in der Nachahmung Wagners nun doch zu weit gegangen sei und darüber
hinaus historische Treue mit Verismus verwechselt habe.

Wesentlich erfolgreicher verlief die Rezeption der nächsten Oper, *La Bohème*, bei der es vorerst sogar den Anschein hatte, als würde sie aufgrund des
deutlichen Überwiegens heiterer und abwechslungsreicher, die „nackte
Wahrheit" mildernder Genre-Szenen dem gleichnamigen Werk Puccinis den
Rang streitig machen. Überlebenschancen gab man der Oper allerdings genauso wenig wie jener Puccinis, die ja damals nach dem Urteil der dt. Kritik
noch alles eher als ein Welterfolg zu werden versprach, jedoch nach ihrem
endgültigen Durchbruch Leoncavallos Vertonung des Murger'schen Stoffes
sehr bald für immer von den deutschsprachigen Opernbühnen verdrängte.

Für die Tatsache, daß seiner *Bohème* kein dauerhafter Verbleib im dt.
Bühnenrepertoire beschieden war, wurde Leoncavallo kurzfristig durch den
großen äußeren Erfolg der Berliner Uraufführung des *Roland von Berlin* entschädigt, für den er zehn Jahre zuvor vom dt. Kaiser einen Kompositionsauftrag erhalten hatte. Eine Entschädigung bedeutete für den Komponisten jedoch tatsächlich nur das einmalige gesellschaftliche Premieren-Ereignis, in
dessen Rahmen er im Mittelpunkt zahlreicher Ehrungen stand. Denn die
Kritik fällte über das Werk ein geradezu vernichtendes Urteil und verwehrte
Leoncavallo nicht zuletzt deshalb eine objektive Beurteilung, weil sie es
gleichsam als „nationalen Verrat" betrachtete, daß Wilhelm II. einem italienischen Komponisten die Vertonung dieses „deutschesten" aller deutschen
Stoffe übertragen hatte.

Größere Anerkennung seiner künstlerischen Fähigkeiten war Leoncavallo
wieder mit *Zazà* beschieden, die auf deutscher Seite sogar überraschend positive Reaktionen auslöste. Und dies nicht nur beim Publikum, dem das Sujet
einen offensichtlich willkommenen, nicht alltäglichen Einblick in ein sonst
„verbotenes" Milieu gewährte, sondern auch bei der Kritik, die von der besten Partitur nach dem *Bajazzo* sprach und Leoncavallo gegenüber ein sonst
kaum gezeigtes Bemühen um Objektivität an den Tag legte. Halten konnte
sich allerdings auch diese Oper im Spielplan nicht, obwohl ihre fünf Jahre
währende Laufzeit an dt. Bühnen sogar eine sensationell erfolgreiche Aufführungsserie an der komischen Oper Berlin aufweisen konnte.

Den größten Mißerfolg erlebte Leoncavallo wohl mit *Maia*. Lediglich in
Rücksicht auf den kaiserlichen Protegé in der dt. Reichshauptstadt zur Auf-

führung angenommen, wurde dieses Werk bei seiner Premiere in Anwesenheit des dt. Kaisers zwar überschwänglich beklatscht, doch reagierte die Kritik geradezu empört.

Das Schicksal, von dt. Bühnen für immer verschwinden zu müssen, war Leoncavallos letzter, in Deutschland aufgeführter Oper, *I Zingari,* bereits nach drei Vorstellungen beschieden. Ähnlich wie bei Mascagni, schlug auch bei ihm der verzweifelte Versuch fehl, mit der Rückkehr zum *Bajazzo*-Stil nochmals zu Erfolg zu gelangen. Publikum und Kritik zeigten sich absolut teilnahmslos, keinen Gefallen daran findend, daß Leoncavallo sich selbst treu geblieben war.

Als der Komponist, der wegen seiner Erfolglosigkeit zuletzt nur noch mit Hohn und Spott bedacht wurde, 1919 starb, nahm man in der dt. Musikwelt kaum Notiz davon. Die wenigen Nachrufe zielten auch nicht auf eine Würdigung seines Gesamtschaffens ab, sondern beschäftigten sich vielmehr mit dem von der Öffentlichkeit niemals gutgeheißenen Verhältnis zum dt. Kaiser sowie mit Leoncavallos vorgeblich so großen Deutschfeindlichkeit während des Krieges. Auch ihm blieb man von deutscher Seite eine objektive Würdigung von Person und Werk bis zum heutigen Tage schuldig.

Giordano, von Anbeginn des verismo im Schatten Mascagnis, Leoncavallos und Puccinis, stand auch auf deutscher Seite stets im Rufe, nur der zweiten „Garnitur" der Jungitaliener anzugehören und konnte sich jenseits der Alpen gerade mit *Andrea Chenier*, der seinen späteren Weltruhm begründen sollte, überhaupt nicht durchsetzen. Schon der Beginn seiner dt. Bühnenkarriere verlief nicht sehr glücklich, da der Einakter *Mala vita* nicht nur gleichzeitig mit *Cavalleria* und *Bajazzo* (und damit unter einer übermächtigen Konkurrenz) vorgestellt wurde, sondern mit seiner, in einem Dirnenmilieu spielenden Handlung auch sofort auf heftigsten Widerstand der Kritik stieß. Die wenigen Aufführungen, die das Werk innerhalb von zwei Jahren an dt. Bühnen erzielte, ehe es von diesen für immer verschwand, konnten kaum die Erinnerung an seinen Schöpfer wachhalten, sodaß die dt. Erstaufführung des *Andrea Chenier* in Breslau und auch die kurz darauf erfolgte Hamburger Einstudierung unter Mahler bei der musikalischen Fachpresse kaum Beachtung fanden. Das dabei gefällte Urteil war auch keineswegs günstig und entsprach der damals grundsätzlichen Einstellung der Kritik den Jungitalienern gegenüber, doch reagierte das Publikum eindeutig positiv auf das Werk. *Andrea Chenier* wurde in der Folge rund zehn Jahre an dt. Bühnen so gut wie überhaupt nicht gespielt, und auch die vereinzelten Aufführungen vor und nach dem Kriege brachten für Giordanos „Revolutionsoper" keinen Umschwung.

Wesentlich besser war es um Giordanos *Fedora* bestellt, wenngleich diese – im Gegensatz zu *Andrea Chenier* – heute bereits mehr oder weniger in Vergessenheit geraten ist und auch in Fachkreisen als bedeutend „schwächer" gilt. Damals jedoch stellte sie jenes Werk des Komponisten dar, mit dem er auf dt. Bühnen (und nicht nur hier) zumindest zeitweise Erfolg erzielen und für etliche Jahre einen zwar bescheidenen, aber dauerhaften Platz im dt. Bühnenspielplan einnehmen konnte. *Siberia,* Giordanos letzte Oper, die (trotz eines denkbar schlechten Rufes, der ihr von Italien vorausgeeilt war) an dt. Bühnen zur Aufführung gelangte, war weder ein großer Publikumserfolg, noch konnte sie die Zustimmung der Kritik erzielen, die einmal mehr sehr deutlich zum Ausdruck brachte, daß sie am verismo jeglicher Art kein Interesse mehr hatte. Erstaunlicherweise konnte sich *Siberia* dennoch nicht weniger als acht Jahre im dt. Bühnenspielplan halten.

Einen gänzlich anderen Verlauf als jene der bereits Genannten nahm schließlich die dt. Puccini-Rezeption. Puccini startete seine Bühnenkarriere in deutschsprachigen Ländern nicht mit einem Sensationserfolg wie Mascagni und Leoncavallo, sondern mußte sich erst in einem mühevollen und jahrelangen Kampf Anerkennung und Zustimmung erringen. *Le Villi,* Puccinis erstes musikdramatisches Werk, das auf einer dt. Bühne zur Aufführung kam, war zwar (als noch nicht dem verismo verpflichtet) keineswegs ein Mißerfolg, doch erzielte es – wohl auch aufgrund der Konkurrenz von Adolphe Adams beliebtem und damals vielgespieltem Ballett *Giselle, ou Les Wilis* – keinerlei Verbreitung.

Gleichfalls ein Opfer von „Konkurrenz" wurde des Komponisten erster Tribut an den verismo, *Manon Lescaut,* die einem für Puccini unausweichlichen Vergleich mit der damals bereits als Welterfolg geltenden *Manon* Jules Massenets (vorerst) nicht standhalten konnte. Zwar war man gewillt, in Puccini aufgrund dessen auffallender *Tristan*-Rezeption zumindest nur einen „Außenseiter des verismo" zu schen, doch änderte dies nichts an der grundsätzlich negativen Einstellung der Oper gegenüber, die bald nach ihrer dt. Erstaufführung für mehr als ein Jahrzehnt nahezu gänzlich vom dt. Bühnenspielplan verschwand.

Einen ausgesprochen schlechten „Start" hatte auch *La Bohème,* die auf dt. Bühnen erst nach etlichen Jahren zu jener Erfolgsoper avancierte, an der dann alle nachfolgenden dramatischen Werke dieses Komponisten gemessen werden sollten. Zu einem Zeitpunkt erstmals in Szene gegangen, da *Le Villi* und *Manon Lescaut* bereits längst wieder aus dem dt. Bühnenrepertoire ausgeschieden waren und das Interesse an Puccini somit so gut wie erloschen war, scheiterte sie vorerst in erster Linie am heftigen Widerstand der Kritik gegenüber dem Libretto, in dessen Realismus nicht nur jedes idealisierende Element sowie eine psychologische Entwicklung der Charaktere vermißt wurde, sondern den Komponisten auch der Vorwurf traf, mit dem „niederen" Geschmack des Publikums spekuliert zu haben. In musikalischer Hinsicht wurde Puccini als Opfer der verfehlten Sujet-Wahl wohl „mildernde Umstände" gewährt, doch fehlte es auch hier nicht an massive Einwänden grundsätzlicher Art gegen des Komponisten Tonsprache. Gänzlich anders war die Reaktion des Publikums. Dieses legte dem Werk gegenüber von allem Anfang an eine aufgeschlossene und zustimmende Haltung an den Tag und nahm auch keinerlei Anstoß an einer (selten) mißglückten Übersetzung oder an einem linkischen Darstellungsstil von Sängern, die nicht gewohnt waren, sich auf der Bühne natürlich zu bewegen, oder gar in moderner Straßenkleidung zu agieren. Allerdings konnte dieser Umstand nicht verhindern, daß auch *La Bohème* rund zwei Jahre auf dt. Bühnen so gut wie gar nicht gespielt wurde, ehe ihr der endgültige Durchbruch mit den Erstaufführungen an den Hofopern von Wien und Dresden gelang.

Für *Tosca* hatte der unerwartete Aufschwung der *Bohème* allerdings keine unmittelbaren Folgen, denn auch bei dieser Oper verhinderte die rigorose Ablehnung des Sujets durch die Kritik einen unmittelbaren, durchschlagenden Erfolg und eine schnelle, weitreichende Verbreitung. Ja man schreckte diesmal – obwohl dem Werk in musikalischer Hinsicht durchaus Positives abgewonnen werden konnte – nicht einmal davor zurück, die Aufführung der *Tosca* an einer dt. Bühne als nationale Schande zu bezeichnen. Der Umschwung für diese Oper kam erst Jahre später, nach einer beispiellos erfolgreichen Aufführungsserie an der komischen Oper Berlin, bei der nunmehr Puccini deutschen Komponisten sogar als erfolgversprechendes Vorbild hingestellt wurde.

Ähnlich verlief auch die Rezeption von Puccinis nächster Oper, *Madama Butterfly*, die bereits alle großen Opernhäuser der Welt erobert hatte, ehe sie – drei Jahre nach ihrer Uraufführung – zur dt. Erstaufführung gelangte. Auch bei ihr war wiederum weniger die Musik, sondern das Sujet Stein des Anstoßes, wobei hier die Kritik darüber hinaus eklatante Verständnislosigkeit und Unkenntnis gegenüber fernöstlicher Kultur und Lebensgewohnheiten unter Beweis stellte. Das Publikum allerdings bejahte diese Oper von Anbeginn rückhaltlos, denn ihm ging es weder um die Echtheit des Exotischen in der Musik, noch um die Frage nach der ethnologischen Wirklichkeitstreue in der Handlung, sondern nur um die Tatsache, daß hier lebensnah menschliches Schicksal, die das Gefühl grenzenlosen Mitleids erregende Tragödie der verlassenen Frau schlechthin vorgeführt wurde.

Mit dem eindeutigen Publikumserfolg von *Madama Butterfly*, dem freilich die Anerkennung durch die musikalische Fachpresse noch lange nachhinkte, hatte Puccini auch den Zenith seines Ruhmes in deutschsprachigen Ländern erreicht, da keines seiner weiteren Bühnenwerke in Zukunft auch nur annähernd jene Popularität erreichen sollte, die der bis Kriegsbeginn ganz deutlich das dt. Bühnenrepertoire beherrschenden Trias *Bohème, Butterfly* und *Tosca* zukam.

Die Ursachen für das nunmehrige Sinken von Puccinis Stern am dt. Opernhimmel lagen zum einen in einer weitgehend nicht als sehr glücklich erachteten Stoffwahl, zum anderen im zunehmenden Verlust des Melodischen in der Tonsprache des Komponisten, die dessen Hinwendung zur Moderne, vor allem zum Impressionismus, mit sich brachte. Auf Puccinis nächste Oper bezogen bedeutete dies, daß bei *La fanciulla del West* Schwierigkeiten bestanden, sowohl eine in Amerika bzw. in Kalifornien spielende, kitschig und sentimental empfundene Goldgräbergeschichte als auch eine Musik ohne ausgeprägtes Melos mit der traditionellen Vorstellung von ital. Belcanto-Oper in Einklang zu bringen, und daß (auf letzteres bezogen) die neuen und ungewohnten Klänge daher von der Kritik als Hinwendung zum „musikalischen Internationalismus" oder als „exzentrische Episode" gedeutet wurden, auf die sich Puccini nur eingelassen hätte, weil seine melodische Ader bereits zu versiegen im Begriffe war. Es verwundert daher auch nicht, daß von Puccinis Opern, die (im Gegensatz zu jenen seiner lebenden Landsleute) wegen dessen deutschfreundlicher Haltung während des Krieges nicht aus dem Spielplan verbannt worden waren, gerade *Das Mädchen aus dem goldenen Westen* in der Zeit zwischen 1914 und 1918 weder eine Neueinstudierung noch eine Wiederaufnahme erlebte. Und auch nach dem Kriege, in welcher Zeit allgemein wieder ein deutliches Ansteigen der Aufführungsziffern der auf dt. Bühnen gespielten Jungitaliener zu verzeichnen war, gehörte dieses Werk zu den am seltensten aufgeführten Puccinis.

Gänzlich erfolglos – und dies bekanntlich nicht nur an dt. Bühnen – verlief das kurze „Gastspiel" von Puccinis *La Rondine*. Anläßlich einiger weniger Aufführungen an der Wiener Volksoper beim Publikum kaum eine positive Reaktion hervorrufend, wurde dieses Werk von der Kritik geradezu vernichtend beurteilt, wobei die dabei zum Ausdruck gebrachte Überzeugung, Puccini hätte sich hier nur noch selbst abgeschrieben, wohl entscheidend dazu beigetragen haben dürfte, daß sich keine weitere dt. Bühne dazu entschließen konnte, nach dieser „Oper" zu greifen.

Sehr unterschiedlich – sowohl als Ganzes als auch in Hinblick auf seine einzelnen Teile – wurde schließlich das *Trittico* aufgenommen. Anfangs noch für kurze Zeit als geschlossene Einheit gespielt, erzielte von den drei Einaktern am wenigsten Zustimmung *Der Mantel*, bei dem zwar Puccinis gekonnte naturalistische Stimmungsmalerei Anerkennung fand, jedoch das als „Kriminaloper" heftig umstrittene Sujet eine insgesamt positive Beurteilung verhinderte. Wesentlich besser – und dies zweifellos überraschend – schnitt die heute als schwächster Teil der Trias geltende *Schwester Angelica* ab, wenngleich auch sie wegen des Mangels an Handlungsdramatik keineswegs mit Begeisterung aufgenommen wurde. Begeisterung hingegen löste *Gianni Schicchi* aus, mit welchem Werk Puccini uneingeschränkte Zustimmung erringen konnte. Hier trat für den Komponisten der seltene Fall ein, daß selbst die Kritik spontan ihrer Bewunderung Ausdruck verlieh und das Werk als echt gelungene, von jeglicher früherer „Manier" befreite Buffo-Oper feierte. Zu einer neuen „Zugoper" entwickelte sich freilich auch *Gianni Schicchi* nicht. Denn, aus dem „Dreierverband" herausgelöst, kam er zwar unvergleichlich öfter als der *Mantel* zur Aufführung (*Schwester Angelica* wurde als Einzelwerk zu Lebzeiten des Komponisten auf dt. Bühnen überhaupt nicht gespielt), doch erreichte er nicht annähernd jene Spielfrequenz, die die drei großen „Meisteropern" Puccinis erzielten.

In den letzten Lebensjahren Puccinis galt, trotz des unbestrittenen Erfolges mit *Gianni Schicchi*, dessen „musikalischer Leumund" aus deutscher Sicht alles eher als „unangefochten". Eine weitgehende Rehabilitierung dieses Komponisten, wie sie sonst keinem der von dt. Seite „verfemten" Jungitaliener zuteil wurde, kam erst mit dessen Tode, der ein unerwartet großes Echo in der dt. Musikwelt hervorrief. Erst jetzt war man auch überwiegend bereit, einen jahrzehntelangen Irrtum gegenüber Werk und Komponist nicht nur einzugestehen, sondern auch zu berichtigen. Und dies bedeutete: Versuch der Beurteilung der Person Puccinis aus der Position des Italieners, Bejahung seiner Hinwendung zum „musikalischen Internationalismus", Anerkennung seiner Bühnenwerke als „Opern des Alltags" und als notwendigen Ausgleich zu den Musikdramen Wagners, und schließlich die (zwar nur zum Teil richtige, aber aus dt. Sicht zweifellos ein großes Kompliment darstellende) Ansicht, daß Puccini im Gegensatz zu den anderen Jungitalienern eigentlich gar nicht dem verismo zugezählt werden dürfe.

Daß Eingeständnisse dieser Art keine Lippenbekenntnisse waren, sondern der späten (zumindest auf Puccini angewandten) Einsicht von der grundsätzlichen und zu akzeptierenden Verschiedenheit der deutschen und italienischen Auffassung von Musiktheater entsprangen, dies beweisen die überaus positiven Reaktionen der musikalischen Fachpresse auf die Ur- bzw. dt. Erstaufführung der *Turandot*. Beide gestalteten sich von deutscher Seite jeweils als ausgesprochene „hommage à Puccini", was dem Komponisten zweifellos große Genugtuung bereitet hätte, sah er doch in seinem letzten, unvollendet

gebliebenen Werk etwas Neues und Außergewöhnliches, mit seinen vorangegangenen Werken Unvergleichbares.

Von den zahlreichen Werken der übrigen, heute z. T. kaum noch namentlich bekannten Jungitalienern konnten vor der musikalischen Fachpresse nur
einige wenige bestehen. Unter ihnen nicht einmal die großen Musikdramen
eines Cilea, Montemezzi oder Zandonai, mit *Adriana Lecouvreur, L'amore
dei tre re* oder *Francesca da Rimini*, die alle nach kürzester Zeit aus dem Repertoire genommen wurden, sich somit auch beim Publikum nicht durchsetzen konnten bzw. gar nicht die entsprechenden Möglichkeiten dazu bekamen. Erfolgte hier die Ablehnung voreilig und fraglos zu Unrecht, zumal die
genannten Werke heute zu den bedeutenden und großteils nach wie vor gespielten Opern des verismo zählen, ist der Kritik bei rund 30 weiteren jungitalienischen Ein- und Mehraktern wohl gleichfalls der Vorwurf mangelnder
Objektivität und kategorischer Ablehnung zu machen, doch gilt es darauf
hinzuweisen, daß diesen auch in Italien kaum Erfolg beschieden und eine jeweils nur sehr kurze Lebensdauer vergönnt war. Wirklichen Erfolg unter den
musikdramatischen Schöpfungen der „veristi minori" konnten an dt. Bühnen
lediglich Tascas *A Santa Lucia* sowie Spinellis neapolitanisches Fischerdrama *A basso porto* erzielen-, beide allerdings inzwischen gleichfalls längst
der Vergessenheit anheimgefallen. Bei Ihnen trat der seltene Glücksfall von
Einigkeit zwischen Publikum und Fachpresse ein, der dem, wenngleich nur
von ersterem wirklich gehegten, von Mascagni und Leoncavallo aber niemals
erfüllten Wunsch nach einem weiteren Werk vom Schlage einer *Cavalleria*
oder eines *Bajazzo* entsprang. Beide Opern trafen damals genau in diese
„Marktlücke" und müssen auch tatsächlich (soweit sich dies aus dem Klavierauszug noch feststellen läßt) von einiger musikalischer und dramaturgischer
Qualität gewesen sein. Besonders *A basso porto*, eine handlungsmäßige Fortführung von *A Santa Lucia*, erwies sich als regelrechte Sensation und wurde
an rund 50 dt. Bühnen bis weit in das zweite Jahrzehnt des 20. Jahrhunderts
hinein oftmals gespielt. Ja, Spinellis Talent wurde damals vereinzelt sogar
wesentlich höher eingeschätzt als jenes von Mascagni und ließ von einem
Werk sprechen, das besser sei als alles bisher Dagewesene –, ein Urteil allerdings, das sich wie so manches andere aus diesem thematischen Umfeld im
Verlauf der (Opern-)Geschichte wohl selbst zurechtgerückt hat.

Literaturverzeichnis

ABBIATI, Franco — *Giuseppe Verdi* 4, Milano 1959.

ABEGG, Werner — *Musikästhetik und Musikkritik bei Hanslick* (Studien zur Musikgeschichte des 19. Jahrhunderts 44), Regensburg 1974.

ABEL, Arthur — *Gespräche mit berühmten Komponisten*, Garmisch-Partenkirchen 1962.

ADAMI, Giuseppe — *Puccini*, Milano 1938.

DERS. (Hrsg.) — *G. Puccini. Briefe des Meisters*, Berlin 2/1944.

ADLER, Guido (Hrsg.) — *Internationale Ausstellung für Musik und Theaterwesen in Wien 1892. Fachkatalog der musikhistorischen Abtheilung von Deutschland und Österreich*. Wien 1892.

ADORNO, Theodor W. — *Klangfiguren. Musikalische Schriften* 1, Berlin-Frankfurt 1959.

AHSBROOK, William — *The Operas of Puccini*, London 1969.

ALEXANDER, Alfred — *Giovanni Verga. A Great Writer and his World*, London 1972.

ALTMANN, Wilhelm — *Das moderne Opernrepertoire der 10 Spielzeiten 1899/1900-1908/1909*, in: *AMZ* 37 (1910), 600 ff.

ALLORTO, Riccardo — *Suor Angelica nella unità del Trittico*, in: Musica d'oggi 2 (1959), 198 ff.

ANONYM — *Die Lex-Heinze und ihre Gefahr für Kunst, Literatur und Sittlichkeit. Von einem Parlamentarier*, Köln 1900.

ANSELMI, Angelo — *Pietro Mascagni*, Milano 1959.

AREND, Max — *Kunst und Moral*, in: *NZfM* 61 (1894), 534 ff.

ARNER, Carlo — *Die musikalische Bewegung Italiens*, In: *NMR* 1 (1896), 83 f.

ARON, Wilhelm — *Modern Operntexte*, In: *NMZ* 34 (1913), 105 ff.

ARRIGHI, Paul — *Le Vérisme dans le Prose Narrative Italienne*, Paris 1973.

AULENTI, G. s. VALLORA, M.

BALDACCI, Luigi — *Naturalezza di Puccini*, in: Nuova rivista musicale italiana 1 (1975), 41 ff.

BARINI, Giorgio — *Isabeau di P. Mascagni*, in: Nuova Antologia di Lettere, Scienze ed Arti 146 (1912), 555 ff.

BATKA, Richard — *Musikalische Streifzüge*, Florenz-Leipzig 1899.

DERS.	*Kranz. Gesammelte Blätter über Musik*, Leipzig 1903.
DERS.	*Aus der Opernwelt. Prager Kritiken und Skizzen*, München 1907.
DERS.	*Operndeutsch*, In: Kw 22 (1908/09), 165 ff.
DERS.	*Opernitalienisch und Operndeutsch*, in: Mkr 1 (1909/10), 101 ff.
BAUER, Anton	*Oper und Operette in Wien. Verzeichnis ihrer Erstaufführungen von 1629 bis zur Gegenwart*, Graz 1950.
DERS.	*150 Jahre Theater an der Wien*, Zürich-Leipzig 1952.
BAUER, Erwin	*Naturalismus, Nihilismus, Idealismus in der russischen Dichtung*, Berlin 1890.
BECKERS, Paul	*Die Nachwagner'sche Oper bis zum Ausgang des 19. Jahrhunderts im Spiegel der Münchner Presse*, Diss. München 1938.
BEKKER, Paul	*Klang und Eros*, Stuttgart-Berlin 1922.
DERS.	*Wandlungen der Oper*, Zürich 1934.
BEETZ, Wilhelm	*Das Wiener Operntheater 1869-1945*, Zürich 1949.
BIAGGI, Girolamo	*I Rantzau*, in: Nuova Antologia di Lettere, Scienze ed Arti 126 (1892), 331 ff.
BIE, Oskar	*Die Oper*, Berlin 8/1923.
BISHOP, James R.	*The Operas of Alfred Bruneau (1857–1934)*. Phil. Diss. 1987 (University of North Carolina).
BLAUKOPF, Kurt	*Mahler. Sein Leben, sein Werk und seine Zeit in zeitgenöss. Bildern und Texten*, Wien 1976.
BLESSINGER, Karl	*Der Verismo*, in: Dichter und Bühne 4, Frankfurt 1921.
BREITHAUPT, Rudolf M.	*Opernkrise und Stoffnot*, in: ders., *Musikalische Zeit- und Streitfragen* (Deutsche Bücherei 58/ 59), Berlin 1906, 67 ff.
BULTHAUPT, Heinrich	*Dramaturgie der Oper* 2, Leipzig 1902.
BURCKHARDT, Jacob	*Die Kultur der Renaissance in Italien*, Basel 1860.
BURDE, Wolfgang	*Analytische Notizen zum gesellschaftlichen Gehalt und Standort von Musikwerken*, in: Zeitschrift für Musiktheorie 5 (1974), Nr. 2, 20 f.
CAHN, Rudolph	*Zur Psychologie der musikalischen Kritik*, in: Mk 11 (1911/12), Nr. 9, 131 ff.
CANDIDA, Francesco	*Perché Gemma fece Epoca*, in: La Scala 9 (1957), 37 ff.

CARNER, Mosco — *Puccinis early Operas*, in: *M&L* 19 (1938), 295 ff.

DERS. — *Puccini. A critical biography*, London 1958.

CASINI, Claudio — *Die Kritiken der Turiner Uraufführung*, in: *G. Puccini. La Bohème. Texte, Materialien, Kommentare* (Roro Opernbuch 7405), hrsg. von A. Csampai und D. Holland, Hamburg 1981, 228 ff.

CASPARY, Georg — *Die Sprache der Operntexte*, in: *SmW* 67 (1909), 81 ff.

CELLAMARE, Daniele — *Pietro Mascagi*, Rom 1965.

CELLETTI, Rodolfo — *Il melodramma nero*, in: L'opera 2 (1966), 63 ff.

DERS. — *Il melodramma delle aree depresse. Miseria e nobiltà del Meridione nelle opere dei veristi minori*, in: Discoteca 15 (1974) 20 ff.

CHECCHI, Eugenio — *Pietro Mascagni e la nuova opera „Iris"*,in: Nuova Antologia di Lettere, Scienze ed Arti 68 (1898), 253 ff.

CHRISTEN, Norbert — *Giacomo Puccini. Analytische Untersuchungen der Melodik, Harmonik und Instrumentation* (Schriftenreihe zur Musik 8), Hamburg 1878.

CONATI, Marcello — *Mascagni, Puccini & C. Contributo per un'indagine sull'opera verista italiana nei teatri di lingua tedesca. Appunti e indicazioni*, in: Discoteca 17 (1976), 18 ff.

CSAMPAI, Attila/ HOLLAND, D. (Hrsgg.) — *Cavalleria rusticana – Der Bajazzo. Texte, Materialien, Kommentare* (rororo opernbücher), Hamburg 1987.

CURTISS, Mina — Art. „Bizet", in: *MGG* 1(1949-51), Sp. 1885.

DAHLHAUS, Carl — *Zwischen Romantik und Moderne* (Berliner musikwissenschaftliche Arbeiten 7), München 1974.

DENT, Edward — *Feruccio Busoni*, London 1933.

DIETZ, Max — *Italienische Oper*, in: *AK* 16 (1892), 486 ff.

DRAESEKE, Felix — *Die Konfusion in der Musik*, in: *NMZ* (1907), 1 ff. und 98 ff.

Droescher, Georg — *Die vormals königlichen, jetzt preußischen Staatstheater zu Berlin. Statistischer Rückblick auf die künstlerische Tätigkeit und die Personalverhältnisse während der Zeit vom 1. Januar 1886 bis 31. Dezember 1935*, Berlin 1936.

DUBITZKY, Franz — *Moderne Dramen als Opern*, in: *BW* 23 (1930) 189 ff.

DURAND, Charles — *Der Verismus in der französischen Oper*, in: Antares 7 (1958), 51 f.

DWELSHOUVERS-DERY, F. V. (?)   *Die Cavalleria und ihre Bedeutung für Deutschland*, Leipzig 1892.

DWORAK, Erich   *Das deutschsprachige Opernlibretto in der 1. Hälfte des 20. Jahrhunderts,* Diss. mschr. Wien 1966.

ECKART-BÄCKER, Ursula   *Frankreichs Musik zwischen Romantik und Moderne* (Studien zur Musikgeschichte des 19. Jahrhunderts 2), Regensburg 1965.

ENGEL, Hans   *Deutschland und Italien in ihren musikgeschichtlichen Beziehungen*, Regensburg 1944.

FEDERHOFER, Hellmut   *Heinrich Schenker. Nach Tagebüchern und Briefen in der Oswald Jonas Memorial Collection*, University of California, Riverside, Zürich-New York 1985.

FELLERER, Karl G.   *Puccini*, Potsdam 1937.

FELLINGER, Imogen   *Verzeichnis der Musikzeitschriften des 19. Jahrhunderts* (Studien zur Musikgeschichte des 19. Jahrhunderts 10), Regensburg 1968.

FISCHER, Jens Malte   *Renaissancismus und Neuklassik*, in: Deutsche Literatur zwischen Jahrhundertwende und 1. Weltkrieg (Neues Handbuch der Literaturwissenschaft 19), Wiesbaden 1976, 235 ff.

FISCHER, Siegfried   *Die Aufnahme des naturalistischen Theaters in der deutschen Zeitschriftenpresse,* Diss. Berlin 1953.

FLOCH, Siegfried   *Die Oper seit Richard Wagner,* Köln 1904.

FRACCAROLI, Arnaldo   *Giacomo Puccini. Sein Leben und sein Werk* (Dt. von H. R. Fleischmann), Leipzig Wien-New York 1926.

FRANZ, Sabine   *Vom Thalia-Theater zum Theater am Stadtpark. 35 Jahre Grazer Theatergeschichte (1864-1899).* Maschr. Dipl.-Arb., Graz 1989.

FRIEDLÄNDER, Max   *Opern-Statistik für das Jahr 1894*, Leipzig 1895.

FRIEDRICH, Götz   *La Bohème – original ?,* in: Die komische Oper Berlin, Berlin (DDR) 1966, 20 ff.

GAPPENACH, Hans   *Erich Lendvai. Leben, Wirken und Schaffen*, in: Der Chor 4 (1952), 82 ff.

GARA, Eugenio   *Mascagni-Sänger zwischen Vorurteil und Wahrheit,* In: Cavalleria rusticana – Der Bajazzo. Texte, Materialien, Kommentare etc., 78 ff. (s. SCAMPAI)

GATTI, Carlo | *Catalani. La vita e le opere*, Milano 1953.

GATTI, Guido | *Musicisti moderni d'Italia e di fuori*, Bologna 1920.

DERS. | *Die junge Musik Italiens*, in: *Mk* 15/2 (1923), Nr. 10, 713 ff.

GAVAZZENI, Gianandrea | *Dal Diario di un musicista*, in: Rivista mensile di vita musicale 3 (1957), 420 ff.

DERS. | *Ritratto della Manon Lescaut,* in: Musica d'oggi 1 (1958), Nr. 7, 417 ff.

GEITEL, Klaus | *Der unbekannte Mascagni,* in: Theater und Zeit 11 (1963/64), 106 ff.

GERST, Carl W. | *Nationaltheater der Deutschen als Ausdruck ihres sozialen und kulturellen Lebens,* Hildesheim 1917.

GIELER, Erika | *Die Geschichte der Volksoper Wien von Rainer Simons bis 1945,* Diss. mschr. Wien 1961.

GIRALDI, Romolo | *G. Sgambati e la Filarmonica Romana,* in: Rasegna musicale 12 (1939), 14 ff.

GÖHLER, Georg | *G. Puccini,* in: *Kw* 21(1907/08), 154 ff.

GÖLLERICH, August | *Anton Bruckner. Ein Lebens- und Schaffensbild* IV/3, Regensburg 1937.

GOLDSCHMIDT, Walter | *Literatur und Musik in Deutschland,* in: Frankfurter Zeitung 56 (1912), Nr. 59 vom 2. Februar.

GRAZIANI, Carlo (Hrsg.) | *Giuseppe Verdi. Autobiografia dalle Lettere,* Verona 1941.

GREENFIELD, Edward | *The other Bohème,* in: Opera Anual 5 (1958), 77 ff.

GRIVAS, Evangelia | *Zola in Deutschland. Grundzüge seiner Wirkungsgeschichte auf den deutschen Realismus und Naturalismus,* mschr. Magister-Arbeit, München 1977.

GROSSMANN-VENDREY, Susanne | *Wagner in Italien – Bemerkungen zur Rezeptionsforschung,* in: *Mf* 29 (1976), 195 ff.

GRUBER, Clemens M. | *Opernuraufführungen* 3 (Komponisten aus Deutschland, Österreich und der Schweiz 1900-1977), Wien 1978.

GRUN, Bernard | *Gold und Silber. Franz Lehár und seine Welt,* Wien-München 1970.

HADAMOWSKY, Franz (Hrsg.) | *Die Wiener Hofoper (Staatsoper) 1811–1974 (Die Wiener Hoftheater [Staatstheater] 2),* Wien 1975.

HANSLICK, Eduard | *Aus dem Tagebuch eines Musikers. Der modernen Oper VI. Teil,* Berlin 1892.

DERS.   *Fünf Jahre Musik. Der modernen Oper VII. Teil,* Berlin 1896.

DERS.   *Am Ende des Jahrhunderts. Der modernen Oper VIII. Teil,* Berlin 1899.

HAUSER, Arnold   *Sozialgeschichte der Kunst und Literatur,* München 1973.

HEUBERGER, Richard   *Im Foyer,* Leipzig 1901.

DERS.   *Musikalische Skizzen* (Musikalische Studien 4), Leipzig 1901.

HEY, Julius   *Sprachgesang,* in: *NmP* 9 (1900), 71 ff.

HINTON, James   *Strong Wine – Soon Watered,* in: Opera News 17 (1953), 19 ff.

HONOLKA, Kurt   *Opernübersetzungen. Zur Geschichte der Verdeutschungen musiktheatralischer Texte* (Tb. zur Musikwissenschaft 20), Wilhelmshaven 1978.

DERS.   *Kulturgeschichte des Opernlibrettos. Opern, Dichter, Operndichter* (Tb. zur Musikwissenschaft 28), Wilhelmshaven 1979.

ISTEL, Edgar   *Die moderne Oper* (Aus Natur und Geisteswissenschaft 495), Leipzig-Berlin 1915.

JOSS, Victor   *Heinrich Pudors jähes Ende,* in: *ÖMTz* 5 (1892), 10.

JUNG, Ute   *Die Rezeption der Kunst Richard Wagners in Italien* (Studien zur Musikgeschichte des 19. Jahrhunderts 35), Regensburg 1974.

JURANIĆ, Zoran   *O životu i djelu Antonij Smareglia,* in: Arti musices 8 (1977), Hft. 2, 137 ff.

KAISER, Hans   *125 Jahre Darmstädter Oper,* Darmstadt 1936.

KALBECK, Max   *Opernabende* 2, Berlin 1898.

KAPP, Julius   *Die Oper der Gegenwart,* Berlin 1922.

DERS.   *Das Opernbuch,* Leipzig 1922.

KARPATH, Ludwig   *Begegnung mit dem Genius,* Wien 1934.

KELLNER, Anton   *Sizilianische Bauernehre. Volksszenen aus Sizilien von G. Verga. Autorisierte Übersetzung der dt. Bühnenbearbeitung* (Reclams Universalbibliothek 2014), Leipzig 1885.

KIENZL, Wilhelm   *Aus Kunst und Leben,* Berlin 1904.

DERS.   *Betrachtungen und Erinnerungen,* Berlin 1909.

KLEEFELD, Wilhelm   *Der italienische Verismus* (Oper der Lebenden 5), in: *BW* 9 (1906), 180 ff.

KLEIN, John W.   *Mascagni and his operas,* in: Opera 6 (1955), 623 ff.

DERS.   *Catalani and his operas,* in: *MMR* 81 (1958),
                                        67 ff.
DERS.   *Ruggero Leoncavallo,* in: Opera 9 (1958), 158 ff.
DERS.   *Pietro Mascagni and Giovanni Verga,* in: *ML* 44
                                        (1963), 350 ff.
DERS.   Art. „Montemezzi", in: *MGG* 9 (1961), Sp. 508.
DERS.   *Hans Pfitzner and the Two Heydrichs,* in: *MR* 26
                                        (1965), 308 ff.
DERS.   *Cilea – A Century Tribute,* in: Opera 17 (1966),
                                        527 ff.
KNOSP, Gaston   *Musik und Milieu. Exotische Studie,* in: *Mk* 6
                                        (1906/07), Nr. 21, 169 ff.
KÖRNER, Carl   *Auch ein Intermezzo,* in: *NMZ* 13 (1892),
                                        246 ff.
KOLBERG, Emil   *Über die Opernproduction Italiens im Jahre 1893,*
                                        in: *MRu* 9(1894), 11.
KORNGOLD, Julius   *Deutsches Opernschaffen der Gegenwart,* Wien
                                        1921.
DERS.   *Die romanische Oper der Gegenwart,* Wien Leip-
                                        zig-München 1922.
KRAUSE, Ernst   *Oper von A-Z,* Leipzig 1979.

LA GRANGE, Henry-Louis de   *Mahler 1,* New York 1973.
LACKOWITZ, Wilhelm   *Sonzognos italienische Oper in Berlin,* in: *DMz*
                                        26 (1895), 512.
LANGHANS, Wilhelm   *Die musikalischen Beziehungen zwischen
                                        Deutschland und Italien,* in: *NBMZ* 44 (1890),
                                        109 ff.
LEDERER, Josef-Horst   *Mahler und die beiden „Bohèms",* in: Festschrift
                                        Othmar Wessely, Tutzing 1982, 399 ff.
DERS.   *Cavalleria auf Deutsch. Zu den Anfängen des
                                        deutschen realistischen Einakters im ausgehenden
                                        19. Jahrhundert,* In: Geschichte und Dramatur-
                                        gie des Operneinakters, hrsg. v. W. Kirsch
                                        u. S. Döhring (Thurnauer Schriften zum Musik-
                                        theater 10), Laaber 1991, 127 ff.
DERS.   *Gustav Mahler e l'opera Italiana,* in: Römische
                                        Historische Mitteilungen 32/33, (1992), 351 ff.
LEIBOWITZ, René   *Histoire de l'opéra,* Paris 1957.
DERS.   *L'arte die Giacomo Puccini,* in: Approdo musi-
                                        cale 4 (1959), Nr. 6, 3 ff.
LEPEL, Felix   *Das Geheimnis eines berühmten Opernerfolges,* in
                                        SmW 82 (1924), 574 f.

Ders.	*Max von Schillings und seine Oper Mona Lisa,* Berlin 1954.
LERARIO, Teresa	*Ruggero Leoncavallo e il soggetto dei Pagliacci,* in: Chigiana N. S. 6/7 (1971), 115 ff.
LESLE, Lutz	*Der Musikkritiker – Gutachter oder Animateur?* (Beiträge zur systematischen Musikwissenschaft 7), Hamburg 1984.
LEUKEL, Jürgen L.	*Studien zu Puccinis „Il Trittico"* (Musikwissenschaftliche Schriften 18), München-Salzburg 1983.
DERS.	*Puccini und Lehár,* In: Schweizerische Musikzeitung 122 (1982), 65 ff.
LEX HEINZE, S. ANONYM	
LINK, Klaus-Dieter	*Literarische Perspektiven des Opernlibrettos von 1850-1920* (Abhandlungen zur Kunst-, Musik- und Literaturwissenschaft 173), Bonn 1975.
„LOGE"	*Der Deutsche Opernspielplan,* in: Vorwärts Jg. 1912, 181 ff.
LUBBOCK, Mark	*Franz Lehár and opera,* in: Opera 21 (1970), 976 ff.
MAHLER, Alma	*Gustav Mahler. Erinnerungen und Briefe,* Amsterdam 1949.
MANDELLI, Alfredo	*La Rondine a Roma,* in: Oggi illustrato Jg. 1972, 77 f.
MARCHESI, Salvatore C. D.	*A proposito del Lohengrin a Roma,* In: Napoli musicale A. XIII, Nr. 5–6 (13. Juni 1880).
MARGGRAF, Wolfgang	*Giacomo Puccini* (Tb. zur Musikwissenschaft 17), Wilhelmshaven 1979.
MARIANI, Gaetano	*Storia della scapigliatura,* Caltanisetta 1967.
DERS.	*Il melodramma della scapigliatura,* in: Il Dramma 47 (1971), Nr. 8/9, 124 ff.
MAROTTI, Guido/PAGNI, F.	*Puccini intimo,* Firenze 1926.
MARSCHNER, Wilhelm K.	*Richard Wagners Einfluß auf die modernen Opernkomponisten,* in: *DMz* 28 (1897), 2 ff.
MARSOP, Paul	*Neudeutsche Kapellmeistermusik,* Berlin 1885.
DERS.	*Italien und der Fall Salome,* in: *Mk* 6 (1906/07), Nr. 9, 139 ff.
DERS.	*Opernbrief aus Italien,* in: *Mk* 7 (1907/08) Nr. 8, 92 ff.
DERS.	*Drei halbe Ehrenmänner,* In: *NMZ* 36 (1915), 29.

MASCAGNI, Pietro — *Il testamento del secolo,* Roma 1900.

MAUSER, Siegfried — *Neudeutsche und deutsche Veristen,* in: *Bruckner, Wagner und die Neudeutschen in Österreich* (Bruckner-Symposium 1984), Linz 1986, 171 ff.

MEY, Kurt — *Der Kaiser und die Musik,* in: Wartburgstimmen 1903, Nr. 17, 21 ff.

MIES, Georg-Achim — *Die Kurzoper,* Berlin 1971.

MORINI, Mario — *Momento del Gianni Schicchi,* in: Musica d'oggi 2 (1959), 98 ff.

DERS. — *Pietro Mascagni* 1-2, Milano 1964.

MOROLD, Max — *Wilhelm Kienzl* (Monographien moderner Musiker 3), Leipzig 1909.

NAAF, Anton A. — *Sittlichkeit und Gesundheit in der Musik,* in: Lyra 14 (1891), 134 f.

DERS. — *Max Josef Beer,* in: Lyra 32 (1909), 154 ff.

NAGEL, Willibald — *Die Wege der Oper. Randbemerkungen zu ihrer neuesten Entwicklung,* in: *Mk* 12 (1912/13), Nr. 13, 3 ff.

NARDINI, Piero — *Scapigliatura da Giuseppe Rovani a Carlo Dossi,* Bologna 1924.

DERS. — *Vita e tempo di Giuseppe Giacosa,* Milano 1949.

NEMETH, Carl — *Deutscher Verismus,* in: Musikerziehung 6 (1952/53), Hft. 4, 276 ff.

NIEMANN, Walter — *Die Musik der Gegenwart,* Berlin 9/1913.

NIEMÖLLER, Klaus W. — *Die kirchliche Szene,* in: Die „Couleur locale" in der Oper (Studien zur Musikgeschichte des 19. Jahrhunderts 42), Regensburg 1976, 341 ff.

OTTO, Werner — *Die Opernübersetzungen. Ein Beitrag zum Musiktheater,* in: Die komische Oper 1947-1954, Berlin (DDR) 1954, 15 ff.

PAGNI, Ferruccio s. MAROTTI, G.

PAHISSA, Jaime — *Manuel de Falla,* London 1954.

PALADINI, Carlo — *Giacomo Puccini,* Firenze 1961.

PANGELS, Charlotte — *Eugen d'Albert. Wunderpianist und Komponist. Eine Biographie,* Zürich 1981.

PEDEMONTE, Mario — *Domenico Monleone. Il musicista e l'uomo.* Genova 1942.

PERPICH, Edoardo — *Il teatro musicale di A. Smareglia,* Diss. mschr. Triest 1960.

PESCETTI, Luigi — *Cavalleria rusticana. Dalla Novella al drámma, al libretto*, in: Liburni Civitas. Rassegna di attività municipale 13 (1940), 29 ff.

PFANNKUCH, Wilhelm — *Das Opernschaffen Ermano Wolf-Ferraris*, Diss. Kiel 1952.

PFITZNER, Hans — *Reden, Schriften, Briefe*, hrsg. von W. Abendroth, Berlin 1955.

PFOHL, Ferdinand — *Die moderne Oper*, Leipzig 1894.

PICK, Ernst — *Das Libretto*, in: *MRu* 7 (1892), 241 ff.

PINZAUTI, Leonardo — *Giacomo Puccini*, Turin 1975.

PIPERS ENZYKLOPÄDIE DES MUSIKTHEATERS — *Oper. Operette. Musical. Ballett*. Hrsg. von C. Dahlhaus und dem Forschungsinstitut für Musiktheater der Universität von Bayreuth 1, München-Zürich 1986.

PÍŽA, A. M./DOLEŽIL, H. — *Soupis Repertoáru Národního Dividla V Praze 1881-1935*, Prag 1936.

POENSGEN, Wolfgang — *Der deutsche Bühnenspielplan im Weltkriege* (Schriften der Gesellschaft für Theatergeschichte 45), Berlin 1934.

PUDOR, Heinrich — *Zur Erklärung der Cavalleria rusticana*, Dresden 1891.

RIETHMÜLLER, Albrecht — *Busonis Arlecchino und Puccinis Gianni Schichi*, In: *AfMw* 42 (1985), 278 ff.

RIKOFF, Max — *Plauderei über neue ital. Opern*, in: *NZfM* 71 (1904), 241.

ROEDER, Martino — *Über den Stand der öffentlichen Musikpflege in Italien*, in: *Mwt* 1 (1880/81), 118 ff.

ROLAND, R.(?) — *Italomanie*, in: *MRu* 8 (1893), 1 ff.

ROSENHAIN, Jacob — *Zur Hebung der deutschen Nationaloper*, in: *ÖMTz* 4 (1891/92), 7 ff.

ROSENHEIM, Richard — *Die Geschichte der deutschen Bühnen in Prag*, Prag 1935.

ROUX, Onorato — *Memorie autobiografiche giovanili di Leoncavallo*, Firenze o. J.

SAMAZEUILH, Gustav — *Die italienische Saison in Paris*, in: *SmW* 63 (1905), 748 f.

SANSONE, Matteo — *Verismo from Literature to Opera*. Diss. Edinburgh 1987

SARTORI, Claudio — *Rondine o l'evasione dalla guerra*, in: Musica d'oggi 1 (1958), 480 ff.

SCHABERTH, Irmgard — *Gustav Mahlers Wirken am Hamburger Stadt-theater*, in: *Mf* 22 (1969), 443 ff.

SCHENKER, Heinrich — *Ruggero Leoncavallo*, in: *Zk* 6 (1894), 138 ff.

SCHICKLING, Dieter — *G. Puccini*, Stuttgart 1989.

SCHIMMELSPFENNIG, Carl von — *Aus der Mappe eines Musikfreundes*, in: *AMz* 32 (1905), 67 f.

SCHLÖSSAR, Rudolf — *Italienische Theatererinnerungen*, in: *Mwb* 23 (1892), Nr. 35, 382 f.

SCHMIDT, Leopold — *Zum besseren Verständnis fremdsprachiger Opern*, in: *SmW* 67 (1909), 160 ff.

SCHMIDT-GARRE, Helmut — *Oper im Jahre 1900. Zwischen Naturalismus und Décadence*, in: *NZfM* 124 (1963), 3 ff.

DERS. — *Oper. Eine Kulturgeschichte*, Köln 1963.

SCHNEIDER, Josef — *Die literarische Oper*, in: *SmW* 68 (1910), 207 ff.

SCHRADE, Leo — *Über deutsche und italienische Musikalität*, in: *NMZ* 47 (1926), 288 ff.

SCHULLER, Keneth — *Verismo Opera and the Verists*, Diss. Saint Louis (Miss.) 1960.

SCHUSTER, Peter — *Die Inszenierungen der Opern Puccinis an der Wiener Oper*, Diss. mschr. Wien 1979.

SEEGER, Horst — *Opernlexikon*, Wilhelmshaven 1979.

SEIDL, Arthur — *Neuzeitliche Tondichter und zeitgenössische Tonkünstler* 1-2 (Deutsche Musikbücherei 18/19), Regensburg 1926.

SEIFERT, Wolfgang — *Giacomo Puccini* (Musikbücherei für jedermann 14), Leipzig 1957.

SHAW, George B. — *Music in London 1890-94*, London 1932.

SITTENFELD, Ludwig — *Geschichte des Breslauer Theaters bis 1900*, Breslau 1909.

SITTNER, Hans — Art. „Humperdinck", in: *MGG* 7 (1958), Sp. 891.

SONNECK, David — *Geschäft, Zopf und Clique in der Musik*, in: *NMZ* 17 (1896), 133 ff.

SPANUTH, August — *Der Opernspielplan im Kriege. Eine Umfrage bei den deutschen Opernbühnen*, in: *SmW* 73 (1915), 261 ff.

SPECHT, Richard — *Julius Bittner*, München 1921.

DERS. — *Puccini*, Berlin 1931.

STADLER, Peter — *A. Ponchielli zwischen Verdi und der giovane scuola*, in: Programmheft „La Gioconda". Musiktheater im Revier, Gelsenkirchen: Spielzeit 1986/87.

STANG, Carl — *„Hände weg!"*, in: *AMz* 43 (1916), 3 f.

STEINHARDT, Erich — *Zur Geschichte der Prager Oper 1885-1923*, in: Prager Opernbuch 1924, 130 ff.

STIEGER, Franz — *Opernlexikon* I-IV, Tutzing 1975-83.

STÖCKL, Ernst — *Puschkin und die Musik*, Leipzig 1974.

STORCK, Karl — *Ausländische Musik in Deutschland*, in: *AMz* 43 (1916), 586 ff.

STREICH, Hildegard — *Der Verismus als Regionalismus bei Giovanni Verga*, Diss. Greifswald 1940.

STUCKENSCHMIDT, Hans H. — *Prognosen und Irrtümer der Musikkritik*, in: Beiträge zur Geschichte der Musikkritik (Studien zur Musikgeschichte des 19. Jahrhunderts 5), Regensburg 1965.

SWAROWSKY, Hans — *Wahrung der Gestalt*, Wien 1979.

TAPPERT, Wilhelm — *Die Gavotta im Roland von Berlin*, in *Mk* 4 (1904/05), Nr. 7, 43 f.

TEBALDINI, Giovanni — *Telepatia musicale; a proposito dell'Elettra di R. Strauss*, in: *RMI* 16 (1909), 400 ff.

TERNOIS, René — *Zola et ses amis italiens* (Publications de l'Université de Dijon 38), Paris 1967.

THISS, Frank — Puccini. Versuch einer Psychologie seiner Musik, Berlin-Wien-Leipzig 1947.

THIESSEN, Karl — *Karl Weis' Volksoper „Der polnische Jude" und die Kritik*, in: *NZfM* 68 (1901), 537 f.

TORCHI, Luigi — *Germania di A. Franchetti*, in: *RMI* 9 (1902), 377 ff.

TORREFRANCA, Fausto — *Puccini e l'opera internazionale*, Turin 1912.

UGOLINO, Giovanni — *La Traviata e i rapporti di Verdi con l'opera verista*, in: Atti del primo congresso internazionale di studi Verdiani, Venezia 1966, 261 ff.

UNTERSTEINER, Alfredo — *Die Wagner-Frage in Italien*, in: *Mwb* 21 (1890), Nr. 17, 205 f.

DERS. — *L'opera italiana in germania*, in: Gazetta musicale 57 (1902), Nr. 51, 661 ff.

DERS. — *Musikalische Charakterköpfe* 3, in: Generalanzeiger für Oldenburg vom 27. November 1901, Nr. 276, 1 ff.

Urban, Erich — *Puccini und die Jungitaliener*, in: *Mk* 2 (1902/03), Nr. 4, 261 ff.

VALENTE, Richard — *The Verismo of Puccini. From Scapigliatura to Expressionism*, Diss. Freiburg 1971.

VALETTA, Ippolito

Andrea Chenier di Luigi Illica, musica di Umberto Giordano, in: Nuova Antologia di Lettere, Scienze ed Arti 68 (1897), 165 ff.

VALLORA, Marco/
AULENTI, G. (Hrsgg.)

Quartetto della maledizione. Materiali per Rigoletto, Cavalleria e Pagliacci, Fanciulla, Milano 1985.

VOSS, Egon

Verismo in der Oper, in: *Mf* 31(1978), 303 ff.

WAGNER, Richard

Richard Wagners gesammelte Schriften und Dichtungen 3, Leipzig 1872.

WALLSTAB, Kurt

Wandlungen des Opernspielplans der deutschsprachigen Theater seit der letzten Jahrhundertwende. Eine quantitative Zwischenbilanz, Mannheim 1984.

WEIGL, Bruno

Die italienische Oper in Deutschland, in: *Mk* 7 (1907/08), Nr. 23, 296 ff.

WEISSMANN, Adolf

Berlin als Musikstadt, Berlin-Leipzig 1911.

DERS.

Puccini, München 1922.

DERS.

Puccini †, in: *Mk* 17/1 (1925), Nr. 4, 259 ff.

DERS.

Puccinis Oper Turandot, in: *Mk* 18/2 (1926), Nr. 9, 679 ff.

WESTARP, Adolf

Der Verfall der deutschen Bühnen – Ein Mahnwort an alle, die es angeht, Berlin 1892.

WORBS, Hans Chr.

Zur deutschen und österreichischen Rossini-Rezeption im Vormärz, in: Festschrift Heinz Becker, hrsg. von J. Schläder und R. Quandt, Laaber-Verlag 1982.

WRIGHT, Peter D.

The Musico-Dramatic Techniques of the Italian Verists, Diss. Rochester 1965.

ZABEL, Ernst

Die Mascagni-Woche, in: *NBMZ* 47 (1893) 134 ff.

Zeitschriftenverzeichnis

(alphabetisch nach Siglen)

AK	*Allgemeine Kunstchronik*. Illustrierte Zeitschrift für Kunst, Kunstgewerbe, Musik und Literatur, Wien, 17 (1893) ff.
AMz	*Allgemeine Musikzeitung*. Zeitschrift für das Musikleben der Gegenwart, Berlin, 18 (1891) ff.
BW	*Bühne und Welt*. Zeitschrift für Theaterwesen, Literatur und Musik, Berlin, 4 (1901) ff.
DKMz	*Deutsche Kunst- und Musikzeitung*, Wien, 20 (1893) ff.
DMDZ	*Deutsche Musik-Dirigenten-Zeitung*, Hannover, 10 (1902) ff.
DMz	*Deutsche Musiker-Zeitung*. Organ für die Interessen der Musiker und des musikalischen Verkehrs (Offizielles Organ des Allgemeinen Deutschen Musikerverbandes), Berlin, 22 (1891) ff.
DSz	*Deutsche Sängerbundeszeitung*, Leipzig, 1 (1909) ff.
FMTz	*Frankfurter Musik- und Theaterzeitung*, Frankfurt, 3 (1908).
HMz	*Hannoverische Musikerzeitung*, Hannover, 1 (1893) ff.
HS	*Hamburger Signale*. Allgemeine Musik-Zeitung, Hamburg, 3 (1890/91) ff.
Kw	*Der Kunst- und Kulturwart*. Halbmonatsschau für Ausdruckskunst, München, 5 (1891/92) ff.
LYRA	*Die Lyra*. Wiener Allgemeine Zeitschrift für die literarische und musikalische Welt, Wien-Leipzig, 14 (1890/91) ff.
Mk	*Die Musik*. Illustrierte Halbmonatsschrift, Berlin-Leipzig, 1 (1901/02) ff.
Mkr	*Der Merker*. Österreichische Zeitschrift für Musik und Theater, Wien, 1 (1909/10) ff.
MmN	*Münchner Musikalische Nachrichten*, München, 1 (1894/95) ff.
MRu	*Musikalische Rundschau*. Neue Wiener Musik-Zeitung und Blätter für Kirchenmusik (Organ für Musiker, Musik- und Kunstfreunde), Wien, 6 (1891) ff.
MS	*Münchner Signale*. Monatsschrift für Theater und Musik, München 11, (1893) ff.
Mw	*Die Musikwelt*. Unparteiisches Wochenblatt (ab 1899: *Die Musik- und Theaterwelt*), Berlin, 1 (1898) ff.
Mwb	*Musikalisches Wochenblatt*. Organ für Tonkünstler und Musikfreunde, Leipzig, 22 (1891) ff.
MWo	*Die Musik-Woche*. Moderne illustrierte Zeitschrift, wöchentlich ein Heft mit Musikalien, Leipzig, 2 (1902) f.
Mwt	*Musikwelt*. Musikalische Wochenschrift für die Familie und den Musiker, Berlin, 1 (1880/81).

NBMZ	*Neue Berliner Musikzeitung,* Berlin, 46 (1892) ff.
NMLz	*Neue Musik- und Literaturzeitung,* Wien, 3 (1906) ff.
NmP	*Neue Musikalische Presse.* Zeitschrift für Musik, Theater, Kunst, Sänger- und Vereinswesen, Wien, 1 (1892) ff.
NmR	*Neue Musikalische Rundschau.* Prager Musik- und Theaterzeitung, Prag, 1 (1896/97) f.
NMZ	*Neue Musik-Zeitung,* Stuttgart-Leipzig, 13 (1892) ff.
NZfM	*Neue Zeitschrift für Musik,* Leipzig, 58 (1891) ff.
ÖMTz	*Österreichische Musik- und Theaterzeitung,* Wien, 5 (1892/93) ff.
RK	*Die redenden Künste.* Zeitschrift für Musik und Literatur unter spezieller Berücksichtigung des Leipziger Kunstlebens, Leipzig, 2 (1895/96) ff.
RMTZ	*Rheinische Musik- und Theaterzeitung,* Köln, 2 (1901) ff.
SmW	*Signale für die Musikalische Welt,* Leipzig, 50 (1892) ff.
SMZ	*Schweizerische Musikzeitung.* Offizielles Organ des Schweizerischen Tonkünstlervereins, Bern, 39 (1899) ff.
WKM	*Wochenschrift für Kunst und Musik,* Wien-Brünn, 1 (1902/03) ff.
WTZ	*Wiener Theater-Zeitung.* Organ für Theater, Kunst und dramatische Literatur, Wien, 17 (1894) ff.
WZfM	*Wiener Zeitschrift für Musik,* Wien, 1 (1908).
ZIMG	*Zeitschrift der Internationalen Musikgesellschaft,* Leipzig, 10 (1908/09) ff.
Zk	*Die Zukunft,* Berlin, 1 (1892) ff.

Statistischer Anhang

Mit nachfolgendem statistischen Anhang wird ein Zahlenmaterial vorgelegt, das (neben einer Ergänzung der im Anschluß an den Haupttext eingebrachten chronologischen Übersicht) erstmals einen Gesamtüberblick über die Verbreitung von veristischen bzw. jungitalienischen Werken auf deutschsprachigen Bühnen für den Zeitraum von 1891 bis 1921 verschaffen soll.

Als Hauptquelle diente dazu der bei B.& H. in Leipzig erschienene *Deutsche Bühnenspielplan,* von dem ein gedrucktes Register der Jgg. 4(1899/1900) – 16(1911/1912) sowie ein handschriftliches für die Jgg. 1(1896/97) – 3(1898/99) bzw. 17(1912/13) – 25(1920/21) vorliegt[1].

Bedingte das Fehlen eines gedruckten oder handschriftlichen Registers nach 1921 den Verzicht auf weitere, der Vollständigkeit halber wünschenswerte, in sachlicher Hinsicht jedoch zu entbehrende statistische Angaben[2] über diesen Zeitpunkt hinaus, so machte es die für den verismo auf dt. Bühnen besonders interessante und wichtige Anfangsphase – die Jahre 1891-1896 – unumgänglich, sich der Mühe zu unterziehen, aus dem *Spielverzeichnis der deutschen Bühnen* (= *Beilage zur Deutschen Bühnengenossenschaft*[3]) Aufführungsdaten und Spielfrequenz der in Frage kommenden Werke jeweils einzeln „herauszufiltrieren". Allerdings muß in diesem Zusammenhang darauf hingewiesen werden, daß sowohl die Daten oben genannter handschriftl. und gedruckter Register als auch jene dieses *Spielverzeichnisses* selbst unvollständig sind, da, wie sich bei mehreren „Kontrollen" herausstellte, etliche Bühnen ihre monatlichen Spielpläne überhaupt nicht, oder nur lückenhaft zur Veröffentlichung im *Deutschen Bühnenspielplan* weitergaben, im Falle letzteres, des *Spielverzeichnisses,* sich darüber hinaus bei etlichen Werken gleichlautenden Titels oft nicht feststellen ließ, ob es sich dabei um die Oper oder um das Schauspiel (gleichen Namens) handelt.

In Ergänzung zu diesen Quellen wurde – dies gilt auch für die statistischen Angaben innerhalb des Haupttextes – noch folgende weitere Literatur herangezogen:

---

1 Dieses handschriftl. Register verwahrt das Theatermuseum der Universität Köln, dem an dieser Stelle für die bereitwillige Überlassung von Kopien gedankt sei.

2 Mit Beginn des 3. Jahrzehnts des 20. Jhs. hatte der verismo seine Rolle nicht zuletzt insoferne ausgespielt, als keinerlei neue, den dt. Bühnenspielplan maßgeblich beeinflussende Werke dieses Genres mehr zur Aufführung gelangten.

3 *Officielles Organ der Genossenschaft deutscher Bühnen-Angehöriger.* Redigiert von Joseph Kürschner und C. Gleißenberg, Berlin, 20 (1891) – 25 (1896).

302

ALTMANN, Max Wilhelm   *Das moderne Opernrepertoire der 10 Spielzeiten 1899/1900 – 1908/1909*, in: *AMz* 37 (1910), 600 ff.

BAUER, Anton   *Oper und Operette in Wien. Verzeichnis ihrer Erstaufführungen von 1629 bis zur Gegenwart*, Graz 1950.

BEETZ, Wilhelm   *Das Wiener Operntheater 1869-1945*. Zürich 1949.

DROESCHER, Georg   *Die vormals königlichen, jetzt preußischen Staatstheater zu Berlin. Statistischer Rückblick auf die künstlerische Tätigkeit und die Personalverhältnisse während der Zeit vom 1. Januar 1886 bis 31. Dezember 1935*, Berlin 1936.

FRIEDLÄNDER, Max   *Opernstatistik für das Jahr 1894. Verzeichnis der vom 1. Januar bis 31. December 1894 in Deutschland und auf dt. Bühnen Österreichs, der Schweiz und Russlands aufgeführten Opern*. Leipzig 1895.

GIELER, Erika   *Die Geschichte der Volksoper Wien von Rainer Simons bis 1945*, Diss. mschr. Wien 1961.

GRUBER, Clemens M.   *Opernuraufführungen 3 (Komponisten aus Deutschland, Österreich und der Schweiz 1900–1977)*, Wien 1978.

HADAMOWSKY, Franz (Hrsg.)   *Die Wiener Hofoper (Staatsoper) 1811-1974 (= Die Wiener Hoftheater [Staatstheater] 2)*, Wien 1975.

POENSGEN, Wolfgang   *Der Deutsche Bühnenspielplan im Weltkriege*, Berlin 1934.

SEEGER, Horst   *Opernlexikon*, Wilhelmshaven 1979.

SIGNALE FÜR DIE MUSIKAL. WELT   Hrsg. von Berthold Senff, Leipzig 49 (1891) ff. Die in dieser Zs. monatlich aufscheinende Rubrik „Opernrepertoire" verzeichnet die Opernaufführungen an den großen dt. Bühnen.

STIEGER, Franz   *Opernlexikon I-IV*, Tutzing 1975-83.

WALLSTAB, Kurt   *Wandlungen des Opernspielplans der deutschsprachigen Theater seit der letzten Jahrhundertwende. Eine quantitative Zwischenbilanz*, Mannheim 1984.

Erstaufführungen und Gesamtaufführungsziffern der zwischen 1891 und 1921 an deutschsprachigen Bühnen gespielten veristischen bzw. jungitalienischen Opern:[4]

		Bis zur Spielzeit	Aufführungen
A basso porto (Spinelli)	Köln (UA): 8. 4. 1894	1913/14	217
Adriana Lecouvreur (Cilea)	Hamburg: 12. 11. 1903	1903/04	3(1)
Amica (Mascagni)	Köln: 20. 5. 1906	1904/05	3(2)
L'amico Fritz (Mascagni)	Frankfurt: 12. 3. 1892	1896/97	169
L'amore dei tre re (Montemezzi)	Berlin (Charlotten-burg): 20. 9. 1919	1919/20	5(1)
Andrea Chenier (Giordano)	Breslau: 28. 1. 1897	1908/09	38(5)
A Santa Lucia (Tasca)	Berlin (Kroll) UA: 16. 11. 1892	1905/06	86
Auferstehung: s. *Resurrezione*			
Die Ausgestoßene: s. *La Lepreuse*			
Bajazzo: s. *Pagliacci*			
La Biondinetta (Samaras)	Gotha: 1. 4. 1906	1905/06	3(1)
Il Birichino (Mugnone)	Wien (Ausstellgsth.): 19. 9. 1892 in ital. Spr.		1(1)
La Bohème (Leoncavallo)	Hamburg: 24. 9. 1897	1908/09	137
La Bohème (Puccini)	Berlin (HO): 22. 6. 1897	1920/21	2331
La Cabrera (Dupont)	Zürich: 30. 11. 1904	1904/05	13(5)
Cassandra (Gnecchi)	Wien (VO) UA: 29. 3. 1911	1911	3(1)
Cavalleria rusticana (Mascagni)	Hamburg: 3. 1. 1891	1920/21	9236
Le Cobzar (Ferrari)	Kassel: 24. 11. 1913	1913/14	4(1)
Consuelo (Rendano)	Stuttgart: 27. 3. 1903	1903	4(2)
Il cuor della fanciulla (Buongiorno)	Kassel UA: 16. 2. 1901	1901/02	27(6)
Erntefest s. *La festa della messe*			
La fanciulla del West (Puccini)	Berlin (Charlotten-burg): 28. 3. 1913	1917/18	161
Fedora (Giordano)	Mainz: 10. 10. 1899	1910/11	89

---

4 Bei Werken mit nur sehr geringer Spielfrequenz wird hinter der Gesamtaufführungsziffer in Klammer die Anzahl der Bühnen, an denen diese zur Aufführung kamen, angegeben; die im Text besprochenen Opern, deren dt. Erstaufführungen nach 1921 erfolgten und von denen – wie erwähnt – keine Gesamtaufführungsziffern vorliegen, werden der Vollständigkeit halber angeführt, jedoch in eckige Klammer gesetzt.

Festa a marina (Coronaro)	Wien (Th. a. d.Wien):		
	10. 6. 1893	1895/96	15(4)
La festa della messe	Leipzig **UA**:		
(Buongiorno)	24. 5. 1896	1896	2(1)
Flora mirabilis (Samaras)	Wien (Th. a. d.Wien):	1893	2(1)
	24. 6. 1893		
[*Francesca da Rimini* (Zandonai)	Altenburg: 19. 3. 1925]		
Freund Fritz: s. *L'amico Fritz*			
Gianni Schicchi (Puccini)	Wien (ST.O.): 20. 10. 1920	1920/21	36(7)
La Habanera (Laparra)	Frankfurt: 29. 11. 1908	1908/09	4(2)
Hebe (Trucco)	Bremen: 3. 12. 1903	1903/04	2(1)
Iris (Mascagni)	Frankfurt: 26. 10. 1899	1905/06	7(2)
La Lepreuse (Lazarri)	Mainz: 26. 2. 1913	1913	4(1)
Lodoletta (Mascagni)	Wien (VO): 9. 4. 1920	1920	5(1)
Lorenza (Mascheroni)	Köln: 14. 11. 1901	1902/03	14(3)
Mädchenherz: s.			
Il cuor della fanciulla			
Das Mädchen aus dem goldenen			
Westen: s. *La fanciulla del West*			
Madama Butterfly (Puccini)	Berlin (HO):		
	27. 9. 1907	1920/21	2944
Maia (Leoncavallo)	Berlin (HO):		
	18. 3. 1911	1911/12	11(2)
Mala vita (Giordano)	Wien (Ausstellgsth.):		
	27. 9. 1892 in ital. Spr.	1893/94	18(4)
Manon Lescaut (Puccini)	Hamburg: 7. 11. 1893	1916/17	79(15)
Manuel Mendez (Filiasi)	Zürich: 30. 11. 1904	1904/05	6(2)
Der Mantel s. *Il Tabarro*			
La Martire (Samaras)	Berlin (Linden-Oper):		
	14. 9. 1895 in ital. Spr.	1895	2(1)
Maruzza (Floridia)	Zürich: 13. 11. 1896	1896	3(1)
I Medici (Leoncavallo)	Berlin (HO):		
	17. 2. 1894	1894/95	34(5)
Messaline (De Lara)	Köln: 2. 12. 1905	1910/11	36(3)
Michelangelo und Rolla			
(Buongiorno)	Kassel **UA**: 29. 1. 1903	1903/04	7(1)
[*Il Mistero* (Monleone)	Erfurth: 16. 4. 1924; scheint		
	im dt. Bühnenspielplan		
	nicht auf.]		
Mona Isabeau (Mascagni)	Wien (VO): 28. 2. 1913	1913	3(1)
Nadeja (Rossi)	Prag (Dt. Lth.) **UA**:		
	5. 5. 1903	1903	5(1)
Natale (Gentili)	München **UA**: 29. 12. 1900	1900/01	2(1)
Nozze Istriane (Smareglia)	Wien (VO): 1. 1. 1908	1908	6(1)

Pagliacci (Leoncavallo)	Wien (Ausstellgsth.) 17. 9. 1892 in ital. Spr. Dt. EA: Berlin (HO) 5. 12. 1892 in dt. Spr.	1920/21	6578
Il Piccolo Marat (Mascagni)	Dresden: 11. 3. 1922	1922	4(1)
Pompei (Perosi)	Wien (VO) **UA**: 4. 4. 1912	1912	6(1)
I Rantzau (Mascagni)	Wien (HO): 7. 1. 1893	1895/96	92
G. Ratcliff (Mascagni)	Stuttgart: 27. 10. 1895	1898/99	12(3)
Ratcliff (Pizzi)	Elberfeld: 18. 3. 1905	1905	2(1)
Renata (Scarano)	Berlin (Th. d. W.): 4. 1. 1901	1901	1(1)
Resurrezione (Alfano)	Berlin (Kom. Oper): 5. 10. 1909	1909/10	26(1)
Der Roland von Berlin (Leoncavallo)	Berlin (HO) **UA**: 13. 12. 1904	1907/08	42(3)
La Rondine (Puccini)	Wien (VO): 9. 10. 1920	1920/21	8(1)
La Rosalba (Pizzi)	Kassel: 21. 10. 1904	1907/08	9(3)
Die Schwalbe: s. *La Rondine*			
Schwester Angelica: s. *Suor Angelica*			
[*Si* (Mascagni)	Dresden: 22. 8. 1925]		
Siberia (Giordano)	Stuttgart: 4. 11. 1906	1912/13	39(6)
Silvano (Mascagni)	Berlin (Neues Th.): 8. 10. 1895 in it. Spr.	1896/97	6(3)
Suor Angelica (Puccini)	Wien (ST.O.): 20. 10. 1920	1920/21	36(7)
Il Tabarro (Puccini)	Wien (ST.O.): 20. 10. 1920	1920/21	36(7)
Tilda (Cilea)	Wien (Ausstellgsth.): 24. 9. 1892 in ital. Spr.	1892	1(1)
Tosca	Dresden: 21. 10. 1902	1920/21	1503
[*Turandot* (Puccini)	Dresden: 4. 7. 1926]		
Vendetta (Pizzi)	Köln **UA**: 1. 12. 1906	1906/07	3(1)
Le Villi (Puccini)	Hamburg: 29. 11. 1892	1893/94	10(2)
Zanetto (Mascagni)	Wien (Th. a. d.Wien): 1. 9. 1896	1913/14	20(5)
Zazà (Leoncavallo)	Kassel: 22. 4. 1906	1910/11	77(7)
I Zingari (Leoncavallo)	Mainz: 6. 3. 1914	1914	3(1)

Aufführungsziffern veristischer bzw. jungitalienischer Opern nach Spielsaisonen aufgegliedert:

	1891/92	1892/93	1893/94	1894/95	1895/96	1896/97	1897/98	1898/99	1899/1900	1900/01	1901/02	1902/03	1903/04	1904/05	1905/06	1906/07	1907/08	1908/09	1909/10	1910/11	1911/12	1912/13	1913/14	1914/15	1915/16	1916/17	1917/18	1918/19	1919/20	1920/21
A BASSO PORTO	–	–	6	23	15	9	54	67	5	5	4	2	–	3	2	9	3	5	–	3	2	–	3	–	–	–	–	–	–	–
ADRIANA LECOUVREUR	–	–	–	–	–	–	–	–	–	–	–	–	3	3	–	–	–	–	–	–	–	–	–	–	–	–	–	–	–	–
AMICA	–	–	–	–	–	–	–	–	–	–	–	–	–	3	–	–	–	–	–	–	–	–	–	–	–	–	–	–	–	–
L'AMICO FRITZ	48	79	25	13	2	2	–	–	–	–	–	–	–	–	–	–	–	–	–	–	–	–	–	–	–	–	–	–	–	–
L'AMORE DEI TRE RE	–	–	–	–	–	–	–	–	–	–	–	–	–	–	–	–	–	–	–	–	–	–	–	–	–	–	5	–	–	–
ANDREA CHENIER	–	–	–	–	–	16	7	10	–	–	–	–	–	4	–	1	–	4	–	–	–	–	–	–	–	–	–	–	–	–
A SANTA LUCIA	37	23	–	–	–	–	–	–	–	–	–	–	–	–	–	–	–	–	–	–	–	–	–	–	–	–	–	–	–	–
LA BIONDINETTA	–	–	–	–	–	–	–	–	–	–	–	–	–	–	–	–	–	–	–	–	–	–	–	–	–	–	–	–	–	–
IL BIRICHINO	1	–	–	–	–	–	–	–	–	–	–	–	–	–	–	–	–	–	–	–	–	–	–	–	–	–	–	–	–	–
LA BOHÈME (Leoncavallo)	–	–	–	–	–	–	35	19	13	9	3	5	8	–	–	–	–	–	–	–	–	–	–	–	–	–	–	–	–	–
LA BOHÈME (Puccini)	–	–	–	–	–	13	39	–	11	18	33	29	47	41	39	88	102	154	164	246	160	177	169	66	25	35	36	104	259	276
LA CABRERA	–	–	–	–	–	–	–	–	–	–	–	–	–	13	–	–	–	–	–	–	–	–	–	–	–	–	–	–	–	–
CASSANDRA	–	–	–	–	–	–	–	–	–	–	–	–	–	–	–	–	–	3	–	–	–	–	–	–	–	–	–	–	–	–
CAVALLERIA RUST.	1213	592	531	306	311	258	232	252	274	269	249	225	262	229	276	281	267	268	258	232	251	319	291	151	22	39	53	226	560	378
LE COBZAR	–	–	–	–	–	–	–	–	–	–	–	–	–	–	–	–	–	–	–	–	–	4	–	–	–	–	–	–	–	–
CONSUELO	–	–	–	–	–	–	–	–	–	5	22	–	–	–	–	–	–	–	–	–	–	–	–	–	–	–	–	–	–	–
IL CUOR DELLA FANCIULLA	–	–	–	–	–	–	–	–	–	–	–	–	–	–	–	–	–	–	–	–	–	–	4	–	–	–	–	–	–	–
LA FANCIULLA DEL WEST	–	–	–	–	–	–	–	–	–	–	–	–	–	–	–	–	–	–	–	–	22	112	14	–	9	–	–	–	–	–
FEDORA	–	–	–	–	–	–	–	23	–	10	3	6	17	8	4	5	6	–	6	1	–	–	–	–	–	–	–	4	–	–
FESTA A MARINA	12	2	–	–	–	–	–	–	–	–	–	–	–	–	–	–	–	–	–	–	–	–	–	–	–	–	–	–	–	–
FESTA DELLA MESSE	–	–	–	2	2	–	–	–	–	–	–	–	–	–	–	–	–	–	–	–	–	–	–	–	–	–	–	–	–	–
FLORA MIRABILIS	2	–	–	–	–	–	–	–	–	–	–	–	–	–	–	–	–	–	–	–	–	–	–	–	–	–	–	–	–	–
GIANNI SCHICCHI	–	–	–	–	–	–	–	–	–	–	–	–	–	–	–	–	–	–	–	–	–	–	–	–	–	–	–	36	–	–
LA HABANERA	–	–	–	–	–	–	–	–	–	–	–	–	–	–	–	–	–	4	–	–	–	–	–	–	–	–	–	–	–	–
HEBE	–	–	–	–	–	–	–	–	–	–	–	–	2	–	–	–	–	–	–	–	–	–	–	–	–	–	–	–	–	–
IRIS	–	–	–	–	–	–	–	–	6	–	–	–	–	–	–	1	–	–	–	–	–	4	–	–	–	–	–	–	–	–
LA LEPREUSE	–	–	–	–	–	–	–	–	–	–	7	7	–	–	–	–	–	–	–	–	–	–	–	–	–	–	–	–	–	–
LODOLETTA	–	–	–	–	–	–	–	–	–	–	–	–	–	–	–	–	–	–	–	–	–	–	–	–	–	–	–	–	5	–
LORENZA	–	–	–	–	–	–	–	–	–	–	7	–	–	–	–	–	–	–	–	–	–	–	–	–	–	–	–	–	–	–
MADAMA BUTTERFLY	–	–	–	–	–	–	–	–	–	–	–	–	–	–	–	–	149	341	473	424	214	231	187	33	15	23	25	87	404	512

	1891/1892	1892/1893	1893/1894	1894/1895	1895/1896	1896/1897	1897/1898	1898/1899	1899/1900	1900/1901	1901/1902	1902/1903	1903/1904	1904/1905	1905/1906	1906/1907	1907/1908	1908/1909	1909/1910	1910/1911	1911/1912	1912/1913	1913/1914	1914/1915	1915/1916	1916/1917	1917/1918	1918/1919	1919/1920	1920/1921
MAIA	–	–	–	–	–	–	–	–	–	–	–	–	–	–	–	–	–	–	–	7	4	–	–	–	–	–	–	–	–	–
MALA VITA	13	5	–	–	–	–	–	–	–	–	–	–	–	–	–	–	–	–	–	–	–	–	–	–	–	–	–	–	–	–
MANON LESCAUT	–	–	11	3	–	–	2	–	–	–	–	6	3	5	–	–	14	2	1	5	–	–	22	–	–	5	–	–	–	–
MANUEL MENDEZ	–	–	–	–	–	–	2	–	–	–	–	–	–	–	–	–	–	–	–	–	–	–	–	–	–	–	–	–	–	–
LA MARTIRE	–	–	7	–	–	–	–	3	–	–	–	–	–	6	–	–	–	–	–	–	–	–	–	–	–	–	–	–	–	–
MARUZZA	–	–	–	–	–	–	3	–	–	–	–	–	–	–	–	–	–	–	–	–	–	–	–	–	–	–	–	–	–	–
I MEDICI	–	–	33	1	–	–	–	–	–	–	–	–	–	–	–	7	7	–	–	–	–	–	–	–	–	–	–	–	–	–
MESSALINE	–	–	–	–	–	–	–	–	–	–	–	–	–	–	12	–	–	2	6	2	–	–	–	–	–	–	–	–	–	–
MICHELANGELO UND ROLLA	–	–	–	–	–	–	–	–	–	–	–	5	2	–	–	–	–	–	–	–	–	–	–	–	–	–	–	–	–	–
MONA ISABEAU	–	–	–	–	–	–	–	–	–	–	–	–	–	–	–	–	–	–	–	–	–	3	–	–	–	–	–	–	–	–
NEDEJA	–	–	–	–	–	–	–	–	–	–	–	5	–	–	–	–	–	–	–	–	–	–	–	–	–	–	–	–	–	–
NATALE	–	–	–	–	–	–	–	–	–	2	–	–	–	–	–	–	–	–	–	–	–	–	–	–	–	–	–	–	–	–
NOZZE ISTRIANE	–	–	–	–	–	–	–	–	–	–	–	–	–	–	–	–	6	–	–	–	–	–	–	–	–	–	–	–	–	–
PAGLIACCI	–	308	563	250	235	188	210	170	192	171	174	189	187	218	223	238	202	252	294	211	239	315	286	46	30	24	55	210	518	380
POMPEI	–	–	–	–	–	–	–	–	–	–	–	–	–	–	–	–	–	–	–	–	6	–	–	–	–	–	–	–	–	–
I RANTZAU	–	41	29	15	7	–	–	–	–	–	–	–	–	–	–	–	–	–	–	–	–	–	–	–	–	–	–	–	–	–
G. RATCLIFF (Mascagni)	–	–	–	–	3	5	–	4	–	–	–	–	–	–	–	–	–	–	–	–	–	–	–	–	–	–	–	–	–	–
RATCLIFF (Pizzi)	–	–	–	–	–	–	–	–	–	–	–	–	–	2	–	–	–	–	–	–	–	–	–	–	–	–	–	–	–	–
RENATA	–	–	–	–	–	–	–	–	–	–	1	–	–	–	–	–	–	–	–	–	–	–	–	–	–	–	–	–	–	–
RESURREZIONE	–	–	–	–	–	–	–	–	–	–	–	–	–	–	–	–	–	–	26	–	–	–	–	–	–	–	–	–	–	–
DER ROLAND VON BERLIN	–	–	–	–	–	–	–	–	–	–	–	–	–	31	6	4	1	–	–	–	–	–	–	–	–	–	–	–	–	–
LA RONDINE	–	–	–	–	–	–	–	–	–	–	–	–	–	–	–	–	–	–	–	–	–	–	–	–	–	–	–	–	–	8
LA ROSALBA	–	–	–	–	–	–	–	–	–	–	–	–	–	–	–	–	4	–	–	–	23	–	–	–	–	–	–	–	–	–
SIBERIA	–	–	–	–	–	–	–	–	–	–	–	–	–	5	–	9	–	–	–	–	–	3	–	–	–	–	–	–	–	–
SILVANO	–	–	–	–	5	–	–	–	–	–	–	–	–	–	–	–	4	–	–	–	–	–	–	–	–	–	–	–	–	–
SUOR ANGELICA	–	–	–	–	–	–	–	–	–	–	–	–	–	–	–	–	–	–	–	–	–	–	–	–	–	–	–	–	–	36
IL TABARRO	–	–	–	–	–	–	–	–	–	–	–	–	–	–	–	–	–	–	–	–	–	–	–	–	–	–	–	–	–	56
TILDA	–	1	–	–	–	–	–	–	–	–	–	–	–	–	–	–	–	–	–	–	–	–	–	–	–	–	–	–	–	–
TOSCA	–	–	–	–	–	–	–	–	–	–	–	11	20	12	23	92	63	81	138	174	141	98	92	31	25	19	29	46	192	216
VENDETTA	–	–	–	–	–	–	–	–	–	–	–	–	–	–	–	3	–	–	–	–	–	–	–	–	–	–	–	–	–	–
LE VILLI	–	7	3	–	–	–	–	–	–	–	–	–	–	–	–	–	–	–	–	–	–	–	–	–	–	–	–	–	–	–
ZANETTO	–	–	–	–	–	17	–	–	–	–	–	–	–	–	–	–	–	62	–	–	–	–	–	–	–	–	–	–	–	–
ZAZÀ	–	–	–	–	–	–	–	–	–	–	–	–	–	–	5	–	–	–	1	9	–	–	3	–	–	–	–	–	–	–
I ZINGARI	–	–	–	–	–	–	–	–	–	–	–	–	–	–	–	–	–	–	–	–	–	–	–	–	–	–	–	–	–	–

Register

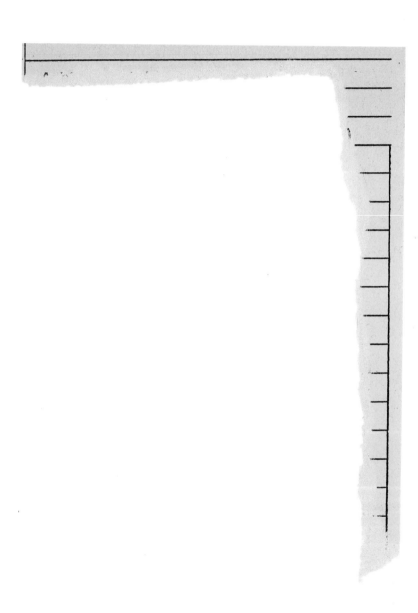